Claudio Weiss

Das Delphi Prinzip

A & O des Wissens

Claudio Weiss

Das Delphi Prinzip

Wissen und Werte in uns -
Wegweiser für Individuum, Organisation
und Gesellschaft

Verlag A & O des Wissens
Zürich und Hamburg

Die Deutsche Bibliothek - CIP-Einheitsaufnahme

Claudio Weiss Das Delphi Prinzip
Wissen und Werte in uns - Wegweiser für Individuum,
Organisation und Gesellschaft
A & O des Wissen, 1998

ISBN 3-905327-03-1

©1998 Verlag A & O des Wissens, Ahrendt und Omlin, Hamburg und Zürich
Alle Rechte, insbesondere das Recht der Vervielfältigung und Verbreitung so-
wie der Übersetzung, vorbehalten. Kein Teil des Werks darf in irgend einer
Form ohne schriftliche Genehmigung des Verlages reproduziert oder
vervielfältig
werden.
Lektorat: Gabi Omlin
Umschlaggestaltung: Thea Sautter, Zürich
Satz: A & O des Wissens
Druck: Schellenberg Druck AG, Pfäffikon ZH

Printed in Switzerland

ISBN 3-905327-03-1

Vorwort

Was vor einigen Jahrzehnten noch exotisch schien, ist heute Realität und wohl einer der spannendsten Prozesse in der Geschichte der Menschheit: Am Übergang zum dritten nachchristlichen Jahrtausend findet so etwas wie eine geistige Globalisierung statt. Die intellektuelle Avantgarde des Westens - Ken Wilber, Amit Goswami, Peter Russel, Hans Küng, um nur einige Namen zu nennen, - haben längst erkannt, dass der 'Nationalismus', um nicht zu sagen 'Provinzialismus', von Kulturen, Religionen, Traditionen, Philosophien und Wissenschaftsdisziplinen ausgedient hat. Das Aufdecken von Querverbindungen und Parallelitäten lässt umfassendere Synthesen, ganzheitlichere Modelle von der Wirklichkeit entstehen. Modelle, die theoretisch befriedigender und in ihrer praktischen Umsetzung erfolgversprechender sind.

Auch das vorliegende Buch stellt eine solche Synthese dar. Es versucht, ein umfassendes und zusammenhängendes Bild von der menschlichen Existenz zu zeichnen, das Tiefgang mit Praxisbezug kombiniert. Dabei verknüpft es antike Weisheit mit moderner Wissenschaft, östliche Bewusstseinsforschung mit westlicher Psychologie, philosophische Reflexion mit praktischer Alltagsgestaltung, Spiritualität mit Business, Innerlichkeit mit gesellschaftlicher Entwicklung.

Jede geistige Synthese erzählt von der Biografie der Person, in deren Kopf sich die Synthese ereignet hat. Das ist auch in meinem Fall nicht anders. Mein Familienhintergrund war international und multikonfessionell. Ich selbst durchlief eine katholische Sozialisation mit allen dazugehörigen Sakramenten einschliesslich Firmung. In meinem Elternhaus wurde sehr viel musiziert, und die nicht alltäglichen Gespräche drehten sich um Politik, Geschichte und Metaphysik. Meine erste grosse Lehrerin war die Pianistin Emma Lübbecke-Job, die mich 14 Jahre lang im Klavierspielen unterrichtete. Sie lehrte mich, zu hören und auch nach innen zu hören, und machte mich in jungen Jahren mit der Musik als Sprache der Seele vertraut. Mein Leben lang werde ich meinen Eltern dafür danken, dass sie mich ein humanistisches Abitur mit Latein und Griechisch machen liessen. Das Studium der antiken Welt war für mich so etwas wie eine Psychoanalyse der abendländischen Kultur. Dass ich so grossen persönlichen Nutzen aus dieser auf den ersten Blick so nutzlos erscheinenden Erziehung ziehen durfte, verdanke ich zum grossen Teil meinem damaligen Griechischlehrer, an den sich seine Schüler liebevoll als „Pappi Glotzbach" erinnern.

Meine Eltern waren es auch, über die ich dem für mein weiteres Leben wichtigsten Lehrer, dem vedischen Philosophen Maharishi Mahesh Yogi, begegnete. Ich war knapp 16 Jahre alt, als mich Maharishi persönlich in seiner Technik der Transzendentalen Meditation unterwies, die ich seit damals regelmässig und mit Genuss praktiziere. Ein Jahr später riet er anlässlich eines bevorstehenden Familienurlaubes in Griechenland, Delphi zu besuchen und dort zu meditieren. Es sollte nicht meine letzte Pilgerreise zum Ort des "Erkenne Dich selbst!" gewesen sein. Dieser Ort mit seiner Botschaft - weitaus mehr als sein berühmtes Orakel - hat mich von dann an nicht mehr losgelassen. Mit Maharishi und Delphi begann eine beglückende geistige Entdeckungsreise, die bis heute andauert, und von der dieses Buch berichtet. Ohne meinen spirituellen Lehrer Maharishi Mahesh Yogi hätte dieses Buch nicht geschrieben werden können. Es ist deshalb auch Ausdruck meiner tief empfundenen Dankbarkeit gegenüber ihm und all den vedischen Meistern vor ihm, die das Wissen vom Bewusstsein der Nachwelt überliefert haben.

An der Universität schrieb ich mich meiner Neigung entsprechend zuerst im Fach Philosophie ein. Bald gewann ich jedoch den Eindruck, dass man in der noch jungen Tochterwissenschaft der Philosophie, der Psychologie, weitaus leichter Pionierarbeit leisten kann, als dies in der zweieinhalb Jahrtausende alten Mutterdisziplin möglich schien. So studierte ich Psychologie im Hauptfach, wobei ich den Schwerpunkt auf das Gebiet der klinischen Psychologie legte. Letztere befasst sich vornehmlich mit Verhaltensstörungen und seelischem Leiden. Mein Interesse galt aber hauptsächlich dem Gegenteil davon, der psychischen Gesundheit und dem seelischem Wohlbefinden. Ich machte 'Wohlbefinden' zum Thema meiner Dissertation, ein Vorhaben, das meine Doktormutter und Vorgesetzte, Frau Prof. Dr. Inge Strauch, (ich war damals wissenschaftlicher Assistent am Psychologischen Institut der Universität Zürich) mit viel Verständnis und konstruktiver Kritik unterstützte.

Dass ich meine akademische Karriere infolge meiner seinerzeit ausschliesslich argentinischen Staatsbürgerschaft abbrechen musste, empfand ich damals zwar als Rückschlag, sollte sich später aber als "blessing in disguise" erweisen. Die nun folgenden Jahre in einem Zürcher Marktforschungsinstitut wurden zu meinen Lehrjahren in Sachen Business, aber nicht aus Büchern, sondern aus tagtäglich gelebter Praxis. In meinen Vorgesetzten, Dr. Hans Weiss (ein zufälliger Namensvetter von mir) und Jampi Wälchli, hatte ich erstklassige Lehrmeister. Gerne denke ich an die Gespräche mit Jampi Wälchli zurück, in denen wir über Marketing und Unternehmungsführung philosophierten. Meine Projektleiterarbeit gab mir Einblick in die unterschiedlichsten Branchen und Firmen. Das Institut, in dem ich tätig war, wurde zu meinem real life Forschungslabor.

Nachdem ich mich 1985 selbständig gemacht hatte, verlagerte sich das Schwergewicht meiner Tätigkeit auf die Durchführung von Trainingsseminaren für Führungskräfte. Die Anliegen und Fragen meiner Seminarteilnehmerinnen und -teilnehmer wurden zum treibenden Motor meiner Forschungs- und Entwicklungsarbeit. Ich danke allen Seminarteilnehmern, die mich gefordert und herausgefordert haben. Sie haben indirekt an diesem Buch mitgeschrieben. Erwähnen möchte ich in diesem Zusammenhang auch meinen langjährigen Freund und engsten Kooperationspartner Ulrich Egger. Die vielen gemeinsam durchgeführten Seminare zum offenen Verhandeln nach dem Harvard-Konzept und die guten Gespräche am Rande dieser Seminare haben mein Denken und Arbeiten bereichert und nachhaltig beeinflusst.

Immer wieder hatten mich Seminarteilnehmer ermuntert, ein Buch zu schreiben. So entstand in den Jahren 1992 bis 1994 ein erstes Manuskript, und das im wörtlichen Sinne. Meine liebe und langjährige Freundin Marianne Huwiler hat in bewundernswerter

Entzifferungsarbeit die etwa tausend handgeschriebenen Seiten mit einem zeitgenössischen Textsystem erfasst. Ich danke ihr dafür herzlich. 1998 habe ich die erste Fassung noch einmal überarbeitet und dabei vor allem den Praxisbezug zur Businesswelt ausgebaut. Ein herzhaftes Dankeschön sage ich meinen Verlegern, Gabi Omlin und Wolfgang Ahrendt, die mit viel Enthusiasmus und grosser Kompetenz dieses Buch in die vorliegende Form und Lesern zugänglich gemacht haben. Exzellente kreative Unterstützung erhielten sie dabei dankenswerterweise von Hans Rudolf Jost und Thea Sauter. Kurt Ebnöther danke ich für sein kritisches Korrekturlesen.

Mein besonderer Dank gilt schliesslich den Sponsoren, Marina Bösch vom Managementzentrum St. Gallen, Seminare und Conventions, sowie Ulrich Egger von Egger, Phillips + Partner AG, deren Grosszügigkeit die Herstellung und Vermarktung dieses Buches unterstützt hat. Ich widme dieses Buch all denjenigen, für die ich es geschrieben habe: meinen Leserinnen und Lesern. Möge ihnen die Lektüre angenehm und der Inhalt von Nutzen sein.

Luzern, im November 1998.

1. Die Illusion der Objektivität

"Dass ich hier sitze, ist doch eine unbezweifelbare, objektive Tatsache!"

„Sie wollen doch nicht allen Ernstes behaupten, dass ich jetzt und hier *nicht* auf diesem Stuhl sitze! Alle anderen Seminarteilnehmer werden Ihnen vorbehaltlos bestätigen: Der Meier sitzt dort fest auf seinem Stuhl. Ich selbst spüre die Härte seiner Oberfläche an meinem Gesäss. Dass ich hier sitze, ist doch eine unbezweifelbare, objektive Tatsache. Und genau das wollen Sie in Frage stellen?"

In den Worten meines Seminarteilnehmers schwangen Beunruhigung und Auflehnung mit. Wahrscheinlich hatte ich mit meinen vorangegangenen Ausführungen sein Weltbild erschüttert, als ich provokativ behauptete, dass es so etwas wie Objektivität gar nicht gäbe. Um nicht gleich in ein heilloses Argumentier-Ping-Pong zu geraten, fragte ich Herr Meier zunächst:

„Was verstehen Sie persönlich unter 'objektiv'?" Seine Antwort: „Objektiv heisst für mich, dass ich mich darauf verlassen kann, dass es wirklich so ist."

Und damit hat Herr Meier zweifellos ein zentrales Bedürfnis angesprochen, das wir alle mit ihm teilen: Wir wollen zuverlässige Informationen. Informationen, deren Wahrheitsgehalt wir nicht in Zweifel zu ziehen brauchen. Informationen, die wir glauben und auf die wir deshalb unser Denken und Handeln bauen können. Nur dann werden wir Informationen als „Wissen" verbuchen. Und wir alle brauchen Wissen gleichsam als festen Boden unter unseren Füssen. Einige von uns halten sich dafür an diejenige Disziplin, die von Berufs wegen Wissen schafft, also die Wissenschaft, andere wiederum beziehen ihr Wissen aus „Glaubenstatsachen" religiöser Herkunft. Ich wollte wissen, wie es sich in dieser Angelegenheit bei meinem Seminarteilnehmer Meier verhielt. Also forschte ich weiter:

„Sie wollen sich also auf etwas verlassen können. Und wenn dies der Fall ist, nennen Sie den betreffenden Sachverhalt ʻobjektivʼ. Nun, unter welchen Bedingungen können Sie sich auf einen Sachverhalt verlassen? Welche Voraussetzungen müssen erfüllt sein, damit Objektivität gegeben ist?"

Nach einem Moment des Überlegens erhielt ich zur Antwort: „Wenn ich etwas mit all meinen Sinnen wahrnehmen kann, wie diesen Stuhl hier, auf dem ich gerade sitze, und alle anderen das Selbe auch wahrnehmen, dann ist das ʻobjektivʼ."

Herr Meier war von seiner eigenen Antwort sichtlich befriedigt, war es ihm doch gelungen, das für ihn entscheidende Wahrheitskriterium, das eine Tatsache zur Tatsache macht, in einfache und klare Worte zu fassen. Tatsächlich hat hier Herr Meier etwas zum Ausdruck gebracht, was wohl die meisten unserer Zeitgenossen unterschreiben würden. „Das sagt einem doch der gesunde Menschenverstand." Und auch die vom gesunden Menschenverstand manchmal etwas abgehobenen Naturwissenschaftler würden in ihrer überwiegenden Mehrzahl dem Credo von Herrn Meier zustimmen.

Und niemand wird bestreiten, dass die Naturwissenschaft genau mit dieser erkenntnistheoretischen Grundhaltung äusserst erfolgreich war: In einer, gemessen an der Menschheitsgeschichte, kurzen Zeitspanne hat sie enorm viel Wissen geschaffen. Herr Meier befindet sich also mit seiner Philosophie nicht nur in sehr grosser, sondern auch in durchaus guter Gesellschaft.

Nach einem Jahrtausend der Kirchendogmen, in dem der Weisheit letzter Schluss lautete: *„credo quia absurdum"*, „ich glaube es, weil es widersinnig ist", galt seit Galilei die Devise: „Nähert Euch der Natur unvoreingenommen, frei von Vorurteilen und Wunschvorstellungen, und erforschet sie, so wie sie ist. Beobachtet sie scharf und versucht durch Zählen, Messen und Wägen, ihr ihre Geheimnisse zu entlocken!" „Empirismus" von griechisch empeirein = erfahren nannte man diese neue Art zu forschen.

Um das Spektrum unserer Erfahrungsinstrumente, d.h. unserer Sinnesorgane, zu erweitern, erfand man das Teleskop und das Mikroskop und ersann immer raffiniertere und ausgeklügeltere Messgeräte und -verfahren. Man löste Naturvorgänge gezielt unter kontrollierten Bedingungen aus, um sie wiederholt zu beobachten und dadurch Hypothesen überprüfen zu können. Das Experiment als naturwissenschaftliche Forschungsmethode par excellence war geboren.

Was war und ist bis heute die erkenntnistheoretische Grundannahme dieses munteren Forschungstreibens?

Man ging davon aus, dass es 'da draussen' eine für sich bestehende Natur gibt, die sich einen Dreck darum kümmert, was wir Menschen von ihr halten oder über sie denken. Es ist uns Menschen aber möglich, durch systematisches Fragen und unvoreingenommenes Beobachten in Erfahrung zu bringen, wie diese Natur funktioniert. Ein so gewonnenes Wissen über die Natur ist ein getreues Abbild der Natur in unserem Bewusstsein.

Diese Grundposition des Empirismus wurde bereits vor zweihundert Jahren von dem deutschen Philosophen Immanuel Kant massiv angegriffen. Seine Überlegung lautete sinngemäss: Wo steht geschrieben, dass die von mir erfahrene Welt wirklich die gleiche ist wie die Welt da draussen, die unabhängig von mir existiert? Oder um seine philosophischen Fachausdrücke zu verwenden: Ist das Ding *für mich* wirklich identisch mit dem Ding *an sich*?

Kant meinte dazu sinngemäss: Ehrlicherweise kann ich diese Frage nicht entscheiden. Was ich aber kann, ist versuchen herauszufinden, welche Merkmale meines Wahrnehmens und Denkens als Bedingungen a priori in jede Erfahrungserkenntnis mit eingehen. Mit anderen Worten: Welche Voraussetzungen bringe ich als wahrnehmendes und erkennendes Subjekt mit, die die Beschaffenheit des wahrgenommenen und erkannten Objektes, unabhängig von ihrer 'objektiven' Beschaffenheit, notwendig prägen? Kants Antwort: *Raum und Zeit*. Wir nehmen die Welt räumlich gegliedert und in zeitlichen Abläufen wahr. Dies wiederum führt zur

Feststellung von Wenn-Dann-Beziehungen: Wenn A, dann B. Also sind A und B räumlich lokalisierbare, zeitlich aufeinanderfolgende Ereignisse, wobei A als Ursache oder Bedingung für B erscheint.

Dies ist die Welt, wie wir sie kennen. Aber ist sie auch in Wirklichkeit so, oder ist sie nicht vielmehr das Resultat unserer Sinneswahrnehmungen und unserer Logik, die ebenfalls auf Sinnenwahrnehmungen beruht? Ein Quantenphysiker unserer Tage würde gewiss letzterem zustimmen. Eingedenk seiner Einsichten in die feinste Struktur der Materie und in Anspielung an das oben zitierte „credo quia absurdum" würde er vielleicht bekennen: *„Scio quamquam absurdum!"*, „Ich *weiss* es, *obwohl* es widersinnig ist", denn auf der Ebene der Quantenrealität löst sich unsere mechanische Welt aus festen Gegenständen, die untereinander in räumlichen, zeitlichen und kausalen Beziehungen stehen, in materielles Nichts auf. So pflegen denn auch die Quantenphysiker zu sagen, und damit wiederholen sie auf ihre Art Kant: „Die Quantenwelt ist nicht nur fremdartiger als wir denken, sie ist fremdartiger, als wir überhaupt denken können."

Aus all dem ergibt sich nun zweierlei:

Erstens: Erkenntnisse, die auf Sinneswahrnehmungen gründen, sind nicht 'objektive Tatsachen', sondern subjektive Sachverhalte, also bestenfalls 'Erlebnistatsachen'. Dies kommt übrigens schon im blossen Wort 'Erkenntnis' oder 'Wahrnehmung' zum Ausdruck. Eine absolute (wörtlich: abgelöste, also vom erkennenden Subjekt unabhängige) Objektivität im Sinne von Trans-Subjektivität gibt es im Zusammenhang mit Wissen nicht.

Zweitens: Unsere Sinne liefern uns nur einen Ausschnitt der Erkenntnisse, die wir machen können. Sie also zum letztendlichen Entscheidungskriterium über Wahrheit oder Unwahrheit zu machen, ist zwar sehr verbreitet, aber nichts desto weniger "kurzsichtig", um nicht zu sagen abergläubisch.

Was aber ist dann das letztendliche Entscheidungskriterium über Wahrheit oder Unwahrheit? Diese Frage stellt sich nun noch drängender als vor unserem wissenschaftsgeschichtlichen Exkurs.

Erinnern wir uns an den Seminarteilnehmer Meier: „Wenn alle anderen das Gleiche auch wahrnehmen, dann ist das 'objektiv'." Herr Meier verlässt sich also nicht nur auf seine eigenen Sinne, sondern auch auf diejenigen seiner Kollegen. Und was ist, wenn die sich auch täuschen? Jahrhundertelang sahen alle Menschen, dass die Sonne im Osten auf- und im Westen untergeht, und sie schlossen daraus, dass sich die Sonne um die Erde dreht: ein kollektiver Fehlschluss. Konsens schützt vor Irrtum nicht.

Ja, aber worauf können wir uns dann verlassen, wenn wir weder unseren eigenen Sinnen trauen noch auf die Übereinstimmung mit den Sinneswahrnehmungen anderer bauen können? Unbefriedigt ist nach wie vor unser Wissensdurst, unser Hunger nach wirklich zuverlässigen Informationen, oder ganz schlicht und einfach: Unser Bedürfnis nach Wahrheit.

Systematische Realitätsprüfung

Betrachten wir einmal, wie wir im normalen Alltag vorgehen, um uns zu vergewissern, dass etwas wahr ist. Angenommen, wir entdecken zufällig im abendlichen Halbdunkel eine vertikale Linie an einer Wohnzimmerwand unseres neu erbauten Hauses. Als erstes fixieren wir unseren Blick darauf und schauen genau hin. *Wir bemühen uns also um Klarheit und Deutlichkeit unserer Sinneswahrnehmung.* Als nächstes gehen wir zum Lichtschalter, verstärken die Beleuchtung und wenden uns dann wieder der Wand zu. Und tatsächlich, die vertikale Linie ist immer noch da. Jetzt besteht für uns kein Zweifel mehr: An dieser Wand ist irgend etwas. Wir prüfen also, ob sich die erste Wahrnehmung bei erneutem Hinschauen unter verbesserten Bedingungen wiederholt. Wäre dies nicht der Fall, so käme vielleicht der Gedanke an einen Schatten oder eine optische Täuschung. *Wiederholbarkeit der gleichen Wahrnehmung ist für uns offenbar ein Prüfkriterium für deren Wahrheitsgehalt.* Dies dürfte auch der Hauptgrund dafür sein, weshalb wir den 'nur' geträumten Wahrnehmungen einen geringeren Wahrheitsgehalt beimessen als den im Wachzustand erlebten. Traumerlebnisse nämlich pflegen sich nur einmal einzustellen. Träume lassen sich - abgesehen von unerwünscht wiederkehrenden Alpträumen - nicht beliebig wiederholen. Nun gehen wir näher an die vertikale Linie heran und bei uns bildet sich der Verdacht, dass es sich um einen Riss im Verputz handeln könnte. Wir fahren mit dem Finger über die aus dieser Nähe betrachtet ziemlich breite vertikale Linie und spüren die Furche in der Wand. Der Verdacht bestätigt sich: es ist ein Riss. *Wir suchen also nach übereinstimmenden Wahrnehmungen in verschiedenen Sinneskanälen.* Lässt sich die Wahrnehmung eines Sinnes durch andere Sinne nicht nachvollziehen, dann zweifeln wir an deren Wahrheitsgehalt. So legte auch, wie das Neue Testament berichtet, der 'Zweifler' Thomas seine Hände in die Wundmale des Herrn, um dessen Auferstehung glauben zu können. Aus dem gleichen Grunde käme im Kino wahrscheinlich niemand von uns auf die Idee, plötzlich auf die Bühne zu gehen und dem Hauptdarsteller auf der Leinwand die Hände zu schütteln. Weil wir ihn zwar sehen und hören, nicht aber auch berühren können, wissen wir, dass er 'nur im Film', nicht aber 'in Wirklichkeit' anwesend ist. Gerade die Bestätigung einer optischen Wahrnehmung durch eine Berührung scheint uns ein besonders starkes Gefühl von Wirklichkeit zu vermitteln. So pflegen wir denn auch nach handfesten Beweismitteln zu suchen.

Zurück zu unserem Riss an der Wand: Zu guter Letzt trommeln wir noch die ganze Familie zusammen, und alle sind sich einig: Die Wand hat einen Riss bekommen. Jetzt sind wir uns ganz sicher, denn alle Familienmitglieder haben sich davon überzeugt. *Unsere ursprünglich nur subjektive Wahrnehmung ist eine 'intersubjektive' geworden.*

Wonach suchen wir also, wenn wir nach Wahrheit suchen? Wir suchen nach Bestätigung unserer Erfahrung durch Wiederholung - sei es zu einem anderen *Zeitpunkt*, sei es in einem anderen *Sinneskanal* oder sei es durch andere *Personen*. Die Wiederholung der Erfahrung verleiht letzterer Stabilität im Sinne von Konstanz und Konsistenz. Diese Beständigkeit der Erfahrung vermittelt uns zusätzlich die Erfahrung von Wahrheit. Im Sanskrit, der klassischen

Sprache des alten Indien, die sich - ähnlich wie das Lateinische in der katholischen Kirche - als Gelehrtensprache bis auf den heutigen Tag erhalten hat, heisst Wahrheit 'Satya', was soviel bedeutet wie: das, was ist; das, was Bestand hat; also das, was einer Prüfung standhält. Ähnlich beschreibt der griechische Philosoph Parmenides Wahrheit als ein 'unveränderliches, unerschütterliches Seiendes'. Im Schweizerdeutschen gibt es ein Wort, das diesen Gedanken besonders schön zum Ausdruck bringt: das, was 'verhebt'. Die sinnliche Assoziation, die uns dabei unwillkürlich kommt, ist ein harter Fels, vielleicht aus unverwüstlichem Granit. So sprechen wir von 'hard facts' oder von einer Hypothese, die sich 'erhärtet'. Wahrscheinlich sprachlich verwandt mit dem Sanskritwort 'Satya' ist der Planetenname 'Saturn'. Für den Astrologen steht Saturn für Härte, Widerständigkeit, Bewährung und Realitätsprüfung.

Naturgesetze um uns und in uns

Es hat ganz den Anschein, dass die Erfahrung des Tastsinnes von Festigkeit uns die Vorstellung darüber eingepflanzt hat, was in dieser Welt 'real' und was 'nur ein Hirngespinst' ist. Und dies, wiewohl wir heute wissen, dass die Festigkeit eines Granitblockes genauso eine Sinnestäuschung ist wie der Umlauf der Sonne um die Erde. Tatsächlich hat die empirische Naturwissenschaft die Wahrheit eben nicht in der Festigkeit der Materie gesucht, sondern früh erkannt, dass diese in ständiger Bewegung begriffen ist. Wie schon Heraklit feststellte, ist alles im Fluss und damit im Wandel. Die Welt - und alles in ihr - bewegt und verändert sich ständig. Diese Bewegungen und Veränderungen weisen aber eine gewisse Regelhaftigkeit auf, d.h. es liegt ihnen etwas zugrunde, was diesen vorausgeht, sie bedingt und sie zeitlich überdauert. Ihre Kenntnis würde es erlauben, die Naturprozesse, die sie steuern, bis zu einem gewissen Grad vorherzusagen und damit gezielt zu beeinflussen. Die Rede ist von den sogenannten Naturgesetzen. Naturgesetze sind etwas vergleichsweise Stabiles, denn sie galten vor einhundert Millionen Jahren gleich wie heute und gelten genauso auf einem Stern, der ebenso viele Lichtjahre weit von uns entfernt ist. Meist mathematisch formuliert, wann immer möglich, experimentell überprüft und tausendfach in der Praxis angewendet sind sie die 'gesicherten Erkenntnisse', die 'unumstösslichen Wahrheiten' der modernen Naturwissenschaft empirischer Provenienz.

Erinnern wir uns aber, mit welcher *Blickrichtung* die empirische Naturwissenschaft vor rund einem halben Jahrtausend angetreten war: Geht hinaus, beobachtet und erforschet die Natur 'da draussen'!

Und wo bleibt dabei der Mensch? Nun, auch er wurde als etwas 'da draussen' angegangen und gleichermassen zum Forschungsobjekt gemacht. Das Wort Objekt (von lateinisch ob-jicere) bedeutet übrigens wörtlich: das, was gegenüber liegt, also von uns aus gesehen etwas 'da draussen'. Dies gilt auch für die deutsche Übersetzung von 'Objekt' als '*Gegen*stand'. Ein 'Untersuchungsgegenstand Mensch' steht uns entgegen und befindet sich damit ausserhalb unserer selbst.

Was Wunder also, dass sich die Naturwissenschaft als erstes dasjenige am Menschen vorgenommen hatte, was am Gegenständlichsten ist: seinen Körper nämlich, und sogar heute noch Mühe mit allem hat, was weniger gegenständlich ist, wie beispielsweise Gedanken und Gefühle. Das Resultat davon ist unsere westliche Schulmedizin. Ähnliches gilt auch für eine in der ersten Hälfte des 20. Jahrhunderts florierende Schule der Psychologie, die sich selbst als besonders naturwissenschaftlich verstand: den Behaviorismus. Für die Behavioristen bestand der einzig legitime Gegenstand der Psychologie im 'objektiven', beobachtbaren Verhalten. (Daher der Name dieser Schulrichtung 'Behaviorismus' von englisch behavior, Verhalten).

Die Aussengerichtetheit der naturwissenschaftlichen Beschäftigung mit dem Menschen reduzierte diesen auf seine äusseren, eben von aussen beobachtbaren Erscheinungen. Das Menschlich-Innere wurde gleichsam exterretorialisiert. Natur existiert aber nicht nur 'da draussen', sondern auch in uns drinnen. Es gibt nicht nur eine Natur um uns, sondern auch eine Natur in uns. Und auch diese, unsere innere Natur weist eine gewisse Regelhaftigkeit und Ordnung auf, d.h. sie funktioniert nach Gesetzen. Um diese Gesetze in uns geht es in diesem Buch. Nach allem, was wir uns bisher über das Wesen menschlicher Erkenntnis klar gemacht haben, ist die Erkenntnis dieser Gesetze - und erst recht ihre sprachliche Ausformulierung - gewiss nichts Objektives, sondern etwas total Subjektives. Gleichwohl habe ich mich in dreissig Jahren Beschäftigung mit unserer inneren Natur darüber vergewissert, dass die darin wirkenden Gesetzmässigkeiten von jedermann und immer wieder nachvollzogen werden können. Sie sind also etwas zeitlich Stabiles und universell Gültiges und verdienen von daher effektiv die Bezeichnung 'Gesetze'. Andernfalls würde es sich ja nur um eine 'Privat-Offenbarung' meinerseits handeln, die für Sie als Leser keinerlei Relevanz besässe, weshalb ich sie getrost für mich behalten könnte. So aber möchte ich meine Erkenntnisse mit Ihnen teilen, indem ich sie Ihnen mitteile. Mein Wunsch für Sie ist es dabei, dass Sie die Gesetzmässigkeiten in sich wiedererkennen und für Ihr Leben nutzen können.

Interessiert? Dann folgen Sie mir bitte ins zweite Kapitel.

Fünf Erkenntnisse aus Kapitel 1

1. Wissen ist immer subjektiv.
2. Verlässliches Wissen ist reproduzierbares Wissen.
3. Wahr ist, was sich bewährt.
4. Naturgesetze sind Wahrheiten.
5. Naturgesetze gibt es auch in uns.

2. Erkenne Dich selbst!

Der delphische Imperativ

Im Herzen Griechenlands am südlichen Abhang des Parnassos-Gebirges gelegen, galt es vom Kaukasus bis zu den 'Säulen des Herakles' (Meerenge von Gibraltar) als 'Nabel der Welt', war es über Jahrhunderte hinweg das unbestrittene Zentrum der Weisheit, und ist es bis zum heutigen Tage berühmt für die Schiedssprüche, Ratschläge und Weissagungen seines Orakels: das Apollo-Heiligtum von Delphi. Einst betrat der Pilger den heiligen Bezirk, schritt die in Serpentinen gewundene Strasse hinauf, und so vorbeiziehend an den schmucken Schatzhäusern der griechischen Stadtstaaten erreichte er schliesslich den Tempel Apolls. Er verweilte nun einen Augenblick, bevor er in das Innere des Tempels eintrat, war er doch endlich am lange ersehnten Ziel seiner Pilgerreise angelangt. Sein Blick wanderte aufwärts, den mächtigen, sich nach obenhin verjüngenden Säulen entlang. Da gewahrte er über dem Eingangstor die lakonische Inschrift: „Gnothi seauton", Erkenne Dich selbst! Das also war die Botschaft und das Gebot des Licht- und Musikgottes, der Schlüssel zu all seiner Weisheit.

Auch für uns Heutige, zweieinhalb Jahrtausende später, hat der delphische Imperativ nichts von seiner Dringlichkeit eingebüsst. Versuchen wir, ihn in die Tat umzusetzen! Man kann dabei von aussen nach innen fortschreitend, drei Fragen zur Selbsterkenntnis stellen.

Die erste, gewissermassen äusserlichste Fragestellung lautet: *Wie* bin ich? Bin ich tugend- oder lasterhaft, hübsch oder hässlich, intelligent oder dumm, zugänglich oder unnahbar, musikalisch oder unmusikalisch? Es geht um meine Eigenschaften, meine Fähigkeiten, meinen Charakter. Die Frage „Wie bin ich?" betrifft mein So-Sein im Vergleich zu anderen Menschen. Ohne diesen Vergleich wäre mein So-Sein schlicht inexistent. In dem Moment, wo man beispielsweise über jemanden sagt, er sei sprachbegabt, sagt man gleichzeitig unausgesprochen mit, dass die meisten anderen Menschen mehr Mühe beim Erlernen von Fremdsprachen haben. Die Antwort auf die Frage „Wie bin ich?" ist also immer ein Vergleich mit anderen, meist mit der statistischen Norm.

Will ich also die Frage „Wie bin ich?" beantworten, so muss ich mich mit einem Aussenkriterium vergleichen und von diesem ein Urteil einholen. Ich muss *über mich etwas erfahren.* Meistens geschieht dies durch sogenanntes soziales Feedback, d.h. meine menschliche Umwelt teilt mir mit, wie ich bin, oder zumindest, wie sie mich wahrnimmt. Sie spricht vielleicht Anerkennung oder Kritik aus, oder lässt es mich ganz einfach durch ihr Verhalten spüren.

Ich kann aber auch etwas über mich erfahren, wenn ich Produktionen von mir - z.B. meine Handschrift, mathematische Leistungen, Geschicklichkeitsleistungen, Antworten auf bestimmte Fragen - mit den Produktionen anderer vergleiche. Genau dies geschieht im Rahmen der wissenschaftlichen Psychodiagnostik mit ihren zahlreichen Testverfahren von Intelligenzleistungs- über Fragebogentests und graphologischen Gutachten bis hin zu den sogenannten Gestaltungstests (z.B. Baumzeichnen). Praktisch immer besteht das Testresultat in einem Vergleich zwischen einer individuellen Produktion und der Norm. Klassisches Beispiel dafür ist der Intelligenzquotient, bei dem man die Normleistung, also die Durchschnittsleistung der betreffenden Altersgruppe in der Bevölkerung, mit '100 Punkten' definiert hat. Die meisten Angehörigen dieser Altersgruppe bringen Leistungen rund um 100 Punkte. Wesentlich bessere oder schlechtere Leistungen sind seltener. Man erhält so eine Normalverteilung mit der bekannten Gestalt der Gaus'schen Glockenkurve. Nun kann man eine individuelle Testleistung in Relation zur Bevölkerungsnorm lokalisieren und sie je nachdem als durchschnittlich, unter- oder überdurchschnittlich qualifizieren.

Eine zweite, tiefergehende Fragestellung der Selbsterkenntnis lautet: „*Wer* bin ich?" In dieser Frage geht es um meine Identität. Und auch diese Frage hat etwas damit zu tun, inwiefern ich mich von anderen unterscheide, denn sonst habe ich keine. Die in Serienproduktion hergestellte Schraube Nr. 0815 007 hat beim besten Willen keine Identität gegenüber der Schraube Nr. 0815 008 der gleichen Serie. Wenn ich im obigen Sinne etwas über mich erfahre, so ist dies gewiss hilfreich für die Suche nach meiner Identität, denn ich bekomme von aussen Informationen über meine Eigenschaften, auch Eigenheiten und damit über mein Eigen-sein, sprich Anderssein als alle anderen. Es genügt aber nicht für meine Identitätsfindung, dass ich nur 'über mich etwas erfahre', ich muss auch *mich erfahren*, wie *ich* mich - und nicht die anderen mich - fühle und erlebe.

Wir alle erfahren uns tagtäglich, jahraus, jahrein mit der grössten Selbstverständlichkeit. Ja, mit so grosser Selbstverständlichkeit, dass wir darüber vergessen, dass wir ja nicht nur die Welt, sondern auch uns selber erfahren. Ohne diese unbewusst mitlaufende Selbsterfahrung nämlich könnten wir uns an unsere Erfahrungen gar nicht erinnern. Dank dieser Erinnerungen aber ist es uns möglich, diese Selbsterfahrung durch Reflexion uns selber bewusster zu machen und dadurch uns selbst tiefer zu erkennen.

Vollends angewiesen darauf, 'mich zu erfahren', bin ich, wenn ich mich der am tiefsten gehenden Frage der Selbsterkenntnis nähere: „*Was* bin ich?" Hier geht es gleichsam um den Stoff, aus dem ich gemacht bin, und um die Art und Weise, wie ich funktioniere. In beidem unterscheide ich mich möglicherweise nicht von anderen, so dass Vergleiche im obigen Sinne nichts zu einer Antwort beitragen. Die Frage „Was bin ich?" sprengt den Rahmen meiner Person. Sie überschreitet die Grenzen meiner individuellen Identität und weitet sich aus zu der universellen Frage: Was ist der Mensch? Informationen 'über mich' von aussen, sei es in Form von sozialem Feedback oder Testresultaten, vermögen bei weitem nicht, bis zu dieser Tiefe vorzudringen. Hier hilft nur noch die unmittelbare Erfahrung meiner selbst und deren gedankliche Reflexion.

Im Zuge der drei Stufen tiefergehender Selbsterkenntnis, ausgedrückt in den drei Fragen Wie, Wer und Was bin ich?, haben wir drei Erkenntnisquellen kennengelernt, nämlich *externe Informationen, eigene Erfahrung* und *gedankliche Reflexion*. In dieser Auflistung fehlt die sogenannte 'Introspektion' oder Selbst-Beobachtung, die immer wieder als Methode der Selbsterkenntnis aufgeführt wird. Sehen wir, was es mit der Introspektion auf sich hat.

Von der Introspektion zur empirischen Sozialforschung

Die Introspektion, wörtlich Nach-innen-Schau, ist, so merkwürdig dies klingen mag, ein Kind der empirischen Naturwissenschaft, von der im ersten Kapitel die Rede war.

In der empirischen Naturwissenschaft wird Wissen durch Beobachtung erlangt. Der Psychologe C.F. Graumann beschreibt Beobachtung als 'die absichtliche, aufmerksam-selektive Art des Wahrnehmens, die ganz bestimmte Aspekte auf Kosten der Bestimmtheit von anderen beachtet'. Als sich im Laufe der zweiten Hälfte des 19. Jahrhunderts die Psychologie als eigenständige Wissenschaft herausbildete, wendeten ihre Gründer (z.B. Wilhelm Wundt) diese Methode auf das 'Psychische', also auf Wahrnehmungen, Gedanken, Empfindungen, Gefühle, Erinnerungen etc. an. Gerade mit dieser Selbst-Beobachtung als Forschungsmethode wollten sie die Psychologie als eine den anderen Naturwissenschaften prinzipiell ebenbürtige Einzelwissenschaft legitimieren, und sie so von ihrer gleichsam in Jahrtausenden gealterten Mutter, der nur 'spekulativ' arbeitenden Philosophie, emanzipieren. Der Unterschied zu den anderen Naturwissenschaften bestünde lediglich darin, dass man nicht Objekte 'da draussen', sondern Vorgänge 'in uns drinnen' beobachtet. Bei der Introspektion liegt der Beobachtungsgegenstand also nicht - wie bei den 'normalen' Naturwissenschaften - ausserhalb, sondern innerhalb des Forschers; ja, er ist der Forscher selbst. Der Forscher beobachtet sein eigenes Erleben, er beobachtet sich selbst.

Ein vernichtender Einwand gegen eine solche Erlebnisbeobachtung wurde allerdings schon Ende des 18. Jahrhunderts, und just von einem Vertreter jener gealterten Mutter, der Philosophie, vorgebracht, der uns auch schon im ersten Kapitel begegnet ist: Immanuel Kant. Er wies zu Recht darauf hin, dass die Tätigkeit des Beobachtens den Gegenstand der Beobachtung, nämlich das eigene Erleben, beeinflusst und damit letztlich zerstört. Versuchen Sie beispielsweise einmal, diese Sätze zu lesen und sich gleichzeitig beim Lesen zu beobachten. Im günstigsten Falle wird Ihre Aufmerksamkeit zwischen Lesen und Beobachten hin- und her pendeln, aber beides gleichzeitig wird Ihnen kaum gelingen. Der Beobachtungsvorgang löscht den zu beobachtenden Erlebnisvorgang aus und umgekehrt. Deshalb hat man bereits in den Gründerjahren der Psychologie (Brentano) zwischen 'innerer Wahrnehmung' und 'innerer Beobachtung' unterschieden. „Die innere Wahrnehmung hat das Eigentümliche, dass sie nie innere Beobachtung werden kann." Ein Ersatz für die simultane Erlebnisbeobachtung biete sich allenfalls in der 'Betrachtung früherer psychischer Zustände im Gedächtnisse', was Brentano als 'rückschauende Selbstbeobachtung' bezeichnete. „Dann müsste man folgerichtig jedes Erinnern eine rückschauende Selbstbeobachtung nennen", meint dazu jedoch mit Recht der Psychologe W. Traxel in seiner 1968 erschienenen Abhandlung 'Über Gegenstand und Methode der Psychologie'. Er kommt darin zu dem Ergebnis, dass eine Methode der Selbstbeobachtung, also die Introspektion, nicht nur unmöglich, sondern auch entbehrlich ist, denn „selbstverständlich gibt es ein Wissen vom eigenen Erleben. Dieses Wissen ist aber im Erleben schon enthalten bzw. es stammt aus dem Nachdenken über das Erlebte, nicht jedenfalls aus seiner Beobachtung".

Es bleibt also bei den drei prinzipiellen Quellen der Selbsterkenntnis: Informationen von aussen, eigenes Erleben und 'Nachdenken über das Erlebte'. Und doch weist der missglückte Versuch einer Selbst-*Beobachtung* auf ein Forschungsbedürfnis hin, das die blosse Selbst-*Erfahrung* nur unzureichend zu befriedigen vermag. Der Psychologe Dorsch definiert die Beobachtung als „einen von Aufmerksamkeit getragenen ... Wahrnehmungsprozess, der auf einen bestimmten Gegenstand *mit der Intention möglichst genauer und umfassender Kenntnisgewinnung* gerichtet ist" (Psychologisches Wörterbuch, Hervorhebung von mir). Beim Beobachten geht es also um 'Kenntnisgewinnung', und diesem Zweck dient die auf einen bestimmten Gegenstand gerichtete und dort gehaltene, sprich konzentrierte Aufmerksamkeit. Die eigentliche Tätigkeit des Beobachtens erfüllt also eine Erkenntnisfunktion und verleiht dadurch der Erfahrung den Status einer Forschungsmethode. Indem der Forscher seine Aufmerksamkeit auf den Forschungsgegenstand bündelt, versucht er, möglichst viele und relevante Informationen über den Forschungsgegenstand aufzunehmen. Erst die Konzentration seiner Aufmerksamkeit ermöglicht es ihm, Informationen systematisch festzuhalten, also zu protokollieren. In der konzentrierten Aufmerksamkeit liegt somit die 'Power', die Leistungsfähigkeit der Beobachtung als Forschungsmethode.

Gerade diese konzentrierte Aufmerksamkeit und die damit verbundene Erwartungshaltung verträgt sich aber nicht mit dem spontanen Fluss des eigenen Erlebens. Das eigene Erleben muss, soll es als solches intakt und unverfälscht bleiben, von jeglicher Beobachtungstätigkeit seitens des Erlebenden freigehalten werden. Damit ermangelt es zwangsläufig auch jener erkenntnismässigen Ertragskraft, die der Beobachtung eigentümlich ist. Das blosse Erleben, die reine Erfahrung, ist vielleicht sehr echt und 'unschuldig', dafür aber vergleichsweise flüchtig (eigentlich = sich verflüchtigend) und unstrukturiert, gleichermassen 'beiläufig' und somit wenig ergiebig, was den Erkenntnisgewinn anbetrifft.

Die moderne Psychologie hat dieses Dilemma dahingehend zu lösen versucht, dass sie auf eine Methode der Selbst-Beobachtung de facto verzichtet und sich statt dessen auf die Beobachtung des Erlebens anderer verlegt hat. Statt sich selbst zu beobachten, was ja nicht möglich ist, lässt der Psychologe heutigen Zuschnitts andere erfahren und von ihren Erfahrungen berichten, in Form von 'freiem Assoziieren', mit Hilfe von Interviews oder mittels schriftlicher Fragebögen. So wie die 'klassischen' Naturwissenschaftler Messgeräte zur Erweiterung und Verfeinerung ihrer Beobachtung konstruierten, entwickelten die sich nun als 'empirische Sozialwissenschaftler' verstehenden Psychologen und Soziologen immer raffiniertere Befragungstechniken und -instrumente, um an das Erleben ihrer 'Versuchspersonen', 'Probanden' oder 'Zielgruppen' heranzukommen. Die diesbezüglichen Leistungen der Sozialwissenschaftler in weniger als einem Jahrhundert sind nicht minder bewundernswert als diejenigen ihrer naturwissenschaftlichen Vorläufer. Die praktische Anwendung dieser Leistungen etwa in der klinischen Forschung oder in der Markt- und Meinungsforschung ist vom heutigen Alltag nicht mehr wegzudenken.

Was geschah also innerhalb der Psychologie? Angetreten im Zeichen der Selbst-Beobachtung, verwandelte sie diese (übrigens ganz im Sinn und Geist der nach aussen gerichteten Naturwissenschaften!) in eine Fremd-Beobachtung, sei es als Verhaltens-Beobachtung (Behaviorismus) oder als Erlebnis-Befragung (Sozialforschung).

Und was wird aus unserem delphischen Imperativ? Für die empirischen Sozialwissenschaften müsste er lauten: „Erforsche die anderen!" Wie aber steht es mit dem „Erkenne Dich selbst!"?

Das Dilemma einer vergleichsweise geringen Erkenntnisausbeute des unmittelbaren eigenen Erlebens wird eben nicht dadurch gelöst, dass man dieses elegant umschifft und auf das Erleben anderer ausweicht. Gibt es aber vielleicht dennoch irgend etwas, wodurch wir das eigene Erleben erkenntnisproduktiver machen, es gleichsam aus seinem vorwissenschaftlichen Dornröschenschlaf erwecken und in den Stand einer der Beobachtung ebenbürtigen Forschungsmethode erheben könnten?

Subjektive Erfahrung auf experimentellem Niveau

Zunächst einmal müssen wir etwas finden, was die Abwesenheit jeglicher Beobachtungtätigkeit kompensiert: Der Ersatz für die konzentrierte Aufmerksamkeit liegt in der *mehrmaligen Wiederholung der gleichen Erfahrung*. Wenn wir eine Erfahrung immer wieder machen, wird sie mit jeder Wiederholung klarer, strukturierter, eindeutiger und damit auch - erinnern wir uns an die Geschichte mit dem Riss an der Wand - wahrhaftiger. Nehmen wir einmal an, wir hören zum ersten Mal die Jupitersynphonie von

Mozart. So sehr wir uns auch bemühen, genau aufzupassen, uns fest zu konzentrieren, uns nichts entgehen zu lassen, wir werden beim besten Willen nur einen Bruchteil des musikalischen Gehaltes mitbekommen. Besser wäre es, wir würden die Musik völlig entspannt und absichtslos auf uns wirken lassen, uns dafür aber immer wieder diesem Vergnügen aussetzen. Mit der Zeit würden wir durch Wiedererkennen von bereits Gehörtem den vollen musikalischen Reichtum des Werkes erfassen können, ohne uns auch nur im geringsten dabei anzustrengen. Ähnliches gilt für eine Bildbetrachtung, die eben nicht 'Bild-Beobachtung' heisst. Die Aussage des Malers wird sich uns in dem Masse erschliessen, wie wir das Bild immer wieder offen und unvoreingenommen auf uns wirken lassen, und nicht etwa dadurch, dass wir das Bild computermässig scannen und vermessen.

Im Kunsterleben kennt man also das *Prinzip der Erfahrungs-Verstärkung durch Erfahrungs-Wiederholung.* Die mehrmalige Wiederholung eines Erlebnisses schafft Vertrautheit mit dem betreffenden Erlebnis. Es ist, wie wenn man eine zunächst fremde Stadt immer wieder besucht. Mit jedem Besuch fühlt man sich dort mehr zu Hause, kennt man sich besser in der Stadt aus. Jeder Besuch bringt neue Bestätigungen für bereits gemachte Erfahrungen. Durch jeden erneuten Besuch prägen sich die gemachten Erfahrungen tiefer ins Gedächtnis ein, was dem Protokollieren beim Beobachten entspricht. Schliesslich kann man mit Überzeugung sagen, dass man die Stadt kennt. Aber woher? Aus konzentrierter Beobachtung? Keineswegs, sondern aus wiederholter Erfahrung. Allein die fortgesetzte Wiederholung der gleichen Erfahrung verschafft letzterer die erkennt-nismässige Ertragskraft, die wir brauchen, wenn wir sie als leistungsfähige Methode zur Selbsterkenntnis einsetzen wollen.

Leistungsfähigkeit ist ein notwendiges, aber noch kein hinreichendes Gütekriterium für eine Methode, die Wissen schaffen soll. Die dadurch gewonnen Informationen müssen zudem noch verlässlich in dem Sinne sein, dass andere mit der gleichen Methode die gleichen Informationen erhalten. Es ist wieder so wie in der Geschichte mit dem Riss an der Wand. Die ursprünglich nur subjektive Erfahrung muss zumindest prinzipiell eine inter-subjektive werden können. Mein eigenes Erleben ist nur dann keine 'Privat-offenbarung', sondern eine verallgemeinerbare Erkenntnis, wenn Sie es im wahrsten Sinne des Wortes nacherleben können. In der *Wiederholbarkeit durch andere* liegt also die *Zuverlässigkeit* der individuellen Erfahrung als Methode der Selbsterkenntnis.

Wenn diese Überlegungen richtig sind, dann verlangen wir zweierlei von der subjektiven Erfahrung, damit sie den Anforderungen an eine der Beobachtung ebenbürtige Forschungsmethode genügen kann: Erstens muss sie *immer wieder* gemacht werden können (= intra-individuelle Wiederholbarkeit) und zweitens muss sie *von jedermann* gemacht werden können (= inter-individuelle Wiederholbarkeit). Intra- und inter-individuelle Wiederholbarkeit setzen nun ihrerseits voraus, dass die notwendigen und hinreichenden Bedingungen zur Auslösung der betreffenden subjektiven Erfahrung bekannt sind und willentlich gesetzt werden können, denn nur dann können wir diese Erfahrung immer wieder und bei jedermann hervorrufen. Was wir von der subjektiven Erfahrung verlangen, ist nichts geringeres als ihre Realisierung auf dem Niveau des Experiments. Das Experiment war und ist, wie wir festgestellt haben, die methodische Krönung der empirischen Naturwissenschaften. Es ist die planmässige Auslösung eines Naturvorganges zum Zwecke seiner jederzeit und überall reproduzierbaren Beobachtung. Analog ist die subjektive Erfahrung auf experimentellem Niveau die *planmässige Auslösung eines Erlebnisvorganges zum Zwecke seiner jederzeit und überall reproduzierbaren Erfahrung.*

Vedische Wissenschaft - Wissenschaft vom Bewusstsein

Tatsächlich gibt es eine uralte, empirische Wissenschaft vom Bewusstsein, die seit Jahrtausenden erfolgreich mit der subjektiven Erfahrung auf experimentellem Niveau arbeitet. Es ist die 'vedische Wissenschaft' (von Sanskrit Veda = Wissen), die sich bis heute vor allem im Himalaja erhalten hat. Die vedische Wissenschaft entwickelte ein ganzes Arsenal von Methoden zur reproduzierbaren Auslösung bestimmter Erfahrungen, die unter dem Oberbegriff 'Yoga' (wörtlich übersetzt: Verbindung) zusammengefasst wurden. Die weithin bekannten Yoga-Körperübungen stellen nur einen kleinen und überdies eher atypischen Ausschnitt aus dem Yoga-Instrumentarium dar. Charakteristischer sind mentale Techniken, mit deren Hilfe bestimmte Bewusstseinszustände erzeugt werden.

Eine frühe Begegnung des 'abendländischen Geistes' mit einem führenden Vertreter der vedischen Wissenschaft schildert um 200 nach Christus Philostratos in seiner Biographie des Apollonius von Tyana. Apollonius war eine überragende Lehrer- und Heilergestalt des ersten nachchristlichen Jahrhunderts, dem ähnliche Wundertaten wie Jesus nachgesagt wurden. Er wuchs in wohlhabenden Verhältnissen in Tyana auf, einer griechischen Stadt in Südost-Anatolien, und erklärte sich schon in jungen Jahren als ein Schüler des Pythagoras, der 600 Jahre vor ihm wirkte. Sein Wissensdurst und Erkenntnishunger führten ihn über Mesopotamien und Persien bis nach Indien zum 'Berg Meru' (griechisch Berg Meros) im Himalaja, um sich von den dort lebenden 'Brachmanes' (Brahmanen) unterweisen zu lassen. Später erzählte Apollonius darüber in Ägypten: „Ich sah die indischen Brahmanen, welche auf der Erde und auch wieder nicht auf der Erde leben, in festen Burgen ohne Befestigungen wohnen und ohne Besitztum im Besitze von allem sind." Sein Biograf Philostratos berichtet ausführlich von seinem Zusammentreffen mit Iarchas, einem geistigen Oberhaupt der 'Brachmanes', bei dem er sich dann vier Monate lang aufhielt und der offenbar sein Guru (wörtlich: Vertreiber der Geistesfinsternis) wurde. Interessant ist ein von Philostratos überlieferter Wortwechsel kurz nach der Ankunft des Apollonius:

Als Apollonius sich gesetzt hatte, sagte Iarchas: „Frag nur was Du willst! Denn du bist ja zu Männern gekommen, die alles wissen." Hierauf wollte Apollonius wissen, ob sie auch sich selbst kennen, da er wie alle Hellenen glaubte, dass es ausserordentlich schwer sei, sich selbst zu erkennen. Iarchas aber antwortete ganz entgegen der Meinung des Apollonius: „Wir erkennen alles, gerade weil wir ja an erster Stelle uns selbst erkennen. Niemand von uns kann sich dieser Art Wissenschaft nähern, wenn er sich nicht als erstes selbst vollständig wahrgenommen hat."

In der vedischen Wissenschaft wird Erkenntnis zuallererst als eine Funktion des Erkennenden gesehen, eine Betrachtungsweise, die uns schon einmal bei Kant in seiner Kritik am 'naiven' Empirismus begegnet ist. Es sind die Randbedingungen des wahrnehmenden Subjektes, Raum und Zeit, die sich in den wahrgenommenen Eigenschaften des Erkenntnis-Objektes wiederfinden. Die vedische Wissenschaft geht aber wesentlich über diese Randbedingungen hinaus, indem sie diese als Merkmale lediglich *eines* Bewusstseinszustandes, nämlich des Wachzustandes, identifiziert. Die Randbedingungen von Erkenntnis liegen im Bewusstsein des Erkennenden und dieses Bewusstsein kann unterschiedliche Zustände annehmen. Je nach Bewusstseinszustand des *Erkennenden* sieht das *Erkannte* anders aus. Wissen erhält seine Struktur vom Bewusstsein. Wissen ist unterschiedlich in unterschiedlichen Bewusstseinszuständen.

Der entscheidende Schritt, mit dem die vedische Wissenschaft über Kant hinausgeht, besteht darin, dass sie Bewusstsein nicht als 'Konstante', sondern als 'Variable', eben als die 'unabhängige Variable' der Erkenntnis behandelt. Verändert sich der Bewusstseinszustand des Erkennenden, dann verändert sich in Abhängigkeit davon auch seine Erkenntnis. Wissenszuwachs wird dadurch erlangt, dass der Erkennende eine Entwicklung seines Bewusstseins durchmacht. Das zu erkennende Objekt, worin auch immer es bestehen mag, bleibt unangetastet. In der Objektwelt 'da draussen' wird nichts manipuliert oder verändert. Ganz im Gegensatz dazu vollzieht sich der Erkenntnisfortschritt in der westlichen Naturwissenschaft dadurch, dass man den Untersuchungsgegenstand, worin auch immer er bestehen mag, eben 'untersucht', d.h. befragt, auseinandernimmt und wieder zusammensetzt, zerlegt, analysiert, den verschiedensten Bedingungen aussetzt, also manipuliert. Der Erkennende und sein Bewusstsein ist in der naturwissenschaftlichen Vorgehensweise ein Störfaktor, der gefälligst draussen zu bleiben hat, weshalb man ihn im Sinne einer 'Störvariablen' konstant hält. Aus diesem Forschungsansatz heraus ist es denn auch nur folgerichtig, dass man darauf aus war, das *Ding an sich* zu erkennen. Analog und ebenso folgerichtig war man in der vedischen Wissenschaft auf der Suche nach dem *Bewusstsein an sich*. Und siehe da, man ist mit Hilfe des Yoga-Instrumentariums, also mittels subjektiver Erfahrung auf experimentellem Niveau, fündig geworden:

Es gibt einen Grundzustand des Bewusstseins, der nur aus Bewusstsein besteht, *'reines' Bewusstsein*. Er ist nicht Bewusstsein von etwas, nicht Denken an etwas, also nicht inhaltlich konkretisiertes, definiertes und damit begrenztes Bewusstsein, sondern nur bewusstes Sein, Existenz, die sich ihrer selbst bewusst ist. Der Erkennende *ist* nur noch und *merkt*, dass er ist. Ein solcher Zustand reinen Bewusstseins ist reine Selbsterfahrung und damit auch reine Selbsterkenntnis, wobei Erkennender, Erkanntes und der Erkenntnisakt in einem zusammenfallen. Alle drei sind dasselbe Selbst. Da reines Bewusstsein bewusst und nicht unbewusst ist, ist es auch reines Wissen, *Wissen an sich* (Veda), auf dem alles Wissen *über etwas* aufbaut. Dies ist der Verständnishintergrund, mit dem wir die Antwort des Iarchas auf die Frage des Apollonius interpretieren müssen.

Vedische Wissenschaft von Bewusstsein auf der einen und moderne Natur- und Sozialwissenschaften auf der anderen Seite, sind einander diametral entgegengesetzt, was ihre Ausrichtung und Stossrichtung anbetrifft. Sie sind methodisch gesehen parallel, insofern sie beide empirische Wissenschaften sind, d.h. durch Erfahrung verlässliches Wissen schaffen. Sie sind einander ebenbürtig in dem Sinne, dass sie die Gewinnung von Erfahrungswissen auf dem Niveau des Experimentes realisieren. Sie ergänzen sich prächtig, wenn es darum geht, den Gesetzmässigkeiten in uns auf die Spur zu kommen.

Vedische Wissenschaft = Hinduismus?

„Aber das, was Sie da vedische Wissenschaft nennen, ist doch Hinduismus, und wir sind doch schliesslich Christen", höre ich den einen oder anderen Leser einwenden.

Zunächst zur Beziehung der vedischen Wissenschaft zum Hinduismus und umgekehrt: 'Hinduismus' ist eine Sammelbezeichnung der Europäer und Araber für eine Vielzahl von Kulten, Glaubensrichtungen, Überlieferungen, Mythen, Sitten und Gebräuchen, die sie auf dem indischen Subkontinent nebeneinander existierend vorfanden. 'Hinduismus' ist als Religionsbezeichnung ungefähr so präzise, wie wenn ein Inder oder Chinese von 'Europäismus' sprechen würde. Gewiss hatte die vedische Wissenschaft Einfluss auf die 'Hinduismus' genannte indische Kultur, und es ist historisch ebenso richtig wie unvermeidlich, dass das 'Hinduismus' genannte kulturelle Umfeld der vedischen Wissenschaftler Eingang in deren Ausdrucksweise, Symbole und Institutionen fand. Ebenso hat die Wissenschaft des Abendlandes immer wieder ihre Spuren in Weltanschauung, Kultur und Alltag der Europäer hinterlassen und hat umgekehrt die abendländische Kultur die Form des abendländischen Wissenschaftsbetriebes zwangsläufig mitgeprägt. Gleichwohl sind die Erkenntnisse der vedischen Wissenschaft über unser Bewusstsein ebenso wenig 'indisch', wie die Newtonschen Gesetze 'englisch' sind, nur weil sie ein Engländer namens Isaac Newton entdeckt hat.

Im übrigen sollten wir uns aber, meine ich, Apollonius und Iarchas zum Vorbild nehmen. Apollonius war gewiss durch und durch Hellene und litt dennoch nicht an 'Hinduphobie'. Sein Gastgeber, zweifelsfrei Inder, liess Apollonius grosszügig an seiner Weisheit teilhaben, ohne etwa vorher zu verlangen, er müsse erst noch zum Hinduismus konvertieren. Echte Wissenssucher begegneten und begegnen einander stets mit Offenheit, Unvoreingenommenheit und Respekt, unabhängig von der kulturellen und religiösen Sozialisation, die sie durchlaufen haben.

Im ersten Jahrhundert unserer Zeitrechnung funktionierte offenbar noch der geistige Dialog zwischen 'Abendland' und 'Morgenland'. Wenn wir Philostratos glauben dürfen, sprach Iarchas tadellos griechisch und war ein profunder Kenner der griechischen Mythologie, Religion und Literatur. Ja mehr noch, wie der oben zitierte Wortwechsel zwischen Apollonius und Iarchas zeigt, wehte bei den 'Brachmanes' unverkennbar der Geist von Delphi, und der delphische Imperativ wiederum erweckt die Vermutung, dass in Delphi so etwas wie vedische Wissenschaft betrieben wurde. Es gab damals noch keinen unüberbrückbaren Graben zwischen konkurrierenden Glaubensbekenntnissen. Die Wälle aus Vorurteilen waren noch nicht aufgeschüttet und die Stacheldrähte des Fanatismus noch nicht gezogen. Wäre es nicht an der Zeit, das Gelände wieder einzuebnen und an Apollonius und Iarchas anzuknüpfen?

Fünf Erkenntnisse aus Kapitel 2

1. Selbsterkenntnis erlangen wir durch externe Informationen über uns, unmittelbare eigene Erfahrungen und gedankliche Reflexion unserer Erfahrungen.

2. Der psychologische Forscher erforscht die anderen, nicht sich selbst.

3. Um die subjektive Erfahrung zu einer wissenschaftlichen Forschungsmethode zu machen, müssen wir sie auf das Niveau des Experimentes heben.

4. Vedische Wissenschaft ist eine Wissenschaft vom Bewusstsein, die mit der subjektiven Erfahrung auf experimentellem Niveau arbeitet.

5. Vedische Bewusstseinswissenschaft und moderne Natur- und Sozialwissenschaften ergänzen sich in der Erforschung von Naturgesetzen in uns.

3. Verkenne Dich nicht!

Gesslers Hut

Erinnern Sie sich noch an Schillers *Wilhelm Tell* im Deutschunterricht? Falls Sie gar Schweizer(in) sind, werden Sie noch weniger Mühe haben, sich das Bild vom helvetischen Nationalhelden ins Gedächtnis zu rufen, wie er auf Befehl des Landvogtes Gessler mit seiner Armbrust den Apfel vom Kopf seines Sohnes, des Knaben Walter, herunterschiesst. Und das alles nur deswegen, weil er dem Hut seine Reverenz verweigert hat, den der Landvogt zu Altdorf als Symbol seiner und des Kaisers Herrschaft auf einer Stange anbringen liess. Der Hut stand stellvertretend für den Landvogt, und wehe demjenigen, der ohne ihn zu grüssen an ihm vorüberging.

Wir alle tragen einen solchen Hut und grollen jedem, der ihm seine Reverenz verweigert. Bei manchen wird er gar zur Krone, aus der ja kein Zacken herausfallen darf. Bei anderen wiederum wird er zum Gesicht, das mit allen Mitteln gewahrt werden muss. Die Rede ist von Titel, Rang und Namen; Status, Stellung und Funktion; Rolle, Aufgabe und Verantwortung; Familie, Volk und Religion; Überzeugung, Glaube und Moral; kurz von all dem, wo bei den meisten von uns der Humor aufhört und wir keinen Spass mehr verstehen. Und warum? Einfach deshalb, weil wir diese Attribute unserer selbst mit uns selbst verwechseln. Anstatt uns nur *mit* diesen Attributen zu identifizieren, identifizieren wir uns selbst *durch* sie, d.h. wir erlauben ihnen, unsere Identität zu bilden. Attribute aber sind nur - und das ist die Übersetzung aus dem Lateinischen - Hinzufügungen, nicht die Sache selbst. Wenn wir uns selbst mit unseren Attributen verwechseln, ist das ungefähr so, als würden wir vor Schmerz aufschreien, weil das Hemd, das wir am Leibe tragen, eine Falte bekommen hat. Und doch ist es genau das, was wir seit frühesten Kindertagen tagtäglich tun. Es ist der Ursprung von Neid und Unnachgiebigkeit, von Anmassung und Erniedrigung, von Grausamkeit und Verletzlichkeit, von Anklage und Verteidigung, von Verurteilung und Vorurteilen. Es stammt von der Ersetzung unseres Selbstes durch ein Selbst-Bild, das wir gefährlicherweise für unser Selbst halten.

Ich hatte diesbezüglich einmal ein Schlüsselerlebnis bei einem Seminarteilnehmer im Rahmen eines Trainings mit dem Titel „In freier Rede überzeugen". Die Teilnehmer waren einander unbekannt, weil sie aus verschiedenen Firmen kamen. Zu Beginn des ersten Tages sollte jeder Teilnehmer eine kurze, frei gehaltene Rede zu einem beliebigen Thema vortragen mit dem Ziel, alle anderen Teilnehmer von irgendetwas zu überzeugen. Die Kurzvorträge wurden auf Video aufgezeichnet und im weiteren Verlauf des Seminars besprochen. Als letzter Teilnehmer hielt ein junger Mann einen Vortrag über Teletext, einer seinerzeit neuen Dienstleistung der Schweizerischen PTT. Bei einer daran anschliessenden Feedback-Runde stellte sich heraus, dass er mit seinem Vortrag niemanden der anwesenden Teilnehmer von Teletext zu überzeugen vermochte. Dafür hatte er sich aber bei ihnen bis zum Schluss des Seminars den Namen 'Mister Teletext' eingehandelt, was ihn übrigens nicht weiter störte. Als am dritten Seminartag die Videoaufnahme seiner Rede an die Reihe kam, wurde uns allen deutlich, was geschehen war:

Die Rede war so ernst vorgetragen, dass die anderen Teilnehmer aller guten Argumente zum Trotz von Teletext innerlich Abstand nahmen. Während der ganzen Seminardauer vermittelte dieser Teilnehmer den Eindruck: „Wenn jemand etwas gegen Teletext sagt, dann sagt er etwas gegen mich." 'Mister Teletext' wurde wirklich zu Mister Teletext, weil er sich nicht nur *mit* Teletext, sondern sich selber *durch* Teletext identifiziert hatte. Hier lag die Wurzel seiner Humorlosigkeit, die Ursache seines Fanatismus.

Ich bin mir wohl bewusst, dass in vielen Firmen eine solche Überidentifikation von den Mitarbeitern geradezu verlangt wird, was jedoch den krankhaften Charakter dieser Forderung nicht herabmindert. Man findet dieses Phänomen übrigens auch in 'altehrwürdigen' Familien oder in politischen oder religiösen Gemeinschaften mehr oder weniger totalitärer Natur. Einem halbwüchsigen Hitlerjungen des Jahres 1940 hat man immer wieder eingetrichtert: „Du bist in allererster Linie ein Deutscher und zweitens ein Deutscher und drittens noch einmal ein Deutscher!" Und das Tragische war, das Opfer solcher Indoktrination hat es geglaubt, er hat seine Nationalität zu seiner Identität gemacht. In seinem Selbstbewusstsein wurde der Halbwüchsige 'ein Deutscher' - und sonst nichts. Aus diesem Pseudoselbst-Bewusstsein heraus hat er 'für Deutschland' alles getan bis hin zum Verbrechen.

Eine Brutstätte für Pseudo-Identitäten sind immer wieder auch Religionsgemeinschaften mit einem verbindlichen Glaubensbekenntnis. Ihre Mitglieder identifizieren sich häufig nicht mit dieser sondern eben *durch* diese Konfession. Zum Fundamentalismus ist es dann nicht mehr weit.

Selbst und Selbstbild

Wir müssen einen Unterschied machen zwischen uns selbst und unseren Gedanken über uns selbst, zwischen uns selbst und unserem Selbstkonzept, zwischen unserer Identität und unserem Identitäts-Konstrukt. Wir müssen werden, wer wir sind, und uns lösen von den Bildern, die wir uns von uns gemacht haben. Wir müssen uns befreien von Hüten, Kronen und Masken, damit unser wahres Gesicht frei werden kann für uns selbst und andere.

In der psychologischen, esoterischen und spirituellen Literatur wird meines Erachtens zu wenig die Unterscheidung gemacht: zwischen unserem individuellen Selbst, unserer personalen Identität einerseits und einem dieses ersetzende Pseudo-Selbst, einer Ersatz-Identität andererseits. Letzteres wird häufig 'Ego' genannt, leider aber fast ebenso selten von unserem echten Individual-Selbst unterschieden. Wenn es dann bei spirituell orientierten Autoren heisst, der Weg zur Erleuchtung führe über einen 'Abbau' oder eine 'Abtötung', wenn nicht gar eine 'Zertrümmerung' unseres Egos, so ist es kein Wunder, wenn dies ab und zu als Aufforderung zur Selbstverleugnung, Selbstunterdrückung und Selbstvernichtung aufgefasst wird. Kommen dann noch so stark abwertende Begriffe wie 'Selbstgerechtigkeit' und 'Selbstsucht' ins Spiel, dann ist das Missverständnis perfekt.

Als Resultat davon haben wir heute zwei Schulen menschlicher Entwicklung, nämlich die Vertreter der 'Selbst*losigkeit*' auf der einen und die Verfolger der 'Selbst*verwirklichung*' auf der anderen Seite. Diese Verwirrung macht deutlich, dass nicht einmal unsere Sprache die Unterscheidung zwischen 'Selbst' und 'Ego' kennt. Der Widerspruch löst sich aber sofort auf, wenn wir zwar von 'Selbst-Verwirklichung', im Unterschied dazu aber von 'Egolosigkeit' oder abwertend von 'Egogerechtigkeit' oder 'Egosucht' sprechen. Das bedeutet: 'Selbst-Verwirklichung' ja, 'Ego-Trip' nein, wobei in der Praxis jedoch so mancher, der die Selbstverwirklichung auf seine Fahne geschrieben hat, sich in Wahrheit auf einem Ego-Trip befindet. Dies gilt allerdings auch für einen Grossteil derer, die auf dem Tugendpfad der 'Selbstlosigkeit' wandeln.

Das Wort 'Ego' ist lateinisch und bedeutet 'Ich'. Es wäre also von daher die adäquate Bezeichnung für das, was unser persönliches Selbst-Gefühl ausmacht. Ich verwende das Wort aber im Rahmen dieses Buches als Fachausdruck für unser gedankliches Selbst-Bild, also für ein intellektuelles Konzept von uns selbst, das allerdings, wie wir noch sehen werden, in der Praxis auch unser Selbst-Gefühl ausmacht.

Worin genau besteht der Unterschied zwischen unserem echten Selbst und jenem Ego genannten Pseudo-Selbst? Wie genau ist es dazu gekommen, dass unsere eigentliche Identität durch jene Schein-Identität ersetzt wurde? Wann ist es geschehen, und wann wird es aufhören zu geschehen?

Der Ursprung unseres Ego liegt darin, dass wir anstatt uns zu spüren, an uns denken. Anstatt als Spürender, Fühlender, Erlebender in unserem Erleben bewusst präsent zu sein, machen wir uns zum Gegenstand unserer Gedanken, entwerfen wir ein Bild von uns. Mit der Zeit fangen wir an, unsere Gedanken an uns für so real zu nehmen, dass wir sie fälschlicherweise für uns selbst halten. Wir glauben, wir seien nichts anderes als die Summe unserer

Gedanken und unterscheiden nicht mehr zwischen dem Denker, uns selbst, und seinen Produkten, unseren Gedanken. Wie kommt es dazu?

Angenommen, wir sehen eine beeindruckende Landschaft. Wir sind hingerissen von der Landschaft. In unserem Bewusstsein existiert nur noch die Landschaft; wir selbst als Erlebender, als Zeuge dieser Landschaft sind überschattet vom Gegenstand unseres Erlebens. Diese Überschattung unserer selbst wird in der vedischen Wissenschaft 'Unwissenheit' genannt. Wir haben uns selbst in der wahrgenommenen Landschaft verloren und damit vergessen. Leider geschieht dies nicht nur angesichts einer beeindruckenden Landschaft, sondern es handelt sich um einen Dauerzustand, unseren Normalzustand. Als Folge davon versuchen wir, unseren chronischen Selbstverlust, unsere permanente Selbst-Vergessenheit zu kompensieren: Wir denken *an uns*, d.h. wir sehen uns in Gedanken als eine abgegrenzte, letztlich auch von uns selbst abgetrennte Person. Dies wäre an sich nicht weiter schlimm, wenn wir gleichzeitig *in uns* ruhen und uns dort spüren würden. So aber fehlt uns dieser Bezugspunkt und wir verlieren die Orientierung. Wir sehen uns zwar, aber finden *uns* dabei nicht mehr. Resultat: Uns wird schwindlig, wir suchen nach einem Halt, und das unter Umständen in einem ganz wörtlichen Sinne.

Stellen Sie sich vor, Sie begehen eine Baustelle mit einem Haus im Rohbau. Sie schicken sich gerade an, auf einem langen, schmalen Holzbrett ein Zimmer zu überqueren, dessen Wände zwar schon stehen, das aber noch keine Decke hat. Das Brett federt leicht, liegt aber stabil auf den beiden Wänden auf, so dass Sie sicheren Fusses hinüberlaufen können. So gehen Sie einigermassen schwindelfrei bis ungefähr über die Mitte des Zimmers. Plötzlich stellen Sie sich bildlich vor, wie Sie mehrere Meter über dem Boden auf dem schmalen Holzbrett laufen. Für den Bruchteil einer Sekunde sehen Sie sich in Ihrer Phantasie hoch oben auf dem Brett, so wie ein Zirkuszuschauer zu einem Seiltänzer hinaufschaut. Genau in dem Moment fängt sich alles um Sie herum zu drehen an, beginnen Ihre Knie zu zittern, und Sie laufen Gefahr, tatsächlich von dem Brett hinunterzustürzen. Solange Sie bei sich waren, setzten

Sie sicher einen Fuss vor den anderen. Sobald Sie sich aber von aussen beobachteten, also im wahrsten Sinne ausser sich waren, wurden Sie von Schwindelgefühlen überwältigt.

Oder nehmen Sie an, Sie stehen vorne auf der Bühne eines bis auf den letzten Platz gefüllten Saales und halten einen Vortrag. Plötzlich wird Ihnen bewusst, dass Hunderte von Augenpaaren auf Ihre exponierte Person gerichtet sind. Sie übernehmen diese Sichtweise für einen kurzen Augenblick und sehen sich nun selbst auf der Bühne agieren. Unverzüglich werden Sie von massivem Lampenfieber befallen. Sie werden nervös, Ihre Stimme wird zittrig und verliert an Kraft. Schwindelgefühle kommen auf. Und all das nur, weil Sie nicht bei sich geblieben und an den Inhalt Ihres Vortrages, sondern aus sich heraus ins Publikum gegangen sind und an sich gedacht haben.

Schwindelgefühle, Lampenfieber, einen Halt suchen ist aber seinem Wesen nach nichts anderes als Angst. Angst ist das Grundmotiv unseres Egos. Wenn der deutsche Philosoph Martin Heidegger behauptet, Angst sei die 'Grundbefindlichkeit' des 'ins Dasein geworfenen' Menschen, so hat er, was das menschliche Ego anbetrifft, den Nagel auf den Kopf getroffen.

Ego-ismus

Das Ego ist geboren, wenn wir uns mit dem Bild von uns soweit identifizieren, dass wir nicht mehr zwischen diesem und uns selbst unterscheiden. Wir glauben dann, dieses Bild effektiv zu sein. Wir fangen an, aus diesem Bild heraus wahrzunehmen, zu denken, zu fühlen, zu reagieren, ja körperlich zu empfinden. Es ist so, als ob sich jemand deshalb traurig fühlt, weil er sich im Spiegel angeschaut und darin ein trauriges Gesicht gesehen hat. Eine dem Spiegel verwandte Metapher für das Ego ist der Schatten, über den wir alle nicht springen können. Wenn wir in der Sonne wandern, können wir uns selbst nicht sehen, wohl aber den Schatten, den unser Körper wirft. Was aber, wenn wir dieses Zerrbild unseres Körpers für unseren Körper selbst nehmen?

Unser Selbstbild, durch das wir uns fälschlicherweise identifizieren, ist in der Tat ein (gedankliches) Bild, und als solches gehorcht es dem wichtigsten Organisationsprinzip der visuellen Wahrnehmung: dem Figur-Grund-Gesetz. Unsere Wahrnehmungsgegenstände sind in sich geschlossene, nach aussen hin abgegrenzte 'Figuren', die sich von einem sie umgebenden 'Grund' abheben. Genauso sehen wir uns selbst als nach aussen hin abgegrenzte 'Figuren', vielleicht in Interaktion mit anderen, ebenso abgegrenzten 'Figuren' menschlicher oder nichtmenschlicher Art (z.B. Tiere, Autos etc.). Wir erfahren uns, wie es Alan Watts ausgedrückt hat, als 'skin encapsulated', als 'hautverkapselte' Egos.

In dem Moment, wo wir uns selbst verloren haben und in unserem Bewusstsein zu unserem Selbstbild werden, fühlen wir uns unverbunden, abgetrennt, isoliert. Und genau dies erzeugt Angst. Unsere Egos sind deshalb unersättlich bedürftig nach Schutz, Bestätigung und Zuwendung, mit einem Wort, nach Liebe. Liebe ist in der Tat das knappeste Gut auf dieser Welt, denn jeder will unendlich viel davon haben und kaum einer vermag wirklich etwas davon zu geben. In unserer Ego-Not sind wir heimatlose - weil selbstvergessene - Wanderer, ständig auf der Suche nach Sicherheit, Zugehörigkeit und Anerkennung. Und wo hoffen wir diese zu finden? Bei anderen Menschen natürlich, um nicht zu sagen: bei anderen Egos. Also versuchen wir, uns bei ihnen einzuschmeicheln, ihre Gunst zu gewinnen, indem wir ihnen nach dem Munde reden und es ihnen recht machen. Oder wir versuchen, sie zu beherrschen, sie uns gefügig zu machen, indem wir ihre Ego-Bedürftigkeit ausnutzen, sie verführen, manipulieren, bedrohen und bestrafen. Oder wir machen uns besser als sie, indem wir sie verurteilen, uns über sie lächerlich machen, das Maul über sie zerreissen und uns selbst mit Titeln, Orden und Statussymbolen schmücken.

Unsere Egos sind ständig damit beschäftigt, sich mit anderen Egos zu vergleichen, beziehen sie doch daraus ihre tägliche Nahrung, die sie brauchen, um sich immer wieder zu erneuern. „Spieglein, Spieglein an der Wand, wer ist die Schönste im ganzen Land?" Egos messen sich gerne mit Egos. Sie sind von Grund auf

eitel und neidisch. Egos setzen sich ständig unter Bewertungs-
druck und Beurteilungszwang. Eine wirklich offene, neutrale, un-
voreingenommene Art des Wahrnehmens und Begegnens ist ihnen fremd.

Wegen ihrer Abhängigkeit von anderen Egos sind unsere Egos
unglaublich verletzbar, wahre Mimosen, sofort beleidigt und jederzeit bereit, alles und jedes persönlich zu nehmen. Gleichzeitig
trampeln sie sorglos auf den Ego-Gefühlen anderer herum wie
Elefanten im Porzellanladen. Ego haben kommt vom an-sich-Den-
ken, und tatsächlich sind wir *Ego-isten*, die hauptsächlich an sich
denken. Statt uns selbst zu *sein*, kreisen unsere *Gedanken* um uns.
So werden wir zu *Ego-Zentrikern*.

Aus dem Vergleich unserer Selbstbilder mit den Bildern von
anderen entwickeln wir ein weiteres Bild von uns, das wir zwar
nicht unbedingt sind, aber unserer Meinung nach sein sollten: Unser
Idealbild, dem wir unermüdlich nacheifern. Unsere Egos gestatten
es unserem Idealbild, Richter zu spielen, uns zu loben und zu
tadeln und damit unserem Ego Genugtuung oder Pein zu verschaffen. Entspricht unser Selbstbild einigermassen unserem Idealbild, dann hegen und pflegen wir es liebevoll wie eine wertvolle
Skulptur. Wir stellen es auf ein Podest, beweihräuchern es und
huldigen ihm wie einem Götzenbild. Aus Egoismus und Ego-
zentrismus wird schliesslich Narzissmus. Weicht aber unser Selbstbild von unserem Idealbild ab, dann sehen wir uns als Versager,
ergehen wir uns in Selbstvorwürfen, quälen uns mit Schuldgefüh-
len und laufen dabei nicht selten Gefahr, in den Abgrund einer
Depression zu stürzen. Nichts fällt dem Ego schwerer, als sich
selbst einfach anzunehmen, wie man ist.

Natürlich entwirft unser Ego zu unserem Idealbild auch dessen
gar hässliche, verabscheuungswürdige Kehrseite, eine Art *Anti-
Idealbild*, das wir auf gar keinen Fall repräsentieren wollen. Wehe,
wir könnten Züge desselben an uns feststellen! Dafür aber sind
wir umso bereitwilliger geneigt, die entsprechenden Charakterei-
genschaften unseren lieben Mit-Egos anzudichten. So erschaffen
wir uns unsere Feindbilder, von der 'bösen' Schwiegermutter X

über die 'gefährliche' Sekte Y bis zur 'gewalttätigen' Volksgruppe Z, die unseren ganzen Argwohn und Hass verdienen. Gleichzeitig himmeln wir Rockstars, Sportler, Schauspielerinnen oder Fotomodelle an, machen sie zu Idolen, weil sie - tatsächlich oder vermeintlich - unsere Idealbilder verkörpern. Unsere Egos machen es uns nahezu unmöglich, anderen Menschen natürlich 'von Mensch zu Mensch', offen und vorurteilsfrei zu begegnen.

Im Interesse ihrer Selbsterhaltung entfalten unsere Egos eine ungeheure Aktivität, wobei sie deren Beweggrund wohlweislich aus dem Bewusstsein verbannen. So sind wir dank unserer Egos wahre Weltmeister im Argumentieren, Zurechtbiegen, Rationalisieren, Verharmlosen, Aufbauschen, Verdrängen, Erfinden und Projizieren. Wir üben uns in Rechtschaffenheit und Hochanständigkeit, geben Almosen, tun Gutes und reden darüber, und tragen ach so schwer an unserer übergrossen Verantwortung.

Unser Selbstbild produziert unser Verhalten

Genug des grausamen Spiels? Was zeigt uns diese wenig schmeichelhafte Ego-Analyse? Die Art und Weise, *wie* wir sind, kommt von unserem Glauben, *wer* wir sind. Unser Selbstbild ist eine mentale Rolle, und aus dieser Rolle heraus agieren wir. Unser Selbstbild produziert unser Verhalten. Eine alte indische Fabel veranschaulicht dies wie folgt: Einst begab sich ein Maharajah auf Tigerjagd und erledigte eine Tigerin. Diese hinterliess aber ein junges Tiger-Baby, das vom Maharajah und seinem Gefolge unbemerkt blieb. Eine Schafherde kam des Weges und erbarmte sich des Tigerjungen. Die Schafe nahmen es in ihre Herde auf und adoptierten es, wie wenn es eines ihrer Lämmer gewesen wäre. So wuchs das Tigerjunge zusammen mit den Lämmern auf, ohne zu ahnen, dass es selbst kein Lamm war. Es hielt sich für ein Lamm unter Lämmern und verhielt sich wie ein Lamm. Es war zahm, ass nur Gras und blökte wie die andern Lämmer. Als das 'Lamm' herangewachsen war, ging es eines Tages an das Ufer eines Teiches, um Wasser zu trinken. Im Wasser sah es zufällig sein Spiegelbild. Sobald es erkannt hatte, dass es gar kein Lamm, sondern ein inzwischen ausgewachsener Tiger war, begann sich das Tier auf der Stelle aufzuführen wie ein echter Tiger. Er brüllte fürchterlich, rannte mit nie gekannter Geschwindigkeit in die Schafherde, verbreitete Angst und Schrecken unter den Schafen und verspeiste schliesslich eines von ihnen.

Die Schafsidentität des Tigerjungen erwies sich als nicht beständig, als nicht 'Satya' (das, was ist, siehe Kapitel 1) sondern als irreal, illusionär, als 'Maya' (wörtlich: das, was nicht ist), dem Gegenteil von Satya. Wie in der Fabel vom Tigerjungen sind unsere Egos Pseudo-Selbste, Scheinidentitäten, die irgendwann einmal durch Gewahrwerden unserer wahren Identität, unseres echten Selbst zerplatzen müssen wie Seifenblasen.

Die Geschichte vom Tiger-Lamm enthüllt aber auch, wann und wodurch wir unsere Pseudo-Selbste erworben haben; nämlich in der frühen Kindheit als Bestandteil unserer Sozialisation. Und genauso geben wir unsere Pseudo-Selbste an unsere Kinder weiter, nicht etwa aus böser Absicht, sondern weil wir gar nicht anders können. Unsere Kinder *sind* von uns abhängig, brauchen effektiv Schutz, unsere Zuwendung und unsere Bestätigung. Sie identifizieren sich tatsächlich durch uns und übernehmen ungefiltert die Identität, die wir ihnen aus unserer Ego-Perspektive heraus überstülpen. Sie lernen vor allem dadurch, dass sie uns nachahmen, nicht nur unsere Sprache und unsere Gebärden, sondern auch unsere Vorlieben und Abneigungen, unsere Normen, Werte und Konzepte. Ohne es zu wollen und vielfach, ohne es zu wissen, pflanzen wir so unsere Egos in ihnen fort. Wir fördern diesen Prozess noch, indem wir unsere Kinder zu *anständigen, wertvollen* oder *tüchtigen* Menschen erziehen wollen. Gefangen in unseren eigenen Egos merken wir dabei nicht, wie wir den echten, natürlichen Selbstausdruck unserer Kinder unterdrücken, möglicherweise deshalb, weil wir unbewusst realisieren, dass dieser für unsere eigenen Egos eine Bedrohung darstellt.

So versuchte ich beispielsweise meinem dreijährigen Sohn mit aller Macht beizubringen, er müsse seine Spielsachen mit seiner zwanzig Monate jüngeren Schwester teilen, wogegen er sich vehement zur Wehr setzte. Vielleicht überforderte ich ihn dabei, zwang ihm ein Konzept von Brüderlichkeit auf, für das er einfach noch zu jung war. Möglicherweise tat ich dies aus einer mir unbewussten Angst meines Egos heraus, mein Sprössling könnte gar ein Egoist sein. Mehr noch, vielleicht pochte mein Ego deshalb so hartnäckig auf seinem Konzept von Brüderlichkeit, weil es insgeheim fürchtete, ich selber könnte ein Egoist sein. Solange ich mein eigenes Ego nicht durchschaue und selbst erwache, bin ich blind für das Selbst meiner Kinder. In extremen Fällen wird das natürliche Selbst-Bewusstsein des Kindes, seine sich bildende Eigen-Identität von seinen Erziehern regelrecht herausgeprügelt. Ein solches Kind wird dann später ein dankbarer Abnehmer für Ersatz-Identitäten nach der oben beschriebenen Art sein: „Du bist zu allererst ein Deutscher, zweitens ein Deutscher und drittens noch einmal ein Deutscher!"

Wir haben von den Egos unserer Eltern gelernt, Egos aufzubauen, und lehren als Egos unsere Nachkommen, ihrerseits Egos aufzubauen. Und so erbt sich von Generation zu Generation fort, dass wir statt uns selbst zu spüren auf andere schauen, statt unsere Antworten in uns zu suchen wir andere fragen, statt eigene Gedanken zu denken wir die Gedanken anderer nachplappern, statt selbstgesteuert fremdgesteuert sind. Vielleicht ist das die wahre Bedeutung dessen, was die religiöse Überlieferung 'Erbsünde' nennt.

So leben wir in einer Welt der Egos mit ihrer 'Grundbefindlichkeit der Angst', wo jeder jeden mit seinem Ego-Wahn ansteckt und jeder von jedem darin bestätigt wird. Wir alle schwimmen in einem Strom kollektiver Unwissenheit. In der vedischen Literatur des alten Indien wird dazu folgende Geschichte erzählt: Ein Mann lief im abendlichen Halbdunkel durch ein Dorf und näherte sich einem Seil, das am Wegrand lag. Er hielt das Seil jedoch fälschlicherweise für eine giftige Schlange und geriet in fürchterliche Panik. Er rannte überall herum und schrie: „Eine Schlange! Eine Schlange!" Die Dorfbewohner, die den Mann schreien hörten, gerieten ebenfalls in Panik und verbreiteten die Schreckensnachricht weiter. Nach kurzer Zeit fand sich das ganze Dorf in Angst und Aufruhr wegen der Schlange am Strassenrand, die doch in Wahrheit nur ein harmloses Seil war. Die Angst der Dorfbewohner war für alle Beteiligten zweifelsohne eine reale Erfahrung, aber die Grundlage dieser Erfahrung war irreal, war 'Maya', eine Verkennung, Unwissenheit über die Wahrheit.

Was haben wir nun mit all diesen Überlegungen bewerkstelligt? Wir haben gleichsam mit dem intellektuellen Seziermesser herausgeschnitten, wer wir *nicht* sind. Wir sind nicht unser Ego. Wir sollten uns nicht länger mit unserem Selbstbild - und andere mit unserem Bild von ihnen - zum Narren halten. Unser Ego ist wie eine Krebsgeschwulst im Körper, ein wucherndes Gewebe, das nicht zu ihm gehört. Es sollte entfernt werden. Das nachfolgende Schema fasst zusammen, wie unser Ego entsteht und was es für Folgen hat.

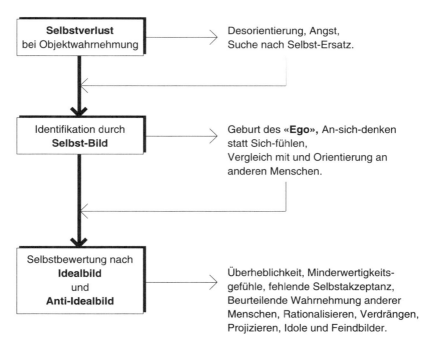

Abbildung 1: Unser "Ego" - seine Entstehung und seine Folgen

Fünf Erkenntnisse aus Kapitel 3

1. Wir können uns mit unseren Attributen (Rollen, Zugehörigkeiten) identifizieren, sollten uns aber davor hüten, uns durch sie zu identifizieren.
2. Unser Bild von uns selbst ist nur ein Gedankenbild, nicht wir selbst.
3. Die Grundbefindlichkeit des Egos ist Angst.
4. Wir vergleichen unsere Selbstbilder mit unseren Bildern von anderen und konstruieren daraus für uns selbst Idealbilder, denen wir nacheifern, und Antiidealbilder, die wir verabscheuen.
5. Wir geben unsere Ego-Konstruktionen unbewusst von Generation zu Generation weiter.

4. Schichten unserer Identität

Werden Sie einfach!

Wer aber sind wir dann, wenn nicht der- oder diejenige, für den oder die wir uns halten? Wie befreien wir uns aus jenem Ego genannten Gefängnis, bestehend aus Jahrzehnte alten Wahrnehmungs-, Gefühls-, Denk- und Handlungsgewohnheiten? Was können wir, müssen wir dazu tun? Die Antwort auf diese Frage klingt paradox: Erst einmal überhaupt nichts! Das Ego kann sich nicht wie Münchhausen am Schopf packen und selbst aus dem Sumpf ziehen. Wir müssen unserem Selbst erlauben, frei hervorzutreten und dadurch unser Ego als Ego zu entlarven. Wir müssen uns selbst Gelegenheit verschaffen, durch die Maske unseres Egos hindurch zu tönen, damit unsere echte Persönlichkeit hörbar wird. Die Worte 'Person' und 'Persönlichkeit' kommen vom lateinischen 'personare', was wörtlich übersetzt heisst 'hindurchtönen'. Es stammt aus dem antiken Theater, wo die Schauspieler Masken trugen, durch die sie als Sprechende oder Singende hindurchtönten.

Die erste Empfehlung zur Selbst-Werdung lautet deshalb: Tun Sie gar nichts, sondern lassen Sie alles erst einmal, wie es ist, und nehmen Sie es an, so wie es ist, ohne es zu bewerten oder irgendetwas zu wollen. Relaxen Sie, seien Sie so, wie Sie sind, und nehmen Sie sich an, wie Sie sind. Verzichten Sie auf Selbstkritik ebenso wie auf Eigenlob. Seien Sie natürlich und echt und sparen Sie sich die Mühe, sich selbst und andern etwas vorzumachen. Werden Sie einfach! Sie und ich sind einfach, aber unsere Egos verkomplizieren alles. Der Weg vom Ego zu sich selbst führt über die Einfachheit. Seien Sie einfach und gleichzeitig hellwach, präsent, geistesgegenwärtig. Seien Sie voll dabei, was sich in ihrem Körper, in Ihren Gefühlen, in Ihren Gedanken tut - und stehen Sie dazu!

Wenn Sie auf diese Art natürlich, einfach und wach geworden sind, wird Ihre derzeitige Persönlichkeit unverfälscht und unschuldig zum Vorschein kommen. Sie werden sich spüren und sich in ihrer Haut zu Hause fühlen.

„Ja, das könnte ich schon, wenn da nicht die anderen wären. Die verlangen aber von mir, dass ich mich zurückstelle, mich so und so verhalte und dazu ein Pokerface mache. Das erwartet man von mir, und wenn ich diese Erwartungen nicht erfülle, dann ... . Nein, so einfach, wie Sie das hier darstellen, ist es eben nicht!" Habe ich Ihnen mit diesem Einspruch aus dem Herzen gesprochen? Nein, ich habe Ihnen aus dem Ego gesprochen! Und dieses Ego fürchtet sich - siehe oben - vor den Urteilen anderer. Dieses Ego argumentiert und debattiert für sein Überleben. Es wehrt sich gegen alles, was seine Herrschaft bedroht, und da nichts seine Herrschaft so schnell zu Fall bringt wie Einfachheit, kann eben nicht sein, was nicht sein darf. „So einfach kann es nicht sein!", ist das meist zu hörende Dogma unseres Egos. Und so kann es Ihnen passieren, dass Sie, wenn Sie natürlich, einfach und wach Sie selbst sind, beim einen oder anderen Ego anecken und Naserümpfen hervorrufen. Nicht etwa, weil Sie 'sich daneben benehmen', sondern, weil Sie mit Ihrer Natürlichkeit die Unnatürlichkeit Ihrer Umgebung bloss stellen. Sie bringen doch mit Ihrem Selbst-Sein die Egos dieser Leute in Gefahr und deshalb stören sie sich an Ihnen. Ich kenne keinen Test, mit dem man besser feststellen kann, dass man sich in wirklich schlechter Gesellschaft befindet.

Wahrscheinlicher ist es übrigens, dass Sie mit Ihrem Natürlich-, Einfach- und Wachsein Ihre Mitmenschen dazu animieren, ihrerseits natürlicher, einfacher und wacher zu werden und dadurch ihr eigenes Ego-Joch ebenfalls abzuschütteln. Sich selbst sein im sozialen Umfeld erfordert gewiss Stärke, wirkt aber meist anstekkend.

Unser 'aktuelles Selbst'

Indem Sie einfach, natürlich und voll bewusst sind, der oder die Sie eben sind, stellen Sie fest, wer Sie in Ihrer momentanen Lebenslage sind. Sie erfahren, was ich Ihr 'aktuelles Selbst' nennen möchte. Es ist Ihre derzeitige Persönlichkeit, und wie die Attribute 'aktuell' und 'derzeitig' implizieren, handelt es sich dabei um etwas ausserordentlich Wandelbares. Ihr aktuelles Selbst ist aufs Engste mit Ihrem Körper, seinem Geschlecht, seinem Alter, seiner Konstitution und seiner Verfassung (Gesundheit, Ausgeruhtheit, etc.) verknüpft. Ihr aktuelles Selbst hat mit dem zu tun, wie und wo Sie Ihre Zeit verbringen, was Sie tun und erleben. Ihr aktuelles Selbst manifestiert sich, konkretisiert sich in dem, wie Sie sich im Hier und Jetzt fühlen. Vor zwanzig Jahren war Ihr aktuelles Selbst ein anderes als es heute ist, und in weiteren zwanzig Jahren wird es wieder ein anderes sein. Es ist also einmalig in dem Sinne, dass es in seiner derzeitigen Art weder früher vorkam noch später wieder vorkommen wird. Und weil sich Ihre derzeitige Persönlichkeit von allen zur Zeit gegen sechs Milliarden derzeitigen Persönlichkeiten auf diesem Planeten unterscheidet, ist Ihr aktuelles Selbst auch einzigartig in dem Sinne, dass es auch nirgendwo anders wieder vorkommt. Sie sind in Ihrer derzeitigen Persönlichkeit einmalig und einzigartig! Ist das nicht ein Wunder? Verdient diese Tatsache nicht Anerkennung und Dankbarkeit? Weil Sie in Ihrer Umwelt einmalig und einzigartig sind, können Sie zu dieser Umwelt einen einmaligen und einzigartigen Beitrag leisten. Ist das nicht eine lohnende Herausforderung, eine sinnerfüllende Aufgabe? Gibt die Erfüllung dieser Aufgabe Ihrer Person nicht einen wahren Wert? Es spielt dabei keine Rolle, worin diese Aufgabe besteht, solange Sie nur mit Ihrer ganz persönlichen Eigenart Ihren einmaligen und einzigartigen Beitrag leisten. Ihr Wert besteht also nicht darin, dass Sie 'gut' sind, sondern kommt dadurch zustande, dass Sie aus Ihrer Eigenart einen einzigartigen Beitrag machen. Vielleicht bezieht sich diese Einzigartigkeit nicht unbedingt auf das, was Sie tun, aber dafür auf die Art und Weise, wie gerade Sie es tun, und das wiederum macht Sie 'unersetzlich'.

„Aber jeder ist doch ersetzbar!" werden Sie möglicherweise einwenden, und muss es auch sein! Stellen Sie sich mal ein Unternehmen vor, in dem ein Mitarbeiter nicht durch einen anderen ersetzbar wäre. Ein solches Unternehmen würde sich ja in tödliche Abhängigkeit vom einzelnen Mitarbeiter begeben. Und wenn ich morgen unter's Tram komme, wird über kurz oder lang auch ein anderer meine Stelle einnehmen." Gewiss, wir alle sind über kurz oder lang ersetzbar, was die blosse Tatsache der Funktionserfüllung anbetrifft. *Wie* wir aber die Funktion erfüllen, dort geht unsere persönliche Handschrift ein. Wenn wir eines Tages durch jemand anderen ersetzt werden, wird die Funktionserfüllung hoffentlich auch noch gewährleistet sein, aber mit ebenso grosser Hoffnung anders aussehen! Angenommen, Sie sind glücklich verheiratet und Ihr Ehepartner erleidet einen tödlichen Unfall. Was die blosse Funktionserfüllung des Ehegatten-Seins anbetrifft, ist Ihre Frau oder Ihr Mann bestimmt ersetzbar. Gleichwohl trauern Sie um ihren oder seinen Verlust, weil eben seine oder ihre Person einzigartig und für Sie von unersetzbarem Wert ist.

Wert auf menschlich übersetzt heisst Würde

Wenn wir einfach, natürlich und wach wir selbst sind, erkennen wir unsere Einmaligkeit und Einzigartigkeit. Und wenn wir uns dessen bewusst werden, ist es wichtig, dass wir ja dazu sagen, denn nur dann können wir fortfahren, einfach, natürlich und wach wir selber zu sein. Sich selbst sein erfordert Selbst-Bejahung für seine Aufrechterhaltung. Wenn wir aus der Erkenntnis und Akzeptanz unser Einzigartigkeit heraus einen einzigartigen Beitrag zu unserer Umwelt leisten, dann wird aus Selbst-Bejahung Selbst-Achtung, und dies lässt uns mit Recht erhobenen Hauptes und aufrechten Ganges durch die Welt gehen. Darin liegt unsere natürliche Würde. Wir spielen unser Instrument im Orchester und wissen, wie und warum wir es spielen.

Diese Würde, die aus unserem Selbstsein kommt, ist jedoch nicht zu verwechseln mit deren Pervertierung, die dem Ego entspringt: dem Stolz. Würde entsteht aus der Realisierung unserer Einzigartigkeit, Stolz entstammt dem bewertenden Vergleichen mit anderen. Egos sind stolz auf ihr Einkommen, ihren Umsatz, ihre sportliche Leistungen. Selbstbewusste Menschen sind einfach wie sie sind - mit Würde. Ego-geprägte Menschen dagegen 'haben ihren Stolz'. Sie sind eingebildet - im wahrsten Sinne des Wortes -

und infolge dessen oft verblendet. Statt sich selbst zu bejahen, befiehlt das Ego Selbst-Verleugnung. Selbst-Achtung ersetzt das Ego durch ein ständiges Hin- und Herschwanken zwischen Selbst-Abwertung, die es selbstgerecht 'Bescheidenheit' nennt, und Selbst-Überschätzung. Letztere führt zu Selbst-Erhöhung, zu Stolz. Gesünder ist es, sich selbst zu sein, zu erkennen, zu bejahen, nützlich zu machen und zu achten, ohne Überheblichkeit, aber auch ohne falsche 'Bescheidenheit'. Ohne Selbstachtung nämlich gibt es auch keine Achtung anderer Menschen. Man kann einen anderen nur insoweit als das, was er ist, annehmen und anerkennen, wie man sich selbst ist und akzeptiert. Nicht umsonst heisst das christliche Gebot zur Nächstenliebe: „Liebe Deinen Nächsten wie Dich selbst!" Es heisst nicht: „Liebe Deinen Nächsten und hasse Dich selbst!" Egos aber sind weder liebes- noch beziehungsfähig. Egos projizieren auf andere, leben ihre Projektionen mit Ihnen aus und nennen das Ganze dann 'Beziehung'. Kein Wunder, dass daraus meist 'Beziehungskisten' werden.

Natürliche Vollkommenheit statt technischer Perfektion

Ein weiteres biblisches Gebot lautet: „Seid vollkommen, wie Euer Vater im Himmel vollkommen ist!" (Math. 5.48). Und es lautet nicht: „Seid technisch perfekte Maschinen, wie Euer Vater im Himmel eine technisch perfekte Maschine ist!" Jeder von uns hat in sich einen Drang zur *Voll*kommenheit im wahrsten Sinne des Wortes. Er will voll hervorkommen, voll da sein, voll präsent sein in seiner Einmalig- und Einzigartigkeit. Es handelt sich dabei um ein naturgegebenes Streben nach Selbstausdruck in der jeweils gegebenen Situation, um ein Streben nach Selbstentfaltung im Hier und Jetzt, das allem Lebendigen und letztlich dem Leben insgesamt eigentümlich ist. Unser Ego dagegen macht aus diesem natürlichen Vollkommenheitsdrang einen unnatürlichen Zwang zur technischen Perfektion und verwechselt uns dadurch mit Maschinen. Maschinen mögen zwar tadellos und fehlerfrei funktionieren, aber sie sind tot. In der lebendigen Natur gibt es keine technische Perfektion, aber dafür gibt es Vollkommenheit. Jede Blume, jedes

Tier, jede Landschaft ist wie jeder Mensch vollkommen in seiner jeweiligen Einmalig- und Einzigartigkeit. Jedes Lebewesen hat seinen individuellen, vollkommenen Selbstausdruck und spricht uns daher als etwas Lebendiges an. Nähert man sich einem solchen aber mit dem Auge des Perfektionisten, wird man mit Sicherheit einen 'Schönheitsfehler' finden. Dies gilt übrigens auch für echte, einmalige Kunstwerke. Niemand wird bestreiten, dass es sich bei der Venus von Boticelli um ein 'vollkommenes' Gemälde handelt. Haben Sie aber bei der schaumgeborenen Göttin schon einmal die Füsse etwas genauer unter die Lupe genommen?

Wie wirkt auf uns ein Mensch, der in jeder Hinsicht technisch perfekt ist? Er verspricht sich nie, verschreibt sich nie, vergreift sich nie, sucht nie nach einem Wort, stolpert nie, benimmt sich immer tadellos, verhält sich stets vorschriftsmässig, seine Frisur und Krawatte sitzen immer richtig. Ein solcher Mensch ist doch aalglatt und völlig uninteressant, ein Roboter, der jeder Menschlichkeit und jeder Individualität entbehrt. Mit technisch perfekten Menschen wollen wir nichts zu tun haben. Ganz anders verhält es sich freilich bei Maschinen wie Videokameras, Computern oder Flugzeugen, von denen wir technische Perfektion verlangen müssen, weil sie sonst schlicht nicht funktionieren und infolge dessen - für Flugzeuge gilt das wörtlich - abstürzen. Sollen wir uns deswegen aber die Maschinen zum Vorbild nehmen, die Forderung nach technischer Perfektion auf uns übertragen und uns dadurch selbst zu Maschinen machen? Seien wir also vollkommen, aber befreien wir uns vom Zwang zur technischen Perfektion!

Unser Drang nach Vollkommenheit hat auch eine längerfristige Perspektive, die man ein Streben nach Vervollkommnung nennen könnte. Wir wollen nicht nur das Potential des Augenblickes, unsere Möglichkeiten im Hier und Jetzt, sondern unser Potential als Mensch überhaupt entfalten. Dies weist auf eine Identitätsebene hin, die unser 'aktuelles' Selbst, unsere nur 'derzeitige' Persönlichkeit überdauert.

Unser 'überdauerndes Selbst'

Versuchen Sie einmal, sich an eine Begebenheit zu erinnern, die zwanzig oder noch mehr Jahre zurückliegt, z.B. an ein Fest, eine Arbeit, ein Gespräch, eine Prüfung oder ein für Ihr damaliges Leben wichtiges Ereignis. Versuchen Sie, sich diese Begebenheit so klar und vollständig wie möglich zu vergegenwärtigen: Was haben Sie damals gesehen, gehört, geschmeckt, gerochen, gefühlt, gedacht, getan? Versetzen Sie sich, so gut Sie können, in die damalige Situation zurück und spüren Sie noch einmal in der Erinnerung Ihr damaliges aktuelles Selbst. Wahrscheinlich werden Sie einerseits erstaunt sein, wie sehr sich dieses von Ihrem heutigen aktuellen Selbst unterscheidet. Andererseits werden Sie feststellen, dass Sie heute zwar nicht mehr der gleiche Mensch wie damals, aber zweifelsfrei immer noch derselbe Mensch wie damals sind. Sie werden sich einer Kontinuität Ihrer Identität bewusst, die Jahre und Jahrzehnte mit all Ihren Wechselfällen und Veränderungen überdauert hat. Ich nenne diese Langzeit-Identität im Unterschied zum nur 'aktuellen' Selbst unser 'überdauerndes' Selbst. Irgend etwas in uns sorgt offensichtlich dafür, dass wir uns durch den Wandel der Zeiten hindurch als dasselbe Individuum erfahren.

Ist es vielleicht der Umstand, dass wir heute noch denselben - wenn auch nicht den gleichen! - Körper wie vor zwanzig Jahren haben? Keineswegs! Die Langzeitkontinuität unseres Körpers ist nämlich eine Sinnestäuschung, ein Trugbild der Sinne eben jenes Körpers. Tatsächlich ist unser Körper alles andere als stabil. Er erneuert sein Material ständig, so ähnlich wie ein Haus, bei dem ununterbrochen Ziegelsteine ersetzt werden. Dr. Ulrich Bauhofer, der bekannte Arzt und Ayur-Veda-Experte - mit Ayurveda werden wir uns in Kapitel 13 beschäftigen - schreibt dazu in seinem Buch 'Aufbruch zur Stille': „Etwa sieben Millionen Zellen produziert der Körper jede einzelne Sekunde neu...600 Milliarden Mitglieder scheiden jeden Tag aus dem 'Konzern Körper' aus. Ebenso viele Zellen werden täglich neu gebildet und reibungslos in das physiologische Geschehen einbezogen.... Die 10^{28} Atome, die den Körper bilden, sind flüchtig wie die Zeit. Sie kommen und gehen und schaffen unser Fleisch und Blut immer wieder neu: fast alle 24 Stunden eine neue Bauchspeicheldrüse, alle drei Tage eine neue Magen-Darmschleimhaut, alle sechs Wochen eine neue Leber, jeden Monat eine neue Haut, alle paar Monate ein brandneues Skelettsystem." Unser Körper ist also, was seine Atome und Moleküle anbetrifft, heute nicht nur nicht mehr der gleiche, sondern auch nicht mehr derselbe Körper wie vor zwanzig Jahren. Er hat im Laufe dieser Zeit sein 'Baumaterial' viele Male ausgewechselt.

Allem Anschein zum Trotz ist unser 'überdauerndes Selbst' eben kein Körper-Selbst, sondern ein Körper-überdauerndes Selbst. Wenn diese Formulierung zutrifft, dann ergeben sich daraus einige bedeutsame Konsequenzen:

Unser überdauerndes Selbst überdauert vermutlich auch unseren Körper, wenn dieser aufhört, seine Atome ständig zu ersetzen, d.h. es überlebt wahrscheinlich unseren physischen Tod. Tatsächlich fällt es den meisten Menschen schwer, sich vorzustellen, dass mit dem Tod 'alles aus' sein soll, und das wohl nicht nur aus Angst. Wenn unser überdauerndes Selbst schon jetzt unsern Körper überdauert, warum soll es dies nicht auch nach dessen Ableben tun? Gewiss wird unser 'aktuelles' Selbst dann ein ganz anderes sein, aber unsere Individualität kann doch gleichwohl weiterbestehen, wenn auch in anderer Form. Diese Überlegung macht auch die Beziehung zwischen 'aktuellem' und 'überdauerndem' Selbst deutlich: Unser aktuelles Selbst ist die sich ständig wandelnde Hier-und-Jetzt-Form unseres überdauernden Selbstes. Unser überdauerndes Selbst durchläuft verschiedene Umformungen, es macht Gestaltwandlungen, Metamorphosen durch und entfaltet so das Potential seines Wesens. Es ist ähnlich wie die Raupe, die sich zum Schmetterling wandelt. Raupe und Schmetterling sind zwei Lebensformen, gewissermassen zwei aktuelle Selbste, aber nur ein Wesen, gleichsam ein überdauerndes Selbst.

Die fälschliche Identifizierung unserer Langzeit-Identität mit unserem Körper ist eine Art materialistische Blickverkürzung, die zwangsläufig zu massiven Todesängsten führt. Wie soll man denn nicht Angst vor dem Tod haben, wenn man sich für seinen Körper

hält? Die 'Endlichkeit' des Menschenlebens nimmt dann solch be-
drohlichen Charakter an, dass nur noch eine überwältigende Ego-
Konstruktion davon abzulenken vermag. Manchmal habe ich bei
Beerdigungen den Eindruck, die Hinterbliebenen glauben, den
Verstorbenen selbst - und nicht seinen abgelegten Körper - zu
Grabe zu tragen. Dies macht den Abschied gewiss nicht leichter.
Die naturwissenschaftlich festgestellte Nicht-Kontinuität unseres
Körpers schon zu Lebzeiten zusammen mit der Bewusstseins-
tatsache eines überdauernden Ich-Kontinuum könnte unser Ver-
hältnis zum physischen Tod wesentlich entkrampfen.

Wenn unser überdauerndes Selbst nicht unser Körper ist, dann
ist es auch frei von dessen Geschlecht und jenseits des Namens,
mit dem man uns ruft. Und doch ist es unser ureigenes Wesen. Es
ist das, was wir tiefstinnerlich spüren, wenn wir 'Ich' denken. Die
alten Griechen nannten es 'Psyché', Seele, und stellten es häufig
als geflügeltes Wesen dar, das davonfliegt, wenn der Körper ge-
storben ist. Die alten Inder nannten es 'Jiva' und verstanden darunter ein Geistwesen, das im Körper wohnt, mit diesem aber nicht
identisch ist. Vielleicht können wir von einer 'Geist-Seele' sprechen und diesem Doppelbegriff eine Art Doppelgeschlechtlichkeit
zuschreiben. Wenn wir sehr tief in uns hineinhorchen, können wir
nämlich zwei polar entgegengesetzte, sich wechselseitig ergän-
zende Tonalitäten unseres innersten Ich ausmachen, die möglicherweise sogar etwas mit den beiden Tongeschlechtern Dur und
moll in der Musik zu tun haben. Die eine Tonalität ist ein männlich
anmutender Geist, der sich schöpferisch betätigen und Meister
seines Schicksals sein will. Er strebt nach Freiheit, Selbstausdruck
und Meisterschaft. Die andere Tonalität ist eine hingebungsvolle,
gehorsame Stimme, die gewissermassen sagt: „Siehe, ich bin die
Magd des Herrn. Dein Wille geschehe." Die weiblich anmutende
Seele in uns strebt danach, sich einzufügen, sich zu verbinden,
dem grösseren Ganzen zu dienen. Beide Strebungen zusammen
genommen könnte man mit dem Ausdruck 'schöpferisch dienen'
umschreiben. Darin liegt die Vervollkommnung unseres überdauernden Selbstes: in seiner Entfaltung als freier, schöpferischer Geist
einerseits und in der Entwicklung von echter, uneigennütziger De-

mut (Dienen-Motivation) andererseits. Jeder von uns hat sein ureigenes, möglicherweise unendliches Potential, schöpferisch zu dienen, und das macht jedes überdauernde Selbst zu einem einzigartigen, ständig wachsenden, männlich-weiblichen Menschenwesen.
Vielleicht ist diese geistig-seelische Androgynität gemeint, wenn
es im Buch Genesis der Bibel (1.27) heisst: „Gott schuf den Menschen als sein Abbild, als Abbild Gottes schuf er ihn. Als Mann
und Frau schuf er ihn." Allerdings impliziert diese Bibelstelle auch
eine Doppelgeschlechtlichkeit des Vorbildes, also eine Androgynität
Gottes.

Die Reinkarnationshypothese

Wenn unser überdauerndes Selbst nicht unser Körper ist, dann
stellt sich sofort die Frage: Wie sieht unser Fortleben nach dem
Tode unseres Körpers und wie sah eventuell unser Vorleben aus,
bevor wir in unserem Körper waren? Die weltweit am meisten
verbreitete Antwort auf diese Frage ist die sogenannte Reinkarnationshypothese, d.h. die Annahme einer wiederholten Wiederverkörperung. Demnach würden wir nach dem physischen Tod
unseres derzeitigen Körpers die mit ihm verbundene Persönlichkeit nach und nach ablegen und dann nach einer gewissen Zeit in
einem neuen Körper, der möglicherweise sogar ein anderes Geschlecht besitzt, eine neue Persönlichkeit aufbauen. Unser überdauerndes Selbst wäre dann wie eine Perlschnur, an der eine Vielzahl von Erdenleben in unterschiedlichen Körpern und mit sich
wandelnden Persönlichkeiten aneinander aufgereiht sind. Ich kann
mich dieser Vorstellung anschliessen, wobei mich die folgenden
Überlegungen dabei bestärken: Die Reinkarnationshypothese erscheint mir von allen angebotenen Nachtod- und Vorgeburt-Hy-
pothesen als die sparsamste, d.h. sie kommt mit einem Minimum
an Zusatzannahmen aus.

● Die Vorstellung eines Rhythmus von Verkörperung, Ent-
körperung, Verkörperung u.s.w. erscheint mir plausibel, weil dieses Muster (Zyklen von Aktivität und Ruhe, von Nach-aussen-ge-

hen und Sich-zurückziehen) in der Natur überall anzutreffen ist.
Am sinnfälligsten begegnet uns dieses Muster im Tag-Nacht-Rhythmus oder im Kreislauf der Jahreszeiten. Ein Laubbaum unserer
Breitengrade beispielsweise 'inkarniert sich' jeden Frühling und
'stirbt' jeden Herbst.

● Es gibt heute eine Fülle von Fallstudien mit Rückerinnerungen an frühere Verkörperungen, z.B. im Rahmen der sogenannten
Rückführungen während einer Psychotherapie, die zumindest psychologisch und historisch sehr viel Sinn machen. Einige
'Reinkarnationsfälle' sind - z.B. von Stevenson - wissenschaftlich
untersucht und so gut belegt worden, dass man sie schwerlich
durch etwas anderes als eben durch die Reinkarnationshypothese
erklären könnte.

● Die Annahme der wiederholten Wiederverkörperung besitzt
einen enormen psychologischen Erklärungswert für das sonst ziemlich unverständliche Verhalten und Erleben vieler Individuen, bis
hin zu klinischen Symptomen (Phobien, Zwängen), psychopathologischen Phänomenen (Wahnvorstellungen, Halluzinationen)
und kriminellen Handlungen (z.B. Mord). Auch die oft merkwürdige Dynamik zwischenmenschlicher Beziehungen wird viel verständlicher, wenn man annimmt, dass es sich dabei um einen Fortsetzungsroman handelt, dass also die Beziehungspartner in anderen Rollen bereits früher miteinander zu tun gehabt haben, und es
aus dieser Zeit vielleicht noch 'unerledigte Geschäfte' und
'unbeglichene Rechnungen' gibt.

● Die Reinkarnationslehre ist Bestandteil der ältesten und besten Weisheitraditionen aller Kulturen und Religionen, einschliesslich des Christentums. Zu ihren Vertretern gehören so hervorragende Geister wie Pythagoras, Plato, Apollonius von Tyana,
der Kirchenvater Origenes, der Philosoph Hegel, der Psychologe
C.G. Jung und die Sterbeforscherin Elisabeth Kübler-Ross.

● Wenn man einerseits annimmt, dass der Satz von Jesus gilt,
„Wie Du säest, so sollst Du ernten", dass also die Handlungen
eines Menschen für diesen Konsequenzen hervorbringen, die der

Qualität seiner Handlungen entsprechen, so muss einem doch andererseits auffallen, dass sich diese Konsequenzen zu Lebzeiten des Handelnden oft nicht mehr einstellen. Ist es dann nicht naheliegend, dass diese Konsequenzen den Handelnden dann erreichen, wenn dieser sich wieder in einer Form befindet, die derjenigen zum Zeitpunkt seiner damaligen Handlung ähnlich ist, wenn er also wieder verkörpert ist? Genau dies besagt das Karma-Gesetz, meines Erachtens die einzig vernünftige Erklärung für die wahnwitzigen Unterschiede zwischen Menschenschicksalen, was Gesundheit und Krankheit, Wohlstand und Not, Frieden und Krieg, Glück und Unglück, Gerechtigkeit und Ungerechtigkeit anbetrifft.

Wenn alte Menschen Rückschau auf ihr Leben halten, fragen sie sich oft: Was habe ich im Leben gelernt? Was nehme ich an Einsichten und Erkenntnissen mit, die ich aus meinen Lebenserfahrungen gewonnen habe? Was würde ich anders machen, wenn ich mein Leben noch einmal leben könnte? Vielleicht erhalten wir tatsächlich noch einmal die Gelegenheit, es anders oder 'besser' zu machen, eben in einer nächsten Inkarnation. Ein Erdenleben wäre dann wie eine Schulklasse für unser überdauerndes Selbst, angefüllt mit einer Menge Lernstoff und zahlreichen Prüfungen. Wenn man in einer Schule ein Examen nicht besteht, kann man es, unter hoffentlich besseren Voraussetzungen, wiederholen. Warum sollte es in der Lebensschule 'Planet Erde' anders zugehen?

Vielleicht haben auch Sie das Gefühl, nicht das erste Mal auf dieser Welt zu leben. Vielleicht haben auch Sie Mühe sich vorzustellen, dass Sie erst kürzlich durch Zeugung, Geburt und Sozialisation ins Dasein gerufen wurden, und dass es Sie vorher einfach noch nicht gegeben hat. War der Prozess des Heranwachsens rückblickend nicht eher ein allmähliches Aufwachen als ein Entstehen gleichsam aus dem Nichts? Ich belauschte einmal während eines Waldspazierganges zwei Knaben, die an einem Bachufer spielend miteinander 'philosophierten': „Wie lange bist Du schon auf der Welt?" fragte der eine Knirps den anderen. „Ich weiss es nicht", antwortete dieser. Darauf fragte der erste nach: „Wie alt bist Du?" Die Antwort seines 'Dialogpartners': „Sechs Jahre." „In dem Fall bist Du schon sechs Jahre auf der Welt!", belehrte ihn Klein-Sokrates. Unser 'Auf-der-Welt-sein' ist eine Existenz-Form, nicht aber unsere Existenz, es ist eine Phase unseres überdauernden Selbstes, aber nicht unser überdauerndes Selbst.

Ich möchte nicht ausschliessen, dass es auch andere Formen der Vorgeburtlichen- und Nachtodexistenz als die Aneinanderreihung von Verkörperungen auf unserem Planeten gibt. Wenn schon das verkörperte menschliche Leben auf der Erde eine so ungeheure Vielgestaltigkeit aufweist, warum sollte das nicht auch für die Existenzformen vorher und nachher gelten? Vielleicht finden Verkörperungen auch anderswo im Universum und nicht nur in Fleisch und Blut statt?

Wenn unser überdauerndes Selbst nicht unser Körper ist, dann hat dessen stammesgeschichtliche Entstehung aus dem Tierreich, wie sie die moderne Anthropologie beschreibt, in erster Linie mit unserem Körper, aber nur am Rande etwas mit uns selbst zu tun. Unser Körper stellt gewissermassen unsere Hardware, unsere Geist-Seele hingegen unsere Software dar. Unsere Software konnte erst dann auf unsere Hardware geladen werden, als letztere den dafür erforderlichen 'technischen Entwicklungsstand' erreicht hatte. Mit anderen Worten: Menschliche Wesen konnten sich erst dann in einem Erdenkörper inkarnieren, als dieser, aus dem Tierreich hervorkommend, einen menschengerechten Reifegrad erlangt hatte. Dies nimmt natürlich nicht hinweg, dass das phylogenetische Erbe unserer Erdenkörper das menschliche Leben in einem solchen Erdenkörper mitprägen kann und effektiv auch mitprägt, wie uns die Verhaltensforscher und Sozialbiologen aufzeigen. So gesehen ist die naturgeschichtliche Vergangenheit unseres Körpers genauso Bestandteil einer 'Erdensozialisation' wie die kulturgeschichtliche Vergangenheit der Gesellschaft, in die wir hineingeboren werden.

Wenn unser überdauerndes Selbst nicht einer Kontinuität unseres Körpers entstammt, was ist es dann, das ihm das Bewusstsein seiner Kontinuität überhaupt ermöglicht? Was ermöglicht es uns, uns in einer Lebenssituation, die mehr als zwanzig Jahre zurückliegt, als denselben Menschen wiederzuerkennen?

Unser 'zeitloses Selbst'

Wir stossen hier auf ein noch abstrakteres Selbst, das unserem überdauernden Selbst ebenso als Bedingung zugrunde liegt wie dieses unserem aktuellen Selbst. Es ist die Bewusstseinstatsache des Sich-seiner-selbst-bewusst-seins überhaupt, also reines Selbst-Bewusstsein im Sinne von reiner Selbst-Erkenntnis, wie wir es im 2. Kapitel im Zusammenhang mit der vedischen Wissenschaft kennengelernt haben. Oder einfacher gesagt: Wenn ich mich nicht selbst erkennen kann, kann ich mich auch nicht wiedererkennen. Reine Selbst-Bewusstheit ist sich selbst immer gleich und von daher nicht nur zeitlich überdauernd, sondern auch, da bar jeglicher Veränderung, zeitlos. Reine Selbst-Bewusstheit ist bei Ihnen die gleiche wie bei mir und von daher transpersonal, überindividuell, universell. Sie ist unsere ursprüngliche und letztendliche, absolute Identität, die wir alle miteinander gemeinsam haben.

Der Fachausdruck für dieses zeitlose und transpersonale Selbst in der vedischen Wissenschaft ist 'Atma'. Unser überdauerndes, perso-nales Selbst, auf Sanskrit 'Jiva' kann als Individualisierung, als spezifische Manifestation des Atma in Zeit und Raum begriffen werden. Während unser individuelles Selbst ein handelndes und erfahrendes Wesen ist, handelt es sich beim universellen Selbst um transzendentes, reines Sein, jenseits von Handlungen oder Erfahrungen. Als unserer selbst bewusste, handelnde und erfahrende Menschen sind wir beides: universelles Sein und individuelle Wesen, zeitloses Selbst und Selbste in der Zeit, gleichzeitig transzendent und manifest. Im Sanskrit gibt es dafür die Zusammenziehung der Worte 'Jiva' und 'Atma' zu 'Jivatma'. Ein anderer Sanskrit-Ausdruck für unseren innersten Wesenskern ist 'Purusha', was wörtlich übersetzt Person bedeutet. Damit ist die Tatsache angesprochen, dass reine Selbstbewusstheit, Bewusstsein an sich, den Keim individueller Existenz bereits in sich trägt. Das Wort Purusha bezeichnet die transpersonale Voraussetzung unserer Personalität: Sein, das sich seiner selbst bewusst ist. In der biblischen Tradition und der in ihr beheimateten Mystik begegnet uns dieser innerste Wesenskern in dem Wortpaar 'Ich bin'. (Z.B. Gott zu Moses: „Ich bin der ich bin" oder die zahlreichen Jesusworte, die mit 'Ich bin' beginnen, wie beispielsweise: „Ich bin der Weg, die Wahrheit und das Leben".) Nur Sein, das sich seiner selbst bewusst ist, kann sagen 'Ich bin'. Nur wer 'Ich bin' sagen kann, kann 'Ich' sagen und dieses 'Ich' dann mit irgendeiner Tätigkeit verbinden (z.B. 'Ich denke'). Das Wortpaar 'Ich bin' bezeichnet also, genau wie 'Purusha', reine Selbstbewusstheit und macht gleichzeitig deutlich, dass darin das Potential zu individueller Tätigkeitsentfaltung bereits enthalten ist. Unser zeitloses Selbst ist eben kein bewusstloses 'Etwas', sondern gleichsam ein bewusster 'Jemand', eben Purusha, eigentlich der einzige 'Jemand', den es überhaupt gibt. Eine andere passende Übersetzung von Purusha wäre daher 'Subjekt'. Purusha, unser zeitloses Selbst, ist das Ur-Subjekt, reine Subjektivität, Subjektivität an sich.

Zeitloses, universelles Selbst, überdauerndes, individuelles Selbst und aktuelles, körperliches Selbst bilden zusammengenommen unsere vollständige Identität. Den Zusammenhang zwischen diesen drei Identitätsebenen können wir uns an Hand einer Analogie aus der Natur veranschaulichen: am Bild des Meeres mit seinen Wellen (siehe Abbildung 2). Jede Welle ist ein individuelles Selbst, zu dem sich das universelle Selbst des Meeres geformt hat. Man muss nur tief genug in jede Welle eindringen, um festzustellen, dass sie eine Ausbuchtung, eine sich entwickelnde Form des unendlichen Meeres darstellt. Besonders rasch wandelt sich dabei die Gestalt des Wellengipfels, was sinnbildlich unserem aktuellen Selbst entspricht. Wir sind endloses Meer, einzelne Welle und momentaner Wellengipfel zugleich. Insofern wir einzelne Wellen sind, unterscheiden wir uns voneinander, und jeder von uns hat seine eigene, ganz persönliche Geschichte. Insofern diese Wellen aber alle das Meer sind, sind wir alle miteinander identisch, ein einziger Ozean reinen Bewusstseins.

Man kann die Analogie sogar noch weiter treiben: Jede einzelne Welle speist sich aus den Tiefen des Meeres. So kann sie sich zu einem hohen und mächtigen Gebirge auftürmen. Bleibt die Nahrungszufuhr aus der Meerestiefe aber aus, dann wird die Welle mager. Sie überschlägt sich und verwandelt sich in tosenden Schaum, der zwar viel Aufhebens von sich macht, seine ursprüngliche Kraft aber nichts desto weniger eingebüsst hat.

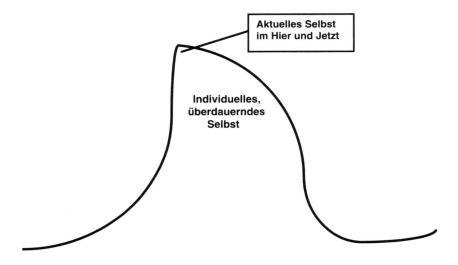

Universelles, zeitloses Selbst

Abbildung 2: Die Ebenen des Selbst als Welle im Meer

Unser individuelles Selbst kann zu einem mächtigen Wesen werden und auf ungeahnte Weise schöpferisch dienen, wenn es aus seinem Ursprung, dem universellen Selbst, schöpft. Ohne diese Kraftquelle jedoch bricht es in sich zusammen und an seine Stelle tritt ein schrilles Ego, das mit seinem Lärm aber nur seine Kraft- und Haltlosigkeit zu übertönen versucht.

Das Wort 'Identität' ist lateinischen Ursprungs (idem = derselbe) und bezeichnet das an uns, was sich selbst immer gleich bleibt, also das, was im Sinne von Kapitel 1 an uns 'wahr' ist (Satya). Und das wiederum kann nur unser transzendentes, unbegrenztes Selbst jenseits von Zeit und Raum sein. Die letztendliche Antwort der Welle auf die Frage 'Wer bin ich?' lautet: 'endloses Meer'. Wer seine wahre Identität im zeitlosen und universellen Selbst gefunden hat, kennt sich und ist sich selbst genug. Wem dieses Selbst-Bewusstsein aber fehlt, der braucht und baut sich sein Ego-Gebäude, wo er oder sie versucht, es sich häuslich darin einzurichten. Es ist ein konstruiertes Zuhause, das aus Begrenzungen besteht. Weil aber dieses Haus, wenn auch nur vermeintlich, ein Gefühl von Schutz und Geborgenheit vermittelt, versuchen die meisten von uns, krampfhaft daran festzuhalten. Wir haben uns so sehr an Begrenztheit gewöhnt, dass es gerade die Grenzen - unser Geschlecht, unsere Rollen, unser Beruf, unsere Nationalität, unsere Religion etc. - geworden sind, die uns so etwas wie Heimat geben. Wir suchen unsere Heimat fatalerweise in Begrenzungen statt im Grenzenlosen. Wir definieren uns, indem wir uns nach aussen hin und gegenüber anderen abgrenzen, anstatt dass wir feststellen, dass wir letztendlich mit allen und allem verbunden sind.

Was geschieht aber, wenn eines Tages der Blitz in unser Haus einschlägt und von der ganzen kunstvoll errichteten Pracht aus Begrenzungen nichts mehr übrig bleibt? Dann stehen wir im Regen. Dann müssen wir erkennen, dass die kunstvoll errichtete Pracht eben auch künstlich, sprich unnatürlich gewesen ist. Dann wird uns offenbar, dass unser Ego-Gebäude wirklich nur ein Hirngespinst, Maya, und kein Gebäude für die Ewigkeit, nicht Satya gewesen ist. Dies ist zwar ein Erwachen, aber ein ziemlich böses. Wesentlich angenehmer ist es deshalb, wenn wir die Ego-Täuschungen immer wieder durchschauen und uns frühzeitig auf die Suche nach unserer wahren, unbegrenzten Identität begeben. Und damit sind wir wieder beim delphischen Imperativ: "Erkenne Dich selbst!" Wenn wir unsere wahre, sich selbst immer gleich bleibende, nicht durch Begrenzungen definierte Identität realisieren, dann ist das maximale Selbst-Verwirklichung.

Fünf Erkenntnisse aus Kapitel 4

1. *Einfachheit, Natürlichkeit und Echtheit lassen unser aktuelles Selbst hervortreten.*
2. *Wir alle sind, so wir wir jetzt sind, einmalig und einzigartig.*
3. *Unser überdauerndes Selbst überdauert - schon zu Lebzeiten - unseren Körper.*
4. *Unser überdauerndes individuelles Selbst ist eine männlich-weibliche Geist-Seele mit einem unendlichen Potential, schöpferisch zu dienen.*
5. *Unsere letztendliche Identität ist zeitloses, universelles Selbst, Bewusstsein an sich.*

5. Yoga in Reinkultur

Ein vierter Hauptbewusstseinszustand

Was haben das endlose Meer, die einzelne Welle, der unstete Wellengipfel, ja sogar der tosende Schaum miteinander gemeinsam? Sie alle sind Wasser. Sie alle sind vom gleichen Material. Auf uns Menschen übertragen ist dieses Material bewusstes Sein, mit einem Wort: Bewusstsein. Je nach Terminologie könnte man auch sagen 'Geist' oder 'Intelligenz'. In seiner einfachsten, ursprünglichsten Grund- und Ausgangsform ist Bewusstsein 'reines' Bewusstsein oder 'Bewusstsein an sich'. Was wir aber normalerweise als aktuelle Selbste von unserem Bewusstsein erfahren, sind seine konkreten Ausformungen in Gestalt von Sinneswahrnehmungen, Gedanken, Gefühlen, Erinnerungen und Handlungsimpulsen. Muss sich der Wellengipfel damit begnügen, seine eigentliche Wassernatur nur in Form einer gedanklichen Vorstellung, lediglich als theoretisches Konzept zu erkennen? Oder anders gefragt: Wie kann reines Bewusstsein zu einem real erlebten Zustand unseres aktuellen Selbstes werden? Wie kann der Wellengipfel seine Wassernatur unmittelbar erfahren und sich damit - wenigstens vorübergehend - in den Status des unendlichen Meeres versetzen?

Genau an dieser Fragestellung setzt die experimentelle Forschungsmethodik der vedischen Wissenschaft 'Yoga' an, von der im zweiten Kapitel die Rede war. Um diese Methode besser nachvollziehen zu können, sollten wir uns zuerst einmal das vedische Modell der menschlichen Hauptbewusstseinszustände vor Augen führen. Wie im zweiten Kapitel dargestellt, betrachtet die vedische Wissenschaft unser Bewusstsein nicht als Konstante, sondern als Variable, d.h. Bewusstsein nimmt bestimmte Zustände an. Diese Bewusstseinszustände lassen sich in ein Koordinatensystem einordnen, das aus zwei Dimensionen besteht (Abbildung 3).

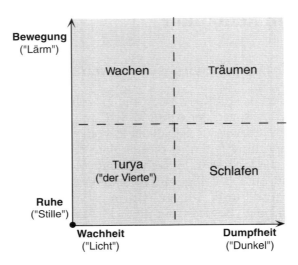

Abbildung 3: Vedisches Modell der Hauptbewusstseinszustände

Die Abszisse (x-Achse) beginnt bei einem Nullpunkt uneingeschränkter Wachheit und Klarheit. Je weiter man sich vom Nullpunkt nach rechts entfernt, desto trüber wird unser Bewusstsein.
An die Stelle von Wachheit tritt mehr und mehr Dumpfheit, eigentlich Bewusstlosigkeit, im wahrsten Sinne des Wortes Geistes-Ab-
wesenheit. Man hat diese Erfahrungsdimension unseres Bewusstseins immer wieder mit der Licht-Dunkel-Metapher, gelegentlich
auch mit der Tag-Nacht-Analogie beschrieben. Die Ordinate (y-
Achse) des Koordinatensystems beginnt bei einem Nullpunkt absoluter Geistesstille, völliger innerer Ruhe frei von gedanklicher
Aktivität, also Gedanken-Losigkeit - aber nicht im Sinne von
Bewusstlosigkeit! Mit zunehmender Entfernung vom Nullpunkt nach
oben nimmt die gedankliche Aktivität mehr und mehr zu. Der
Geist wird zunehmend bewegter, gewissermassen lauter, weshalb
man für diese Bewusstseinsdimension auch das Gegensatzpaar
Stille - Lärm als Analogie verwendet hat. Ein anderes Sinnbild dafür ist die spiegelglatte Meeresoberfläche, die sich immer mehr
wellt und schliesslich zu einer stürmischen See wird.

Betrachtet man den Nullpunkt des Koordinatensystems, so erkennt man darin unschwer einen Zustand reiner Bewusstheit ohne irgendwelche Gedankentätigkeit, den wir als eine Erfahrung von 'Bewusstsein an sich' identifizieren können. Er ist die Kombination von uneingeschränkter Wachheit mit vollständiger Gedankenstille. Der Nullpunkt des Koordinatensystems ist gleichsam unser Bewusstseinskern, der uns normalerweise eben kaum bekannt ist. In der Regel geht nämlich eine Abnahme unserer gedanklichen Bewegtheit mit einer ebensolchen Abnahme unserer Bewusstheit einher, d.h. wir werden schläfrig und schlafen schliesslich ein. Wir vollziehen also eine Umwandlung unseres Bewusstseinszustandes von links oben nach rechts unten. Nimmt dann die gedankliche Bewegtheit bei herabgesetzter Bewusstheit wieder zu (dies ist der Fall, wenn wir träumen), dann findet eine Verlagerung von rechts unten nach rechts oben statt. Erwachen wir dann aus dem Traum, hat eine Verlagerung von rechts oben nach links oben stattgefunden. Es ist so, als ob die klassischen drei Hauptbewusstseinszustände - Wachen, Schlafen und Träumen - das Zentrum des Bewusstseins, reines Bewusstsein, umkreisen, wie ein Planet um die Sonne kreist. Wir kennen gleichsam die Peripherie unseres Bewusstseins, nicht aber dessen Zentrum. Tatsächlich stellen die 'klassischen Hauptbewusstseinszustände' eine grobe Aufteilung des in Abb. 3 dargestellten Koordinatensystems in vier Quadranten dar. Der zum Nullpunkt gehörige Zentralquadrant links unten wird in der vedischen Wissenschaft seit Alters her 'Turya', d.h. 'der Vierte' - genannt. Gemeint ist ein vierter Hauptbewusstseinszustand neben Wachen, Träumen und Tiefschlaf.

Mit Hilfe dieses Modells lässt sich die Erfahrung von Bewusstsein an sich problemlos zu den uns allgemein bekannten Bewusstseinszuständen in Beziehung setzen: Reines Bewusstsein ist erfahrbar als ein vierter Hauptbewusstseinszustand, der ebenso wach ist wie der Wachzustand und ebenso still ist wie der Tiefschlaf. Metaphorisch gesprochen handelt es sich um eine Erfahrung von lichtvoller Stille oder, andersherum formuliert, von lautloser Helligkeit.

Auffallend am vedischen Bewusstseinsmodell ist das Fehlen jeglicher inhaltlicher Dimension; Bewusstseins-Inhalte spielen in diesem Modell der Bewusstseins-Zustände keine Rolle. *Was* wir denken, fühlen oder träumen, sind zusätzliche Qualifikationen des Wach- oder Traumzustandes, nicht aber Kriterien dieser Bewusstseinszustände als solche. Gerade die inhaltliche Dimension des Bewusstseins spielt aber die Hauptrolle in den Bewusstseinsmodellen, die von der westlichen Psychologie entwickelt wurden. Wenn beispielsweise bei Freud vom 'Bewussten', 'Vorbewusstem' und 'Unbewussten' oder bei C.G. Jung vom 'kollektiven Unbewussten' die Rede ist, sind immer verschiedene Arten von Bewusstseinsinhalten, nicht aber unterschiedliche Bewusstseinszustände angesprochen. Verdrängte Schuldgefühle, unbewusste Sehnsüchte, archetypische Bilder des kollektiven Unbewussten haben ihren Stellenwert im Rahmen des Wach- und Traumzustandes. Im Tiefschlaf und im 'vierten' Bewusstseinszustand sind sie nicht existent und von daher unerheblich. Die Bewusstseinsdimension Ruhe - Bewegung darf also keinesfalls mit der tiefenpsychologischen Dimension bewusst - unbewusst (oder unterbewusst) verwechselt werden. Es ist so ähnlich wie bei einem Radio: Die verschiedenen Sender stehen für verschiedene Bewusstseinsinhalte, die zu- oder abnehmende Lautstärke entspricht der Dimension Ruhe - Bewegung.

Meditation

Die Frage nach der Erfahrbarmachung reinen Bewusstseins stellt sich nun im Rahmen des vedischen Bewusstseinsmodelles wie folgt: Wie können wir unsere gedankliche Bewegtheit verringern und gleichzeitig unsere Bewusstheit beibehalten? Oder räumlich ausgedrückt: Wie können wir von links oben nach links unten gelangen ohne dabei, wie beim Einschlafen, nach rechts abzudriften? Wie kann sich unser Wachbewusstsein soweit beruhigen, dass Bewusstsein an sich übrigbleibt? Genau um diesen vollbewussten Versenkungsprozess geht es im Yoga. Und da es sich dabei um einen Prozess, also um einen Ablauf in der Zeit handelt, lässt er sich, wie in Abbildung 4 dargestellt, in drei Etappen unterteilen, wobei Etappe 1 gewissermassen dem 'Start', Etappe 3 dem 'Ziel' des Prozesses entspricht. Die Startetappe wird in der Yoga-Terminologie 'Dharana' genannt, was besagt, dass unser Bewusstsein durch bestimmte Gedanken definiert und damit begrenzt ist. Unser Bewusstsein besteht in festen Gedankenformen, die sich aneinanderreihen. Das Wort Dharana charakterisiert unseren Wachzustand im Hinblick auf seine Rolle als Ausgangsplattform, von wo der Versenkungsvorgang seinen Anfang nimmt. Die Zieletappe wird 'Samadhi' genannt, was soviel wie 'völlige Geistesruhe' bedeutet. Genau genommen bedeutet es, dass derjenige Aspekt unseres Geistes, der zwischen verschiedenen Gedanken unterscheidet - Sanskrit 'Budhi', meist mit Intellekt übersetzt - zur vollkommenen Ruhe gekommen ist.

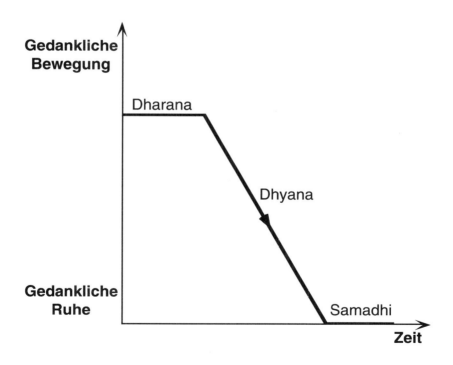

Abbildung 4: Etappen des Versenkungsprozesses

Der eigentliche Prozess, der von 'Dharana' zu 'Samadhi' führt, heisst in der Yoga-Terminologie 'Dhyana' und bedeutet soviel wie Verflüssigung. Die gleichsam feste Gedankenmaterie des Wachzustandes (Dharana) wird zunehmend flüssiger (Dhyana) und löst sich schliesslich völlig auf (Samadhi). Es ist so ähnlich wie ein frisches Sorbet aus dem Tiefkühler mit festen Formen (Dharana), das an der Wärme allmählich schmilzt (Dhyana) und sich schliesslich in eine formlose Suppe (Samadhi) verwandelt. Das Sanskrit-Wort 'Dhyana' wanderte übrigens von Indien nach China und wurde dort zu 'Tschan'. Von China gelangte es nach Japan und wandelte sich schliesslich zu 'Zen'.

In den westlichen Sprachen wird 'Dhyana' in der Regel mit 'Meditation' übersetzt. Bedenkt man die Herkunft des Wortes aus dem lateinischen medium = Mitte, dann bedeutet Meditation 'Einmittung', eine sehr treffende Bezeichnung für einen Erlebnisvorgang, der den Erlebenden zum Zentrum seines Bewusstseins und damit zu seiner eigenen Mitte führt. Wichtig ist in diesem Zusammenhang wiederum das Fehlen jeglicher Bezugnahme auf Bewusstseinsinhalte. Wenn wir also im folgenden den Begriff Meditation verwenden, müssen wir uns frei machen von Assoziationen des Meditierens 'über etwas'. Meditation im Sinne von Dhyana bedeutet nicht Nachdenken oder geistige Betrachtung. Der Klarheit halber verwenden wir dafür besser den Begriff 'Kontemplation'. Meditation als Übersetzung von Dhyana bezeichnet einen inhaltlich neutralen, bewusst erfahrenen Versenkungsvorgang, den man als fortschreitende Beruhigung der gedanklichen Aktivität oder als zunehmende Verflüssigung, Verdünnung oder Verfeinerung des gedanklichen Materials beschreiben kann.

Meditationsprozesse können spontan auftreten. So mancher Leser wird vielleicht bei der Lektüre der letzten Seiten gedacht haben: „Das habe ich schon erlebt." Meditationserfahrungen werden aus allen Kulturen und Epochen, meist in einem religiösen, philosophischen oder künstlerischen Kontext, berichtet und stets als wertvoll erachtet. Man hat auch immer wieder versucht, das Auftreten solcher Erfahrungen durch bestimmte Lebensgewohnheiten (z.B. Ernährungsweise), religiöse Rituale oder im Umfeld der Kunst

(Musik, Tanz, Malerei etc.) zu fördern. In allen Jahrhunderten und auf allen Kontinenten sind Menschen in die Einsamkeit gegangen, haben sich im Schweigen geübt, um so in den Genuss von vollkommener Stille zu kommen. Nur selten aber hatte man in der Vergangenheit ein systematisches Verfahren zur Verfügung, mit dessen Hilfe der Meditationsvorgang bei jedermann zu jeder Zeit ausgelöst werden kann. Genau dies müssten wir aber verlangen, wenn wir Meditation zu einer Forschungsmethode im Sinne der subjektiven Erfahrung auf experimentellem Niveau machen wollten (siehe Kapitel 2). Ein systematisches Verfahren zur absichtlichen Auslösung des Meditationsvorganges wollen wir künftig Meditationstechnik nennen. Aufgabe der Meditationstechnik ist es, einen Meditationsvorgang herbeizuführen. Die vedische Wissenschaft hat im Laufe ihrer vieltausendjährigen Geschichte eine Vielzahl von Meditationstechniken entwickelt. Die allereinfachste und gleichzeitig älteste vedische Meditationstechnik ist in den letzten Jahrhunderten jedoch weitgehend in Vergessenheit geraten. Ihre praktische Wiederbelebung ist untrennbar mit dem Namen Maharishi Mahesh Yogi verbunden.

Maharishi Mahesh Yogi

Maharishi wuchs in Indien auf, studierte zunächst Physik und lebte dann dreizehn Jahre lang zu Füssen seines Meisters 'Gurudev, Swami Brahmananda Saraswati' als dessen persönlicher Schüler und enger Mitarbeiter. Brahmananda Saraswati hatte von 1940 bis 1953 den Lehrstuhl des Shankaracharya von Jyotir Math inne. Jyotir Math ist ein im Himalaya gelegenes Hauptlehrzentrum der vedischen Wissenschaft. Der Überlieferung nach wurde es vor 2500 Jahren, neben drei weiteren Zentren, von Adi Shankara, dem ersten Shankara und Begründer der nach ihm benannten Shankaracharya-Tradition, eingerichtet. Shankara gilt als eine besonders herausragende Gestalt der indischen Geistesgeschichte, weil er die damals ziemlich verschüttete vedische Wissenschaft gleichsam wieder freilegte und ihr, nicht zuletzt über die vier Hauptlehrzentren, zu neuem Einfluss in Kultur und Gesellschaft verhalf.

Gerade am Beispiel von Shankara wird ein wesentlicher Unterschied zwischen der vedischen Wissenschaft und der uns vertrauten westlichen Naturwissenschaft deutlich: Die westliche Wissenschaftsgeschichte versteht sich als eine Geschichte des wissenschaftlichen Fortschritts, des Voranschreitens vom Nichtwissen zu immer ausgedehnterem und differenzierterem Wissen. Aufgabe jeder Wissenschaftler-Generation war und ist es, die Wissensgrenzen der Vorgängergeneration zu sprengen und dem noch verbleibenden Meer des Nichtwissens ein weiteres Stück Land des Wissens abzugewinnen. Am Anfang der Wissenschaft stand gemäss Aristoteles das *Thaumatsein*, das sich wundernde, fragende Staunen, wie man es bei Kindern beobachten kann, also eine bewusste Unwissenheit. Der wohl berühmteste Ausdruck dieser Haltung ist der Satz von Sokrates: „Ich weiss, dass ich nichts weiss." Das Wissen um die eigene Unwissenheit schafft ein Bedürfnis nach zuverlässigem Wissen. Dieses veranlasst den Wissenssucher schliesslich, methodisch zu forschen, d.h. Wissenschaft zu treiben.

Ganz anders dagegen das Geschichtsverständnis der vedischen Wissenschaft: Am Anfang der Wissenschaft steht nicht Unwissenheit, sondern 'reines Wissen' im Sinne von Bewusstsein an sich, das immer schon da war und zeitlos, also ahistorisch ist. Einen zeitlich bestimmbaren Anfangspunkt gibt es für die vedische Wissenschaft folgerichtig ebensowenig wie einen wissenschaftlichen Fortschritt im Laufe der Zeit. Die vedische Wissenschaft existiert ihrer eigenen Überlieferung nach, seit es Menschen gibt. Eine historische Kontinuität entsteht dadurch, dass das 'reine Wissen' (reines Bewusstsein, Veda) und der Zugang zu ihm möglichst unverfälscht und vollständig von Generation zu Generation weitergegeben wird. Entsprechend grosser Wert wird in der vedischen Wissenschaft auf eine ununterbrochene Meister-Schüler-Kette gelegt, weshalb man mit Recht auch von einer 'vedischen Tradition' spricht. Ein Studierender der vedischen Wissenschaft hatte nie das Bestreben, seinen Lehrer an Wissen zu übertreffen. Vielmehr war es sein Lernziel, den Bewusstseinszustand (Erleuchtung) seines Meisters bei sich selbst möglichst 'originalgetreu' zu reproduzieren und damit zum Fortbestand des 'reinen Wissens in seiner Vollständigkeit' beizutragen. Insofern erinnert die vedische Tradition an die Weitergabe der genetischen Information von einer Generation auf die andere durch die 'originalgetreue' Reproduktion des chemischen Informationsträgers in der Zelle, der DNA. Es ging in der vedischen Tradition also nicht um die Erzeugung von zuvor unbekanntem, sondern um die möglichst lange Erhaltung von a priori gegebenem Wissen.

Gleichwohl spielt auch die Unwissenheit eine wichtige Rolle im vedischen Geschichtsverständnis, nämlich in dem Sinne, dass die Erfahrung von Bewusstsein an sich, mit allen sich daraus ergebenden Folgeerkenntnissen, aufhört eine gelebte Realität zu sein. Dies tritt immer dann ein, wenn Meditationstechniken nicht mehr oder nicht mehr richtig ausgeübt werden. Das reine Wissen versinkt dann, gesellschaftlich gesehen, in eine Art Dornröschenschlaf. Solche Epochen werden 'dunkle Zeitalter' oder 'Zeitalter der Finsternis' genannt, weil das Wissen vom Bewusstsein gleichsam verdunkelt ist, so wie die Wolken am Himmel vorübergehend das Sonnenlicht verdunkeln. Die Wissensaufzeichnungen aus vorangegangenen, helleren Epochen aus früheren 'Zeitaltern der Erleuchtung' sind zwar dann immer noch vorhanden, aber die Texte werden, da ihrem ursprünglichen Bezugsrahmen entrissen, nicht mehr verstanden und Gegenstand religiöser Interpretationen, philosophischer Spekulationen und psychologischer Projektionen. Aberglaube, Fundamentalismus und Religionskriege sind die Folge.

In solchen Epochen der 'Unwissenheit' hat die vedische Wissenschaft fast nur in geografisch abgelegenen Regionen wie den Hochtälern des Himalaya oder den tropischen Wäldern Südindiens überlebt. Im Laufe der Geschichte kam es dann immer wieder vor, dass vedische Meister an die Öffentlichkeit traten, um den Zugang zum reinen Bewusstsein neu und wirkungsvoll zu vermitteln und Vorkehrungen zu treffen, diesen Zugang für möglichst viele nachfolgende Generationen offen zu halten. Gelang eine solche 'Wiederbelebung des reinen Wissens', dann wurde das 'Zeitalter der Finsternis' von einem 'Zeitalter der Erleuchtung' abgelöst. Herausragende Gestalten in der Geschichte der vedischen Wissenschaft wie Adi Shankara werden also nicht als Entdecker, sondern als Erneuerer, als 'Vertreiber der Wolken der Unwissenheit in der Gesellschaft' verehrt.

Auch Maharishi Mahesh Yogi begreift sich als ein Erneuerer der ursprünglichen vedischen Wissenschaft, und zwar zugeschnitten für unsere heutige - östliche und westliche - Welt. Der erste Teil seines Namens, 'Maharishi', ist eine Art Titel. 'Rishi' (wörtlich: Seher) ist die traditionelle Bezeichnung für einen Kenner von Veda (reinem Wissen) aus eigener Erfahrung. Einen 'Maharishi' (wörtlich: grosser Seher) nennt man seit alters her einen Veda-Kenner, der sein Erfahrungswissen öffentlich lehrt.

Im Jahre 1956, drei Jahre nach dem Tod seines Meisters, verliess Maharishi das Himalaya-Tal Uttar Kashi und begab sich zunächst nach Südindien, wo er kurz darauf seine Lehrtätigkeit aufnahm. Er unterrichtete seine Meditationstechnik und studierte ihre Wirkungen bei Menschen aller Altersklassen, Berufsgruppen und Glaubensrichtungen. Gleichzeitig entwickelte er ein standardisiertes Unterweisungsverfa-hren, mit dem nach entsprechender Ausbildung auch andere die Meditationstechnik zuverlässig unterrichten können. Bis heute haben weltweit etwa fünf Millionen Menschen Maharishis Meditationstechnik erlernt, und Zehntausende sind zu autorisierten Meditationslehrern ausgebildet worden. Maharishis erklärte Absicht ist es, durch eine massive Wiederbelebung des reinen Wissens und seiner Nutzanwendung in allen gesellschaftlichen Bereichen (Gesundheit, Erziehung, Management etc.) eine historische Trendwende in Richtung 'Zeitalter der Erleuchtung' herbeizuführen. Besonderes Gewicht legt er dabei auf eine Synthese von vedischer Wissenschaft und moderner Naturwissenschaft. Sein Hauptaugenmerk liegt jedoch auf dem wiederholten Zugang zum Bewusstsein an sich, d.h. auf der regelmässigen Anwendung seiner Meditationstechnik durch eine möglichst grosse Anzahl von Menschen.

Transzendentale Meditation

Maharishi nannte seine Meditationstechnik 'Transzendentale Meditation' (TM). Das Adjektiv 'transzendental' kommt vom lateinischen transcendere = überschreiten. Gemeint ist das Überschreiten zunehmend ruhigerer Ebenen gedanklicher Aktivität oder zunehmend feinerer Zustände gedanklichen Materials. Insofern ist die Bezeichnung 'Transzendentale Meditation' ein Pleonasmus, denn das Attribut 'transzendental' nimmt nur schon vorweg, was das Wort 'Meditation' als Übersetzung des Yoga-Terminus 'Dhyana' ohnehin schon beinhaltet. Es bekräftigt das Meditationsprinzip aber gleichzeitig, indem es auf ein Transzendieren, also Überschreiten auch der allergeringsten, allerfeinsten Denkaktivität hinweist. Mittels Transzendentaler Meditation bleibt der Meditationsprozess also nicht auf halber Strecke stecken, sondern er führt konsequent bis zu seinem natürlichen Ende: 'Samadhi' oder reinem Bewusstsein.

Versuchen wir, dem Wirkmechanismus der TM-Technik auf die Spur zu kommen, und werfen wir einen Blick in das Forschungslabor der vedischen Wissenschaft. Was wir dabei antreffen werden, ist Yoga in Reinkultur.

Zunächst einmal werden wir mit einer These von Maharishi Mahesh Yogi konfrontiert, mit der er die Fachwelt regelrecht schockierte, als er vor mehr als 35 Jahren zum ersten Mal damit an die Öffentlichkeit trat: Meditieren ist allen gegenteiligen Behauptungen zum Trotz nicht schwierig und mühevoll, sondern kinderleicht und absolut mühelos. Jeder Mensch mit einem intakten Gehirn und Nervensystem, gleich welcher Rasse, Religion, Klasse oder Nation, kann meditieren. Die menschliche Fähigkeit zum Transzendieren gehört zu seiner biologischen Grundausstattung und ist unabhängig von Intelligenz, Bildungsstand, Lebensweise oder Einstellung. Zwei Gründe sind dafür verantwortlich:

Erstens: Die fortschreitende Beruhigung der gedanklichen Aktivität geht mit einem stets zunehmenden Wohlgefühl einher. Feinere Gedankenzustände sind angenehmer als gröbere. Das Wohlgefühl erreicht ein Maximum, wenn die Denkaktivität zur vollkommenen Ruhe gekommen ist und diese totale innere Stille bewusst erlebt wird. Die klassische Erlebnisbeschreibung von reinem Bewusstsein in der vedischen Literatur lautet: 'Sat' (= Sein) - 'Chit' (= Bewusstheit) - 'Ananda' (= Uneingeschränktes Wohlgefühl). Das Wohlgefühl, das der vollbewussten Gedankenstille eigentümlich ist, entstammt keinen Gedanken und keiner Sinneswahrnehmung. Es ist weder körperlich noch emotional noch intellektuell lokalisierbar. Es ist ein 'undefiniertes', damit aber auch ein unbegrenztes, unspezifisches Wohlgefühl an sich, weshalb das Sanskrit-Wort 'ananda' häufig auch mit 'Glückseligkeit' übersetzt wird. Die hellwache Erfahrung innerer Stille ist eben keine leblose Nichts-Erfahrung, sondern eine höchst lebendige Selbst-Erfahrung, und diese Lebendigkeit teilt sich dem Erfahrenden mit als 'ananda'.

Zweitens: Wir Menschen sind so gebaut, dass wir von Natur aus Wohlgefühle suchen, worin auch immer sie bestehen mögen. (Dieses Grundgesetz des menschlichen Lebens wird uns in den nachfolgenden Kapiteln noch beschäftigen.) Unsere Aufmerksamkeit befindet sich ständig auf Wanderschaft und wendet sich dabei denjenigen Erfahrungen (Sinneswahrnehmungen oder Gedanken) zu, von denen wir uns entweder ein Wohlgefühl erhoffen (z.B. Wunschphantasien) oder die Beseitigung eines Störgefühls versprechen (z.B. Probleme lösen). Unsere Aufmerksamkeit verweilt solange bei einer Erfahrung, bis sie von einer anderen, 'attraktiver' erscheinenden Erfahrung angezogen wird. Wir können hier von einer Art 'mentalem Lustprinzip' sprechen. Angenommen wir besuchen eine Gemäldegalerie und betreten einen Saal mit Impressionisten. Vielleicht wird unser Blick zuerst von einem farbenfrohen Van Gogh angezogen, bei dem wir einen Moment verweilen. Nach einiger Zeit sind wir von Van Gogh 'gesättigt', und unser Blick wandert zu einem zarten Claude Monet, der jetzt für einige Minuten unsere Aufmerksamkeit gefangen nimmt. Am rechten Rand unseres Sehfeldes taucht dann plötzlich eine harmonische Cézanne-Landschaft auf, zu der wir uns unwiderstehlich hingezogen fühlen. Wir geben dem 'mentalen Lustprinzip' nach, verlassen den Monet und wenden uns dem Cézanne-Gemälde zu. Entscheidend ist, dass die Aufmerksamkeitszuwendung nach dem mentalen Lustprinzip ganz von selbst, ohne unser Zutun erfolgt.

Wenn es nun erstens zutrifft, dass die Beruhigung der Denk-aktivität mit einer Zunahme von Wohlgefühl einhergeht, und zwei-tens unsere Aufmerksamkeit von Natur aus dem mentalen Lust-prinzip folgt, dann ist der Meditationsprozess ein hundertprozen-tig automatischer, und die erste Regel für den Meditierenden muss lauten: Nichts wollen, nichts manipulieren und nichts zensieren, sondern es nehmen, wie es kommt. Die fortschreitende Verfeine-rung von Gedankenmaterie bis hin zu deren Auflösung im Samadhi-Zustand ist ein Naturvorgang, der genauso naturgesetzlich vor sich geht wie ein Fluss dem Naturgesetz der Schwerkraft folgend berg-ab fliesst und schliesslich ins Meer mündet. In dieser Analogie entspricht die Schwerkraft, d.h. die Erdanziehung, der erlebnis-mässigen Anziehungskraft ('Attraktivität'), die von der Erfahrung wacher Stille ausgeht. Je weiter sich die gedankliche Bewegung beruhigt, desto stärker baut sich das der wachen Stille eigentümli-che Wohlgefühl auf. Einen solchen natürlichen Versenkungsvor-gang muss man sich selbst überlassen. Jeder willentliche, absichts-volle Eingriff kann nur störend wirken und wird den Sinkprozess aufhalten.

Der Automatismus des Meditationsvorganges macht das Medi-tieren nicht nur leicht und prinzipiell allen zugänglich, sondern er erfüllt auch die beiden Grundanforderungen an eine Forschungs-methode der subjektiven Erfahrung auf experimentellem Niveau, die wir im 2. Kapitel erhoben haben: Dass sie nämlich erstens frei von jeglicher Konzentration und Beobachtungstätigkeit sein muss und zweitens immer wieder und von jedermann gemacht werden kann.

„Wenn aber das Meditieren so einfach und natürlich ist, warum haben dann nicht mehr oder weniger alle Menschen immer schon meditiert?" Die Frage ist nur allzu berechtigt und die Antwort dar-auf lautet: Meditation ist gewiss ein naturgegebener, vollautomati-scher Prozess, aber dieser Prozess muss erst noch ausgelöst, initi-iert, gleichsam per Knopfdruck gestartet werden. Und genau dies geschieht mit Hilfe der eigentlichen TM-Technik. Wenn dann der Stein sozusagen ins Rollen gebracht ist, rollt er von alleine weiter den Abhang hinunter bis ins Tal.

Der Prozess muss deshalb gestartet werden, weil wir in dem Bewusstseinszustand, von dem aus er startet, d.h. im Wachzustand, von innen nach aussen gerichtet sind. Wir sind im Wachzustand in Richtung Interaktion mit der Umwelt, in Richtung Aktivitätsentfaltung und nicht in Richtung Rücknahme der Aktivität orientiert (Abb. 5). Unsere Sinne versorgen uns ständig mit Input von aussen, und unser ganzer Organismus ist permanent in Bereitstellung, darauf mit Handlungen zu reagieren.

Diese Hinwendung in Richtung Aktivitätsentfaltung (schraffierter Pfeil nach oben) ist für den Wachzustand äusserst sinnvoll, denn ohne sie gäbe es keine Lebenserhaltung geschweige denn

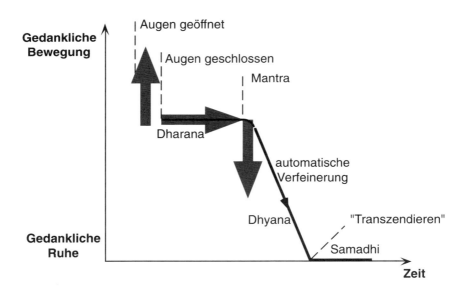

Abbildung 5: Auslösung des Versenkungsprozesses mittels Transzendentaler Meditation (TM-Technik)

Lebensentfaltung. Ohne Hinwendung zur Umwelt würden wir verhungern, verdursten, erfrieren und uns auch nicht vermehren.

Wollen wir aber einen Versenkungsprozess im Sinne von 'Dhyana' auslösen, dann müssen wir unsere Aussengerichtetheit um 180 Grad drehen und vorübergehend durch eine Innengerichtetheit ersetzen. Was liegt dazu näher, als sich erst einmal in Ruhe hinzusetzen und die Augen zu schliessen? Und tatsächlich haben wir damit den ersten Schritt zur Meditation getan. Aber eben nur den ersten Schritt, denn was geschieht, wenn wir mit geschlossenen Augen einfach ruhig dasitzen? Wir werden irgendetwas denken, und wenn wir auf unseren Denkprozess nicht steuernd einwirken, wird über kurz oder lang das mentale Lustprinzip das Steuer übernehmen und den Fluss der Gedanken bestimmen. Wir wandern so von Gedankeninhalt zu Gedankeninhalt. Was dabei aber mehr oder weniger konstant bleibt, ist das Ausmass unserer gedanklichen Aktivität, sozusagen der Energieaufwand, mit dem wir unsere Gedankeninhalte denken. Das Hinsetzen und Schliessen der Augen hat gewissermassen eine Drehung von 90 Grad bewirkt. Das mentale Lustprinzip kommt zwar bereits zum Tragen, aber nur in horizontaler, noch nicht in vertikaler Richtung, weil es bis jetzt nur auf Gedankeninhalte, noch nicht aber auf die Denkaktivität als solche einwirkt.

An dieser Stelle ist es hilfreich, wenn wir mit einem Begriff operieren, der im Englischen häufig gebraucht wird, für den es im Deutschen kaum eine adäquate Übersetzung gibt: das Wort 'mind'. Im Deutschen wird es üblicherweise mit 'Geist' wiedergegeben. Das englische Wort 'mind' ist aber viel schlichter und schlanker als der gewichtige Ausdruck 'Geist'. Das Wort 'mind' stammt vom lateinischen 'mens', von dem sich unser Adjektiv 'mental' ableitet und das mit dem Sanskrit-Wort 'manas' verwandt ist. Es bezeichnet denjenigen Aspekt unseres Bewusstseins, der denkt. 'Mind' ist der Name für das aktive Handlungs- und Ausführungsorgan unseres Bewusstseins, so ähnlich wie die Hand das Handlungs- und Ausführungsorgan unseres Körpers ist. (Vielleicht liegt hier der Grund für die klangliche Ähnlichkeit, ja möglicherweise sprachliche Verwandtschaft zwischen dem Sanskrit-Wort 'manas' und dem lateinischen Wort für Hand: 'manus'.)

Unser 'Mind' gleicht, sich selbst überlassen, einer grasenden Kuh. Getrieben von dem ihm eigenen Lustprinzip frisst er sich fort von Grasbüschel zu Grasbüschel, von neuem Gedankeninhalt zu neuem Gedankeninhalt, oder er ist damit beschäftigt, bereits gefressene Grasbüschel wiederzukäuen, d.h. er holt bereits gedachte Gedankeninhalte aus dem Gedächtnis (eigentlich: 'Gedachtes') hervor und denkt sie noch einmal. Mit geöffneten Augen und einer Orientierung des Mindes nach aussen wird in der Regel - man erinnere sich an das Beispiel vom Besuch der Gemäldegalerie - das Suchen nach neuen Grasbüscheln überwiegen. Mit geschlossenen Augen und einer Abkehr des Mindes von aussen wird nach einiger Zeit wohl das Wiederkäuen bereits gefressener Grasbüschel die Überhand gewinnen. Und genau dies wird auf die Dauer langweilig. Das mentale Lustprinzip wird gewissermassen frustriert und beginnt, nach neuer Nahrung Ausschau zu halten.

Jetzt ist der Moment gekommen, wo die TM-Technik den Mind mit einem Trick überlistet und so das mentale Lustprinzip auf Richtung Gedankenverfeinerung ansetzt. Würde man jetzt nämlich dem Mind einen neuen Gedanken vorsetzen, der inhaltlich attraktiv ist, dann würde er sich dankbar darauf stürzen und seine Kauaktivität, sprich Denkaktivität, womöglich noch steigern. So nach dem Schema: „Gott sei Dank habe ich jetzt wieder etwas Interessantes, womit ich mich angeregt beschäftigen kann." Stattdessen füttert man den Mind aber mit einem Gedanken, der inhaltlich weder anziehend noch abstossend, also völlig neutral und frei von Assoziationen ist, *weil er nämlich gar keinen Inhalt hat.* Der Mind beginnt nun, dieses (in der Analogie gesprochen) 'geschmacklose Grasbüschel' zu kauen, d.h. gedanklich zu repetieren, und merkt bald, dass es hier in Sachen Inhalt für das mentale Lustprinzip nichts zu holen gibt. Er merkt aber auch, dass das mentale Lustprinzip sehr wohl auf seine Kosten kommt, wenn der Denkaufwand mit jeder gedanklichen Wiederholung des inhaltsleeren Gedankens geringer wird. Damit setzt jener sich selbst verstärkende und deshalb automatische Vorgang der Gedankenver-feinerung ein, der in der Yoga-Terminologie Dhyana heisst und zu Samadhi führt.

Was ist das für ein Gedanke, der zwar ein richtiger Gedanke ist, aber keinen Gedankeninhalt, also keine Bedeutung hat? Es handelt sich dabei um ein phonetisches Gebilde, um eine Kombination aus Vokalen und Konsonanten, also um ein Wort, aber dieses Wort heisst nichts. Das Wort hat nur, wenn man es hört oder denkt, einen Klang, aber keine Bedeutung. Ein solcher Gedanke wird 'Mantra' genannt. Das Sanskrit-Wort Mantra setzt sich aus 'man' (vergleiche 'manas') und 'tra' zusammen und bedeutet soviel wie gedankliches Instrument. Es ist ein gedankliches Fahrzeug, ein Vehikel, mit dem man zu immer feineren Stadien dieses Gedankens und damit zu immer ruhigeren Denkebenen gelangt. In der vedischen Tradition wird seit Jahrtausenden eine Vielzahl von Mantras überliefert, die zwei Bedingungen erfüllen sollen: Erstens sollen sie von ihrer klanglichen Beschaffenheit her 'benutzerfreundlich' sein, d.h. sie sollen sich für eine fortschreitende Verfeinerung lautmässig eignen. Komplizierte Zungenbrecher kommen hierfür sicherlich weniger in Frage. Zweitens sollen sie von ihrer klanglichen Wirkung her für den Benutzer, also den Meditierenden, gesund, harmonisch und förderlich sein. Phonetische Gebilde, wie übrigens auch alle Worte aller Sprachen, sind Klänge mit bestimmten Schwingungen, und diese Schwingungen sollen mit den Schwingungen desjenigen harmonieren, der sich diesen Klängen, und sei es auch nur in Gedanken, aussetzt. Mit den Mantras werden in der vedischen Tradition auch Regeln überliefert, nach denen sie Personen zugeteilt werden. So erhalten zum Beispiel Menschen, die ein zurückgezogenes Mönchsleben führen, andere Mantras als in der Gesellschaft lebende Familienväter und -mütter. Das berühmte Mantra 'Om' gilt beispielsweise in der vedischen Tradition als Mönchsmantra par excellence. Jedoch auch innerhalb der in der Gesellschaft lebenden Population gibt es unterschiedliche Mantras mit unterschiedlicher Eignung für verschiedene Menschen. Die Kenntnis und Beherrschung des entsprechenden Regelgutes ist Bestandteil einer Ausbildung zum Lehrer für Transzendentale Meditation.

Was benötigt also ein Mensch, damit er die TM-Technik ausüben kann? Er braucht erstens ein für ihn passendes Mantra, und zweitens muss er wissen, wie er damit umgeht. Letzteres ist nicht eine Sache des intellektuellen Verstehens, sondern des praktischen Ausprobierens und Erfahrens. Die Instruktionen erfolgen Schritt für Schritt aufeinander aufbauend. Erst wenn ein Lernschritt durch den Lernenden ausgeführt und von ihm erfahren wurde, kann die nächste Instruktion gegeben werden. Es ist wie beim programmierten Lernen, wo jeder Lernende sein individuelles Lerntempo hat. Genauso hat jeder Mensch sein individuelles Tempo, mit dem er in den Meditationsprozess hineinkommt und diesen durchläuft. Deshalb wird die TM-Technik im Rahmen einer individuellen, persönlichen Unterweisung durch einen qualifizierten TM-Lehrer vermittelt. Diese persönliche Unterweisung ist der erste Bestandteil eines standardisierten Einführungskurses.

Was bewirkt Transzendentale Meditation?

Die Transzendentale Meditation wird in der Regel zweimal täglich, morgens und abends, jeweils zwanzig Minuten ausgeübt. Während der Meditation versinkt der Organismus, wie physiologische Messungen gezeigt haben, in eine sehr tiefe Entspannung. Gleichzeitig gibt das EEG zu erkennen, dass der Meditierende dabei wach ist. Das Resultat davon ist eine gründliche Erholung und Regenerierung. Ein meditierender Manager hat es einmal bildhaft so formuliert: „Wenn ich einen hektischen Arbeitstag hinter mir habe, fühle ich mich wie ein zerknittertes Blatt Papier. Dann meditiere ich und nachher ist das Papier wieder glattgebügelt wie ein neues, unbeschriebenes Blatt." Die kumulativen Auswirkungen des regelmässigen Meditierens sind in Hunderten von wissenschaftlichen Studien sehr eingehend untersucht worden, sodass man sagen kann: Die Transzendentale Meditation ist heute die wissenschaftlich bestuntersuchte Meditationstechnik der Welt. Möglich wurde dies unter anderem dadruch, dass meditierende Versuchspersonen in genügend grosser Zahl überall auf der Welt zur Verfügung standen, und dass man sich wegen der Standardisierung des Unterrichtsverfahrens darauf verlassen konnte, stets die gleiche Meditations-technik zum Forschungsgegenstand zu haben. Die gefundenen Auswirkungen fortgesetzter, regelmässiger TM-Ausübung sind kör-perlicher, seelischer und gesellschaftlicher Art und durchwegs positiver Natur. Ausführliche und dennoch allgemein verständli-che Darstellungen der Forschungsresultate finden sich in den Bü-chern 'Selbsthilfe durch Meditation' und 'Ayurveda im Business' von F.-T. Gottwald und W. Howald, sowie im Buch 'Der Maharishi-Effekt' von Aron und Aron. Auf das eine oder andere Forschungs-ergebnis werden wir im weiteren Verlauf dieses Buches noch zu sprechen kommen.

So sehr man die Meditationsforschung auch vorantreibt, eines wird mit ihrer Hilfe wohl nie möglich sein: Im konkreten Einzelfall vorherzusagen, wann welche Wirkung in welchem Ausmass ein-treten wird. Hier hat jeder Meditierende seine ureigene, ganz per-sönliche Erfolgsgeschichte. Der nachfolgende Bericht eines Gym-nasiasten ist keineswegs untypisch: „Als ich vor knapp einem Jahr anfing zu meditieren, erwartete ich mir in erster Linie eine mar-kante Verbesserung meiner damals etwas besorgniserregenden schulischen Leistungen. Inzwischen habe ich mich damit abgefun-den, dass wegen grosser Lücken aus früheren Jahren mehr als eine Stabilisierung auf mittlerem Niveau nicht drinliegt. Dafür mach-te ich aber eine andere überraschende Beobachtung: Neben mei-nen Schulaufgaben übe ich täglich zwei Stunden Klavier. Seit ich meditiere, hat sich die Effizienz meines Klavierübens verdoppelt. Ich erreiche heute in zwei Stunden, wofür ich früher vier Stunden brauchte. Und noch etwas habe ich festgestellt: Wenn ich am Abend frisch meditiert an eine Party gehe, bin ich eine wahre Stimmungs-kanone und reisse alle anderen mit, auch wenn sie miesgelaunt sind."

Während der Meditation kommt der Meditierende im wahrsten Sinne des Wortes 'zu sich', d.h. er berührt sein innerstes, letztend-liches, zeitloses und universelles Selbst. An einer Pressekonferenz sagte Maharishi einmal: „Meditating is like going home." Unser innerstes, 'transzendentes' Selbst ist unsere 'home base', wo unser aktuelles Selbst wie ein Auto in seiner Heimat-Werkstatt einen 'full service' erhält, gereinigt und aufgetankt wird, um nachher wieder voll 'verkehrstauglich' zu sein. Nach einer Meditationssitzung interagiert man zwar wieder mit seiner Umwelt, ist die ungeteilte Aufmerksamkeit wieder ganz 'da draussen', aber gleichzeitig bleibt man mehr 'bei sich', gerät man weniger leicht 'ausser sich'. Die fortgesetzte regelmässige Meditationsausübung führt mehr und mehr dazu, dass man, gleich, wo man sich physisch oder psychisch aufhält, sich dennoch in seiner Mitte befindet. Die Verbindung zur home base reisst nicht mehr ab, und man kann folglich nicht mehr so ohne weiteres aus seiner Bahn geworfen werden.

Was ist 'Erleuchtung'?

Ziel dieses Entwicklungsprozesses ist ein permanenter Lebenszustand, in dem die Verbundenheit mit der inneren home base, der Selbst-Rückbezug, nie mehr verlorengeht, was man auch tut oder erlebt. Es findet eine regelrechte Verdoppelung unseres Bewusstseinsspektrums statt: Selbst-Rückbezug einerseits und Engagement in der äusseren Welt andererseits koexistieren gleichzeitig nebeneinander. Maharishi spricht deshalb immer wieder von 200 Prozent Leben, 100 Prozent absolut (Selbst-Rückbezug) und 100 Prozent relativ (Engagement in der äusseren Welt). Die Erfahrung von Samadhi hat sich von einer vorübergehenden Meditationserfahrung in einen stabilen Dauerzustand gewandelt, der die drei 'relativen' Bewusstseinszustände - Wachen, Träumen und Schlafen - als 'stiller Zeuge' begleitet. Das Gewahrsein von Bewusstsein an sich geht also selbst im Tiefschlaf nicht verloren. Es ist wie eine Lampe, die niemals ausgeht, weshalb man diesen Zustand traditionell 'Erleuchtung' (englisch 'enlightenment') nennt. Erleuchtung ist nichts anderes als permanente Selbst-Wachheit, d.h. der oder die Erleuchtete ist stets hellwach in seinem oder ihrem zeit- und grenzenlosen Selbst.

Wenn auch für die meisten von uns praktisch kaum vorstellbar, gilt 'Erleuchtung' in der vedischen Wissenschaft keineswegs als etwas Übermenschliches. Im Gegenteil, Erleuchtung wird als der eigentliche Naturzustand und damit als das 'Geburtsrecht'

(Maharishi) jedes Menschen angesehen. 'Erleuchtung' ist für den vedischen Wissenschaftler gleichbedeutend mit 'Gesundheit', und so ist es sicherlich kein Zufall, dass das Sanskrit-Wort für Gesundheit, 'Svasthya', sich aus 'Sva' = Selbst und 'Sthya' = fest gegründet zusammensetzt. 'Erleuchtung' ist vollendete Selbst-Erkenntnis und Selbst-Verwirklichung: Die Welle erfährt sich in all ihren Bewegungen und Wandlungen als *Meeres*welle.

Fünf Erkenntnisse aus Kapitel 5

1. Unser zeitloses, universelles Selbst ist erfahrbar: als vierter Hauptbewusstseinszustand neben Wachen, Träumen und Tiefschlaf: 'reines' oder 'transzendentales'' Bewusstsein.

2. Der Versenkungsprozess, der die gedankliche Aktivität des Wachzustandes fortschreitend beruhigt, bis reines Bewusstsein übrig bleibt, heisst Meditation.

3. Meditieren ist kinderleicht, völlig anstrengungslos und ganz natürlich.

4. Die Transzendentale Meditation nach Maharishi Mahesh Yogi ist eine für unsere Zeit wiederbelebte, uralte vedische Meditationstechnik, die den Meditationsvorgang bei jederman jederzeit auslösen kann.

5. Wenn reines Bewusstsein, die Wachheit im zeit- und grenzenlosen Selbst, alle anderen Erfahrungen begleitet, nennt man dies 'Erleuchtung'.

6. Die Sehnsucht nach dem Glück - ein Streifzug durch die Philosophiegeschichte

Das Prinzip Wohlbefinden

Im vorigen Kapitel sind wir bei der Erklärung des Meditationsgeschehens auf das sogenannte 'mentale Lustprinzip' gestossen: Unsere Aufmerksamkeit wandert entweder auf der Suche nach Wohlgefühl von Gegenstand zu Gegenstand oder sie wendet sich 'Störenfrieden' wie unverarbeiteten Erinnerungen, ungelösten Problemen oder bevorstehenden Schwierigkeiten zu. Nicht etwa aus Masochismus, sondern mit der bewussten oder unbewussten Absicht, solche Beeinträchtigungen des Wohlgefühls zu beseitigen. Diese Arbeitsweise des mentalen Lustprinzipes ist nur ein Spezialfall eines viel umfassenderen, noch grundlegenderen Lebensprinzips, das ich das Prinzip Wohlbefinden nennen möchte. Wir alle wollen letztlich glücklich sein und nicht leiden. Das ist es, was uns antreibt und was uns stoppt, was uns dahin oder dorthin lenkt. Darin sind sich übrigens so ziemlich alle Religionen, philosophischen Schulen und psychologischen Richtungen einig. Worin sie sich nicht einig sind, ist die Antwort auf die Frage, worin denn Glücklichsein besteht, und erst recht auf die Frage, wie wir glücklich werden. Offensichtlich - und Gott sei Dank! - macht uns nicht alle das Gleiche glücklich. Der eine jubiliert beim Gedanken an eine frühmorgendliche Bergbesteigung, der andere verdirbt sich damit den ganzen Tag und die vorausgehende Nacht. Der eine liebt klassische Musik, der andere kann damit nichts anfangen. Zum Glück bevorzugen nicht alle Männer den gleichen Frauentypus und umgekehrt. Die Neigungen und Geschmäcker der Menschen sind verschieden, aber gemeinsam ist ihnen allen, dass sie sich wohlfühlen wollen. Unser ganzes Seelenleben untersteht letztendlich dem Oberkommando des Prinzips Wohlbefinden.

Wenn wir an den im vorigen Kapitel vorgestellen Lebenszustand der Erleuchtung und Gesundheit (Selbstgegründetheit) zurückdenken, so beinhaltet dieser sicherlich auch einen Dauerzustand des Wohlbefindens. Die permanente Anwesenheit des reinen Bewusstseins vermittelt eine unerschütterliche innere Ruhe, die uns einerseits erst so richtig befähigt, das In-der-Welt-sein zu geniessen. Andererseits macht sie uns von äusseren Genüssen innerlich unabhängig und gibt uns damit ein Freiheitsgefühl, das in der vedischen Wissenschaft 'Moksha' (im Buddhismus 'Nirvana') genannt wird. So heisst es zum Beispiel in der Bhagavad Gita, einem zentralen Werk der vedischen Literatur: „Wer sein Selbst erobert hat, wer tief im Frieden lebt, für den bleibt unerschütterlich das transzendente Selbst in Hitze und Kälte, in Freud und Leid, in Ehre und Schande" (Kapitel 6, Vers 7). Wie das Zitat unmissverständlich zum Ausdruck bringt, bedeutet 'Dauerzustand des Wohlbefindens' nun nicht, dass ein Erleuchteter nur noch Angenehmes und Schönes erlebt. Auch im Zustand der Erleuchtung ist man den Wechselfällen des Lebens, den Gegensätzen und seinem sozialen Umfeld ausgesetzt, aber eben nicht mehr ausge*liefert*, weil man davon nicht mehr überschattet werden kann. Man könnte das Wohlbefinden, das für den Erleuchteten charakteristisch ist, durch folgende Formel ausdrücken: Wohlbefinden = Innere Ruhe + äusserer Genuss + Unabhängigkeit vom äusseren Genuss.

Plato und Aristoteles

Werfen wir nun einen Blick in die abendländische Geistesgeschichte und lassen einige ihrer Vertreter zum Thema Wohlbefinden zu Worte kommen. Begeben wir uns zunächst zurück ins alte Griechenland. Damals galt die Philosophie als Medizin für die Seele. Der Philosophie kam damit, neben anderen Tätigkeitsfeldern, eine Aufgabe zu, die im Mittelalter die Seelsorge innehatte und in unserer heutigen Welt von der Psychotherapie wahrgenommen wird. Die philosophische Auseinandersetzung mit dem Wohlbefinden war deshalb von zentraler Bedeutung, ging es doch fast um etwas, wie die grundsätzliche Formulierung eines Therapiezieles.

Wir begegnen hier bei Plato (427 - 347 v. Chr.) und Aristoteles (384 - 322 v. Chr.) dem Konzept der 'Eudaimonia', was man mit 'positiver Motivations- und Emotionslage' wiedergeben könnte. Das

Wort 'Eudaimonia' ist gewissermassen der altgriechische Vorläufer von unserem Begriff des Wohlbefindens. Wohlbefinden hat offensichtlich etwas mit Lust - griechisch 'Hedoné', von daher unser Fremdwort 'Hedonismus' - zu tun. Plato macht in seinem Dialog 'Protagoras' allerdings darauf aufmerksam, dass ein momentaner Verzicht auf Lust, ja sogar das Inkaufnehmen von Unlust für das Wohlbefinden von Vorteil sein kann, wenn nämlich genau dadurch ein grösseres Ausmass an Lust in der Zukunft erzeugt wird. So lehnen wir vielleicht ein uns am Spätnachmittag angebotenes, sehr appetitlich aussehendes Pralinée dankend ab, weil wir uns den Appetit für das Abendessen, von dem wir uns einen noch grösseren Genuss versprechen, nicht verderben wollen. Aristoteles schliesst sich den Überlegungen seines Lehrers Plato an und folgert, dass Wohlbefinden (Eudaimonia) etwas Dauerhaftes sei, während Lust (Hedoné) nur vorübergehender Natur sein könne. Wohlbefinden schliesst zwar Lust mit ein, lässt sich aber nicht auf diese reduzieren.

Mehr noch: Lust kann zum Feind des Wohlbefindens werden, nämlich dann, wenn sie uns zu Handlungen verleitet, die uns längerfristig schaden. Der Schlüssel zu echtem Wohlbefinden liegt nach Aristoteles deshalb in der richtigen, vernunftgeleiteten Handhabung von Lust und Unlust. Lust und Unlust sind für sich genommen noch kein hinreichendes Regulativ, um Wohlbefinden aufzubauen. Sie bedürfen der Kultivierung und Züchtigung durch die dem Menschen eigene Vernunft. Diese zielt auf ein ausgewogenes, 'vernünftiges' Mittelmass in den Leidenschaften ('Metriopathia') und genau dies ist das unverwechselbare Kennzeichen menschlicher Tugend, der 'Areté'. So ist beispielsweise 'Freigebigkeit' eine Tugend, weil sie die Mitte zwischen den schädlichen Extremen 'Verschwendung' und 'Geiz' bildet. Die Beherrschung der Leidenschaften durch die Vernunft ist allerdings, so Aristoteles, keine spielerische Angelegenheit, sondern muss mit Ernst und Beharrlichkeit geübt werden.

Die Stoa und Epikur

Weit radikaler noch als Aristoteles geht die philosophische Schule der Stoa mit den Leidenschaften um. Die Stoiker (Epiktet, Seneca, Marc Aurel) fordern eine totale Kontrolle aller Leidenschaften bis hin zur vollkommenen Leidenschaftslosigkeit ('Apathia'). Nur so lässt sich ihrer Meinung nach das höchste Ideal des Wohlbefindens, die Befreiung von jeglicher Angst und Furcht, verwirklichen. Seneca beispielsweise wendet sich mit Entschiedenheit gegen Lust und Genuss. Auch ist die Tugend nicht, wie bei Aristoteles, ein Mittel zur Erlangung von Wohlbefinden, sondern muss ausschliesslich um ihrer selbst willen geübt werden. Sollte tugendhaftes Verhalten dennoch mit irgendeiner Form von Lust verbunden sein, so ist diese „weder der Lohn der Tugend noch ihr Beweggrund, sondern eine Begleiterscheinung" (Seneca, 'Vom glücklichen Leben', 4 v. Chr. - 65 n. Chr.). Als grösste Belastung für das innere Gleichgewicht des Menschen sieht Seneca die Unzufriedenheit mit sich selbst. Als Therapie dagegen empfielt er die Einsicht in die eigenen Grenzen und Möglichkeiten, d.h. ein Zurückschrauben des Anspruchsniveaus und eine Haltung der Gelassenheit gegenüber allem, was das Leben bringt. Nach Marc Aurel ist es das Ziel des Stoikers, „frei zu sein von Furcht, nicht niedergeworfen von der Gegenwart, ohne Angst vor der Zukunft".

Um das Ideal der Angstfreiheit bemühte sich vor den römischen Stoikern auch der aus Samos stammende Grieche Epikur (342 - 271 v. Chr.), allerdings nicht auf dem Wege der Lustverneinung, sondern unter ausdrücklicher Bejahung der Lust. Wirkliche Lust aber ist für Epikur keine Leidenschaft, sondern ein Seelenzustand unbewegter Ruhe, eine 'Seiendes' im Sinne der Lehre des Parmenides. Vielleicht hat Epikur hier von Sat (Sein) - Chit (Bewusstsein) - Ananda (uneingeschränktes Wohlgefühl) gesprochen! Nur ein solcher Zustand kann nach Epikur frei von jeglichem Leid sein, ein Gedanke, der übrigens auch in der buddhistischen Psychologie eine wichtige Rolle spielt. Äussere Sinnesfreuden sind dem Epikuräer - im Gegensatz zum Stoiker - nicht an sich verwerflich. Sie sind nur vergleichsweise wenig attraktiv gemessen an der Lust, welche die bewegungslose Ruhe bereithält, denn keine noch so grosse Sinnesfreude vermag jemals die Erfahrung totaler Schmerzlosigkeit zu vermitteln. Letztere gilt aber Epikur als einzig zuverlässiges Kriterium der Glückseligkeit, die er mit seelischer Gesundheit gleichsetzt und als das eigentliche Anliegen des sich als Seelenarzt verstehenden Philosophen betrachtet.

Der Ursprung der Mystik

Man kann sich des Eindrucks nicht erwehren, dass Epikur einiges von dem wusste, was andernorts 'Erleuchtung' heisst. Schon der delphische Imperativ „Erkenne Dich selbst!", mit dem wir uns im zweiten Kapitel befasst haben, erweckt die Vermutung, dass den antiken Hellenen so etwas wie vedische Wissenschaft nicht völlig fremd war. Die Vermutung wird zur Gewissheit, wenn man sich in die altgriechische Sprache und Literatur von Hesiod über Parmenides, Empedokles, Plato bis Plotin vertieft. Es gab in der altgriechischen Sprache ein Wort, das in diesem Zusammenhang sehr aufschlussreich ist, und von dem unsere Fremdwörter 'Mystik' und 'Mysterium' abgeleitet sind: das Verbum 'myein'. 'My' ist der Name für den griechischen Buchstaben 'm', '-ein' ist die griechische Infinitivendung so wie das lateinische '-ere'. 'Myein' bedeutet demnach wörtlich übersetzt '*m machen*', was soviel heisst wie 'Mund und Augen schliessen'. Möglicherweise war 'myein', genau wie in der Transzendentalen Meditation, der erste Schritt zur systematischen Herbeiführung eines Versenkungsvorganges. Wenn dies zutrifft, dann war 'myein' ursprünglich das griechische Wort für 'Meditieren' bzw. 'Dhyana'. Zu dieser ersten Bedeu-tung gesellte sich noch eine zweite hinzu: 'den Mund (geschlossen) halten', also über das schweigen, was man in einem 'Mysterion', d.h. in einer Schule, wo man in das 'myein' eingewiesen wurde, gelernt hat. So nahm das Wort 'Mysterion' auch die Bedeutung von 'Mysterium', von Geheimnis oder Geheimlehre an. Innerhalb eines Mysterions wurde offener und anders geredet (='Esoterik') als unter 'uneingeweihten' Aussenstehenden (= 'Exoterik'). Für letztere war alles, was sich innerhalb eines Mysterions abspielte, höchst 'mysteriös', d.h. geheimnisvoll und undurchschaubar.

Näher bei der ursprünglichen Bedeutung von 'myein' liegt unser Begriff der 'Mystik' und die davon abgeleiteten Worte 'Mystiker' und 'mystisch'. 'Mystik' heisst Erkenntnisgewinnung mittels 'myein' und ist, so interpretiert, die traditionelle, abendländische Bezeichnung für 'vedische Wissenschaft'. Mystik oder so etwas wie vedische Wissenschaft gab es in allen Kulturen, Religionen und Epochen, und so spricht man mit Recht von einer chinesischen Mystik (Taoismus), einer buddhistischen Mystik (z.B. in Tibet oder Zen in Japan), einer islamischen Mystik (Sufismus), einer jüdischen Mystik (Kabbalah) oder einer christlichen Mystik (Meister Eckehart, Jakob Böhme, Hildgard von Bingen, Theresa von Avila u.a.m.). Die altgriechische Mystik beispielsweise erlebte eine Neuauflage im Mittelalter, diesmal in christlichem Gewand, und zwar als sogenannter 'Hesychasmus' von griechisch 'hesychia' = Ruhe, der vor allem in den Einsiedeleien und Klöstern an den Abhängen des Athos-Gebirges gepflegt wurde und dort vereinzelt noch bis zum heutigen Tag gepflegt wird.

Bewegung und Ruhe

Kehren wir noch einmal zurück in die Welt der Antike und ihrer Beschäftigung mit dem menschlichen Wohlbefinden. Ein interessanter Beitrag dazu kommt noch von dem aus Kyrene in Nordafrika stammenden Schüler des Sokrates, Aristippos (435 - 355 v. Chr). Dieser bediente sich nach Gigon einer Methode der 'inneren Berührung' - nicht der inneren 'Beobachtung', im Sinne der Introspektion (vgl. Kapitel 2) -, die ihm einen besonders gefühlsintensiven Zugang zum unmittelbaren Erleben verschafft und damit an die Technik des 'Focussing' (Gendlin) in der modernen Psychotherapie erinnert. Gigon schreibt dazu: „Durch dies fühlende Berühren nimmt der Mensch sein eigenes Bewegtsein wahr. Die Zustände dieses Bewegtseins heissen nun Lust oder Schmerz; Lust, wenn die Bewegung eine ruhige, glatte; Schmerz, wenn sie eine rauhe und stürmische ist." Dem Lust-Begriff der bewegungslosen Ruhe bei Epikur steht also derjenige der ruhigen Bewegung von Aristippos gegenüber. Aristoteles versucht, beide Lustbegriffe miteinander zu kombinieren: Solange die Lust in der Veränderung von einem schlechteren zu einem besseren Zustand besteht, ist sie eine 'bewegte'. Im Zustand der Vollkommenheit jedoch, dessen sich die Gottheit erfreut, ist die Lust eine 'einfache' und 'unbewegte' (Nikomachische Ethik).

Eine unmittelbare Erfahrung absoluter Ruhe im Sinne des Samadhi-Zustandes scheint nur noch Epikur zu kennen. Für Aristoteles hingegen hat diese Art Lust nur theoretische Bedeutung. Die Seligkeit der Götter mag zwar zu beschaffen sein, doch Sterblichen wird sie gemeinhin nicht zuteil. Letztere müssen sich mit jener relativen Ruhe begnügen, die aus einer Ausgewogenheit in den Leidenschaften herrührt und nur mit erheblichen Anstrengungen errungen werden kann. Wieder etwas anderes ist die 'Seelenruhe' der Stoiker, die zwar nur als Beigabe der um ihrer selbst willen geübten Tugend, nichts desto weniger aber dankbar entgegengenommen wird. Sie ist das Gegenteil der von Seneca beklagten 'Unzufriedenheit mit sich selbst', und man kann sich des Eindrucks nicht erwehren, dass wir es hier mit einer Beruhigung des Gewissens zu tun haben, die einer 'mystischen' Lebensphilosophie völlig fremd ist, in der Psychoanalyse unserer Tage dafür aber eine umso grössere Rolle spielt. Darüber hinaus bezeichnet die 'stoische Ruhe' das Wesen der Tugend selber, nämlich die innere Haltung, sich nichts unter die Haut gehen und durch nichts aus eben dieser Ruhe bringen zu lassen. Anders als in der Mystik ist diese Ruhe aber nicht eine spontane Gegebenheit des Bewusstseins-zustandes, sondern eine mühsam erarbeitete Lebenseinstellung, in die sich der Stoiker absichtlich hineinversetzt. Doch wird er sie nur aufrechterhalten können, wenn er sich gleichzeitig eine zweite Einstellung zu eigen macht, nämlich die der totalen Gleichgültigkeit, wenn nicht gar Verachtung allen äusseren Genüssen gegenüber. Für Epikur dagegen ist eine Gleichgültigkeit gegenüber äusseren Genüssen nicht Mittel zur Erlangung der Seelenruhe, sondern das Resultat eines Vergleiches mit der vollkommenen Lust tatsächlich erlebter Ruhe.

Mittelalterliche Nachtod-Mystik

Machen wir einen zeitlichen Sprung um mehr als tausend Jahre mitten hinein ins europäische Mittelalter. Der Philosoph ist nun längst nicht mehr wie einst der Seelenarzt, sondern hat diese Aufgabe an die Seelsorge der Kirche abgetreten. Auch musste die Philosophie ihre einstige königliche Stellung als 'erste Wissenschaft' zugunsten der Theologie aufgeben und findet sich jetzt in der vergleichsweise untergeordneten Rolle einer 'ancilla theologiae', einer Dienstmagd der Theologie, die in erster Linie für Stütz- und Ausbesserungsarbeiten am alles beherrschenden Lehrgebäude des christlichen Glaubens zuständig ist. Zwar blühte im Schatten derselben auch, wie oben erwähnt, die Mystik, aber mehr unter Duldung als offener Anerkennung seitens der offiziellen Kirche.

Wichtigster Exponent des mittelalterlichen Selbst- und Weltverständnisses ist zweifellos Thomas von Aquin (1225 - 1274). In seiner *Summe wider die Heiden* setzt er sich gründlich mit dem menschlichen Wohlbefinden auseinander. In Anlehnung an Aristoteles vertritt er die These, dass alles Trachten und Handeln ('Wirktaten') des Menschen letztlich auf das Endziel vollkommenen Glücklichseins ausgerichtet ist. Dieses besteht aber nicht in qualitativ oder zeitlich begrenzten Genüssen wie Ehre, Reichtum, Macht, körperlicher Gesundheit, Schönheit oder Stärke, Sinnlichkeit, Klugheit oder Kunstgenuss. Vollkommene Glückseligkeit, so folgert Thomas, kann nur in der unmittelbaren Erfahrung der absoluten, alles umfassenden Wahrheit, d.h. in der 'Beschauung Gottes' gefunden werden. Nur die dauerhafte Beschauung Gottes vermag das Kriterium vollständigen Glückseligseins zu erfüllen, nämlich 'zur Ruhe gekommen und darin gefestigt zu sein.' Thomas weist nun nach, dass die Beschauung Gottes weder auf dem Wege intellektueller Erkenntnis noch durch den Glauben verwirklicht werden kann. Daraus zieht er den Schluss, 'dass das letzte Glücklichsein des Menschen nicht in diesem Leben ist'. Ein uneingeschränktes Glücklichsein ist in diesem Leben schon deshalb unmöglich, weil Hunger, Durst, Hitze, Kälte, die Furcht vor dem unausweichlichen Tode und schliesslich der Tod selber aus diesem Leben nicht ver-

bannt werden können und somit unser Glücklichsein zwangsläufig beeinträchtigen. Wenn aber das letzte Glücklichsein des Menschen in diesem Leben nicht ist, so kann es sich nur noch nach
Ablauf dieses Lebens einstellen. Dass dies auch wirklich geschehen wird, entnimmt Thomas zum einen der religiösen Offenbarung, zum anderen schliesst er es aus der Sehnsucht des Menschen nach Glücklichsein, die ja geradezu widernatürlich wäre,
wenn sie nicht irgendwann einmal Erfüllung finden würde.

Die Aussagen des Thomas von Aquin über die Beschaffenheit
des 'letzten Glücklichseins' weisen eine verblüffende Ähnlichkeit
mit östlichen Beschreibungen des Erleuchtungs-Zustandes auf.
Während letztere aber lebendige Erfahrungen aus diesem Leben
wiedergeben, sind erstere das Produkt intellektueller Herleitungen
und intuitiver Vorstellungen. Die Erfahrung selber muss auf ein
Leben nach dem Tode vertagt werden. So hat Thomas keine andere Wahl, als dem irdischen Dasein des Menschen die Möglichkeit
restlosen Glücklichseins abzusprechen. Er führt damit nur einen
Gedanken konsequent zu Ende, der bereits bei Aristoteles anklingt,
wenn dieser die einfache und dauerhafte Lust der vollkommenen
Ruhe allein den Unsterblichen zubilligt. Thomas dagegen stellt eine
absolute Glückseligkeit, gestützt auf religiöse Offenbarung, auch
den Menschen in Aussicht, aber eben erst dann, wenn sie ihre
sterbliche Hülle abgelegt haben. Ein Leben im Hier und Jetzt, und
dennoch 'tief im Frieden, ... unerschütterlich in Hitz' und Kälte,
Freud und Leid, in Ehr und Schande' (Bhagavad Gita) ist ihm un-
denkbar. So tritt an die Stelle einer ursprünglich realen Erfahrungs-
mystik eine nur noch spekulative Nach-Tod-Mystik. Die Erfahrung
des Glücklichseins wird auf ein zeitliches Jenseits vertagt. Die mittelalterliche Geringschätzung des Diesseits als ein 'Jammertal' wird
gerade von diesem philosophischen Ansatz her nachvollziehbar.

Die Affektlehren von Descartes, Spinoza und Hume

Neue Bewegung in die Philosophie - und nicht nur in die Philosophie - brachte die Neuzeit. Das menschliche Wohlbefinden ist
nun nicht mehr Gegenstand metaphysischer Betrachtungen, son-

dern wird jetzt in einem gänzlich andern Kontext bearbeitet, nämlich den sogenannten 'Affektlehren'. Diese haben die Aufgabe, die 'menschliche Natur' zu erhellen und so die Ethik auf eine 'psychologische' Grundlage zu stellen. Namentlich sind es die Affektlehren von Descartes (1596 - 1650), Spinoza (1632 - 1677) und Hume (1711 - 1776), denen wir wertvolle Einsichten zum Thema Wohlbefinden verdanken.

Descartes (lat. Cartesius) geht in seiner Affektlehre von den Gegenständen in der Umwelt aus, mit denen der Organismus in Berührung kommt. Je nachdem, ob diese Gegenstände für den Organismus nützlich oder schädlich sind, löst der Sinneskontakt mit ihnen körperliche Empfindungen der Lust oder des Schmerzes aus. Diese wiederum bewirken eine Kette von Affekten, die zu Handlungen führen, welche geeignet sind, Leben und Gesundheit des Körpers zu erhalten. So erzeugt körperliche Lust den Affekt der Freude, die ihrerseits den Affekt der Liebe zum lustauslösenden Gegenstand nach sich zieht. Umgekehrt erzeugt körperlicher Schmerz den Affekt der Trauer, die ihrerseits den Affekt des Hasses gegenüber dem schmerzauslösenden Gegenstand im Gefolge hat. Die Liebe zum lustauslösenden Gegenstand schafft nun das Bedürfnis, den Sinneskontakt mit ihm aufrecht zu erhalten. Hingegen führt der Hass des schmerzauslösenden Gegenstandes dazu, dass man den Sinneskontakt mit ihm abbrechen möchte. Interessant am cartesianischen Gedankengang ist die Unterscheidung zwischen körperlicher Empfindung wie Lust und Schmerz auf der einen, und sogenannten Affekten wie Freude und Trauer auf der anderen Seite.

Anders als Descartes verwendet Spinoza ('Die Ethik') den Affektbegriff im umfassenderen Sinne unter Einschluss der körperlichen Empfindungen. Er nimmt an, dass sich alle menschlichen Affekte letztlich auf drei Grundaffekte, nämlich 'Begierde', 'Lust' und 'Unlust', zurückführen lassen. Die Differenziertheit und Vielgestaltigkeit des menschlichen Affektlebens schreibt Spinoza ausschliesslich, wie wir heute sagen würden, kognitiven Faktoren zu, die den Grundaffekten ein spezifisches Gepräge geben. Dies gilt natürlich auch für die verschiedenen Erlebnisformen von Lust und Unlust, wie aus den Definitionen der entsprechenden Affekte hervorgeht. Frei von jeglichen kognitiven Bezügen sind lediglich die Definitionen von Lust und Unlust selber: „Lust ist Übergang des Menschen von geringerer zu grösserer Vollkommenheit." (Def. II) „Unlust ist Übergang des Menschen von grösserer zu geringerer Vollkommenheit." (Def. III)

Beide Definitionen implizieren einen Bewegungsvorgang und stehen damit in der Tradition des Aristippos. Was Lust und Unlust voneinander unterscheidet, ist die Richtung dieses Bewegungsvorganges. Hierbei folgt Spinoza offensichtlich aristotelischem Gedankengut. Die Definitionen von 'Wohlbehagen', 'Wolllust', 'Missbehagen' und 'Schmerz' werden von Spinoza übergangen, „weil sie sich hauptsächlich auf den Körper beziehen, und nichts sind, als Arten der Lust und Unlust". Hier klingt wiederum die cartesianische Unterteilung in körperliche Empfindungen und Affekte im engeren Sinne an. Die Verknüpfung der Grundaffekte Lust und Unlust mit bestimmten kognitiven Prozessen wird in den folgenden Definitionen deutlich:

„Freude ist Lust, verbunden mit der Idee eines vergangenen Dinges, welches unverhofft eingetroffen ist." (Def. XVI)

„Trauer ist Unlust, verbunden mit der Idee eines vergangenen Dinges, welches unerwartet eingetroffen ist." (Def. XVII)

„Hoffnung ist unbeständige Lust, entsprungen aus der Idee eines zukünftigen oder vergangenen Dinges (Sache), über dessen Ausgang wir in gewisser Hinsicht im Zweifel sind." (Def. XII)

„Furcht ist unbeständige Unlust, entsprungen aus der Idee eines zukünftigen oder vergangenen Dinges (Sache), über dessen Ausgang wir in gewisser Hinsicht im Zweifel sind." (Def. XIII)

„Zuversicht ist Lust, entsprungen aus der Idee eines zukünftigen oder vergangenen Dinges, bei welchem die Ursache des Zweifelns geschwunden ist."(Def. XV)

„Verzweiflung ist Unlust, entsprungen aus der Idee eines zukünftigen oder vergangenen Dinges, bei welchem die Ursache des
Zweifelns geschwunden ist." (Def. XV)

Die entscheidenden 'kognitiven Variablen' in diesen Definitionen sind offenbar Erwartung und subjektive Sicherheit.

Mit der subjektiven Sicherheit operiert auch David Hume ('Die
menschliche Natur; Über die Affekte'), wenn er in seiner Affektlehre die Gegensatzpaare 'Freude' versus 'Trauer' und 'Furcht' versus
'Hoffnung' voneinander abhebt:

„Das gewisse oder wahrscheinliche Gut erzeugt Freude; ein
Übel erregt unter denselben Umständen Kummer und Traurigkeit.
Wenn aber sowohl das Gut wie das Übel ungewiss ist, entsteht
Furcht oder Hoffnung, je nach dem Grad der Unsicherheit auf der
einen oder der anderen Seite."

Die Unsicherheit darüber, ob man es mit einem 'Gut' oder einem 'Übel' zu tun hat, lässt nach Hume die entgegengesetzten
Affekte 'Freude' und 'Trauer' gleichzeitig ins Erleben treten. Das
Ergebnis dieser Mischung ist entweder 'Hoffnung' oder 'Furcht', je
nachdem, ob die Wahrscheinlichkeit des 'Gutes' oder des 'Übels'
überwiegt. Die subjektive Unsicherheit und die damit verbundene
Unfähigkeit, sich zwischen 'Freude' und 'Trauer' entscheiden zu
können, verursacht dabei beträchtliche Unruhe:

„Die Affekte der Furcht und der Hoffnung können zunächst in
solchen Fällen entstehen, in welchen die Möglichkeiten auf beiden Seiten gleich sind, und kein Übergewicht der einen oder der
anderen Seite entdeckt werden kann. In solchen Fällen sind die
Affekte sogar am stärksten, weil der Geist am wenigsten Boden
findet zum Ausruhen, sondern in der grössten Ungewissheit hin
und her geworfen wird. Nun werft in die Waagschale der Trauer
einen höheren Grad von Wahrscheinlichkeit. Dann verbreitet sich
dieser Affekt sofort über die ganze Mischung und gibt ihr die Farbe der Furcht. Vermehrt jene Wahrscheinlichkeit und damit die
Trauer noch weiter, so wird die Furcht immer mehr vorherrschen
und - während die Freude fort und fort abnimmt - sich zuletzt

unmerklich in reine Trauer verwandeln. Habt ihr sie auf diese Stufe erhoben, so vermindert die Trauer auf dieselbe Weise, wie ihr
sie vorher vermehrt habt, indem ihr die Wahrscheinlichkeit ihrer
Berechtigung verringert. Ihr werdet sehen, wie der Affekt von
Moment zu Moment heiterer wird, bis er sich unmerklich in Hoffnung verwandelt. Diese wird dann allmählich zur Freude, wenn
ihr diesen Teil der Mischung durch Steigerung der Wahrscheinlichkeit weiter vermehrt."

Bentham, Kant, Fichte, Schopenhauer, Heidegger

Auch in bezug auf das Verhältnis von Tugend und Wohlbefinden brachte die Neuzeit neue Entwicklungen. Der antike
'Eudaimonismus' stellte zwar die Tugend in den Dienst des Wohlbefindens, hatte damit aber nur das Wohlbefinden des Individuums im Auge. In der Neuzeit erfährt dieser Gedanke eine Ausweitung auf das Wohl der ganzen Gesellschaft. Das 'Gute' ist zwar,
zum Beispiel bei Locke (1632 -1704), nach wie vor das, was Lust
erweckt oder steigert. Das höchste Gut aber fällt mit der 'allgemeinen Lust' zusammen. Der Eudaimonismus der Antike wandelt sich
zum 'Sozialeudaimonismus' der Aufklärung. Nach diesem ist das
letzte Ziel allen ethischen (und politischen) Handelns, wie es
Bentham (1748 - 1832) propagiert, 'das grösstmögliche Glück der
grössten Zahl'.

Gegen jede Art von Eudaimonismus wendet sich mit Entschiedenheit Immanuel Kant (1724 -1804). Er präsentiert eine recht lust-
feindliche Ethik (Kritik der praktischen Vernunft), in der sich die
Be-griffe 'Pflicht' und 'Neigung' unversöhnlich gegenüberstehen.
Vor allem ist es der Hedonismus, jene Spielart des Eudaimonismus,
die das Wohlbefinden hauptsächlich im äusseren Sinnesgenuss
sucht, dem Kant eine klare Absage erteilt. Er knüpft damit, auch
seinem Selbstverständnis nach, an die Sittlichkeitslehre der Stoiker
an. Doch kennt auch Kant so etwas wie einen Lohn der Tugend.
Dieser aber besteht ausschliesslich in der „inneren Stille der Seele;
alle übrigen Güter stürzen oder verderben sie". Wie schon bei den
Stoikern drängt sich hier abermals der Eindruck auf, dass damit

eine Zufriedenheit des guten Gewissens geboren aus dem Bewusstsein der Pflichterfüllung, keinesfalls aber die innere Ruhe der Mystiker gemeint ist.

In der nachkantischen Philosophie des 19. Jahrhunderts ist ein Auseinanderstreben der Auffassungen vomWohlbefinden bis zu den äussersten Extremen zu beobachten. Der Idealist Fichte (1762 - 1814) entwirft in seiner 'Anweisung zum seligen Leben' eine Theorie des Wohlbefindens, die den mystischen Lebensphilosophien auffallend ähnlich ist. Der radikale Optimismus seines Ansatzes gipfelt in der beinahe provozierenden These: 'Leben ist Seligkeit'. Mit übrigens exakt den gleichen Worten, „Life is Bliss!", fasste Maharishi Mahesh Yogi seine Botschaft zusammen, mit der er sich Ende der fünfziger Jahre auf seine erste Vortrags- und Unterrichtsreise rund um die Welt begab.

Die nicht minder radikale Antithese, dass das Leben seiner Natur nach Leiden sei, wird mit Nachdruck von Schopenhauer (1788 - 1860) vertreten. Jedoch versteht er unter 'Leben' nicht, wie Fichte, ein allgegenwärtiges, zeitloses Sein (im Sinne des Parmenides), sondern meint damit den grauen Alltag mit seinen Höhen und Tiefen, Beschwerden und Belustigungen, wie er von den meisten Menschen tatsächlich gelebt wird. Glück, so argumentiert Schopenhauer ('Aphorismen zur Lebensweisheit'), sich vermeintlich an buddhistisches Gedankengut anlehnend, ist nur ein Trugbild; allein das Leiden besitzt Realität. 'Wirklich leben' kann deshalb nur bedeuten: 'Weniger unglücklich leben', und das heisst bestenfalls: 'Erträglich leben'. Dementsprechend bemisst sich das Mass des Lebensglücks bei Schopenhauer nicht nach der Summe des Genusses, sondern nach der Abwesenheit von Schmerzen, denn Genuss ist in Wirklichkeit 'nichts als Wahn'.

Die wohl einflussreichste philosophische Schule zum Thema Wohlbefinden war im zwanzigsten Jahrhundert der Existenzialismus. Sein deutschsprachiger Hauptvertreter, Martin Heidegger (1889 - 1976), griff dabei auf die traditionelle Unterscheidung zwischen 'Sein' (lateinisch 'esse') und 'Dasein' (lateinisch 'exsistere', eigentlich 'heraustreten') zurück. Sein ist sich immer gleichbleibend, abstrakt, unmanifest, das sich als wandelbares Dasein konkretisiert und manifestiert. Dasein ist räumlich und zeitlich begrenzte Existenz, die - wie die Welle aus dem Meer - aus dem Ozean des Seins heraustritt. Der Mensch hat nach Heidegger - ähnlich wie bei Aristoteles, Thomas von Aquin oder Kant, aber im Gegensatz zu den Mystikern aller Zeiten und Kulturen - keinen erfahrungsmässigen Zugang zum Sein. Vielmehr ist er 'ins Dasein geworfen' und 'dem Tode entgegengeschleudert'. Die Folge davon ist eine 'Grundbefindlichkeit der Angst'. Diese Angst wird zur Sorge, zur 'Vorsorge', was die eigene Zukunft, und zur 'Fürsorge', was nahestehende Mitmenschen anbetrifft. Keine Frage, Heideggers Charakterisierung des 'ins Dasein geworfenen Menschen' könnte treffender nicht sein. Wie wir bereits im dritten Kapitel feststellten, ist der 'ins Dasein geworfene Mensch' nichts anderes als unser Ego.

Aus der Sicht eines vedischen Wissenschaftlers oder Mystikers ist Angst tatsächlich der emotionale Hintergrund eines unerleuchteten, unwissenden Bewusstseinszustandes, die Grundbefindlichkeit jedes Menschen, der seinen eigenen Seinsgrund nicht kennt. Unbestreitbar ist weiterhin, dass Heidegger für seine Zeit die Regel und nicht etwa die Ausnahme beschrieben hat. Auch am Übergang zum einundzwanzigsten Jahrhundert bilden Menschen, die ihren Seinsgrund kennen, immer noch die Ausnahme. Ausnahmen bestätigen bekanntlich die Regel - solange sie Ausnahmen bleiben. Wenn die Ausnahme aber aufhöhrt, Ausnahme zu sein und dadurch anfängt, selbst zur Regel zu werden, ändert sich das Paradigma. Dann ist die Zeit reif für die Formulierung von neuen Lebensphilosophien.

Fünf Erkenntnisse aus Kapitel 6

1. *Erleuchtung ist auch Wohlbefinden - im Sinne von innerer Ruhe + äusserer Genuss + Unabhängigkeit von äusserem Genuss.*
2. *'Wohlbefinden' (eudaimonia) schliesst zwar 'Lust' (hedoné) mit ein, ist aber längerfristiger und umfassender als nur vorübergehende und an bestimmte Sinne gebundene Lust.*
3. *'Mystik' heisst Erfahrungswissenschaft mit geschlossenen Augen (griech. myein) und ist so gesehen ein Parallelbegriff zu 'vedischer Wissenschaft'.*
4. *Die Erfahrungsmerkmale 'Bewegung' und 'Ruhe' spielen bei zahlreichen Philosophen eine zentrale Rolle für unser Wohl- oder Missbefinden.*
5. *Unser vielgestaltiges Gefühlsleben lässt sich auf einige wenige Grundaffekte zurückführen.*

7. Ein Jahrhundert der Psychologie

Lust, Vernunft und Moral

Kehren wir noch einmal zurück zum Beginn des zwanzigsten Jahrhunderts. Eine neue Wissenschaft hat inzwischen die Bühne der Geistesgeschichte betreten: die Psychologie, ihrem Selbstverständnis nach die Wissenschaft vom menschlichen Erleben und Verhalten, in deren Zuständigkeitsbereich das Thema Wohlbefinden mitten hineinfällt. Besonders einflussreich auf das Denken des zwanzigsten Jahrhunderts war der diesbezügliche Beitrag von Sigmund Freud, dem Begründer der Psychoanalyse. Freud stellt in seiner Spätschrift 'Das Unbehagen in der Kultur' die Frage, was die Menschen 'vom Leben fordern, in ihm erreichen wollen', und seine Antwort lautet: „Sie streben nach dem Glück, sie wollen glücklich werden und so bleiben. Dies Streben hat zwei Seiten, ein positives und ein negatives Ziel, es will einerseits die Abwesenheit von Schmerz und Unlust, andererseits das Erleben starker Lustgefühle ... Entsprechend dieser Zweiteilung der Ziele entfaltet sich die Tätigkeit der Menschen nach zwei Richtungen, je nachdem, ob sie das eine oder andere dieser Ziele - vorwiegend oder selbst ausschliesslich - zu verwirklichen sucht."

Das Gedankengut der Psychoanalyse erfreut sich heutzutage nicht nur in Fachkreisen weiter Verbreitung. Das darin enthaltene Modell des menschlichen Wohlbefindens möchte ich im folgenden skizzenhaft - und zugegebenermassen etwas karikierend - wiedergeben:

Am Anfang allen sich Wohlfühlens steht nach Freud das von ihm so benannte Lustprinzip. Dieses ist allerdings, und das ist nun spezifisch freudianisch, im wesentlichen sexueller Natur. Letztendlich gehen nach Freud alle Lust- und Genuss-Strebungen des Menschen auf sexuelles Verlangen zurück. Sollten Sie jetzt dagegen einwenden, dass Sie sich auf nichts so sehr freuen wie auf den Besuch eines Konzertes mit den Berliner Philharmonikern am nächsten Wochenende, und was dieses denn gefälligst mit Sex zu tun habe, dann würde Ihnen Freud entgegnen: „Auch künstlerischer oder ästhetischer Genuss ist seinem psychischen Baumaterial nach nichts anderes als erotischer, sprich sexueller Genuss. Es handelt sich hierbei um eine Vergeistigung, eine 'Sublimierung' des ursprünglich sexuellen Lustprinzipes." Was wir also nach Freud im Grunde genommen alle suchen, ist Sex, Sex und nochmals Sex.

Und hier beginnen auch schon die Probleme, denn erstens können wir nicht jeden Tag 24 Stunden Sex haben, und zweitens: selbst wenn wir jeden Tag 24 Stunden Sex hätten, dann würden wir verhungern, verdursten, im nächsten Winter erfrieren, kurz: Wir müssten jämmerlich zugrunde gehen. Deshalb gesellt sich, so Freud, zum Lustprinzip noch ein zweites Prinzip, das sog. Realitätsprinzip (siehe Abbildung 6), das schliesslich die Herrschaft des Lustprinzips ablöst und selbst das Zepter im Seelenleben des Menschen übernimmt.

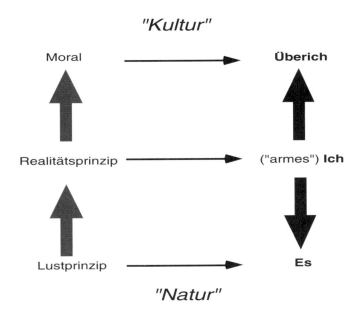

Abbildung 6: Das psychoanalytische Modell nach S. Freud

Das Realitätsprinzip erhebt gleichsam seine mahnende Stimme und spricht zu uns: „Jetzt wird nicht der Lust gefrönt, sondern hart gearbeitet, damit wir zu essen und zu trinken haben, Vorräte anlegen können für die Zukunft, die Energieversorgung sicherstellen und Medikamente haben, wenn wir krank werden." Also, Schluss mit 'Wein, Weib und Gesang'. Stattdessen: 'schaffe, schaffe, Häusle baue'. Und warum das Ganze? Damit wir im nächsten Mai wieder Sex haben können! Das Realitätsprinzip steht also letztlich im Dienste des Lustprinzipes. In den Worten von Freud: „In Wirklichkeit bedeutet die Ersetzung des Lustprinzipes durch das Realitätsprinzip keine Absetzung des Lustprinzipes, sondern nur eine Sicherung desselben. Eine momentane, in ihren Folgen unsichere Lust wird aufgegeben, aber nur darum, um auf dem neuen Wege eine später kommende, gesicherte zu gewinnen."(Gesammelte Werke, Bd. VIII) Geistesgeschichtlich gesehen ist die Freudsche Gegenüberstellung von Lustprinzip und Realitätsprinzip nichts anderes als eine psychologische Neuauflage der eudaimonistischen Ethik von Plato und Aristoteles, in der die kurzfristige Lustbefriedigung (hedoné) dem umfassenderen und längerfristigen Ziel der 'Eudaimonia' untergeordnet wird.

Doch damit nach Freud nicht genug: Die Gesellschaft kommt noch ins Spiel mit ihren Werten und Normen, Geboten und Verboten, Regeln und Vorschriften, mit der sogenannten Moral. Letztere erhebt alles, was das Realitätsprinzip stützt wie Fleiss, Opferbereitschaft, Disziplin etc. in den Rang einer Tugend und geisselt alle Verhaltensabkömmlinge des Lustprinzips wie Genusssucht, sich gehen lassen, 'dolce far niente' als Laster, wenn nicht gar als Sünde. War das Realitätsprinzip noch ein heimlicher Verbündeter des Lustprinzips, so ist die Moral dessen definitiver Feind. Damit findet auch die ausgesprochen antihedonistische Ethik, wie wir sie in der Stoa oder bei Kant kennengelernt haben, Eingang in die psychoanalytische Theoriebildung.

Lustprinzip, Realitätsprinzip und Moral haben gewissermassen ihre parlamentarische Vertretung in unserer Seele, und zwar in Gestalt der sogenannten 'drei Instanzen des psychischen Apparates':

● Das Lustprinzip wird in unserer Seele durch das sogenannte 'Es' repräsentiert. Das 'Es' kennt nur die Lust-Schmerz-Polarität und ist Alleinherrscher im Seelenleben des Neugeborenen. Die Art und Lokalisierung des Lusterlebnisses macht dann eine mehrfache Wandlung entsprechend der sogennanten 'psychosexuellen Entwicklung' (orale Phase, anale Phase etc.) durch.

● Mit den Jahren bildet sich zusätzlich zum 'Es' das sog. 'Ich' heraus, jene 'Partei der Vernunft', die im Parlament unserer Seele das Realitätsprinzip vertritt. Das 'Ich' sucht nach Sicherheit und Stärke und wehrt sich gegen Angst und Schwäche.

● Mit fortschreitendem Alter und unter dem Einfluss der Sozialisation (Eltern, Schule, Kirche etc.) wird dem 'Ich' noch eine dritte Instanz übergestülpt, die die Moral in unserer Seele repräsentiert: das sog. 'Überich'. Das 'Überich' äussert sich als Stimme des Gewissens, die lobt oder tadelt, belohnt oder straft, Rechtschaffenheits- oder Schuldgefühle erzeugt.

Die psychoanalytische Zwickmühle

Betrachtet man die drei Instanzen in Abbildung 6, so erkennt man unschwer, dass sich das 'Ich' in einer permanenten Zwickmühle befindet. Auf der einen Seite zerrt das 'Es' an ihm und drängt in Richtung Lust und Triebbefriedigung. Gleichzeitig erhebt das 'Überich' seinen drohenden Zeigefinger und fordert mit gnadenloser Strenge Lustverweigerung und Triebverzicht. Es sieht so aus, als müsse das 'Ich' wählen zwischen einem reinen Gewissen verbunden mit einem frustrierten Triebleben oder einem befriedigenden Triebleben verbunden mit Gewissensqualen. Kein Wunder, dass Freud immer wieder vom 'armen Ich' spricht.

Das arme Ich gleicht einer Minderheitsregierung, die auf die abwechselnde Zustimmung jeweils einer von zwei mächtigen Oppositionsparteien angewiesen ist, wobei sich die beiden Oppositionsparteien untereinander bis aufs Messer befehden. Was bei diesem Grundkonflikt bestenfalls herauskommen kann, ist das, was spätere amerikanische Psychoanalytiker den 'average middle class neurotic', den durchschnittlichen Mittelstandsneurotiker genannt haben und wie er von Woody Allan so treffend karikiert wird. Schlimmstenfalls landen wir auf der Couch eines Psychoanalytikers, der versuchen wird, unser 'Ich' zu stärken, damit es mit dem Grundkonflikt zwischen 'Es' und 'Überich' besser fertig wird. Ein nicht gerade optimistisches Bild, was die Prognosen für das menschliche Wohlbefinden betreffen. Tatsächlich zieht Freud in seiner Spätschrift 'Das Unbehagen in der Kultur' ein unverhohlen pessimistisches Fazit: Die Menschen „... streben nach dem Glück, sie wollen glücklich werden und so bleiben." Doch ist dieses „Programm ... überhaupt nicht durchführbar, alle Einrichtungen des Alls widerstreben ihm; man möchte sagen: die Absicht, dass der Mensch 'glücklich' sei, ist im Plan der 'Schöpfung' nicht enthalten."

Sollen wir nun mit Freud resignieren? Zweifellos ist seine Sicht der Dinge so ziemlich das diametrale Gegenteil von dem, was uns die mystischen Lebensphilosophien in Aussicht stellen. Und doch, wenn wir ehrlich sind, werden wir vielleicht die eine oder andere eigene Lebenserfahrung im Freudschen Modell wiedererkennen. Vergegenwärtigt man sich, wie das Leben von vielen von uns tatsächlich verläuft, dann besitzt die psychoanalytische Theorie einige Plausibilität, zumindest vordergründig betrachtet.

Dies ändert sich jedoch, wenn wir den impliziten, unausgesprochenen Hintergrund des Freudschen Modells in unsere Betrachtung mit einbeziehen: Da ist auf der einen Seite das trieb- und instinkthafte, der animalischen Natur entsprungene 'Es'. Wäre dieses 'Es' sich alleine überlassen, dann gäbe es kein geregeltes Zusammenleben und damit kein Überleben der Menschen. Vielmehr müssen die Strebungen und Regungen des 'Es' gezügelt, in ihre Schranken verwiesen, verfeinert, veredelt und vergeistigt werden. Dies ist die Aufgabe der Kultur, die mittels der Instanz des 'Überich' den Menschen zwar überlebensfähig, aber nicht eben glücklich macht. Der Mensch hat dem Tier zwar die Vernunft voraus, dafür aber auch gewissermassen die Unschuld des Tieres verloren. Da er aber überleben will, bleibt ihm nichts anderes übrig, als sich in Gesellschaften zu organisieren, die seine Triebnatur unterdrücken. So ist er zum 'Unbehagen in der Kultur' verdammt.

Der wirkliche Gegensatz in diesem Menschenbild besteht in einer Unvereinbarkeit von 'Natur' und 'Kultur'. Dabei wird die 'Natur' als primitiv, roh, wild, ungeschlacht, blindwütig, mit einem Wort: als bedrohlich empfunden. Demgegenüber erscheint die 'Kultur' als segensreich, weil sie die Naturgewalten bändigt, Schutz und Sicherheit bietet, Ordnung stiftet und künstlerische oder wissenschaftliche Leistungen hervorbringt. Diese negative Bewertung von 'Natur' und positive Bewertung von 'Kultur' ist charakteristisch für den europäischen Zeitgeist des ausgehenden neunzehnten Jahrhunderts, aus dem heraus das Denken von Sigmund Freud entstanden ist. Es ist im Grunde genommen der gleiche Zeitgeist, aus dem heraus die europäischen Kolonialmächte Heerscharen von Missionaren in ihre Kolonien sandten, um die dort ansässigen 'Naturvölker' nicht nur von ihren 'heidnischen Naturreligionen' zum Christentum zu bekehren, sondern auch, um diese 'Wilden' zu 'zähmen', ihnen 'Sitte und Anstand' beizubringen, sie zu 'kultivierten' Menschen zu machen. Aus heutiger Sicht erscheint dieses Vorgehen nicht nur unglaublich arrogant, sondern auch äusserst fragwürdig, hat man doch auf diese Weise nicht nur Menschen ihrer angestammten Kultur entfremdet, sondern auch ihre organisch gewachsene Lebensweisen und Gesellschaftsformen zerstört, die den lokalen klimatischen und geographischen Verhältnissen weitaus besser angepasst waren als die Sitten und Gebräuche der Europäer.

Heute, an der Wende zum einundzwanzigsten Jahrhundert, sind wir geneigt, eine Umbewertung um 180 Grad vorzunehmen. Wir attestieren der 'Natur' Weisheit, Güte und die Fähigkeit zum Ausgleich, während wir in der 'Kultur' immer mehr eine denaturierte, umweltzerstörende und unmenschliche Zivilisation erblicken. So gesehen ist 'Kultur' eher eine Gefahr für das Leben als dessen Rettung. Deshalb sind wir Heutigen bemüht, unsere Kultur wieder mehr in Einklang mit der Natur, auch unserer eigenen, zu bringen.

Wir folgen damit einem Trend, der seine Wurzeln in der zweiten grossen psychologischen Schulrichtung des zwanzigsten Jahrhunderts hat: Der humanistischen Psychologie.

Das grundsätzlich pessimistische Menschenbild der Psychoanalyse provoziert ja geradezu zum Widerspruch. Und so ist es nicht weiter verwunderlich, dass in den mittleren Jahrzehnten des zwanzigsten Jahrhunderts, zu einer Zeit, als sich die Psychoanalyse in Europa und Amerika ihrer grössten Popularität erfreute, eine Art Gegenpartei mit einem betont optimistischen Menschenbild ins Leben gerufen wurde. Ihre wichtigsten Gründerväter, Abraham Maslow und Carl Rogers, verstanden ihre 'humanistisch' orientierte Psychologie als 'dritte Kraft' neben der Psychoanalyse und dem 'Behaviorismus', einer streng naturwissenschaftlich arbeitenden, sich auf Verhaltensbeobachtung konzentrierenden Forschungsrichtung (siehe Kapitel 1).

Der Mensch ist von Natur aus gut

Kernpunkt des humanistischen Credos ist der Glaube an eine grundsätzlich positive menschliche Natur, solange man sie nur der ihr innewohnenden Tendenz zu Wachstum, Entfaltung und Reifung ('Aktualisierungstendenz') überlässt. Jeder Mensch, so die humanistischen Psychologen, hat in sich ein 'organismisch' begründetes Streben in Richtung Selbstverwirklichung, das körperliche und seelische Gesundheit ebenso mit einschliesst wie mitmenschliches Fühlen und Verhalten. Entwickelt sich der Mensch im Sinne dieser ihm innewohnenden natürlichen Tendenz, so wird er mit der Zeit immer gesünder, eigenständiger, kreativer und glücklicher, aber auch verantwortungsbewusster, mitfühlender und hilfsbereiter. Wohlbefinden und Tugend bilden für den humanistischen Psychologen keinen Gegensatz, sondern sind wie zwei Seiten einer Münze.

Der bekannteste Beitrag der humanistischen Psychologie, der in die Samstagsbeilagen unserer Tageszeitungen ebenso Eingang fand wie in Marketinglehrbücher oder Führungshandbücher, ist die sogenannte Bedürfnispyramide von A. Maslow (siehe Abbildung 7). Der Grundgedanke dieses Modells ist der folgende: Menschen fühlen sich wohl, wenn ihre Bedürfnisse befriedigt werden. Die menschlichen Bedürfnisse sind organisiert wie eine Stufenpyramide. Ein 'höheres' Bedürfnis meldet sich erst dann, wenn alle darunter liegenden Bedürfnisse befriedigt sind. Ist dies aber tatsächlich der Fall, dann meldet sich das 'höhere' Bedürfnis ebenso sicher wie das Amen in der Kirche.

Glücklichsein in Stufen

Verdeutlichen wir uns das Maslow'sche Modell am Beispiel eines jungen Mannes Namens Vladimir, dem es gelungen ist, den Bürger-kriegswirren des ehemaligen Jugoslawien zu entkommen. Nehmen wir an, sein Weg habe ihn zu Fuss über die grüne Grenze fern ab von allen Verkehrsrouten quer durch Slowenien und Österreich bis in die Schweiz geführt. Während seiner wochenlang andauernden Flucht war er extremen Witterungsverhältnissen ausgesetzt.

Abbildung 7: Bedürfnispyramide von A. Maslow

Er schlief unter freiem Himmel. Seine Ernährung bestand in Waldbeeren und gestohlenen Früchten. Auch ging es nicht ohne die eine oder andere Verletzung ab. Nun steht er an der Türe eines ländlichen Gasthofes in einem abgelegenen Alpental und bittet um Einlass. Der Anblick des zerlumpten, ausgemergelten und kranken Flüchtlings rührt den Gastwirt und so findet Vladimir bei ihm Unterschlupf. Was ist wohl das allererste Anliegen, welches Vladimir bewegt? Wahrscheinlich Essen, Trinken, Ausschlafen, ein Bad nehmen, medizinische Betreuung, d.h. seine physischen Bedürfnisse.

Angenommen, der Gastwirt versorgt Vladimir mit allem, was er so dringend braucht. Eine Woche nach seiner Ankunft ist Vladimir ausgeruht, schmerz- und fieberfrei. Er hat jeden Tag ein Kilo zugenommen, sodass auch keine Spuren der Unterernährung mehr zu sehen sind. Neu eingekleidet vom Gastwirt fühlt er sich zum ersten Mal seit langer Zeit wieder wie ein normaler Mensch. Was geht jetzt wohl im Kopf von Vladimir vor? „Kann ich hier bleiben, oder wirft mich der Gastwirt wieder hinaus? Muss ich mich wieder auf die Flucht begeben mit all ihren Entbehrungen, Strapazen und Gefahren? Habe ich auch morgen noch ein Dach über dem Kopf, zu essen und zu trinken?" Es sind Gedanken der Vorsorge und Zukunftssicherung, die Vladimir beschäftigen, die von Maslow sogenannten Sicherheitsbedürfnisse.

Unser Gastwirt ist kein Unmensch und unterbreitet Vladimir folgendes Angebot: „Ich habe für Dich einen Job in der Küche und ein Zimmer zum Wohnen. Du bekommst ein regelmässiges Einkommen mit Sozialleistungen, Krankenversicherung und allem, was dazugehört." Vladimir nimmt das Angebot des Gastwirtes dankend an und arbeitet jetzt in der Küche. Er erhält eine befristete, aber verlängerbare Aufenthaltsbewilligung und fühlt sich, was die absehbare Zukunft betrifft, zum ersten Mal seit Monaten sicher. Vladimir ist erleichtert und dankbar.

Lassen wir ein paar Wochen ins Land gehen. Ein neues Bedürfnis hat sich bei Vladimir eingestellt, das nicht auf Anhieb befriedigt werden kann und ihn deshalb traurig macht. Vladimir sehnt sich nach Kontakt, menschlicher Wärme und Zärtlichkeit. Zwar spricht er etwas deutsch, aber er fühlt sich noch fremd und einsam. Vladimir leidet unter einem ungestillten Bedürfnis nach sozialer Zugehörigkeit. Deshalb beschliesst er, seine Freizeit mit seinen neuen Kollegen und Kolleginnen zu verbringen und sich mehr und mehr sozial zu integrieren. Dass es ihm gelungen ist, geht aus folgender Episode hervor, die sich zwei Monate später ereignet: Der Gemeindevertreter besucht die Küche des Gasthofes, in der Vladimir arbeitet, und erkundigt sich bei dessen Kollegen nach ihm. Er erhält zur Antwort: „Der Vladimir gehört jetzt zu uns. Wir haben ihn alle gern."

Genügt es Vladimir auf die Dauer, dazu zu gehören und dabei zu sein? Nach Maslow nein, denn es meldet sich nun das Bedürfnis, neben dem Dabeisein auch Jemand zu sein, nicht nur dazuzugehören, sondern auch herauszuragen. Es ist das Bedürfnis nach sozialer Anerkennung. Vladimir spricht inzwischen fliessend deutsch und versteht es ausgezeichnet, auf Menschen einzugehen. Deshalb überträgt ihm der Gastwirt die Verantwortung für den Service, eine Stellung, die ihm die ersehnte soziale Anerkennung einbringt. Was fehlt Vladimir jetzt noch, um glücklich zu sein? Er hat zu essen und zu trinken, braucht sich um die Zukunft nicht zu sorgen, ist beliebt und geachtet. Jetzt, an letzter Stelle, meldet sich nach Maslow das Bedürfnis nach Selbstverwirklichung. Vladimir lernt Skifahren, Jodeln, studiert Schweizergeschichte und wirkt als Laiendarsteller in einer Aufführung von Schillers Wilhelm Tell mit.

Von der fünfstufigen zur zweistufigen Pyramide

Die Geschichte von Vladimir und die in ihr enthaltene Stufenabfolge von fünf Hauptbedürfnissen klingt plausibel, und es ist anzunehmen, dass Maslows Pyramide auf eine Vielzahl von Menschen zutrifft. Es gibt aber auch zahlreiche Gegenbeispiele, die eine Allgemeingültigkeit des Maslowschen Modells stark in Frage stellen. Da gibt es beispielsweise Leute, die auf materielle Sicherheit verzichten, bewusst die Einsamkeit wählen, und das alles nur deshalb, weil ihnen die Verwirklichung ihrer beruflichen Vision, also ihre Selbstverwirklichung, über alles geht. Man trifft immer wieder auf 'mutige Einzelkämpfer', die selbst in einer rezessiven Wirtschaftslage und allen gutgemeinten Ratschlägen ihrer Angehörigen zum Trotz ihr eigenes Geschäft aufmachen (und womöglich noch Erfolg damit haben). Was machen wir mit einem Maler wie Claude Monet? Er sass frierend (= physiologische Bedürfnisse) in seinem winterlichen Garten und malte (= Selbstverwirklichung), nicht wissend, wovon er seinen Lebensunterhalt bestreiten sollte (= Sicherheitsbedürfnisse). Monet war verheiratet, aber seine Frau war krank, und da er ziemlich mittellos war, fehlte ihm das Geld für eine angemessene medizinische Betreuung. So wurde Monet früh zum Witwer (= soziale Zugehörigkeit), doch er malte und malte und malte (= Selbstverwirklichung). Je tiefer wir in Maslows Pyramide eindringen, desto mehr droht sie einzustürzen, denn die unteren Stufen erweisen sich eben nicht als tragfähige Fundamente für die oberen. Nicht alle Menschen funktionieren nach dem Schema: zuerst das Materielle, dann das Soziale und erst dann, darauf aufbauend, die Entfaltung der eigenen Persönlichkeit. Der Konstruktionsfehler der Bedürfnispyramide besteht darin, dass sie versucht, das Wohlbefinden des Menschen an äusseren Lebensbedingungen festzumachen. Sie dringt nicht bis zum inneren Erleben des Menschen vor und schafft es deshalb nicht, dem Wesen des menschlichen Wohlbefindens auf den Grund zu gehen.

Maslow selbst hat die von ihm errichtete Pyramide wieder abgetragen und ein Jahrzehnt später (1962) durch ein wesentlich einfacheres Modell ersetzt. Eine originale Wiedergabe mit den englischen Schlüsselbegriffen findet sich in Abbildung 8.

Das vereinfachte Motivationsmodell von Maslow besagt folgendes: Wir Menschen streben zu allererst danach, uns innerlich sicher, angstfrei und geborgen zu fühlen. Es geht hier nicht um materielle Zukunftssicherung im Sinne von Vorsorge, Vorräte anlegen oder Altersversicherung, sondern um eine innere Befindlichkeit des Sich-sicher-fühlens, wie auch immer diese Befindlichkeit zustande kommen mag. Aufbauend auf dieser Sicherheitsbasis streben wir Menschen danach, zu wachsen, uns zu entwickeln und zu entfalten. Worin konkret dieses Wachsen besteht, ist dabei von Person zu Person verschieden. Der eine sucht Wachstum in seinem Beruf, der andere in der Familie, wieder ein anderer im Sport, in der Kunst oder in der Weiterbildung. Damit wir aber wachsen, voranschreiten, immer grössere Sprünge machen können, brauchen wir einen festen Boden unter unseren Füssen, eben dieses innere Gefühl von Sicherheit. Ist diese innere Sicherheit aber gegeben, begnügen wir uns nicht damit. Dann wollen wir nicht stehenbleiben, sondern weitergehen, Neues erfahren, lernen, unsere Leistungen steigern und über unseren Status Quo hinauswachsen. Sicherheit ohne Wachstum wäre langweilig. Wachstum ohne Sicherheit aber würde Angst erzeugen, was den Wachstumsprozess sofort lähmen und solange aufhalten würde, bis ein gewisses Mass an Sicherheit gegeben ist. Von der ursprünglichen fünfstufigen Bedürfnispyramide sind zwei Stufen übriggeblieben.

Abbildung 8: Das vereinfachte Motivations-Modell von A. Maslow

Das vereinfachte Motivationsmodell von Maslow ist zweifellos abstrakter als seine Bedürfnispyramide. Aber gerade deshalb ist es auch wesentlicher, d.h. es hat bedeutend mehr mit dem Wesen des Menschen zu tun. Die beiden Grundmotive Sicherheit und Wachstum sind subjektive Beweggründe menschlichen Tuns und Lassens unabhängig von sogenannt objektiven Lebensumständen, die ja stets subjektiv und häufig von Person zu Person variierend interpretiert und bewertet werden. Der Leitgedanke: Zuerst Sicherheit und darauf aufbauend Wachstum sieht ab von all den zwischenmenschlichen Unterschieden hinsichtlich persönlicher Neigungen, Abneigungen und Fähigkeiten, und macht ihn gerade dadurch zu einem universell gültigen, in der Praxis immer wieder anwendbaren Erklärungsansatz.

Die Tragik der meisten Menschen scheint indessen darin zu bestehen, dass sie zwar nach Sicherheit und Wachstum suchen, aber nicht eben fündig werden. Materielle Absicherung, Besitz, Prestige, Macht und Sinnenrausch sind kaum geeignet, echte innere Erfahrungen von Sicherheit und Wachstum zu vermitteln. Als Resultat davon jagen viele Menschen noch mehr den Scheinbefriedigungen nach, die ihnen ihre Egos diktieren. Die unausweichliche Folge: Sie werden nicht glücklicher, sondern immer unglücklicher. Ich teile nicht die Ansicht von Freud, es sei im Plan der Schöpfung nicht enthalten, dass der Mensch glücklich sei. Ich teile aber seine Beobachtung, dass die Menschen dafür enorme Mühe aufwenden, ohne dass diese Mühe von allzu viel Erfolg gekrönt würde.

Wir sind offensichtlich begabter, uns unglücklich zu machen, als wir fähig sind, glücklich zu leben. Die Hauptursache dafür sehe ich aber nicht in einem existentiellen Grundkonflikt zwischen 'Es' und 'Überich', sondern in unseren Egos (siehe Kapitel 3) mit ihren Wahnvorstellungen über das, was uns glücklich oder unglücklich macht und ihren Zwangsvorgaben, wie wir zu sein und unser Leben zu leben haben. Solange wir uns mit anderen oder unseren Idealbildern vergleichen, be-leidigen wir uns selbst, d.h. wir fügen uns selbst Leid zu. Solange wir Gefangene unserer Wunschbilder, fixen Vorstellungen und intellektuellen Konzepte, eingekerkert in Dogmen, Denkgewohnheiten und anerzogenen Werthaltungen sind, hat echtes und dauerhaftes Lebensglück keine Chance. Oder wie der zeitgenössische französische Weise mit dem Pseudonym 'Claude' kurz und bündig sagt: „Ego haben bedeutet Leiden."

Fünf Erkenntnisse aus Kapitel 7

1. Die Freudsche Gegenüberstellung von 'Lustprinzip' und 'Realitätsprinzip' ist eine psychologische Neuauflage der antiken Gegenüberstellung von 'Lust' (hedoné) und 'Wohlbefinden' (eudaimonia).
2. Das grundsätzlich konflikthafte und pessimistische Menschenbild in Freuds Psychoanalyse wurzelt in der Vorstellung von einem unversöhnlichen Gegensatz zwischen moralloser 'Natur' und moralstiftender 'Kultur'.
3. Die bekannte Bedürfnispyramide von A. Maslow wurde von Maslow selber wieder abgetragen und durch ein wesentlich einfacheres, zweistufiges Motivationsmodell ersetzt.
4. Wir Menschen streben zuerst nach 'Sicherheit' und dann, darauf aufbauend, nach 'Wachstum'.
5. Unsere Ego-Konstruktionen - fixe Vorstellungen über 'richtig' und 'falsch', 'gut' und 'schlecht', 'sollte' und 'sollte nicht' - hindern uns daran, glücklich zu werden und glücklich zu bleiben.

8.   Die Anatomie des Wohlbefindens

Aktuelle Erlebnisse und innere Befindlichkeit

Was, so werden Sie sich jetzt vielleicht fragen, ist Wohlbefinden, Glücklichsein, wirklich? Von der eigenen Erfahrung her wissen wir ja alle bestens Bescheid, denn jeder von uns hat schon glückliche und unglückliche Tage erlebt. Wir alle wissen, wie es sich anfühlt, glücklich zu sein, und wir alle kennen die Formenvielfalt menschlichen Leidens. Wir alle haben gelernt, dass unsere Glückserfahrungen von begrenzter Dauer sind, die Leidenserfahrungen Gott sei Dank auch. Was genau ist das Wesen des Glücklichseins und woher kommt es?

Es gibt heute eine Fülle von Ratgeberbüchern mit Rezepten und Anleitungen, wie man z.B. in der Ehe oder im Beruf glücklich wird. Vor allem im englischen Sprachraum finden die 'How to'-Bücher reissenden Absatz. Kein Wunder, denn die meisten Menschen sind Lebenspraktiker und suchen handfeste, konkrete Antworten auf ihre Fragen: Was mache ich falsch, dass ich so unglücklich bin? Was muss ich tun, damit ich glücklicher werde? Auf den folgenden Seiten geht es weniger um Handlungsanweisungen als vielmehr um ein möglichst klares und tiefes Verständnis der Natur des Glücklichseins und damit um ein Verständnis unserer selbst und des Lebens überhaupt. Es geht weniger um 'know how' als um 'know why'. Vielleicht verhilft uns dieses Verständnis dazu, dass wir automatisch weniger Fehler machen, die uns ins Unglück stürzen, und uns spontan so verhalten, dass es unserem Wohlbefinden zuträglich ist.

Steigen wir also ein und beginnen wir zunächst mit einer ganz alltäglichen Erfahrung: Nehmen wir an, wir erleben etwas, was wir gemäss unseren persönlichen Neigungen als sehr schön taxieren würden, z.B. einen goldenen Sonnenuntergang an einem karibischen Traumstrand, ein exquisites Abendessen mit unserem Herzensschatz, ein vollendetes Solokonzert unseres Lieblingspianisten oder was auch immer. Wir erleben etwas Wunderschönes und sind trotzdem nicht glücklich. Wer hat nicht schon diese Erfahrung gemacht? Und wer kennt nicht auch die gegenteilige Erfahrung: Wir erleben überhaupt nichts Besonderes, sondern etwas ganz Triviales, Alltägliches und fühlen uns trotzdem glücklich. Wir sitzen vielleicht in der Bahn, fahren eine Routinestrecke, die wir schon hundertmal gefahren sind, denken an nichts Besonderes, und plötzlich wird uns klar, dass wir glücklich sind. Wir können glücklich sein ohne irgend einen Anlass und, umgekehrt, uns unglücklich fühlen, obwohl wir vom Anlass her glücklich sein müssten. Wenn dies zutrifft, dann ergibt sich daraus eine wichtige Konsequenz:

Unser Wohl- oder Missbefinden ist nichts Einfaches, sondern etwas Zusammengesetztes. Es setzt sich zusammen aus dem, was wir im Moment gerade wahrnehmen, denken und fühlen, also unserem aktuellen Erleben und einer tiefergehenden inneren Befindlichkeit, vor deren Hintergrund sich das Szenario des aktuellen Erlebens abspielt. Im Falle eines Glücksgefühls ohne irgend einen äusseren Anlass wird uns offenbar eine positive innere Befindlichkeit bewusst. Im Falle eines an sich positiven aktuellen Erlebens ohne Glücklichsein verhindert eine negative innere Befindlichkeit das Auftreten von Glücksgefühlen. Die innere Befindlichkeit fungiert als eine Art Ausgangslage für das aktuelle Erleben. Eine positive innere Befindlichkeit macht uns empfänglich für positive Erlebnisse und immunisiert uns gegen negative. Umgekehrt macht uns eine negative innere Befindlichkeit anfällig für negative Erlebnisse und erschwert das Auftreten von positiven.

Die Frage stellt sich: Woraus besteht unsere innere Befindlichkeit, wenn nicht aus der Summe aller vorangegangenen Erlebnisse? Die Überlegung ist sicher richtig, aber wohl nicht vollständig. Gewiss bilden frühere Erlebnisse das Material, aus dem unsere innere Befindlichkeit gemacht ist, besonders dann, wenn wir uns an die früheren Erlebnisse erinnern können. Wir verdanken dies einer Grundfähigkeit unseres Bewusstseins, die wir Gedächtnis nennen. Tatsache ist es aber auch, dass wir nur einen kleinen Ausschnitt all dessen, was wir je erlebt haben, aus dem Gedächtnis abrufen können. Etwas grösser, aber immer noch nicht 'flächendeckend' ist der Ausschnitt, den wir bei nochmaligem

Durchleben als 'bekannt' wiedererkennen können. Der grösste Teil unserer bisherigen Erlebnisse liegt im Meer des Vergessens versunken, ist uns - zumindest im normalen Wachzustand - nicht bewusst. Nichts desto trotz prägt gerade auch dieses weniger oder gar nicht bewusste Erlebnisgut unsere derzeitige innere Befindlichkeit. Ob positiv oder negativ hängt sicherlich einerseits davon ab, ob die früheren Erlebnisse positiver oder negativer Natur gewesen sind. Mindestens ebenso wichtig dürfte aber auch sein, wie gut oder schlecht wir frühere Erlebnisse, seien sie nun von positiver oder negativer Art, verarbeitet, integriert, gleichsam verdaut haben.

Hier besteht in der Tat eine Parallele zum physischen Stoffwechsel: Vom Herkunftsmaterial her ist unser Körper sicher nichts anderes als all die Nahrung, die wir gegessen und getrunken, und die Luft, die wir eingeatmet haben. Gleichwohl ist dieses Material nicht mehr das Gleiche. Es wurde umgewandelt, zum Beispiel in gesundes und starkes Muskelgewebe oder auch in ungesundes, schlaffes Fettgewebe. Die Verfassung unseres Körpers hängt einerseits von der Qualität der Nahrung und Luft ab, die wir in der Vergangenheit aufgenommen haben, mindestens ebenso stark aber auch von der Qualität unseres Stoffwechsels, d.h. von der Effizienz, mit der wir Proteine, Kohlenhydrate, Fette, Mineralien, Vitamine, Wasser und Sauerstoff in Körpersubstanzen umgewandelt haben. Und darauf können wir mit unserem Verhalten, also wie und wann wir essen und trinken, wie wir atmen, uns körperlich betätigen, ja sogar durch unsere Gedanken und Gefühle Einfluss nehmen.

Analog stellt unsere innere Befindlichkeit nicht nur die Summe aller früheren Erlebnisse, sondern deren Umwandlung in ein Lebensgefühl, in einen mehr oder weniger glücklichen Dauerzustand dar. Und auch darauf haben wir mit unserem Verhalten Einfluss genommen, je nachdem, wie wir mit unseren Erlebnissen umgegangen sind, wie wir sie für uns selbst umgesetzt haben. Ist die Umsetzung gut gelungen, dann fühlen wir uns innerlich in Harmonie, im Einklang mit uns selbst, unserem Leben, unseren Bezugspersonen und unserer weiteren Umwelt. Überwiegen dagegen unverdaute, unverarbeitete Erlebnisse, 'unerledigte Geschäfte', dann fühlen wir uns disharmonisch und zerrissen. Wir hadern mit dem Schicksal und finden uns im Clinch mit uns selbst, mit Gott und der Welt. Die unverdauten Erlebnisse liegen uns im Seelenmagen und stossen uns immer wieder auf wie ein unbekömmliches Essen. Sie tun dies in Form von plötzlichen Anfällen schlechter Laune, in Form von negativen Gedanken und destruktiven Phantasien, die uns immer wieder heimsuchen und überall hin verfolgen.

Wahrscheinlich ist auch Ihnen die folgende Erfahrung nicht ganz unbekannt: Sie setzen sich in ein Flugzeug und landen einige Stunden später in einem Ferienparadies. Sie sind zunächst überwältigt von der exotischen Landschaft und alle Alltagsprobleme, Nöte und Ärgernisse scheinen vergessen. Ein paar Tage später jedoch sind sie alle wieder bei Ihnen. Ihre 'treuen Freunde' von zu Hause haben Sie auch in Ihrem Ferienparadies eingeholt. Die Hölle Ihrer eigenen Gedanken und Gefühle reist, wenn auch nicht ganz so schnell wie das Flugzeug, stets mit Ihnen mit.

Die innere Befindlichkeit beeinflusst als Ausgangslage unser aktuelles Erleben, indem sie uns genussfähig oder frustrierbar macht. Sie selbst ist das Produkt unserer bisherigen Erlebnisse und kann somit durch neue, aktuelle Erlebnisse in positive oder negative Richtung verändert werden. Voraussetzung dafür ist allerdings, dass das neue aktuelle Erlebnis, gleich ob von positiver oder negativer Art, 'tief genug' geht, also wirklich bis zur inneren Befindlichkeit vordringt. Ein Schnitt im Finger beispielsweise mag zwar weh tun, er ist aber kaum in der Lage, eine tiefe innere Zufriedenheit zu tangieren. Ebenso vermag eine noch so köstliche Praline kaum eine innere Unausgeglichenheit ins Gleichgewicht zu bringen. Insbesondere körperliche Empfindungen von mässiger Lust und Unlust bleiben auf das blosse Körpergefühl beschränkt und schaffen es in der Regel nicht, bis zur inneren Befindlichkeit vorzudringen und diese entsprechend zu beeinflussen. Was anderes ist es natürlich, wenn die Körpergefühle extrem lustvoll (z.B. eine hocherotische Liebesnacht) oder extrem schmerzhaft (z.B. eine schwere Geburt) werden. Doch kommt es auch hier wesentlich darauf an, wie solche körperlichen Erlebnisse verarbeitet werden. Eine noch so schmerzhafte Geburt beispielsweise kann einen durchaus positiven Beitrag zum inneren Befinden leisten, wenn nämlich die schmerzhafte Erfahrung angenommen und positiv ausgewertet, also nachträglich bejaht und dadurch gleichsam erlöst wird. Umgekehrt kann eine noch so rauschhafte Liebesnacht zu einem Fluch für die innere Befindlichkeit werden, wenn sie nämlich nachher nicht wieder losgelassen wird, sondern dazu führt, dass man sie immer wieder braucht wie eine Droge, man also in sexuelle Abhängigkeit gerät.

Wichtiger als körperliche Empfindungen jedoch sind emotionale und geistige Erfahrungen, wenn es darum geht, unsere innere Befindlichkeit zu beeinflussen. Ein hässlicher Ehestreit, eine Frieden schaffende Versöhnung, eine unsere Sicht der Dinge verwandelnde Erkenntnis gehen uns mehr unter die Haut, berühren unsere innere Befindlichkeit meistens stärker als blosse Reizungen unserer Sinne. Eine Ohrfeige zum Beispiel berührt uns sowohl körperlich als auch seelisch, sowohl auf der physischen Ebene als Schmerz auf der Backe, als auch auf der Beziehungsebene als psychische Verletzung. Letztere ist für unser Wohlbefinden 'schlimmer', d.h. die rein physikalisch 'zartere', aber dafür unsere Seele verletzende Berührung trifft unsere innere Befindlichkeit härter.

Ruhe in der Bewegung

Wenden wir uns nun zunächst der 'inneren Befindlichkeit' zu. Die innere Befindlichkeit, so haben wir bereits festgestellt, bildet die Ausgangslage für unser aktuelles Erleben und wirkt sich auf dieses positiv oder negativ aus, indem sie uns genussfähig oder frustrierbar macht. Was kennzeichnet eine positive innere Befindlichkeit, die uns befähigt, Gegenstände, Menschen, Situationen oder Tätigkeiten zu geniessen? Was sind die Merkmale einer negativen inneren Befindlichkeit, die uns in ein Frustrationserlebnis nach dem anderen laufen lassen? Gewiss, unsere innere Befindlichkeit ist alles andere als eine simple Schwarz-Weiss-Angelegenheit. Sie ist bunt und nuancenreich wie eine Landschaft im Wechsel der

Jahreszeiten. Gibt es dennoch ein allgemeines Merkmal, das für alle positiven inneren Befindlichkeiten charakteristisch ist? Gewissermassen so etwas wie einen kleinsten gemeinsamen Nenner aller positiven Ausgangslagen für aktuelle Erlebnisse? Es ist die Anwesenheit von *Ruhe innerhalb der Bewegung* unseres Gedanken- und Gefühlsflusses.

Wenn wir uns im Wachzustand aufhalten - und um den geht es in unserer Analyse des menschlichen Wohlbefindens -, sind wir erlebnis-mässig ständig in Bewegung. Im fünften Kapitel war von diesem Erlebnisstrom schon einmal die Rede, als wir den Meditationsvorgang behandelt haben und als 'Abnahme gedanklicher Bewegtheit' beschrieben. Jetzt verbleiben wir im Zustand der gedanklichen Bewegtheit und identifizieren 'Ruhe in der Bewegung' als ein formales Merkmal des Erlebnisstromes, das eine positive innere Befindlichkeit ausmacht. Der Ausdruck 'Ruhe *in* der Bewegung' hat hierbei die Funktion eines abstrakten, allgemeingültigen Erklärungsprinzipes, wissenschaftlich gesprochen, eines explikativen Konstruktes.

Seine Bedeutung wird sofort klar, wenn wir uns das Gegenteil von Ruhe, nämlich 'Unruhe in der Bewegung' vergegenwärtigen. Unruhe im Erlebnisstrom äussert sich als Unrast, Unsicherheit und Unfrieden. Unrast bedeutet soviel wie Ruhelosigkeit. Man steht unter Druck und Spannung, fühlt sich nervös und gehetzt. Unsicherheit beinhaltet Angst, Besorgtheit, Zweifel. Unfrieden bezieht sich auf Zustände wie Unzufriedenheit, Gereiztheit, Hader, Verstörtheit, Unausgeglichenheit. Für das diametrale Gegenteil von all dem, also für die Abwesenheit von Unrast, Unsicherheit und Unfrieden, verwenden wir hier den Ausdruck 'Ruhe in der Bewegung'. 'Ruhe in der Bewegung' heisst also: Wir ruhen in uns, während wir erlebnismässig, d.h. mit unseren Sinnen, Gedanken und Gefühlen in Bewegung sind. Wir sind nicht in Unruhe, obschon wir in Bewegung sind.

Das Erklärungsprinzip 'Ruhe in der Bewegung' erinnert vielleicht nicht zufällig an Aristippos von Kyrene, wenn er von der 'ruhigen und glatten Art des eigenen Bewegtseins' (siehe Kapitel 8) spricht und diese für eine positive Befindlichkeit verantwortlich macht. Wird die Ruhe in der Bewegung permanent und 'unerschütterlich', gleichgültig, wie auch immer die erlebnismässige Bewegung beschaffen sein mag, dann haben wir es mit jenem dauerhaften Lebenszustand zu tun, den man in der vedischen Wissenschaft 'Erleuchtung' nennt. Der Erleuchtete fühlt sich stets entspannt, geborgen und friedvoll. Er lässt sich durch nichts aus der Ruhe bringen, obschon er voll engagiert seiner Tätigkeit nachgeht. Er ist frei von Angst oder Hass. Solcherart ist die bestmögliche Verfassung unserer inneren Befindlichkeit, wenn wir glückliche Erlebnisse maximieren und frustrierende Erlebnisse minimieren wollen.

Richtige Bewegung

Damit kommen wir zum zweiten Baustein unseres Befindens, dem aktuellen Erleben. Was macht den fortlaufenden Erlebnisstrom zu einer positiven Erfahrung, und was kennzeichnet eine negative Erlebnisabfolge? Das Erklärungsprinzip für den positiven Charakter konkreter Erlebnisse im Hier und Jetzt lautet: *richtige Bewegung.*

Der Ausdruck 'richtige' Bewegung enthält zwei Komponenten, nämlich erstens, dass es sich bei der Bewegung wirklich um Bewegtheit, um ein dynamisches Geschehen handelt, und zweitens, dass bei diesem dynamischen Geschehen die Richtung stimmt. Tatsächlich kann der Erlebnisstrom, das Wandern unserer Aufmerksamkeit von Bewusstseinsinhalt zu Bewusstseinsinhalt, als gerichtete Bewegung begriffen werden. Der Erlebnisstrom besitzt also zwei Aspekte: den Aspekt der Bewegung, d.h. der mentalen Aktivität, und den Aspekt der Gerichtetheit, d.h. der mentalen Inhalte.

Wir begegneten dieser Unterscheidung bereits an früherer Stelle, als wir die Technik der Transzendentalen Meditation unter die Lupe nahmen (Kapitel 5). In diesem Zusammenhang lernten wir auch das 'mentale Lustprinzip' kennen, das unserer Aufmerksamkeit die ihr naturgemässe Richtung vorgibt. Unsere Aufmerksamkeit wendet sich, sich selbst überlassen, Erfahrungen zunehmenden Wohlgefühls zu. Oder einfacher formuliert: Von Natur aus suchen wir lustbetonte und meiden wir unlustbetonte Erfahrungen.

Wenn im Fortgang unseres Erlebens die Richtung stimmt, färben sich die Erlebnisse positiv und umgekehrt. Die Richtung ist 'richtig', wenn die Bewegung eine vorwärtsgerichtete ist, wenn sie in Richtung Wachstum, Fortschritt, Entwicklung, Entfaltung, Erfüllung erfolgt. Es ist jene Richtung der Selbstverwirklichung (Maslow) oder Selbstaktualisierung (Rogers), die in den humanistischen Persönlichkeitstheorien (siehe Kapitel 7) eine so fundamentale Rolle spielt. Die Richtung ist 'falsch', wenn die Bewegung eine rückwärtsgerichtete ist, wenn sie in Richtung Rückentwicklung, Verkümmerung, Verarmung, Verlust, Verstümmelung erfolgt.

Was letztlich das 'Richtige' an der richtigen Bewegung ausmacht, ist die Zunahme von innerer Lebendigkeit beim Erlebenden. Eine solche wird allerdings kaum eintreten, wenn die Abfolge der Erlebnisse in einer blossen Wiederholung zwar an sich positiver, aber immer wieder der gleichen Erfahrungen besteht. Hier gilt das aus der Ökonomie bekannte Gesetzt des abnehmenden Grenznutzens, das ich am Beispiel meines Lieblingsessens demonstrieren möchte. Mein Leibgericht entstammt dem Wiener Kochbuch und heisst Marillenknödel. Es handelt sich dabei um Aprikosen, die in einen Kartoffelteig eingehüllt werden. Der so geformte Knödel wird im Wasser gekocht, anschliessend in gerösteten Semmelbröseln gewälzt, mit zerlassener, gebräunter Butter übergossen, mit Puderzucker bestäubt und dann verspiesen. Die ersten zwei bis drei Knödel schmecken zweifellos am besten, mit jedem zusätzlichen Knödel nimmt der Genuss sukzessive ab. Spätestens nach dem zehnten Knödel wird jeder weitere Knödel zur Qual.

'Richtige' Bewegung impliziert Veränderung, Wandel, Kontraste. Vielleicht hätte mir nach dem fünften Knödel auch etwas scharf Gewürztes oder gar bitter Pikantes gut getan. Und nach mehreren Tagen mit Marillenknödeln als Hauptmahlzeit würde mir sicherlich die Einschaltung eines Fastentages gut tun. 'Richtige' Bewe-

gung bedeutet qualitatives, nicht quantitatives Wachstum. Bei
blosser Anhäufung von Gleichartigem, bei nur quantitativer Fülle,
verflacht sich 'richtige' Bewegung zu gleichförmiger Monotonie,
also zu einem Mangel an Bewegtheit, und schliesslich verkehrt
sich die ursprünglich 'richtige' in eine 'falsche' Bewegung.

Einen Mangel an Bewegtheit erfahren wir als Leerlauf, Stagna-
tion, Langeweile und dies erzeugt Gefühle der Lustlosigkeit, des
Missmutes und des Verdrusses. Bei einer zwar starken Bewegtheit,
die aber in der falschen Richtung geht, empfinden wir Unbehagen, Schmerzen körperlicher oder seelischer Natur, die auch den
Charakter von Bedauern oder gar tiefer Trauer annehmen können.
Befinden wir uns aber in einem Prozess richtiger Bewegung, dann
erfreuen wir uns dessen und entsprechend herrschen Gefühle der
Freude vor. Wir geniessen unser aktuelles Erleben, weil es angenehm oder lustig oder interessant oder spannend oder bereichernd
ist. Richtige Bewegung kennt Phasen der Konstanz und Phasen
des Wandels. Im Grunde genommen aber handelt es sich um einen Prozess kontinuierlicher Veränderung, in dessen Verlauf die
innere Lebendigkeit ständig zunimmt. Erinnern wir uns noch einmal an die Affektlehre von Spinoza (Kapitel 6). Er definiert darin
'Lust' als den 'Übergang des Menschen von geringerer zu grösserer
Vollkommenheit'. 'Richtige Bewegung' steigert unser Lebensgefühl,
und dies wiederum fühlt sich lustvoll an.

Die Wohlbefindensformel

Fassen wir zusammen: Ruhe in der Bewegung einerseits und
richtige Bewegung andererseits sind der erlebnismässige Stoff, aus
dem unser Wohlbefinden gemacht ist. Wenn wir uns innerlich in
Ruhe und in Frieden und uns gleichzeitig vital und voller Lebenslust fühlen, sind wir glücklich. Man erkennt hier unschwer das
vereinfachte Motivationsmodell von Maslow mit den beiden Strebungen 'Safety' (Sicherheit) und 'Growth' (Wachstum) wieder (Kapitel 7). Richtige Bewegung auf der Basis von Ruhe in der Bewegung vermittelt das, was der zeitgenössische Psychologe
Csikzentmihalyi eine 'flow experience', eine Erfahrung freudvollen

Fliessens jenseits von Angst und Langeweile nennt. Flow-Erfahrungen stellen sich vorzugsweise bei spielerischen Tätigkeiten (z.B. Sport, Tanz, Kunstausübung) ein, wo die gestellten Anforderungen die vorhandenen Fähigkeiten weder übersteigen (Freiheit von Angst) noch unterschreiten (Abwesenheit von Langeweile).

Richtige Bewegung auf der Basis von Ruhe in der Bewegung ist die universelle Formel für menschliches Wohlbefinden, unabhängig von Persönlichkeits- oder Kulturunterschieden. Für den Prozess richtiger Bewegung, bei dem sich Lebendigkeit entfaltet, verwendet Maharishi den Terminus 'Evolution'. Ruhe in der Bewegung ist in der vedischen Wissenschaft das Gleiche wie Gesundheit (Sanskrit 'Svasthya'): Selbstgegründetheit. *Selbstgegründetheit und Evolution konstituieren unser Wohlbefinden.* Wir leiden, weil statt Selbst-gegründetheit Egogebundenheit und statt Evolution Destruktion vorherrschen. Selbstgegründetheit verschafft uns das positive Gegenteil von Angst und allem, was aus ihr hervorgeht wie Misstrauen, Hader und Hass. Es ist eine Art Urgeborgenheit, die von einigen Autoren (z.B. Erikson, Staehelin) 'Urvertrauen' genannt wurde. Das Wort vermittelt recht gut, dass man sich 'so sicher fühlt wie in Abrahams Schoss'. Evolution verschafft uns Lebensfreude im eigentlichen Sinne des Wortes, nämlich Freude, die aus der Lebendigkeit kommt. *Wohlbefinden ist Urvertrauen verbunden mit Lebensfreude.*

Das Gegenteil von Angst

Bezeichnenderweise gibt es in der deutschen Sprache kein Wort, welches das exakte Gegenteil von Angst bezeichnet. 'Mut' ist der Versuch, mittels Willensanstrengung die Angst zu besiegen. Das Gegenteil von 'Mut' ist nicht Angst, sondern Feigheit, d.h. der Feige erliegt seiner Angst. 'Sicherheit' beschreibt mehr eine Situation als eine innere Befindlichkeit. Das Gegenteil von Sicherheit ist Gefahr. 'Vertrauen' zieht sofort den Gedanken an einen 'Jemand' nach sich, dem man vertraut. Vertrauen ist das Gegenteil von Angst in einer Beziehung. Das Gegenteil von Vertrauen ist Misstrauen.

Die alten Griechen hatten ein Wort sowohl für Urvertrauen als auch für den Zustand der Angstlosigkeit überhaupt: 'pistis'. Das Wort 'pistis' kommt ziemlich häufig im griechischen Text des Neuen Testamentes vor und wurde zunächst sprachlich korrekt in das stammverwandte lateinische 'fides' übersetzt, was wir im Deutschen traditionell mit 'Glaube' wiedergeben. Leider geriet die ursprüngliche Bedeutung von 'pistis' in Vergessenheit und aus dem 'fides' wurde ein 'Credo', d.h. ein Für-Wahrhalten von Glaubenssätzen, sogenannter Dogmen. Während das ursprüngliche 'pistis' einen der Angst entgegengesetzten Gefühlszustand beschreibt, bezieht sich das später entstandene 'Credo' auf ein Gedankengebäude, das man als wahr anerkennt. Aus einem ursprünglich affektiven 'pistis' wurde schliesslich ein kognitives 'Credo'. Im Urchristentum gab es zum affektiven 'pistis' noch einen kognitiven Ergänzungsbegriff, nämlich 'gnosis', Erkenntnis. 'Pistis' und 'gnosis', die Geborgenheit des Herzens und die Erkenntnis durch den Geist, waren einst die beiden zusammengehörigen, sich wechselseitig ergänzenden Bestandteile fortschreitender Gottesverwirklichung. Erst später, als die eigentliche 'pistis' verlorenging und das 'Credo' den Platz der 'Gnosis' einnahm, gerieten 'Gnosis' und 'Credo' in Widerstreit. So kam es zur Kriegserklärung des Glaubens an das Wissen, was schliesslich zur Verketzerung der 'Gnosis' als 'Irrlehre' seitens der 'rechtgläubigen' Kirche führte.

Bleibt noch das deutsche Wort 'Geborgenheit' als möglicher Begriffskandidat für das Gegenteil von Angst. Es leitet sich ab vom Verbum 'bergen' und stammt aus der Zeit, als man Schätze und Personen auf einen Berg brachte, wo sich die Burg befand, innerhalb derer die so 'geborgenen' Schätze und Personen vor feindlichen Angriffen sicher waren. 'Geborgenheit' und 'Urvertrauen' scheinen mir gleich gute sprachliche Annäherungen zu sein, um die Erlebnisqualität wiederzugeben, die dem Zustand der Selbstgegründetheit oder Ruhe in der Bewegung eigentümlich ist.

Geborgenheit, Urvertrauen, Angstfreiheit bilden die ideale Ausgangslage, um sich des Lebens zu erfreuen, d.h. sie begünstigen das Auftreten von Evolutionserlebnissen. Ruhe in der Bewegung ist die bestmögliche innere Voraussetzung für richtige Bewegung.

Zum einen, weil die Ruhe die nötige Energie für vitales, intensives Erleben bereitstellt. Man fühlt sich ausgeruht und frisch für lebendige Erfahrungen. Mangelt es dagegen an Ruhe in der Bewegung, sind wir 'ruhebedürftig' und als Folge davon unfähig, Bewegung zu geniessen. Zum anderen, weil Ruhe in der Bewegung die Bewegung in die richtige Richtung lenkt. Fühlen wir uns nämlich gelassen und friedvoll, sind wir offen für Evolutionserlebnisse.

Was wir konkret erleben, ist nicht nur eine Frage dessen, was uns in der Umwelt begegnet. Entscheidender als die objektiv gegebene Situation ist die Art und Weise, wie wir die Situation subjektiv wahrnehmen, d.h. was wir aus der Fülle des Reizangebotes effektiv zur Wahrnehmung auswählen, und wie wir die wahrgenommenen Reize interpretieren und bewerten. Erinnern wir uns an das Beispiel von der Routinefahrt in der Bahn, die ebenso gut Langeweile wie Glücksgefühle hervorrufen kann. Je angstfreier, entspannter und ausgeglichener wir uns innerlich fühlen, desto eher können wir Lust und Freude empfinden.

Dies wird besonders deutlich, wenn wir uns klar machen, wie das Gegenteil von Ruhe in der Bewegung, also Unruhe, das Aufkommen von Lust oder Freude verhindert: Angenommen, Sie fahren mit Ihrem neuen Auto an einem strahlenden Januartag in zügigem Tempo durch eine verschneite Winterlandschaft. Die Strasse ist soweit trocken und Sie geniessen die flotte Fahrt. Plötzlich hinter einer Kurve verwandelt sich die Fahrbahn jedoch in blankes Eis. Können Sie die flotte Fahrt jetzt noch geniessen? Sie haben nur noch einen Gedanken: Runter mit dem Tempo, Sicherheit, Ruhe!

Angst ist der Verhinderer von Genuss schlechthin. Eine Henkersmahlzeit kann noch so köstlich zubereitet sein, sie dürfte dem zu Exekutierenden kaum munden. Ein Mann ging einmal zu einem Sexualtherapeuten und beklagte sich: „Es geht nicht!" Zu seiner grössten Verwunderung entgegnete ihm der Therapeut: „Ab sofort dürfen Sie nicht mehr. Ich verbiete es Ihnen!" Der Therapeut gab seinem Klienten diese paradoxe Anweisung, weil er wusste, warum es nicht ging. Irgendwelche Ängste, vielleicht sexuelle Versagensängste, hinderten den Klienten daran, sich im Bett frei zu entfalten. Kaum hatte der Klient die Therapeutenpraxis verlassen, atmete er erleichtert auf und seufzte leise vor sich hin: „Den Stress bin ich fürs Erste los." Er entspannte sich und es war nur eine Frage der Zeit, bis das therapeutische Verbot - erfolgreich! - durchbrochen wurde. Und genau dies war die heimliche Absicht des Therapeuten. Wir können nur soweit geniessen, wie Angst und Unruhe nicht grösser werden als der Spass an der Freude. Dies gilt für ausnahmslos alle Genüsse, nicht nur kulinarische oder erotische. Stellen Sie sich vor, Sie sitzen in einem Konzertsaal und schwelgen in einem musikalischen Ohrenschmaus. Plötzlich fällt Ihnen ein, dass Sie, als Sie Ihr Haus verliessen, um sich auf den Weg zum Konzert zu machen, vergessen hatten, die Eingangstüre abzuschliessen. Ein Druck auf die Türklinke, und ungebetene Gäste haben ungehinderten Zutritt zu allen ihren Kostbarkeiten. Sie wohnen in einem Stadtteil, in dem sich Einbrüche in letzter Zeit gehäuft haben. Was wird aus Ihrem Musikgenuss?

Die Freiheit von Angst hat für uns erste Priorität, die Suche nach Lust, Freude und Genuss kommt erst an zweiter Stelle - ganz im Sinne des vereinfachten Motivationsmodells von Maslow. Ein Paradebeispiel für diese Gesetzmässigkeit ist der sogenannte Annäherungs-Vermeidungs-Konflikt, wie er in Abbildung 9 schematisch dargestellt ist.

Wenn wir uns einem Ziel nähern und es schliesslich erreichen, findet eine 'richtige Bewegung', ein Evolutionsprozess statt, der uns mit Freude erfüllt. Was geschieht aber, wenn ab einem bestimmten Punkt der Annäherung an das Ziel Unruhe aufkommt und mit zunehmender Annäherung die Unruhe stärker wächst als die Freude? Wir nähern uns dem Ziel exakt bis zu dem Punkt, wo die Unruhe grösser wird als die Freude und dadurch die Freude kaputt macht.

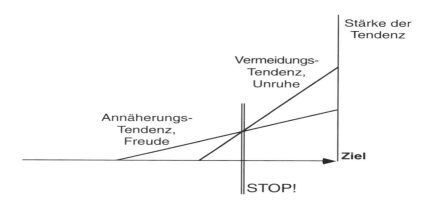

Abbildung 9: Dier Annäherungs-Vermeidungs-Konflikt

Auf Schweizer Autobahnen beträgt die offizielle Höchstgeschwindigkeit 120 km/h. Ein Grossteil der Autofahrer hält sich daran. Ein nicht unbeträchtlicher Anteil fährt eindeutig schneller als 120 km/h. Interessanterweise gibt es aber bei 150 km/h eine Art Schallmauer, die nur von wenigen durchbrochen wird. Der Grund dafür ist klar: Ab 120 km/h werden ertappte Schnellfahrer nur gebüsst, ab 150 km/h müssen sie mit dem Entzug des Führerscheins rechnen. Die dadurch bedingte Unruhe ist für die meisten Autofahrer grösser als der Spass am schnellen Fahren. Oder stellen Sie sich vor, Sie wollen ein neues Auto kaufen. In Ihrer Phantasie spielen Sie mit einem 'Traumauto' (maximale Evolution), aber der Gedanke an den Preis bereitet Ihnen schlaflose Nächte (noch grössere Unruhe). Was tun Sie nun, wenn es zum definitiven Autokauf kommt? Sie nähern sich bei der Wahl des Modells Ihrem Traumauto genau so weit an, wie die Unruhe wegen der Kosten die Freude über das neue Auto nicht übersteigt. Viele Kaufhandlungen sind deshalb Kompromisshandlungen. Ebenso geht ein Unternehmer mit seinen Investitionen genau bis an den Punkt, wo in seiner subjektiven Wahrnehmung das Risiko (Unruhe) nicht grösser wird als die Chance (Evolutionserwartung). Gleich ob als Privatleute oder Unternehmer unterliegt unser Verhalten dem inneren Kommando: erst Angstfreiheit, dann Freude; erst Sicherheit, dann Wachstum; erst Ruhe in der Bewegung, dann richtige Bewegung.

Ruhe lenkt Bewegung in die richtige Richtung

Geborgenheit und Urvertrauen machen uns nicht nur fähig, das Leben zu geniessen. Eine durch Ruhe gesättigte innere Befindlichkeit lässt uns auch die Dinge leichter nehmen, was zur Folge hat, dass wir weniger leicht frustrierbar sind. Wenn mal etwas schief geht oder nicht klappt, berührt uns das weit weniger heftig, wenn wir in uns ruhen. Wir sind nicht nur offener für Evolutionserlebnisse, sondern auch gelassener gegenüber allfällig auftretenden Frustrationserlebnissen. Unsere 'Frustrationstoleranz' ist grösser, weil uns Frustrationserlebnisse weniger frustrieren. Eine durch Ruhe gesättigte innere Befindlichkeit wirkt wie ein Stossdämpfer, der die Wucht frustrierender Erlebnisse abfängt. Gleichzeitig verringert sie unsere Bedürftigkeit nach Evolutionserlebnissen. Unser Gesamtwohlgefühl hängt weniger davon ab, was wir konkret erleben. Eine durch Ruhe gesättigte innere Befindlichkeit bereitet also nicht nur den Boden für das Erleben von Freude und Lust; sie sorgt auch dafür, dass wir solchen Genuss nicht überbewerten und bewahrt uns davor, ihn allzu sehr zu vermissen, wenn wir ihn einmal entbehren müssen. Unschwer erkennt man hier die 'Wohlbefindensformel' für den Erleuchteten wieder: Innere Ruhe + Äusserer Genuss + Unabhängigkeit vom äusseren Genuss.

Betrachten wir den Mechanismus noch etwas genauer, wie die Ruhe in der Bewegung die Bewegung in die richtige Richtung steuert - und umgekehrt:

Was wir erleben, hängt davon ab, welche Reize unsere Aufmerksamkeit aus der Überfülle des Reizangebotes zur Wahrnehmung auswählt. Diese Auswahl wiederum hängt davon ab, worauf unsere Aufmerksamkeit gerichtet ist. Unsere Aufmerksamkeit gleicht einem Scheinwerfer in sonst dunkler Umgebung. Alles, was sich innerhalb des Scheinwerferkegels befindet, hat eine grosse Chance, wahrgenommen zu werden. Gegenstände ausserhalb des Scheinwerferkegels werden mit grosser Wahrscheinlichkeit übersehen. Von dieser Wahrnehmungstatsache macht die Beleuchtungsregie im Theater ebenso Gebrauch wie der Zauberkünstler bei der

Vorführung eines Tricks, wenn er die Aufmerksamkeit der Zuschauer gezielt lenkt, um sie abzulenken.

Und was steuert den Scheinwerfer unserer Aufmerksamkeit? Unsere Erwartung, d.h. unsere gedankliche Vorwegnahme künftiger Erfahrungen. Wenn wir beispielsweise zum ersten Mal in eine Stadt kommen, die man uns zuvor wegen der Schönheit ihrer Gebäude gerühmt hat, ist der Suchscheinwerfer unserer Aufmerksamkeit auf 'schöne Gebäude' eingestellt. Resultat: Jede schöne Fassade, jede gelungene Architektur sticht uns sofort in die Augen. Hässliche Gebäude gibt es in der Stadt zweifellos auch, aber wir nehmen sie kaum zur Kenntnis, denn wir sind auf 'schöne Gebäude' programmiert. Umgekehrt werden mit hoher Wahrscheinlichkeit die schönen Gebäude einer Stadt unbeachtet bleiben, wenn wir nur hässliche erwarten. Unsere Erwartung steuert unsere Aufmerksamkeit und diese wiederum filtert unsere Wahrnehmungen. Oder noch einfacher: unsere Erwartungen determinieren bis zu einem gewissen Grad unsere Erfahrungen.

Auf unsere innere Befindlichkeit angewendet bedeutet dies: Wenn wir innerlich in Sicherheit und Frieden sind, erwarten wir nichts Schlimmes oder Böses und begeben uns mit unserer Aufmerksamkeit automatisch auf die Suche nach freudevollen, bereichernden Erlebnissen. Unsere innere Ausrichtung ist evolutions- und nicht frustrationsorientiert. Sind wir hingegen innerlich in Unruhe und in Unfrieden, befürchten wir, dass etwas Negatives geschieht. Diffuse Ängste suchen nach möglichen 'schrecklichen Dingen', an denen sie sich festmachen können. Und sie werden fündig. Unsere Aufmerksamkeit starrt auf die Gefahr wie das Kaninchen auf die Schlange. Unsere innere Ausrichtung ist nicht evolutions-, sondern frustrationsorientiert. So verpassen wir eine Gelegenheit nach der anderen, uns des Lebens zu erfreuen.

Angst engt unseren Erlebnisspielraum ein, Urvertrauen eröffnet uns die Fülle des Lebens. Ein angstgeleiteter Mensch ist ständig auf der Hut, keine Fehler zu machen, nicht zu versagen, nicht zu scheitern. Er orientiert sich am Misserfolg. Ein Mensch mit Urvertrauen fürchtet nicht den Misserfolg, sondern sucht und findet Möglichkeiten, Erfolge zu feiern. Urvertrauen ist seinem Wesen nach 'Prozess-Vertauen', Vertrauen in den Prozess der Evolution, die Gewissheit darüber, dass die Natur des Lebens die 'richtige Bewegung' hervorbringen wird.

Stimmungen und Verstimmungen

In unserer bisherigen Betrachtung der Anatomie des Wohlbefindens haben wir von Ruhe, Sicherheit und Entspanntheit immer im Zusammenhang mit der inneren Befindlichkeit als Ausgangslage für aktuelle Erlebnisse gesprochen. Natürlich können diese Erlebnisqualitäten auch zum Bestandteil des Erlebnisstromes selber, also zu konkreten Erfahrungen werden, wenn wir zum Beispiel in einer Meditation eine Beruhigung oder Entspannung oder, wie im obigen Beispiel mit dem blanken Eis auf der Fahrbahn, eine plötzliche Beunruhigung und Verspannung erfahren. Die Folge von starken und gehäuften Beunruhigungserlebnissen ist ganz sicher eine Verringerung von Ruhe in der Bewegung, also eine Verschlechterung der inneren Befindlichkeit. Umgekehrt bewirken wiederholte Beruhigungs- und Entspannungserlebnisse - wie bei der regelmässigen Ausübung der Transzendentalen Meditation - eine Verbesserung der inneren Befindlichkeit im Sinne einer kumulativen Zunahme von Ruhe in der Bewe-gung.

Überhaupt zeigen die Erfahrungen von Beruhigung oder Beunruhigung als konkrete Erlebnisse, wie das aktuelle Erleben auf unsere innere Befindlichkeit einwirkt: Ein aktuelles Erlebnis klingt noch längere Zeit in uns nach und verleiht unserer inneren Befindlichkeit eine entsprechende Tönung. Diese 'Tönung' nennen wir in der deutschen Sprache bezeichnenderweise 'Stimmung'. Die Qualität der Stimmung ergibt sich dabei aus der Qualität des Erlebnisses, das die Stimmung in uns hervorgerufen hat. Ein lustiges Erlebnis versetzt uns in eine fröhliche, ein trauriges Erlebnis in eine triste Stimmung. Evolutionserlebnisse hellen die Stimmung auf, heben sie an und hinterlassen uns locker, heiter und unbeschwert. Frustrationserlebnisse trüben die Stimmung, drücken sie nieder und hinterlassen ein Gefühl von Schwere. Wir fühlen uns träge, wehmütig und belastet.

Häufig kommt es vor, dass ein Evolutionserlebnis mit dem Erlebnis einer Beruhigung zusammenfällt. Die Freude oder Lust aus dem Evolutionserlebnis vermischt sich dann mit der Beruhigung und Entspannung, und dieses Gemisch ergibt ein Gefühl von Befriedigung. Klingt das Befriedigungserlebnis in unserer Befindlichkeit längere Zeit nach, so erzeugt es eine Stimmung von Zufriedenheit. Das Gegenteil dieser Situation ist die Kombination von Frustrationserlebnis und Beunruhigung. Das Produkt von Missmut, Unbehagen, Schmerz, Trauer, von Gefühlen also, die aus dem Frustrationserlebnis herrühren einerseits und der gleichzeitigen Beunruhigung und Verspannung andererseits, ist Unfriede, Ärger, ja womöglich regelrechte Wut. Bei längerem Nachklingen der Wut wird daraus eine aggressive Verstimmung. Statt Zufriedenheit bleibt Unzufriedenheit zurück. Es mag auf den ersten Blick verwundern, dass Wut - oder milder: Ärger - aus der Verbindung von Trauer (Seelenschmerz) und Unruhe hervorgeht. Vielleicht hatten Sie schon einmal einen fürchterlichen Wutanfall, bei dem Sie schrien, stampften, schlugen und dergleichen mehr. Sie hatten also während des Wutausbruches den Unruheanteil an der Wut motorisch und verbal abgeführt. Und was blieb nachher übrig? Mit hoher Wahrscheinlichkeit ein trauriges Häufchen Elend: der Traueranteil an der Wut.

Willkür schafft Wut

Die Frage stellt sich nun: Welche Merkmale muss ein Frustrationserlebnis aufweisen, dass es uns nicht nur schmerzt, sondern zusätzlich noch in Unruhe versetzt und dadurch den Schmerz in Wut verwandelt? Nun, zunächst einmal muss uns das Frustrationserlebnis mächtig unter die Haut gehen, doch das alleine erzeugt noch keine Unruhe. Der Tod eines nahen Angehörigen im hohen Alter mag uns sehr weh tun (Trauer), aber er macht uns nicht wütend. Das entscheidende Merkmal, das zusätzlich zum Frustrationsschmerz noch Unruhe hervorruft, liegt im subjektiv empfundenen Willkürcharakter des Frustrationserlebnisses. Wenn wir ein Frustrationserlebnis erleiden, das wir als ungerecht, unfair, unangemessen oder auch nur unnötig empfinden, regen wir uns darüber auf. Wir reagieren mit Ausrufen wie „Das ist doch eine Sauerei!" oder „Hier geht es doch nicht mit rechten Dingen zu!". Wir fragen uns vielleicht: „Muss das gerade jetzt passieren?" (Willkürcharakter des Zeitpunktes) oder „Warum muss das gerade mir passieren?" (Willkürcharakter der Person).

Der Willkürcharakter des Frustrationserlebnisses ist immer dann gegeben, wenn es allzu sehr von unserem Erwartungsniveau abweicht und somit eine geringe subjektive Wahrscheinlichkeit besitzt. Ein subjektiv unwahrscheinliches Frustrationserlebnis fällt aus dem Rahmen dessen, was wir in irgendeiner Hinsicht für 'normal' und deshalb zumutbar halten. Das Erwartungsniveau bildet also eine Art Norm, mit der Frustrationserlebnisse bewusst oder unbewusst verglichen werden. Es ist also die relative, d.h. die vergleichsbedingte Schwere eines Frustrationserlebnisses, die darüber entscheidet, ob es uns 'nur' wehtut oder wir uns zusätzlich auch noch darüber ärgern (Unruhe). So erklärt sich auch die Erfahrungstatsache, dass relativ harmlose Frustrationserlebnisse wie zum Beispiel ein gerade verpasster Zug durchaus fähig sein können, uns in Ärger oder Wut zu versetzen, nämlich deshalb, weil wir nicht mit ihnen gerechnet haben. Umgekehrt kann es geschehen, dass wir angesichts eines massiven Frustrationserlebnisses relativ ruhig bleiben, wenn beispielsweise zahlreiche andere Menschen das gleiche Los teilen (z.B. die kollektive Not in Kriegsgebieten oder bei Naturkatastrophen) und dadurch das eigene Frustrationserlebnis gewissermassen zur Norm machen. Das Beispiel vom verpassten Zug zeigt uns noch etwas: Je fixer unsere Erwartungen, je sturer unsere Vorstellungen darüber, was recht und unrecht ist, was sich gehört und was sich nicht gehört, desto eher laufen wir in normabweichende und deshalb ärgerliche Frustrationserlebnisse. Wir stören uns an allem und jedem. Fixe, unflexible Erwartungen offenbaren einen Mangel an Urvertrauen und weisen auf eine fatale innere Abhängigkeit von - vielfach vermeintlichen! - Evolutionserlebnissen hin. Die Frustrationstoleranz ist niedrig, denn es fehlt der Stossdämpfer-Effekt, der von einer durch Ruhe gesättigten inneren Befindlichkeit ausgeht.

Stets ist es die Wahrnehmung einer Normabweichung, das heisst die Aussergewöhnlichkeit des Frustrationserlebnisses, die den Eindruck der Regelwidrigkeit vermittelt und insofern ein Gefühl von Willkürlichkeit hervorruft, das dann dem Erlebnis eine aggressive Färbung gibt. Die Norm kann übrigens ebenso eine auf Erfahrung beruhende Realnorm wie eine Idealnorm sein, die sich aus einem theoretischen (z.B. ethischen) Anspruchsniveau herleitet. So dürfte z.B. die Wut einer betrogenen Ehefrau wohl kaum mit dem Hinweis auf die Realnorm zu besänftigen sein, dass nämlich gemäss Statistik 90% aller Ehemänner ihre Ehefrauen irgendwann einmal betrügen.

Um die Entstehung aggressiver Gefühle an einem Beispiel aus dem beruflichen Alltag zu demonstrieren, versetzen Sie sich bitte einmal in folgende Situation: Sie sind MitarbeiterIn in einem Unternehmen, nennen wir es XYZ AG, für das goldene Zeiten angebrochen sind. Die Gewinne übersteigen die kühnsten Träume und Erwartungen der Geschäftsleitung und bewegen sich schon eine Zeit lang auf olympischen Höhen. Zum Jahresende erhalten alle Mitarbeiter und Mitarbeiterinnen ein Schreiben des obersten Bosses mit folgendem Wortlaut:

Liebe Mitarbeiterinnen, liebe Mitarbeiter!

Einmal mehr übertreffen unsere Gewinne die optimistischsten Prognosen der Geschäftsleitung. Wir sind natürlich hoch erfreut über diesen vortrefflichen Geschäftsgang und möchten deshalb Sie, liebe Mitarbeiterinnen und Mitarbeiter, die Sie durch Ihren unermüdlichen Einsatz nicht unwesentlich dazu beigetragen haben, an unserem gemeinsamen Erfolg finanziell beteiligen. Deshalb ergeht folgender Beschluss der Geschäftsleitung: Jeder Mitarbeiter und jede Mitarbeiterin des XYZ AG erhält zum Jahreswechsel automatisch eine Zusatzgratifikation von Fr. 1'000.-.
Mit freundlichen Grüssen

Nach Erhalt dieses Schreibens erfahren Sie nun von Ihrem Vorgesetzten, dass ausgerechnet Sie von der 'automatischen' Zusatzgratifikation ausgeschlossen sind. Spüren Sie etwas? Merken Sie, wie sich in Ihnen Widerspruch regt? Kommen Ihnen vielleicht Gedanken des Inhalts: „Das ist doch eine Schweinerei!" oder „Warum trifft es gerade mich?" Was ist geschehen? In dem Brief der Geschäftsleitung wurde eine Erwartung mit Normcharakter erzeugt: „Jeder Mitarbeiter und jede Mitarbeiterin ... automatisch ...". Ihr Ausgeschlossensein von der Zusatzgratifikation stellt eine Regelverletzung dar, und genau das ärgert Sie.

Doch versetzen Sie sich jetzt einmal in folgendes Szenario: schlechte Zeiten, Rezession, Depression, Weltwirtschaftskrise. Die Unternehmen schreiben nur noch rote Zahlen, auch die XYZ AG. Das Gespenst der Massenarbeitslosigkeit geht um und fordert allenthalben erbarmungslos seine Opfer. Zum Jahresende kommt folgendes Schreiben des obersten Bosses:

Liebe Mitarbeiterinnen, liebe Mitarbeiter

Leider ist es uns infolge der allgemeinen und massiven Weltwirtschaftskrise auch in diesem Jahr nicht gelungen, unsere Talfahrt aufzuhalten. Im Gegenteil: Wir sind noch weiter von der Gewinnzone entfernt als vor Jahresfrist. Für die kommenden Monate lautet unsere allererste Priorität: Erhaltung der noch verbliebenen Arbeitsplätze. Deshalb hat die Geschäftsleitung Folgendes beschlossen: Zum Jahreswechsel erhält kein Mitarbeiter und keine Mitarbeiterin eine wie auch immer geartete Gratifikation, absolut niemand, ohne Ausnahme, auch Mitglieder der Geschäftsleitung nicht. Mit bedauerlichen Grüssen

In der Tat bedauerlich - aber akzeptabel, da willkürfrei. Das im Brief der Geschäftsleitung zugefügte Frustrationserlebnis ist nachvollziehbar, gesetzmässig und deshalb zwar schmerzhaft, aber man lehnt sich nicht dagegen auf.

Die beiden Szenen zeigen, dass der aggressive Charakter eines Frustrationserlebnisses mit gleichzeitiger Beunruhigung dem begreiflichen Wunsch entspringt, das 'ungerechte' Frustrationserlebnis rückgängig zu machen oder ein uns 'zustehendes' Evolutionserlebnis zu erzwingen. Ärger und Wut sind Ausdruck der Auflehnung gegen die subjektiv empfundene Willkür. Sie sind ein Akt der 'Frustrationsabwehr'. Man findet sich mit der Frustration nicht einfach ab, sondern setzt sich dagegen innerlich zur Wehr. Gegebenenfalls kämpfen wir dann für 'unser Recht'. So wird aus Ärger und Wut regelrechtes aggressives Verhalten.

Ohnmacht betäubt

Ein Frustrationserlebnis, das vom Erwartungsniveau abweicht, zeichnet sich durch eine geringe subjektive Wahrscheinlichkeit aus. Diese Einschätzung der Sachlage lässt Zweifel an der Endgültigkeit oder Tatsächlichkeit, sozusagen an der 'Faktizität' des Frustrationserlebnisses aufkommen. Man denkt: „Das kann doch nicht wahr sein!" Ein subjektiv unwahrscheinliches Frustrationserlebnis ist eben auch, wie schon die Sprache nahelegt, ein unwahr erscheinendes Frustrationserlebnis! Genau darin liegt nun eine weitere Voraussetzung für eine 'aggressive Frustrationsabwehr', denn eine Auflehnung gegen ein Frustrationserlebnis impliziert ja die Annahme, dass man sich damit nicht endgültig abfinden muss. Anfälle von Ärger und Wut, Stimmungen der Unzufriedenheit und Aggressivität beinhalten den Gedanken, dass das erlittene Frustrationserlebnis nicht als unverrückbare, unabänderliche Tatsache hingenommen werden muss, sondern in seinen Konsequenzen noch irgendwo als reversibel erachtet wird.

Was geschieht aber, wenn die Faktizität eines aussergewöhnlichen, d.h. subjektiv unwahrscheinlichen Frustrationserlebnisses so hoch eingestuft wird, dass man zu der Einsicht gelangt, „Widerstand ist zwecklos", sei es, weil man sich gegen das Frustrationserlebnis nicht wehren kann (z.B. eine unheilbare Krankheit), oder sei es, weil man sich nicht dagegen wehren darf, und zwar sowohl aufgrund von äusserem Druck (z.B. Erziehungspersonen, staatliche Organe, Sachzwänge) als auch aufgrund von inneren Zwängen (z.B. moralische Ge- oder Verbote, eingegangene Verpflichtungen etc.)? In solchen Fällen kippt die aggressive Form der Frustrationsabwehr in eine resignative.

Man kann sich diesen Vorgang ungefähr so vorstellen: Die primäre Auflehnung gegen ein aussergewöhnliches Frustrationserlebnis entspringt dem Wunsch, dass das Frustrationserlebnis gar nicht eingetreten sei. Dieser Wunsch überträgt sich nun - angesichts der Unmöglichkeit, das Frustrationserlebnis rückgängig zu machen - auf die Wahrnehmung im Sinne einer Wahrnehmungsabwehr (perceptual defence) und führt dazu, dass die Wahrnehmung des Frustrationserlebnisses drastisch reduziert wird. Dies kann entweder so aussehen, dass die Realität des Frustrationserlebnisses schlichtweg geleugnet wird, oder dadurch erreicht werden, dass man den Frustrationscharakter des Erlebnisses einfach nicht zur Kenntnis nimmt. Beide Varianten machen ein gefühlsintensives Durchleben des Frustrationserlebnisses unmöglich. Mit anderen Worten: Aus einem Sich-Wehren gegen das Frustrationserlebnis wird ein Nicht-Wahrhaben-Wollen und schliesslich ein Nicht-Wahrnehmen des Frustrationserlebnisses. Am Ende der Kette steht eine Art Unterdrückung des Frustrationserlebnisses, und zwar dergestalt, dass ein Erlebnisvollzug der ursprünglichen, schmerzhaften Emotionen und Körpergefühle verhindert wird. An ihre Stelle tritt eine gefühlsmässige Ohnmacht verbunden mit totaler Gleichgültigkeit und Gefühlstaubheit. Man spürt überhaupt nichts mehr. Der kanadische Psychiater Mahrer nannte diese leidvolle Abtötung des Gefühlslebens 'unfeeling'. Was die resignative Frustrationsabwehr zurücklässt, ist eine Stimmung im wahrsten Sinne des Wortes der Apathie, der Leidlosigkeit, die aus Erlebnislosigkeit stammt.

Mir erzählte einmal eine Frau, wie sie als junges Mädchen während des zweiten Weltkrieges den grossen Bombenangriff auf die Stadt Dresden miterlebte: „Ich versuchte, zusammen mit meinen Geschwistern mitten im Bombenhagel einen Weg durch das brennende Dresden raus aus der Stadt zu bahnen. Um uns herum krachte, explodierte und brannte es fürchterlich. Ein Gebäude nach dem andern ging in Flammen auf und stürzte mit tosendem Lärm in sich zusammen. Wir liefen weiter und weiter und hatten nur einen Gedanken: Raus aus dieser Hölle. Während wir durch dieses Inferno liefen, spürten wir absolut nichts. Wir waren völlig unberührt, als ob uns das Ganze nichts anginge. Erst Tage später, als wir wieder in Sicherheit waren und allmählich realisiert hatten, was wir durchgemacht und überlebt hatten, brachen die Gefühle mit grosser Heftigkeit hervor."

Dieser Bericht schildert in eindrucksvoller Weise eine Erfahrung von 'unfeeling'. Gleichzeitig macht er unmissverständlich deutlich, dass die Betäubung der Gefühle zu unserem eigenen Schutz erfolgt. Der Gedanke liegt nahe, dass die über die aggressive Frustrationsabwehr hinausgehende, resignative Frustrationsabwehr mit ihrer dämpfenden und betäubenden Wirkung die Aufgabe hat, eine allzu starke Wucht des Frustrationserlebnisses vorher abzufangen, weil ein volles Durchleben dieser Erfahrung das Ausmass des Erträglichen womöglich übersteigen würde. Erst später, wenn die Unruhe wieder vorbei ist und man sich wieder in Sicherheit fühlt, können die zuvor abgewehrten Emotionen nachgeholt werden. Erst jetzt kann die Verarbeitung des erlittenen Frustrationserlebnisses einsetzen, ein Vorgang, den die Psychoanalyse sehr treffend 'Trauerarbeit' nennt.

Aggression und Resignation

Es zeichnet sich also das Modell einer zweistufigen Frustrationsabwehr ab: Eine 'primäre' Frustrationsabwehr mit aggressivem Charakter (Ärger, Unzufriedenheit, Wut) und eine 'sekundäre' Frustrationsabwehr mit resignativem Charakter (Gefühlstaubheit, Apathie). Die sekundäre Frustrationsabwehr tritt in Aktion, wenn ein schweres Frustrationserlebnis, das eine geringe subjektive Wahrscheinlichkeit besitzt und deshalb Auflehnung hervorruft (primäre Frustrationsabwehr), darüber hinaus noch als unverrückbare, definitive Tatsache (hohe Faktizität) hingenommen werden muss. Die sekundäre Frustrationsabwehr kann entweder sofort einsetzen, wie in dem Fluchtbericht aus dem brennenden Dresden, oder mit einer gewissen zeitlichen Verzögerung im Anschluss an eine vorausgehende primäre Frustrationsabwehr. Der Übergang von der primären (Wut) zur sekundären Frustrationsabwehr (Resignation) ist dann durch Gefühle der Verzweiflung gekennzeichnet, und zwar ganz im Sinne der Definition von Spinoza: „Verzweiflung ist Unlust, entsprungen aus der Idee eines zukünftigen oder vergangenen Dinges, bei welchem die Ursache des Zweifelns geschwunden ist." Die 'geschwundene Ursache des Zweifelns' ist Spinozas Formulierung für hohe Faktizität.

Der Kinderpsychologe Bowlby hat durchschnittlich anderthalb-jährige Kleinkinder beobachtet, die infolge eines Spitalaufenthaltes längere Zeit von ihren Müttern getrennt wurden, und stellte im Verhalten der Babies drei aufeinanderfolgende Stadien fest: Auflehnung, Verzweiflung, Rückzug. Ein ähnlicher Ablauf zeigte sich in den Reaktionen der Zivilbevölkerung von Prag, als im August 1968 Truppen des Warschauer Paktes die Stadt besetzten: Nach anfänglichen lauten Protestdemonstrationen kam es zu Verzweiflungsakten wie das Vertauschen von Strassenschildern, um die fremden Truppen zu verwirren. Schliesslich machte sich völlige Gleichgültigkeit und Apathie breit.

Beide Beispiele zeigen, dass das äussere Verhalten unter dem Einfluss der sekundären Frustrationsabwehr zwar angepasster und weniger störend wirkt, der erlebnismässige Leidensdruck gegenüber der primären Frustrationsabwehr aber noch zugenommen hat. Der Schmerz und die Unruhe werden durch die sekundäre Frustrationsabwehr nicht eliminiert, sondern nur kaschiert, was nach aussen hin jenen so täuschenden Eindruck der Ruhe und Gelassenheit erweckt, den Menschen vermitteln, die sich 'in ihr Schicksal gefügt und damit abgefunden' haben. Es macht den Anschein, dass sich die sekundäre Frustrationsabwehr eines pathologischen Zerrbildes der Erleuchtung bedient, um mit einer allzu weit überschrittenen Frustrationstoleranz fertig zu werden.

Die sekundäre Frustrationsabwehr gleicht einem Staudamm, der die Wassermassen, sprich die mit dem Frustrationserlebnis verbundenen Emotionen und Körpergefühle zurückhält. Erst später, wenn der Staudamm wieder abgebaut, d.h. die sekundäre Frustrationsabwehr wieder zurückgenommen worden ist, können sie hervorbrechen und im Erleben nachvollzogen werden. Voraussetzung für eine solche 'Frustrationsverarbeitung' aber ist, dass, wie sich die Berichterstatterin aus Dresden ausdrückte, man sich wieder in Sicherheit fühlt, also wieder etwas mehr 'Ruhe in die Bewegung' eingekehrt ist.

Wie ergeht es uns aber, wenn keine Ruhe in die Bewegung einkehrt, weil solche extremen Frustrationserlebnisse entweder serien-mässig vorkommen (z.B. ein Schreckensereignis nach dem andern im Krieg) oder chronischer Natur sind (z.B. eine Ehehölle, aus der man nicht entfliehen kann)? Dann zahlen wir für die Schonung der sekundären Frustrationsabwehr einen nicht unbeträchtlichen Preis: In dem Masse nämlich, wie die sekundäre Frustrationsabwehr das Frustrationserlebnis vom eigentlichen Erlebnisvollzug abschirmt, wird eine Verarbeitung des Frustrationserlebnisses (Trauerarbeit) blockiert. Der gefühlsmässige Zugang zu ihm ist ja versperrt. Genau dies ist der - beabsichtigte! - Effekt der sekundären Frustrationsabwehr.

Die Folge davon ist jedoch ein fortschreitendes Absterben unserer inneren Lebendigkeit, eine Art Seelentod bei lebendigem Leibe, den man mit Fug und Recht 'Depression' nennen kann. Es fällt deshalb nicht schwer, sich die sekundäre Frustrationsabwehr als Ausgangspunkt für psychopathologische Entwicklungen vorzustellen.

Seinslust

Begeben wir uns jetzt, nachdem wir in die tiefsten Tiefen menschlichen Leidens abgetaucht sind, in die höchsten Höhen menschlichen Wohlbefindens. Was ist die Erfahrung maximalen Glücklichseins? Wie sieht die Kombination von völliger Ruhe in der Bewegung und uneingeschränkt richtiger Bewegung aus?

Beide Bestandteile des Wohlbefindens - 'Ruhe in der Bewegung' und 'richtige Bewegung' - vereinigen sich zur 'Bewegung in der Ruhe'. Genau dies ist Glückseligkeit, 'Bliss', Sanskrit: Ananda, jenes unbegrenzte Wohlgefühl, dem wir in Kapitel 5 (Yoga in Reinkultur) als Erlebnisqualität des reinen Bewusstseins, der Erfahrung von Bewusst-sein an sich, begegnet sind. Die hellwache Erfahrung absoluter Stille (Ruhe) ist trotz der Stille eine höchst lebendige Erfahrung (Bewegung), bei der das Selbst gewissermassen sich selbst berührt. Die dadurch gleichsam erzeugte Reibungswärme

verspüren wir als Ananda. Ananda ist die Dynamik des unmittelbaren Erlebens in der Statik des ewigen Seins. Es ist Urlebensfreude
in der Urgeborgenheit, oder noch knapper: Glückseligkeit ist 'Seinslust', die ursprüngliche, unschuldige Lust zu sein und Lust am Sein.
Vielleicht hatte Epikur diese Erfahrung im Auge, als er über die
wahre 'Hedoné', die wahre Lust philosophierte.

Reines Bewusstsein ist totale Gedankenstille, völlige Geistesruhe, also eine Erfahrung von Bewegungslosigkeit. Weil es aber
die Erfahrung von Bewusstsein ist, ist es eben eine bewusste Erfahrung. Der Erfahrende erfährt sich selbst. Das erfahrene Selbst
(Objekt) ist niemand anderer als das erfahrende Selbst (Subjekt).
Das Selbst erfährt sich selbst, erfährt sich selbst, erfährt sich selbst
- und genau diese selbstrückbezügliche Dauerdynamik ist Wachheit, Bewusstheit, Lebendigkeit. Die selbst-rückbezügliche Dynamik der wachen Selbst-Bewusstheit ist so etwas wie unendlich
schnelle Bewegung innerhalb der Ruhe. Reines Bewusstsein oder
reine Selbsterfahrung ist das Grundmuster von 'Bewegung in der
Ruhe', Urlebensfreude in der Urgeborgenheit, Seinslust.

Eine besonders intensive Bliss-Erfahrung ist die sogenannte
Flugerfahrung während des TM-Sidhi-Programmes. Maharishi
Mahesh Yogi führte diese Aufbaustufe zur Basistechnik, die wir in
Kapitel 5 ('Yoga in Reinkultur') behandelt hatten, Ende der Siebzi-
ger Jahre ein. Das TM-Sidhi-Programm kombiniert die tiefe, wache
Ruhe (reines Bewusstsein), die während der Meditation erfahren
wird, mit hauchzarten, ganz spezifischen gedanklichen Aktivitä-
ten, die den 'Yoga-Sutras' des Patanjali entnommen sind. Patanjali
war ein Yoga-Meister im indischen Altertum, der sein Wissen der
Nachwelt in einem schriftlichen Werk, eben den 'Yoga-Sutras'
hinterliess. Das Schlüsselwort der Sidhi-Technik lautet auf Sanskrit
'Samyama' und heisst wörtlich übersetzt 'Zusammenkommen'. Gemeint ist das Zusammenkommen von 'Dharana', 'Dhyana' und
'Samadhi' zu einer gleichzeitigen Erfahrung. Ein Bestandteil des
TM-Sidhi-Programmes, die sogenannte Flugtechnik, bewirkt eine
Vitalisierung und Dynamisierung des Körpers in Richtung Leich-
tigkeit: Eine 'richtige Bewegung', die schliesslich dazu führt, dass

der Körper von seiner Sitzunterlage regelrecht abhebt. Dieses Phänomen ist als 'Yogisches Fliegen' bekannt geworden.

Der Meditierende erlebt eine Aktivierung seines Körpers ('Bewegung ...'), während er sich in absoluter Stille und Entspannung befindet (' ... in der Ruhe'). Dies erzeugt maximale, den ganzen Körper erfüllende Seinslust.

Seinslust, Glückseligkeit, Ananda bezeichnet den Gefühlswert, der die bewusste Erfahrung reinen Seins begleitet. Wir haben es hier mit dem Grundgefühl des Lebendigseins überhaupt zu tun und damit mit dem apriorischen Urstoff in unserem zeitlosen und universellen Selbst (siehe Kapitel 4), aus dem alle zeitlichen und persönlichen Gefühle gemacht sind. Ananda ist wie weisses Licht, und die verschiedenen spezifischen Gefühle verhalten sich dazu wie die Brechung weissen Lichtes in die Spektralfarben. Dies gilt nicht nur für die positiven, sondern auch für die negativen Gefühle. Jedes Gefühl, auch das leidvolle, kündet davon, dass wir lebendige Wesen sind und Anteil am Leben überhaupt haben. Jede Träne ist ihrer Abstammung nach nichts anderes als ein bitter gewordener Tropfen aus dem Meer der Glückseligkeit. Deshalb macht uns das Nicht-Leiden durch Abtötung, die Apathie, wie wir sie im Zusammenhang mit der sekundären Frustrationsabwehr untersucht haben, noch unglücklicher als lebendig gefühlte Schmerzen. Deshalb stürzen sich Menschen manchmal mit Absicht in schmerzvolle Erfahrungen, nur um zu fühlen, dass sie leben. Das Ausgangsgefühl aller Gefühle jedoch ist - und dabei können wir der Sprache folgen - 'sich fühlen', reine Lebendigkeit, Seins-Lust, Seligkeit. 'Leben ist Seligkeit', proklamierte der Philosoph Fichte. 'Life is Bliss', verkündete Maharishi Mahesh Yogi auf seiner ersten Welttournee. Mag auch nach Meinung der Existenzphilosophen die Grundbefindlichkeit des 'ins Dasein geworfenen' Menschen, wir würden präzisieren: des vom Selbst abgesonderten Egos, Angst sein, die Grundbefindlichkeit des Selbst ist Seinslust, Urlebensfreude in Urgeborgenheit, vollkommenes Glücklichsein, Bliss.

Bliss-Erfahrungen können selbstverständlich auch ausserhalb der Meditation auftreten. Sie haben auch immer wieder das Interesse von forschenden Psychologen auf sich gezogen. Abraham Maslow studierte in den Sechziger Jahren sogenannte 'Gipfelerfahrungen' (peak experiences). Die von Csikszentmihalyi untersuchten 'Flow-Erfahrungen' haben häufig auch den Charakter von Bliss-Erfahrungen. Bliss-Erfahrungen können wir in der Liebe, in der Natur, in der Kunst, im Sport oder bei der Ausübung unserer beruflichen Tätigkeit machen. Die Psychotherapeutin Ann Linthorst sammelt und untersucht Bliss-Erfahrungen von 'ganz normalen' Menschen. Wann und wo immer wir Bliss erfahren, ist das Grundmuster doch stets dasselbe: Während wir völlig gelassen, friedvoll und angstfrei in uns ruhen, werden wir Zeuge einer vollkommenen Bewegung. Die Bewegung ist vollkommen, weil sie äusserst intensiv und lebendig, gleichzeitig durch und durch richtig, geradezu ideal ist, und zudem noch mit unglaublicher Leichtigkeit gleichsam von selbst vonstatten geht. Es ist, als ob die Ruhe, die wir selber sind, die Bewegung hervorbringt und aufrechterhält, ohne dass wir irgend etwas dazu tun müssen. Die Ruhe trägt gewissermassen die Bewegung und die Folge davon ist Vollkommenheit in der Bewegung. Alexander Pereira, seit langem Direktor des Zürcher Opernhauses, hat es einmal so ausgedrückt: „Ein wirklich begnadeter Sänger sagt nicht 'ich singe', sondern er sagt: 'es singt aus mir'". Vollkommene Bewegung fliesst in einem Meer vollkommener Ruhe. Dies ist wahrhaftig Vollkommenheit und die Gefühlsqualität von Vollkommenheit ist Bliss, Glückseligkeit, Seinslust.

Bliss-Erfahrungen im Wachzustand sind vorübergehende Erfahrungen höherer Bewusstseinszustände. Sie zeigen uns, was Leben in seiner Fülle ist und wie menschliches Leben sein könnte. Sie bereiten uns beglückende Momente der Erleuchtung. Kein Wunder, dass Bliss-Erfahrungen Spuren in uns zurücklassen, haben sie uns doch „von geringerer zu grösserer Vollkommenheit" (Spinoza) geführt.

Investieren Sie in Ihre innere Befindlichkeit!

So verlockend es auch sein mag, vermehrt nach Bliss-Erfahrungen aller Art Ausschau zu halten, eines dürfen wir dabei nicht vergessen: Bliss-Erfahrungen im Alltag sind weder machbar noch planbar. Sie pflegen sich, wenn überhaupt, nur spontan und ohne Voranmeldung einzustellen. Wir können bestenfalls die Wahrscheinlichkeit für das spontane Auftreten von Bliss-Erfahrungen erhöhen, indem wir den Ruhepegel in unserer inneren Befindlichkeit ansteigen lassen. Ganz generell gilt: Wenn wir unser Wohlbefinden verbessern wollen, sollten wir den Hebel an unserer inneren Befindlichkeit ansetzen. Dies ist weitaus wirksamer als positiven Erlebnissen nachzujagen, worin auch immer diese bestehen mögen. Wenn wir mehr Ruhe in unsere innere Befindlichkeit hinein tragen, profitieren wir gleich dreifach: Erstens fühlen wir uns ausgeglichener, friedvoller und geborgener. Zweitens erhöhen wir die Wahrscheinlichkeit von positiven Erfahrungen (Evolutionserlebnissen), vermissen sie aber gleichzeitig weniger, wenn wir sie entbehren müssen. Drittens verringern wir die Wahrscheinlichkeit von negativen Erfahrungen (Frustrationserlebnisse), sind ihnen aber gleichzeitig besser gewachsen, wenn wir sie ertragen müssen. Es lohnt sich also, in unsere Befindlichkeit als Ausgangsbasis unseres aktuellen Erlebens zu investieren.

Eine solche Investition könnte beispielsweise darin bestehen, dass wir uns regelmässig in tiefe, wache Ruhe versetzen und uns so immer wieder mit Ruhe volltanken, dass wir also regelmässig meditieren. Regelmässige Erholung und Entspannung, genügend Schlaf und eine ausgewogene Lebensweise sind notwendig, um unsere innere Batterie immer wieder mit Ruhe, sprich Energie, aufzuladen. Eine weitere sinnvolle Investition in die innere Befindlichkeit wäre die Beseitigung von allem, was uns chronisch in Unruhe oder Unfrieden versetzt. Wenn wir aufhören, uns selbst zu verleugnen, und anfangen, uns echt und natürlich zu verhalten, wenn wir einen alten Streit beilegen und uns mit unserem Erzfeind versöhnen, wenn wir ungesunde Gewohnheiten ablegen und durch gesunde ersetzen, wenn wir abgegebene Versprechen halten und eingegangene Verpflichtungen erfüllen, wenn wir auch meinen, was wir sagen, leisten wir damit einen nachhaltigen Beitrag zu unserem eigenen Wohlbefinden, weil wir so permanente Unruhestifter aus unserer inneren Befindlichkeit verbannen. Schliesslich sollten wir im Interesse unserer inneren Befindlichkeit vergangene Erfahrungen, die bisher noch nicht verarbeitet worden sind, einem seelischen Verdauungsprozess zuführen, damit sie uns nicht länger sauer aufstossen und uns den Appetit auf neue Erfahrungen verderben können. Das Ferment, mit dem unser Seelenmagen solche unverdauten, schweren Brocken zersetzt, heisst Aufmerksamkeit.

"Schwere Brocken" sind nichts anderes als besonders schlimm empfundene Frustrationserlebnisse - z.B. eine massive Kränkung -, die wir als unabänderliche Tatsachen hinnehmen müssen. Sie rufen die 'sekundäre Frustrationsabwehr' (siehe oben) auf den Plan, die ja die Aufgabe hat, uns vor einem gefühlsmässigen Erlebnisvollzug solcher 'Schläge in die Magengrube' abzuschirmen. Wir nehmen dann zwar eine bestimmte Szene wahr, aber wir spüren nichts dabei. Erinnern wir uns nur an das Mädchen im Bombenhagel mitten in Dresden. Die Emotionen, die mit einem massiven Frustrationserlebnis einhergehen würden - Wut (primäre Frustrationsabwehr), Schrecken, Entsetzen, Enttäuschung, Verletztheit, Schmerz, Trauer - werden durch die sekundäre Frustrationsabwehr dem bewussten Erleben vorenthalten und ins Unbewusste abgedrängt. Dort sind sie aber gleichwohl vorhanden!

Sie bleiben weiter bestehen und führen ein Schattendasein im Keller unserer Seele. Da kein Lichtstrahl bis dorthin vordringt - eine Metapher für Unbewusstheit -, bekommen wir im normalen Alltag nichts von ihnen mit. Sie machen sich allerdings indirekt bemerkbar, beispielsweise in Form von (Alp-)Träumen, in plötzlichen Anfällen von (scheinbar) unbegründeter, schlechter Laune, in emotionalen Überreaktionen auf an sich recht harmlose Begebenheiten, in hässlichen, furchterregenden Phantasien und Gedankenspielen. Verdrängte, unverarbeitete Emotionen sind wie Untergrundkämpfer, die in unserem Seelenleben Terrorakte ausführen. Und warum? Eigentlich doch nur, um auf sich aufmerksam zu machen. Und genau diese Aufmerksamkeit haben wir ihnen bisher - dank der sekundären Frustrationsabwehr - verweigert. Zum Zeitpunkt des traumatischen Ereignisses war dies durchaus sinnvoll, denn damals hätte die Wucht der Emotionen uns zu stark erschüttert und aus der Bahn geworfen. Wir wären im wahrsten Sinne des Wortes verrückt geworden. Aber heute, womöglich Jahre später, haben wir das traumatische Ereignis überwunden. Wir haben Abstand dazu gewonnen und fühlen uns wieder in Sicherheit. Wir könnten die seinerzeit ins Unbewusste verdrängten Emotionen, so schmerzhaft sie auch sein mögen, heute ertragen, ohne an unserer Seele Schaden zu nehmen. Was hindert uns also daran, den einstmals abgewehrten gefühlsmässigen Erlebnisvollzug jetzt nachzuholen?

Schenken wir doch diesen Untergrundemotionen das, wonach sie so verzweifelt rufen: unsere Aufmerksamkeit. Wir tun dies aber häufig nicht, und zwar deshalb, weil wir mit unseren gegenwärtigen Aufgaben und Herausforderungen so beschäftigt und gefordert sind, oder ganz einfach deshalb, weil es uns zuwider ist, diesen hässlichen Fratzen in die Augen zu schauen. Wir haben schlicht keine Lust, uns unseren verdrängten Emotionen zu stellen. Genau dadurch aber werden sie festgeschrieben, konserviert, gleichsam tiefgefroren. Sie bleiben, wo sie sind: im dunklen Keller unseres Unbewussten, und was sie sind: eingefrorene, negative Emotionen. Das einzige, was sie aufzutauen vermag, ist ein wärmender Lichtstrahl des Bewusstseins: die Zuwendung unserer Aufmerksamkeit.

Frustrationslösungen

Konkret bedeutet dies, dass wir die verdrängten Emotionen zulassen und annehmen müssen. Wir müssen sie durchleben, um uns ihrer zu entledigen. Dabei sollten wir sie als das wahrnehmen, was sie sind: verdrängte Emotionen, nicht mehr und nicht weniger. Es geht also nicht darum, ihnen einen besonderen Status zu verleihen und einen Kniefall vor ihnen zu machen. Verdrängte Emotionen sind nichts Besonderes, sondern etwas ganz Alltägliches. Schon gar nicht sollten wir uns dazu verleiten lassen, jetzt in ihnen 'die Wahrheit über unser Leben' zu sehen und daraus Schlüsse für unser weiteres Leben zu ziehen. Ausgesprochen gefährlich wird es, wenn wir bisher verdrängte Emotionen, deren Erlebnisvollzug wir jetzt nachholen, zur Grundlage für Entscheidungen über unsere Zukunft machen! Beschränken wir uns also darauf, die Emotionen zu fühlen und als solche liebevoll anzunehmen. Indem wir ihnen nämlich unsere liebevolle Aufmerksamkeit schenken, erlauben wir ihnen, sich zu verflüssigen, sich zu verwandeln - z.B. von Wut in Trauer - und schliesslich, sich aufzulösen. Es findet so etwas wie eine 'Frustrationslösung' statt.

Frustrationslösungen pflegen sich gerne spontan einzustellen, wenn wir mit uns alleine sind und Zeit für uns haben. Wenn man dann aber nicht weiss, was da geschieht, und dass da in der Tat etwas sehr Gutes geschieht, kann die entsprechende Erfahrung ziemlich irritierend sein. Aus genau diesem Grund meiden viele Leute Stille und Einsamkeit. Menschen, die regelmässig meditieren, erleben häufig Frustrationslösungen - sogenannte 'Stresslösungen' - während oder nach einer Meditationssitzung. Ein meditierender Geschäftsmann erzählte mir einmal: „Jedesmal, wenn ich meditiere, gehe ich zu mir selbst. Da kann ich es nicht verhindern, dass ich auch mit dem Dreck konfrontiert werde, der sich im Laufe meines Lebens in mir angesammelt hat. Ich kann dem nicht einfach ausweichen. Es bleibt mir gar nichts anderes übrig, als dieses Zeug liebevoll anzunehmen, wie eine Mutter ihre ungezogenen Kinder liebevoll annimmt. Seit ich regelmässig meditiere, bin ich ehrlicher mit mir selber geworden. Ich kann Dinge, die mich innerlich berühren, nicht mehr so ohne weiteres wegstekken. Spätestens in der übernächsten Meditation kommen sie mir dann doch wieder in die Quere. Das ist zwar manchmal unbequem, aber insgesamt fühle ich mich damit wesentlich besser als früher, denn ich merke, dass ich dadurch den Dreck wieder loswerde".

Frustrationslösungen ereignen sich fast immer, wenn wir etwas besonders Schönes erleben, wobei der Inhalt des Erlebnisses genau dem Gegenteil vom früher erfahrenen, in seiner Schmerzhaftigkeit aber nicht vollzogenen Frustrationserlebnis entspricht, oder wenn ein bisher chronischer, aber nicht zugelassener Schmerz durch das jetzige schöne Erlebnis ein für allemal beendet wird. Wir sprechen dann von 'Freudentränen', wie sie beispielsweise vergossen werden, wenn sich nahe Verwandte nach jahrelanger, vielleicht durch politische Verhältnisse erzwungener, physischer Trennung endlich wieder in den Armen liegen. Der ganze bisher unterdrückte, aber nichts desto weniger aufgestaute Trennungsschmerz bricht dann hervor wie eine Flut, nachdem der Damm gebrochen ist. Oft kommen Frustrationslösungen auch auf projektivem Weg zustande: Wir sitzen im Kino und werden so in den Film hineingezogen, dass wir anfangen, uns mit bestimmten Figuren zu identifizieren. Wir lieben und leiden mit unseren Helden so sehr mit, dass wir schliesslich zum Taschentuch greifen müssen. Die alten Griechen kannten und nutzten diese, wie sie sagten 'kathartische', d.h. reinigende Wirkung des Dramas im Theater.

Katalysatoren für Frustrationslösungen sind für die meisten Menschen verständnisvolle Gesprächspartner, seien es persönliche Freunde oder professionelle Therapeuten, die ihre eigene liebevolle Aufmerksamkeit den verdrängten Emotionen ihrer Klienten leihen und diese mit Einfühlung, aber ohne Wertung annehmen. Genau dadurch ermuntern sie ihre Klienten, das Gleiche zu tun: ihre eigenen Emotionen liebevoll und wertungsfrei anzunehmen. Egal, ob wir uns selbst therapieren oder uns einem Therapeuten anvertrauen, die therapeutische Wirksubstanz ist stets dieselbe: annehmende Aufmerksamkeit. Voraussetzung dafür, dass diese Wirksubstanz aber überhaupt wirken kann, ist, dass wir es uns leisten können, die ursprünglich zu unserem Schutz mobilisierte sekundäre Frustrationsabwehr wieder zurückzunehmen. Wir müssen uns sicher fühlen. Die Mutter aller Abwehr ist Angst. Das Gegenteil von Angst - Beruhigung, Sicherheitsgefühle, Geborgenheit - lässt die Abwehr zusammenbrechen wie ein Kartenhaus. Die meisten Menschen fühlen sich in Gegenwart eines Therapeuten, eines 'weisen Freundes' oder einfach eines liebenden Mitmenschen sicherer und geborgener. Jetzt können sie endlich ihre Abwehr loslassen und die bisher abgewehrten Emotionen zulassen. Viele

Menschen beziehen diese innere Sicherheit aus ihrem Inneren, aus Ihrem Selbst, insbesondere dann, wenn sie ihr innerstes Selbst unmittelbar erfahren. Wann immer und wodurch auch immer eine Frustrationslösung tatsächlich stattgefunden hat, fühlen wir uns nachher befreit und erleichtert. Urvertrauen und Lebensfreude nehmen zu. Wir gehen gestärkt und mit neuem Elan in die Zukunft. Und darin liegt der Wert aller psychischen Vergangenheitsbewältigung.

Fünf Erkenntnisse aus Kapitel 8

1. *Unser Wohl- oder Missbefinden ergibt sich aus unseren aktuellen Erlebnissen und unserer inneren Befindlichkeit, dem Produkt aller je gemachten Erfahrungen und deren Verarbeitung.*
2. *Wohlbefinden ist Urvertrauen verbunden mit Lebensfreude.*
3. *Unser Seelenleben verfügt über eine zweistufige Frustrations abwehr: eine primäre aggressive und eine sekundäre resignative.*
4. *Das Urgefühl aller Gefühle ist 'Seins-Lust'.*
5. *Der wirkungsvollste Ansatzpunkt für eine Verbesserung unseres Wohlbefindens liegt in unserer inneren Befindlichkeit.*

9. Ästhetik in uns

Das Wie und das Was unseres Erlebens

Im vergangenen Kapitel haben wir uns damit beschäftigt, wie wir uns selbst und die Welt erleben. Wir haben uns mit Emotionen, mit 'Gemütsbewegungen' und Körpergefühlen befasst. Das, was wir erleben, unsere Sinneswahrnehmungen und Gedanken, spielte nur insofern eine Rolle, als es das Material für Beispielsituationen lieferte, mit denen das Wie unseres Erlebens verdeutlicht werden sollte. Genau dieses Was des Erlebens bildet nun den Gegenstand dieses Kapitels, allerdings mit der Einschränkung, dass wir es nur daraufhin untersuchen, insoweit es etwas mit unserem Wohlbefinden zu tun hat. Die gleiche Einschränkung gilt übrigens auch für das vorangegangene Kapitel. Wir haben uns darin mit dem Wie des Erlebens auseinandergesetzt, aber nur unter dem Aspekt von Lust und Unlust. Analog gehen wir jetzt dem Was des Erlebens nach, und zwar wiederum unter dem Aspekt von Lust und Unlust.

Betrachten wir zunächst die Unterscheidung zwischen dem Was und Wie des Erlebens etwas genauer: Während ich diese Zeilen schreibe, blicke ich aus dem Fenster und sehe eine tief verschneite Winterlandschaft. Es schneit unaufhörlich und die Wiesen, Sträucher und Bäume versinken immer tiefer in der weissen Pracht. Meine Schilderung gibt meine Sinneswahrnehmung im wahrsten Sinne des Wortes wieder, nämlich die gedanklichen Interpretationen meiner optischen Sinneseindrücke. Jetzt schliesse ich die Augen und stelle mir die gleiche Winterszene vor meinem 'geistigen Auge' vor. Erlebnismässig geschieht dabei nicht viel anderes: Ich habe Wahrnehmungen, Gedanken, wenn auch nur in der Phantasie, also ohne aktuelle Sinnesreizung von aussen. Unsere Wahrnehmungen mit oder ohne physische Sinnesreizung, also unsere Denkinhalte, konstituieren das Was unseres Erlebens. Dieser 'kognitive' Aspekt unseres Erlebens bildet im wörtlichen Sinne den Erlebnisgegenstand, oder mit einem lateinischen Fremdwort: das

Erlebnisobjekt. Objekt bedeutet wörtlich übersetzt: das, was gegenüberliegt, und tatsächlich sind unsere 'Kognitionen', also unsere realen oder vorgestellten Wahrnehmungen, das Erlebte, das uns als Erlebendem gegenüberliegt.

Unser Erleben setzt sich also zusammen aus Erlebendem, dem Erlebnissubjekt, und Erlebtem, dem Erlebnisobjekt. Erlebender und Erlebtes verhalten sich zueinander wie ein Diaprojektor und das projizierte Dia auf der Leinwand. Die Analogie bringt auch die Tatsache zum Ausdruck, dass es sich beim Erlebnisobjekt, also bei unseren Wahrnehmungen, um erlebte Objekte, also um 'Objekte im Subjektiven' und nicht um 'objektive' Gegebenheiten handelt. Die Gegenstände unseres Erlebens lassen uns nun, weil sie ja erlebte Gegenstände sind, nicht etwa kalt, sondern sie berühren uns auf die eine oder andere Weise und erzeugen so eine bestimmte 'Art des Bewegtseins' (Aristippos) unsererseits, die sich positiv oder negativ anfühlt. Unsere Wahrnehmungen gehen uns 'unter die Haut', d.h. sie dringen in uns ein und versetzen uns als Erlebende in Bewegung. Dieses In-Bewegung-Sein unsererseits macht den 'subjektiven' Aspekt unseres Erlebens aus. 'Subjektiv' bedeutet wörtlich: Das, was unterliegt, also das, was sich unter der Haut abspielt. Weil uns das, was wir erleben, 'affiziert', also Affekte, Emotionen auslöst, bildet die Art und Weise, wie wir das Erlebte erleben, den 'affektiven' Aspekt unseres Erlebens. Es ist so, als ob der Diaprojektor gleichzeitig auch der Betrachter der von ihm projizierten Dias ist und mit diesen innerlich mitgeht. Erlebtes und Erlebender, Kognitionen und Affekte, Wahrnehmungen und Gefühle, das Was und das Wie des Erlebens, ergeben zusammen genommen die zwei Seiten einer Münze, die wir 'Erleben' nennen.

Im folgenden wollen wir uns nun der Frage zuwenden: Wie sieht das Erlebte aus, wenn es mit Wohlbefinden beim Erlebenden einhergeht? Oder anders gefragt: Wie müssen unsere Wahrnehmungen beschaffen sein, damit sie in uns ein Wohlgefühl hervorrufen? Es ist dies eine Frage nach der Ästhetik, und zwar im doppelten Sinne des Wortes. Ästhetik ist einerseits die Lehre von der Schönheit, andererseits aber leitet sich das Wort vom griechischen aisthanomai = 'ich nehme wahr' ab und bedeutet somit 'Wahrnehmungslehre'. (Ein deutsches Fremdwort, das ebenfalls auf 'aisthanomai' zurückgeht und die wörtliche Bedeutung beibehalten hat, ist 'Anästhesie', wörtlich: Wahrnehmungslosigkeit.) Welche Merkmale weisen unsere Wahrnehmungen auf, wenn sie mit Wohlbefinden gekoppelt sind?

Kognitives 'Feld' und kognitiver 'Prozess'

Erinnern wir uns zunächst an die beiden Bestandteile unseres Wohlbefindens: innere Befindlichkeit und aktuelles Erleben, und suchen wir nach deren Entsprechung in der Welt der Wahrnehmungen. Dort entspricht der inneren Befindlichkeit die Gesamtheit aller Wahrnehmungen, die in einem gegebenen Moment vorhanden sind, seien sie uns bewusst oder unbewusst. Bewusst sind uns im Moment nur diejenigen Wahrnehmungen und Denkinhalte, auf die wir unsere Aufmerksamkeit gerichtet haben. Während Sie diese Ausführungen lesen, ist Ihre Aufmerksamkeit auf deren Inhalt konzentriert. Was sich sonst noch in Ihrer Umgebung befindet, was Sie vor der Lektüre getan haben und nach der Lektüre vor sich haben, ist Ihnen zwar irgendwo gegenwärtig, aber momentan nicht Gegenstand Ihrer Gedanken. Es ist so ähnlich wie ein Bühnenbild mit Gegenständen, Requisiten, Statisten und Schauspielern, wobei aber Ihre Aufmerksamkeit nur dem Hauptdarsteller und seinem Monolog gewidmet ist. Die Szenen insgesamt, der Hauptdarsteller samt seinem Umfeld, ergibt das der inneren Befindlichkeit entsprechende 'Wahrnehmungsfeld', oder wie wir auch sagen könnten: das 'kognitives Feld'.

Das kognitive Feld gibt gleichsam den Hintergrund ab, vor dem sich das aktuelle Erleben als Figur - im Beispiel der Theateraufführung ist es der Monolog der Hauptfigur - abspielt. Es handelt sich dabei um eine Abfolge unterschiedlicher Wahrnehmungs- oder Denkinhalte, ein Geschehen in der Zeit, das wir einen 'kognitiven Prozess' nennen können.

'Kognitives Feld' und 'kognitiver Prozess' verhalten sich zueinander wie 'innere Befindlichkeit' und 'aktuelles Erleben'. Gehen wir nun analog vor wie bei der Untersuchung des menschlichen Wohlbefindens, indem wir zuerst das kognitive Feld und dann den kognitiven Prozess betrachten. Versuchen wir dabei, die Erklärungsprinzipien des Wohlbefindens 'Ruhe in der Bewegung' und 'richtige Bewegung' im Sinne einer Analogiebildung vom affektiven auf den kognitiven Erlebnisaspekt zu übertragen.

Einheit in der Vielfalt

Die (affektive) 'Ruhe in der Bewegung' können wir übersetzen in (kognitive) 'Einheit in der Vielfalt'. Dabei besteht eine Analogiebeziehung zwischen der 'Ruhe' des Erlebenden und der 'Einheit' des Erlebten sowie zwischen der Bewegung des Erlebenden und der Vielfalt den Erlebten. 'Einheit in der Vielheit' heisst: Das Wahrnehmungsfeld ist gekennzeichnet durch Ganzheitlichkeit und Harmonie im Gegensatz zu Zerrissenheit und Disharmonie.

Diese Einheit in der Vielfalt kann erstens auf Einheitlichkeit, z.B. wiederkehrende Formen, Masse oder Stilelemente, also auf Wiederholung von Gleichartigem zurückgehen. Wenn in einem klassischen Musikstück immer wieder das gleiche Motiv anklingt, wenn wir in einer gotischen Kathedrale immer wieder auf Spitzbögen blicken, ist es die konsequent durchgezogene Einheitlichkeit, die uns ein Gefühl von Ruhe und Harmonie vermittelt. In der Natur bietet sich uns diese Einheit durch Wiederholung als sogenannte 'Selbstähnlichkeit', etwa in der fortgesetzten Verzweigung eines mächtigen Baumstammes bis hin zur allerfeinsten Verästelung. Jede Astgabelung ist anders und doch zeigt sich immer wieder das gleiche Muster der Verzweigung, das man nicht nur bei den Pflanzen, sondern auch bei Eisblumen, deltaartigen Flussmündungen oder in einer menschlichen Lunge beobachten kann.

Ferner kann Einheit in der Vielfalt dadurch zustande kommen, dass sich verschiedene Teile im wahrsten Sinne des Wortes ergänzen, also eine zusammenhängende Ganzheit ergeben. Unterschiedliche Elemente sind dann nicht unvereinbar, sondern vereinen sich zum Ganzen, weil sie zusammengehören wie männlich und weiblich, hoch und tief, rund und gerade oder 'komplementäre' Farben. Würde man ein Teilstück aus dem Ganzen entfernen, würde es regelrecht fehlen - wie ein herausgeschnittenes Tortenstück aus einer kreisrunden Torte. Das Teilstück leistet einen unverzichtbaren Beitrag zur Ganzheit. Die Urform der Einheit mit Ganzheitscharakter ist, wie das Tortenbeispiel zeigt, der Kreis. Im alten Rom nahm die Idee der Einheit und Ganzheit aller Götter die Gestalt eines Rundtempels mit Kuppeldach an: das noch heute erhaltene Pantheon, was wörtlich übersetzt die Ganzheit der Götter bedeutet. Ebenso künden von der Einheit und Ganzheit des göttlichen Prinzips die byzantinischen Zentralbauten (z.B. die Hagia Sophia in Instanbul), die Rosetten-Glasfenster an gotischen Kathedralen (z.B. in Notre Dame) oder die buddhistischen Mandalas (Mandala = Kreis). Die Chinesen visualisierten den Gedanken der Einheit, Verschiedenheit und Komplementarität in Form des bekannten Yin-Yang-Zeichens, bei dem sich die gegensätzlichen Teilfiguren Yin und Yang zu einem Kreis ergänzen. Ein Beispiel für Einheit in der Vielfalt, das Wiederholung und Ergänzung, Einheitlichkeit und Komplementarität in sich vereinigt, ist die Symmetrie, wie wir sie von der Frontansicht griechischer Tempel, mittelalterlichen Kirchenfassaden oder Rokoko-Schlössern her kennen.

Beispiele für Vielfalt, in der es an Einheit mangelt, kennen wir alle zur Genüge, wenn wir an unsere europäischen Grossstädte denken. Ein schmuckloser, nüchterner Betonklotz aus den 60iger Jahren passt nun einmal nicht mitten in eine mittelalterlich oder barock geprägte Altstadt. Er fügt sich nicht ins Stadtbild ein, wirkt auf den Betrachter störend und erzeugt den Eindruck von Disharmonie. Man glaube jedoch nicht, solche 'Geschmacklosigkeiten' seien eine Erfindung des zwanzigsten Jahrhunderts. Als im 15. Jahrhundert die christlichen Könige aus Spanien das maurische und islamische Andalusien erobert, oder wie sie es nannten 'rückerobert' hatten ('Reconquista'), glaubten sie, der märchenhaften und filigranen Alhambra in Granada noch einen monumentalen und wuchtigen Renaissancepalast hinzufügen zu müssen, eine wahre Faust aufs Auge.

Einheit in der Vielfalt heisst indessen auch nicht Eintönigkeit oder Gleichförmigkeit, denn dies würde beim Betrachter nur Langeweile auslösen. Auch dafür liefern insbesondere die 'grauen' Vorstädte unserer Grossstädte unzählige Beispiele mit ihren in Massenbauweise entstandenen, jeglicher Individualität entbehrenden Wohnblock- oder Reihenhaussiedlungen. Es bedarf der Vielgestaltigkeit neben der Einheit, wenn uns ein Wahrnehmungsfeld positiv ansprechen soll. Vielgestaltigkeit entsteht durch Kontrastbildung, durch Unterschiedlichkeit. Maximale Unterschiedlichkeit ergibt Einzigartigkeit und Originalität. Und genau das macht uns Freude. Einheit im Wahrnehmungsfeld vermittelt Ruhe und Ordnung, Vielfalt im Wahrnehmungsfeld bringt Bewegung und Spiel. Soll das Wahrnehmungsfeld uns Wohlbefinden verschaffen, dann braucht es beides.

Die Wahrnehmung von Unterschieden und Kontrasten wird erst dann zum Wahrnehmungsgegenstand, wenn wir unsere Aufmerksamkeit darauf richten, d.h. wenn wir ein vom Umfeld abgegrenztes Gebilde zur Figur machen. Genau dafür aber muss unsere Aufmerksamkeit von Figur zu Figur, von Gebilde zu Gebilde, von Gedanke zu Gedanke wandern. Ein Kontrast wird uns erst dann richtig deutlich, wenn wir klar nachvollziehen: erst so und dann anders, z.B. erst nass und dann trocken, oder erst laut und dann leise, oder erst rot und dann grün. Damit stossen wir nun auf jenes sequenzielle Geschehen in der Zeit, das wir oben 'kognitiven Prozess' genannt haben. Welche Merkmale muss der kognitive Prozess aufweisen, damit ihm auf Seiten des Erelebenden eine 'richtige Bewegung' verbunden mit Genuss und Freude entspricht?

Neugestaltung

Die (affektive) Bewegung des Erlebenden können wir übersetzen in (kognitive) Veränderung, was die Erlebnisgegenstände, also unsere Wahrnehmungen und Gedanken anbetreffen. 'Richtig' ist diese Bewegung dann, wenn die Veränderung für uns kognitiv Sinn macht, wahrnehmungspsychologisch gesprochen, wenn jede neue Wahrnehmung eine Gestalt ergibt. Es handelt sich also um einen Prozess, den ich 'Neugestaltung' nennen möchte. Insbesondere bei sequenziellen Kunsterlebnissen, wie beim Anhören von Musik, besteht der fortlaufende Kunstgenuss gerade in der Abfolge neuer Klanggestalten, die aber miteinander in Zusammenhang stehen (Einheit in der Vielfalt). Findet keine Veränderung der Wahrnehmungs- oder Gedankeninhalte statt, dann haben wir es mit Monotonie zu tun, die uns missmutig oder gar ungeduldig macht. Ist ein sich verändernder kognitiver Prozess zwar gegeben, in dem wir aber keinen Sinn erkennen, dann haben wir es mit einer 'Verunstaltung' zu tun, die wir als 'hässlich' empfinden, und die uns weh tut.

Ästhetik lässt sich somit auf die Formel bringen: *Einheit in der Vielfalt für das kognitive Feld plus Neugestaltung für den kognitiven Prozess.* Die Einheit in der Vielfalt lässt uns Zusammengehörigkeit und Verwandtschaft zwischen den kognitiven Inhalten erkennen. Dies gibt uns ein Gefühl von Vertrautheit. Der Prozess der Neugestaltung vermittelt uns Überraschungen, die uns erfreuen.

Überraschungen, neue Erfahrungen, Ausnahmen von der Regel, Abweichungen vom Gewohnten sind die Würze des Lebens. Sie sind wie die Pointe in einem Witz, die uns zum Lachen bringt. Man sieht gleich die Parallele des Begriffspaares Vertrautheit und Neuheit zu dem Maslow'schen Begriffspaar Sicherheit (Safety) und Wachstum (Growth) oder unserem Begriffspaar Urvertrauen und Lebensfreude. Auch hier gilt: Neue Wahrnehmungen und Gedanken, überraschende Erlebnisinhalte sind nur insoweit belustigend, bereichernd oder interessant, wie sie eine Grundlage der Vertrautheit nicht zerstören und ins Gegenteil - in Befremdung - verkehren. Letzteres ist dann der Fall, wenn eine Erfahrung oder eine Erkenntnis zu neu ist gemessen an dem, was man bisher kennt oder gewohnt ist. So erklärt sich auch das sogenannte 'Gesetz der dosierten Diskrepanzerlebnisse', wonach sogar eine an sich positive Nachricht auf Unglaube und Ablehnung stösst, wenn sie nämlich zu stark vom Kenntnisniveau des Nachrichtenempfängers abweicht. Ich konnte diesen Effekt immer wieder beobachten, wenn Maharishi Mahesh Yogi mit Formulierungen wie 'Zeitalter der Erleuchtung', 'krankheitsfreie Gesellschaft' oder 'Himmel auf Erden' an die Öffentlichkeit trat. Für die meisten Zeitgenossen sind solche Vorstellungen so wahrhaft 'himmelweit' weg von ihrer täglichen Realität, dass sie darauf mehr mit Entrüstung und Ärger als mit hoffnungsvoller Zuwendung reagieren. Nicht viel anders erging es vor rund 500 Jahren Galileo Galilei, als er seinen staunenden Zeitgenossen klar zu machen versuchte, dass nicht die Sonne sich um die Erde, sondern die Erde sich um die Sonne dreht. Statt Interesse und Neugier erntete er Argwohn und Verfolgung durch die Kirche. Immer dann, wenn eine neue Erkenntnis ein Lehrgebäude umzustürzen droht oder dazu führt, dass man die Geschichte neu schreiben muss, bringt sie mehr Unruhe als Entdeckerfreude. Eine zu neue Neuigkeit wirkt wie ein Erdbeben. Sie zerstört die bisherige 'Einheit in der Vielfalt' und hat deshalb den Charakter einer 'Verunstaltung'.

Neuheit an sich ist lustvoll. Zu grosse Neuheit aber verunsichert uns, und dann ziehen wir die Vertrautheit vor. Hier begegnet uns der 'Annäherungsvermeidungs-Konflikt' wieder, den wir im vorigen Kapitel behandelt hatten. Zuerst brauchen wir eine Basis von Vertrautheit und erst dann, darauf aufbauend, werden wir neugierig. Vielleicht haben Sie die folgende Situation schon einmal selbst erlebt: Sie bekommen zum ersten Mal Besuch von einem Ehepaar, das ein etwa zweijähriges Kind mitbringt. Es klingelt an Ihrer Wohnungstür, Sie öffnen, begrüssen Ihre Gäste und bitten sie herein. Was wird das Kind beim Betreten der Wohnung mit grosser Wahrscheinlichkeit als erstes tun? Es wird die Beine von Mama oder Papa umklammern, denn es fühlt sich in Ihrer Wohnung noch fremd und bekommt Angst. Etwa eine Stunde später sind Sie, der Gastgeber, derjenige, der es mit der Angst zu tun bekommt: Sie fürchten jetzt um Ihre Stereoanlage, Ihre Porzellanvasen und die Kristallgläser. Nun hat sich nämlich das Gastkind mit der neuen Umgebung vertraut gemacht und seine Neugier ist erwacht, alles zu erkunden und auszuprobieren.

Mit Neuheit werden wir konfrontiert, wenn grössere Veränderungen in unserem Leben anstehen. Sind die Veränderungen zu drastisch oder zu rasch aufeinanderfolgend, überfordern sie unsere Anpassungsfähigkeit. In den Neunziger Jahren des zwanzigsten Jahrhunderts haben das Ausmass und das Tempo von Veränderungen in unseren Unternehmungen drastisch zugenommen. Viele Mitarbeitende haben dabei eine Zerstörung ihres bisher gewohnten und deshalb Sicherheit vermittelnden kognitiven Feldes erfahren. Dieses beinhaltete bis jetzt ein bestimmtes berufliches Selbstverständnis, ein soziales Umfeld, eine klar definierte gesellschaftliche Stellung, bestimmte Einkommensverhältnisse, eine vertraute Wohnumgebung. Diese Elemente waren aufeinander abgestimmt und bildeten ein harmonisches Ganzes. Es herrschte 'Einheit in der Vielfalt'. All dies ist plötzlich nicht mehr das, was es war. Wen wundert es, dass viele 'Opfer' von 'Umstrukturierungen' oder 'Reorganisationen' solche massiven Veränderungen nicht als positive 'Neugestaltung' willkommen heissen, sondern als 'Verunstaltung' empfinden und mit Verstörung und Verunsicherung reagieren?

Fassen wir zusammen: *Ästhetik ist Einheit in der Vielfalt plus Neugestaltung.* Die ästhetische Empfindung, die daraus entsteht, können wir beschreiben als Gleichzeitigkeit von Harmonie und Erregung. Fehlt es an Erregung, dann wird die Harmonie zur Monotonie. Wird die Erregung aber zu gross, dann verkehrt sich die Harmonie in Disharmonie und die (freudige) Erregung wandelt sich in (ärgerliche) Aufregung.

Eros - der Schönheitstrieb

Ästhetik hat mit Schönheit zu tun. Harmonie und Erregung, Ordnung und Spiel, Einheit in der Vielfalt und Neugestaltung sind die Bedingungen, unter denen wir eine Landschaft, ein Gebäude, ein Bild, eine Frau, eine Symphonie, eine Theorie oder eine mathematische Ableitung als 'schön' empfinden. Die Schönheit liegt im Auge des Beschauers, sagt ein altes Sprichwort. Der Ursprung der Schönheitsempfindung liegt also nicht in der Objektwelt 'da draussen', sondern in uns und in der Struktur unseres eigenen Bewusstseins. Zu Beginn dieses Kapitels verglichen wir unsere Erlebnisgegenstände, unsere Sinneswahrnehmungen und Gedanken, mit Diaprojektionen auf einer Leinwand, wobei wir selbst gleichzeitig der aussendende Projektor und der von den Bildern affizierte Betrachter sind. Wenn wir etwas als 'schön' empfinden, erhalten wir zurück, was wir aus unserem Diaprojektor, unserem kognitiven Produzenten, ausgesendet haben.

Der allererste Ursprung der Schönheitsempfindung ist identisch mit dem Ursprung von Wohlbefinden überhaupt. Es ist die reine 'Seinslust', Ananda, die Grundform jeglichen Wohlgefühls. Schönheit ist ihrer Herkunft nach nichts anderes als eine Rückspiegelung von Ananda von den Objekten unseres Wahrnehmens und Denkens. Die Schönheit, die wir in der Welt um uns wahrnehmen, ist eine Reflexion des Glücklichseins in uns. Wenn wir selber todunglücklich sind, sind wir auch in der 'objektiv' schönsten Umgebung unfähig, diese Schönheit wahrzunehmen. Umgekehrt werden wir immer mehr Schönheit entdecken und Schönes produzieren, wenn unsere innere Befindlichkeit mehr und mehr von Seinslust (Ananda) durchtränkt ist. Ausübende der Transzendentalen Meditation berichten immer wieder, dass sie nach einer Meditation viel empfänglicher für die Schönheit der Natur sind als vor der Meditation. Der 'Erleuchtete' nimmt Schönheit auch dort wahr, wo 'Unwissende' nur Hässliches sehen. So erzählt man sich von vielen Meistern die folgende Geschichte: Einst war der Meister mit seinen Schülern unterwegs von einer Stadt in die andere. Da näherten sie sich einem Hundekadaver, der schon halb verwest war. Die Schüler wollten dem Meister diesen Anblick ersparen und versperrten ihm die Sicht. Der Meister aber schob sie beiseite und sagte: „Schaut nur, wie die strahlend weissen Zähne in der Sonne blinken."

Weil wir Menschen nach Wohlbefinden streben, suchen wir das Schöne, und wenn wir es gefunden haben, zieht es uns dorthin. Es ist das 'mentale Lustprinzip'. Das Schöne ist im wahrsten Sinne attraktiv, d.h. es übt eine Anziehungskraft auf uns aus. Die alten Griechen nannten diesen angeborenen ästhetischen Trieb 'Eros'. Je nachdem, wo wir uns gerade kognitiv aufhalten, suchen wir die Schönheit im anderen Geschlecht, in der Natur, in Kunstwerken, in Erkenntnissen, in 'eleganten' Problemlösungen oder in 'effektiven' Massnahmen. Wäre Freud mit seinem 'Lustprinzip' bis zu diesem umfassenden Verständnis von 'Erotik' vorgedrungen, dann hätte er wirklich den Urtrieb des Menschen eingefangen. Mit seiner 'Sexualtheorie' aber hat er ihn auf lediglich eine Erscheinungsform, und noch dazu auf die entwicklungsmässig niedrigste reduziert. Die 'sexuelle' Erotik funktioniert nämlich auch dann, wenn unser Bewusstseinszustand dumpf, eingeengt und vergröbert, also unser Bewusstsein gleichsam halb abgeschaltet ist. Da letzteres aber auf eine Vielzahl von Menschen unabhängig von Geschlecht, Alter, Bildungsstand und Einkommensklasse zutrifft, brauchen wir uns nicht zu wundern, dass die Alltagspraxis Freud immer wieder rechtzugeben scheint.

Wenn wir Zugang haben wollen zu den mehr 'geistigen' oder 'künstlerischen' Erscheinungsformen von Erotik, dann muss unser Bewusstseinszustand hellwach, weit, offen, klar und sensibel sein. Freud sah übrigens diese Entwicklungsdimension der Erotik und sprach davon als 'Sublimierung', also als Veredelung, Verfeinerung und Vergeistigung des Sexualtriebes. Er wertete aber die Sublimierung als 'Abwehrmechanismus', d.h. er ging davon aus, dass es sich beim ästhetischen Genuss um eine gesellschaftlich akzeptierte 'Ersatzbefriedigung' für die verbotene und deshalb versagte Befriedigung des eigentlichen, eben des Sexualtriebes handle. Für die alten Griechen dagegen erstreckte sich die Spannweite des Eros von der Sexualität bis zur Philosophie, von der geschlechtlichen Anziehung bis zur 'Liebe zur Weisheit'. Alle alten Kulturen kannten die verborgene Verwandtschaft zwischen Erotik und Spiritualität, brachten diese in ihren Mythen und künstlerischen Darstellungen zum Ausdruck. Man denke nur etwa an die Tantra-Kunst im indischen oder an den Minnegesang im europäischen Mittelalter. Ein Paradebeispiel für erotisch-spirituelle Lyrik in der Bibel ist das Hohelied Salomons.

'Eros' oder der Sog hin zum Schönen ist ein wesentlicher Bestandteil echter Religiosität, und so ist es sicher kein Zufall, dass in allen Ländern und zu allen Zeiten die Kunst vor allem im Garten der Religion blühte. Dies lässt sich für ausnahmslos alle Kunstgattungen - Dichtung, Musik, Tanz, Malerei, Bildhauerei, Architektur - feststellen. Echte Kunst reicht immer in die Religiosität hinein und eine Religion ohne Kunst wird ihre Religiosität bald verlieren. Alle grossen Komponisten, Maler und Dichter bekannten sich zur religiösen Reichweite ihres Tuns. Der Sog hin zum Schönen verbunden mit Religiosität ist auch der gleiche 'Eros', der jeden echten Wissenschaftler und Wahrheitsforscher beflügelt. Herausragende Figuren der Wissenschaftsgeschichte wie Johannes Keppler oder Albert Einstein haben dies offen zugegeben. Ich fragte einmal eine Professorin für Mathematik, was sie denn an der Mathematik so spannend finde. Ihre lakonische Antwort: „reine Ästhetik". Ein Studienfreund von mir studierte Biologie und promovierte über die gemeine Stubenfliege, was ihm den Spitznamen „Fliegendoktor" eintrug. Auf meine Frage, warum er sich ausgerechnet die ach so gewöhnliche, eben 'gemeine' Stubenfliege zum Gegenstand seiner Forschung auserkoren hatte, antwortete er: „Ob Du es glaubst oder nicht, es ist die unglaubliche Schönheit dieses Tieres." In seiner Stimme schwangen Zärtlichkeit und Ehrfurcht mit. Der Künstler produziert Schönheit, indem er Schönes schafft; der Wissenschaftler produziert Schönheit, indem er sie erkennt. Vom bengalischen Dichter Rabindanath Tagore stammt der Satz: „Schönheit empfinden, heisst Wahrheit erkennen."

Die Sinnerfahrung als ästhetische Erfahrung

Eine ästhetische Erfahrung ersten Ranges ist die Sinnerfahrung, die Erfahrung also, dass etwas sinnvoll ist. Schon rein sprachlich hat 'Sinn' etwas mit den 'Sinnen', also Sinnhaftigkeit etwas mit Sinnlichkeit zu tun. Nur ist die Sinnerfahrung mehr 'geistig' und weniger 'sinnlich', gleichsam abstrakter, wie von den Sinnen abgelöst. Wir sagen, eine Gegebenheit sei sinnvoll, wenn wir erstens wissen und zweitens bejahen, warum, wozu, wofür, gegebenenfalls auch für wen eine Gegebenheit so ist, wie sie ist.

Sinn wird dann maximal erfahren, wenn ein Einzelnes - eben die Gegebenheit - einen einzigartigen Beitrag zu einem grösseren Ganzen leistet, dessen Sinn seinerseits nicht in Frage gestellt wird. Der Beitrag ist einzigartig, wenn er erstens unverzichtbar und zweitens durch einen andersartigen Beitrag nicht ersetzbar ist, um genau jenes grössere Ganze zu bilden, zu dem das Einzelne beiträgt. Ein Einzelnes, das in diesem Sinne auf einzigartige Weise zum grösseren Ganzen beiträgt, beurteilen wir als sinnvoll. Das 'Einzelne' kann ein Mensch, eine Arbeit, ein Produkt, eine Vorschrift, eine Massnahme, jedes beliebige 'X' sein, für das sich die Sinnfrage stellt. Das 'Ganze' bezieht sich auf jedes zusammenhängende System vom überschaubaren Gegenstand (z.B. ein Auto, ein Organismus) oder Prozess (z.B. ein Fest, eine Schwangerschaft) über Gruppen (z.B. Unternehmen, Gesellschaften, die Menschheit), ökologische Systeme (z.B. der Planet Erde mit seiner Biosphäre) bis hin zum unbegrenzten All-Leben. So leistet ein Bremspedal einen einzigartigen, d.h. unverzichtbaren und durch eine andere Vorrichtung nicht ersetzbaren Beitrag zu einem Auto. Genauso ist eine Leber für einen Organismus, eine Schokoladensauce für einen Coupe Danmark, ein Cellist für ein Streichquartett, eine Ausbildung für eine Karriere, die Ozonschicht für das biologische Leben auf der Erde, unentbehrlich und sinnvoll. Ein Punkt leistet einen unverzichtbaren und durch ein anderes Zeichen nicht ersetzbaren Beitrag zum Buchstaben ' i '. Dieser wiederum trägt in einzigartiger Weise zum nächst grösseren Ganzen, dem Wort 'Sinn', bei. Das Wort Sinn wiederum ist sinnvoll in einem Text, in dem es um Sinnerfahrung geht. Es ist stets das Einzelne, für das sich die Sinnfrage stellt, und stets das grössere Ganze, das dem Einzelnen den Sinn stiftet.

Ästhetisch gesehen entstammt das Einzelne (das sich von seiner Umgebung unterscheidet) der Vielfalt. Und das grössere Ganze, zu dem das Einzelne seinen einzigartigen Beitrag leistet, entspricht der Einheit. Eigentlich ist die Sinnerfahrung eine Erfahrung von Einzigartigkeit innerhalb der Einheit. Hier besteht eine unverkennbare Parallele zur Bliss-Erfahrung, zur Erfahrung von Glückseligkeit, die wir als 'Bewegung in der Ruhe' charakterisiert haben. Die Sinnerfahrung ist gewissermassen ein kognitives Abbild der Bliss-Erfahrung und bereitet deshalb das grösstmögliche Wohlgefühl, das durch den Intellekt vermittelt werden kann.

Vielleicht ist das der Grund dafür, dass viele Menschen bereit sind, auf sinnliche Genüsse zu verzichten, wenn es ihnen nur 'Sinn macht'. Für das 'geistige' Wohlbefinden der Erfahrung von Sinn sind wir Menschen bereit, Unannehmlichkeiten auf uns zu nehmen, Opfer zu bringen, Mahlzeiten ausfallen zu lassen, uns Nächte um die Ohren zu schlagen, auf Ferien zu verzichten, ja sogar Schmerzen zu ertragen. Deshalb spielt die Sinnfrage gerade in der Arbeitswelt eine so herausragende Rolle. Das tägliche Arbeitsleben in unseren Betrieben und Behörden besteht nun einmal beim besten Willen nicht nur aus 'reizvollen Aufgaben' und 'interessanten Tätigkeiten', wie manche Stelleninserate uns glauben machen möchten. Und da stellt sich immer wieder die Frage nach dem Sinn der Arbeit. Nichts vermag Mitarbeitende nachhaltiger zu motivieren, als wenn sie ihre Arbeit als sinnvoll erfahren. Sinnangebote zu schaffen ist deshalb eine Führungsaufgabe allerersten Ranges.

Die Erfahrung von Sinn kann so stark zu unserem Wohlbefinden beitragen, dass sie uns sogar befähigt, mit extremem Leid fertig zu werden. Der Psychologe Viktor Frankl war während des zweiten Weltkrieges Häftling in einem der Konzentrationslager der Nazis. Er beobachtete seine Mitgefangenen und stellte dabei fest, dass einige unter den Qualen ihrer Peiniger verzweifelten und aufgaben, während andere besser damit umgehen konnten und ihre Fassung behielten. Was letztere von ersteren unterschied war der Umstand, dass sie ihrer Erfahrung allen Greueln zum Trotz einen Sinn abgewinnen konnten.

Sinn ist die Adelung eines Einzelnen durch ein als sinnvoll akzeptiertes grösseres Ganzes. Was geschieht aber, wenn sich dieses grössere Ganze in bezug auf ein noch grösseres Ganzes als unsinnig oder gar als widersinnig herausstellt? Dann handelt es sich beim ursprünglich erlebten Sinn um einen gewähnten, also wahnhaften Sinn und damit im wahrsten Sinne des Wortes um Wahnsinn. So machen Waffenlieferungen an einen Diktator in einem Drittweltland vordergründig betrachtet vielleicht wirtschaftlich Sinn, in einem weltwirtschaftlichen Zusammenhang gesehen sind sie aber sicherlich widersinnig und damit wahnsinnig. Das Gleiche lässt sich über ökonomische Gewinne auf Kosten der Ökologie sagen. Es könnte sich also als fatal erweisen, sich bei der

Behandlung der Sinnfrage Scheuklappen anzulegen. Umgekehrt wird sich der Sinngehalt einer Gegebenheit vertiefen, wenn wir den anfänglich erkannten Sinn in immer weiter werdende, übergeordnetere Zusammenhänge hinein verfolgen können.

Es gibt also zwei Dimensionen der Sinnerfahrung, an denen wir ansetzen können, wenn wir die Sinnerfahrung maximieren wollen: Die Sinn*tiefe* - das ist die Weiterverfolgung des Beitrages zu immer umfassenderen Ganzheiten - und die Sinn*schärfe*, d.h. das Heraus-meisseln der Einzigartigkeit des Beitrages zum nächsten grösseren Ganzen.

Die Sinnerfahrung als einzigartiger Beitrag eines Einzelnen zu einem sinnvollen grösseren Ganzen hat noch eine weitere Implikation: Blosse Quantität, Masse, also die Anhäufung von Gleichartigem entbehrt der Einzigartigkeit und damit des Sinns. Ein freistehendes Einfamilienhaus ist als Lebens- und als Entfaltungsraum für eine Familie mit Kindern sicherlich sinnvoll. Ein zusätzliches Ferienhaus in einem anderen Land mit einem ganz andern Klima trägt vielleicht auch noch in einzigartiger Weise zum Familienwohl bei. Aber ein fünftes oder gar ein zehntes Ferienhaus? Spätestens nach dem dritten Ferienhaus wird jedes weitere Ferienhaus zunehmend sinnlos, ein Phänomen, das man in der Ökonomie 'abnehmenden Grenznutzen' nennt. Blosse quantitative Fülle bringt Sinn-Leere. Und gerade darin sehe ich einen Fluch unserer modernen Massenproduktion, die erst bei sehr grossen Stückzahlen in die Rentabilitätszone kommt. Auf die Dauer jedoch können wir ein Sinn-Vakuum nur schwer ertragen. Ein Mangel an Sinn ruft deshalb vielfach nach äusserem Mangel, um dadurch neuen Sinn, nämlich das Auffüllen des Mangels, zu erzeugen. Mit anderen Worten: Sinn-Not schafft Not. Vielleicht ist das einer der Gründe für die periodisch wiederkehrenden Wirtschaftsrezessionen und Krisen, ja sogar für Kriege. Wenn ich Bilder vom Ausbruch des ersten Weltkrieges sehe, mit welcher Begeisterung das damals recht satte Europa in die Katastrophe taumelte, werde ich den Verdacht nicht los, dass die 'Sinn-Sucht' vieler an Sinnmangel leidender Zeitgenossen dabei eine Rolle spielte.

Sinn und Sinnlichkeit

Die Suche nach dem Sinn stellt sich meist dann ein, wenn eine bestimmte Gegebenheit als unlustbetont erlebt wird. Erst dann fragt man sich: Warum ist es so und wofür ist es gut? Die Sinnfrage stellt sich indessen kaum, wenn eine Gegebenheit als lustbetont und deshalb als Selbstzweck erlebt wird, wenn also ein Einzelnes sich gleichsam selbst genügt und so gleichzeitig auch das grössere Ganze darstellt. Fragwürdig wird der Sinn in einem solchen Fall aber häufig in dem Moment, wo dieses Ganze in einen noch grösseren Gesamtzusammenhang gestellt wird. Ein einfaches Beispiel dazu: Wie sinnvoll ist der Genuss des Rauchens? Wir stossen hier auf das so häufig anzutreffende Auseinanderklaffen von Sinn*haftigkeit* und Sinn*lichkeit*, ein Dilemma, das mir für unsere abendländische Kultur besonders charakteristisch zu sein scheint. Ich erinnere nur an die sinnenfeindliche Vernunftethik etwa der Stoiker in der Antike oder bei Kant in der Neuzeit (siehe Kapitel 6). Auch heute noch würden die meisten Zeitgenossen dem Satz zustimmen: Was Spass macht, also sinnlich ist, ist nicht gesund, d.h. nicht sinnvoll, und was gesund ist, macht keinen Spass. Und dabei haben wir doch festgestellt, dass die Sinnerfahrung nichts anderes als eine abstrakte ästhetische Erfahrung ist. Sinnhaftigkeit ist ihrer sprachlichen und psychischen Herkunft nach nichts anderes als 'vergeistigte' Sinnlichkeit. Offenbar hat sich unsere Sinnlichkeit von ihrer eigenen, ursprünglich sinnvollen Natur so weit entfernt, dass sie immer wieder in Widerstreit mit der Sinnhaftigkeit gerät. Doch sind vielleicht auch unsere oft allzu nüchternen, sprich unsinnlichen Vorstellungen über Sinn und Sinnlosigkeit unsinnig.

Innerhalb Europas gibt es zwei Länder mit ihren gegensätzlichen Kulturen und Mentalitäten, die den traditionellen Konflikt zwischen Sinnlichkeit und Sinnhaftigkeit geradezu exemplarisch verkörpern. Italien als Exponent der Sinnlichkeit auf Kosten von Sinnhaftigkeit und Deutschland als Exponent der Sinnhaftigkeit auf Kosten von Sinnlichkeit. Seit Jahrhunderten steht der Genuss höher in der Gunst der Italiener als die Arbeit. Bei den Deutschen ist es umgekehrt. Entsprechend ist Italien ein Eldorado der Künste, einschliesslich der kulinarischen, und des 'dolce far niente', aber sicherlich kein Musterland, was 'sinnvolle' Einrichtungen und Massnahmen im Bereich des Umweltschutzes anbetrifft. Ganz anders das nördlich der Alpen lebende, stets nach Sinnentiefe trachtende Volk der Dichter und Denker! Der deutsche Geist bohrt und grübelt vielleicht mehr nach Sinn als der mediterrane oder angelsächsische. Goethe hat ihn so trefflich im Dr. Faustus personifiziert, der selbst den Tod nicht scheut, um „zu erkennen, was die Welt im Innersten zusammenhält", und dessen Evangelium mit dem Satz beginnt: „Im Anfang war die Tat." Was aber sinnliche Verfeinerung, ästhetisches Empfinden und Geschmack anbetrifft, nimmt sich der Deutsche neben dem Italiener als unsensibler Grobklotz aus. Auch macht es historisch Sinn, dass die gradlinige, auf jede Ornamentik verzichtende Bauhaus-Architektur, die die Funktionalität, also die Zweckmässigkeit (Sinnhaftigkeit) zur ästhetischen Kategorie erhoben hat, gerade in Deutschland entstanden ist. Einseitiger Hunger nach Sinn ohne das Korrektiv der Sinnlichkeit macht jedoch besonders anfällig für ideologischen Fanatismus mit der Konsequenz eiskalter, technisch perfektionierter Grausamkeit. Der Nationalsozialismus mit seinem im wahrsten Sinne des Wortes Wahn-Sinn hat dies in entsetzlicher Weise demonstriert. Einseitiger Durst nach Sinnlichkeit jedoch ohne das Korrektiv der Sinnsuche ist ein Nährboden für Schlamperei, Korruption und Kriminalität, die chronischen Krankheiten Italiens.

Was wir in unserer westlichen Kultur brauchen, ist die längst überfällige Versöhnung der Sinnlichkeit mit ihrer ureigenen Fortsetzung, der Sinnerfahrung, wenn man so will: Eine 'sinnvolle Sinnlichkeit' oder eine 'sinnliche Sinnerfülltheit'. Im antiken Hellas verlangte man von einer Säule: Sie muss etwas tragen (Sinnerfüllung), und sie muss anmutig aussehen (sinnliche Befriedigung). Vielleicht können wir Heutigen von unseren kulturellen Vorfahren etwas lernen. Wann immer und wo immer die Vereinigung von Sinnhaftigkeit und Sinnlichkeit gelingt, haben wir es mit echter Kunst zu tun, die diesen Namen auch verdient. Gute Kunst macht Sinn sinnlich erfahrbar und vermittelt in der Sinnlichkeit die Erfahrung von Sinn. Gerade in dieser sinnerfüllten Sinnlichkeit beziehungsweise sinnfälligen Sinnhaftigkeit liegt doch das Hochgefühl des Kunstgenusses. Dies gilt für Bauwerke, Skulpturen, Gemälde, Choreographien, Kompositionen oder Gedichte.

Denken oder Fühlen: Was kommt zuerst?

Erinnern wir uns noch einmal an den Vergleich unserer Erlebnisgegenstände, also unserer Sinneswahrnehmungen und Gedanken, mit Diaprojektionen auf einer Leinwand, wobei wir selbst sowohl der aussendende Projektor als auch der von den Bildern affizierte Betrachter sind. Eine Frage, die in diesem Zusammenhang forschende Theoretiker und Lebenspraktiker immer wieder beschäftigt, lautet: Was bewirkt hier was? Bringt unsere Befindlichkeit unser Denken hervor oder produziert unser Denken unsere Befindlichkeit? Bestimmt die Qualität des Erlebten unseren Zustand als Erlebende oder schafft unser Zustand als Erlebende das, was wir erleben? Was war zuerst: der kognitive oder der affektive Erlebnisaspekt?

Wir haben es hier mit einem typischen Henne-Ei-Problem zu tun. Die Antwort lautet deshalb: Es besteht eine permanente Wechselwirkung zwischen Erlebendem und Erlebtem. Erlebender, Erlebtes und die Wechselwirkung zwischen beiden konstituieren zusammen das, was man auf Englisch 'mind' nennen würde. Gewöhnlich assoziieren wir dazu aber mehr - und erst recht, wenn wir das Wort im Deutschen mit 'Geist' wiedergeben - das, was wir erleben, also unsere Gedanken einschliesslich unserer Sinneswahrnehmungen. Für den affektiven Erlebnisaspekt, also für unseren Zustand als Erlebende, gibt es ein passendes, aber etwas altertümliches deutsches Wort: 'Gemüt'. Das englische 'mind' steht für die Wechselwirkung zwischen Gemüt und Verstand. Ein heiteres Gemüt denkt fröhliche Gedanken, die das Gemüt weiter aufheitern. Ein ängstliches Gemüt macht sich Sorgen, die das Gemüt weiter verängstigen.

In seinem Bestseller *Emotionale Intelligenz* zeigt der Neurowissenschaftler und Psychologe Daniel Goleman auf, dass unser

Innenleben aus einem ständigen, höchst komplexen Wechselspiel zwischen Denken und Fühlen, zwischen kognitiven und affektiven Vorgängen besteht. Die von ihm zusammengestellten Forschungsberichte und Fallstudien machen mit unmissverständlicher Klarheit deutlich, dass unser Lebenserfolg - der berufliche ebenso wie der private - entscheidend davon abhängt, wie gut es uns gelingt, Gemüt und Verstand, Emotionen und Ratio miteinander zu harmonisieren. Goleman stützt sich in seinen Überlegungen massgeblich auf die moderne Hirnforschung, die es erlaubt, kognitive und affektive Erlebnisvorgänge in unterschiedlichen Arealen unseres Gehirns zu lokalisieren. So haben die Affekte ihren Sitz in stammesgeschichtlich älteren, im Gehirninneren liegenden Regionen (limbisches System, Mandelkern etc.), die Kognitionen dagegen in der stammesgeschichtlich jüngeren Grosshirnrinde, insbesondere im sogenannten Neocortex. Der Neocortex des Homo sapiens ist nicht nur viel grösser als bei jeder anderen Tierart; was uns Menschen auch sonst noch gegenüber der Tierwelt auszeichnet, ist eine ungleich höhere Anzahl von Verbindungen zwischen dem Neocortex und den emotionalen Zentren. Die Folge davon ist, dass wir einerseits unsere Gefühle viel bewusster und differenzierter wahrnehmen, andererseits aber mit unserem Denken wesentlich stärker und gezielter auf unsere Gefühle einwirken können. Neurophysiologisch gesprochen: Wir Menschen sind eben keine Grosshirn-, sondern Ganzhirn-Lebewesen. So gesehen ist "Intelligenz" zwangsläufig auch 'emotionale Intelligenz', und dies wiederum hat entscheidend mit der Interaktion zwischen 'Denkhirn' und 'Fühlhirn' zu tun.

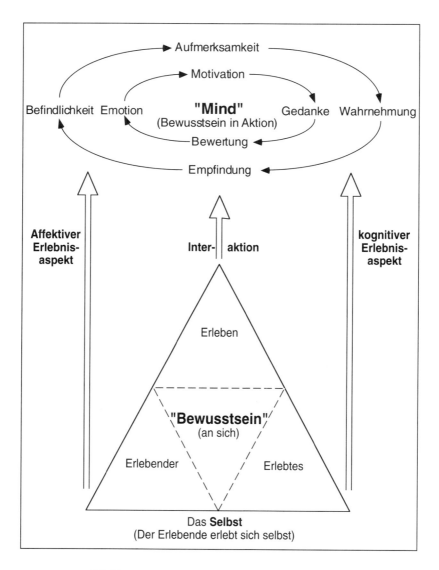

Abbildung 10: 'Mind' als Bewusstsein in Aktion

Während die naturwissenschaftlich orientierte Neuro-wissenschaft sich bemüht, unser psychisches Erleben am Aufbau und der Funktionsweise des Gehirns festzumachen, stellt sich aus bewusstseinswissenschaftlicher, also aus vedischer Sicht die Frage: Wie lässt sich unser Erleben im Wachzustand auf Bewusstsein an sich, auf reines Bewusstsein zurückführen? Wie entsteht aus Bewusstsein an sich so etwas wie 'mind'?

Maharishi sagte einmal dazu: "Mind is vibrating consciousness." Mind ist in Schwingung versetztes Bewusstsein. Mind ist gewissermassen Bewusstsein in Aktion. Der Zusammenhang zwischen Bewusstsein 'an sich' und Bewusstsein 'in Aktion' ist schematisch in Abb.10 dargestellt.

Bewusstsein 'an sich' heisst: Erlebender, Erlebtes und der Vorgang des Erlebens sind von einander nicht unterscheidbar. Sie fallen in einem zusammen. Selbstsein (sat) ist gleichzeitig sowohl kognitives sich Erkennen (chit) als auch affektives sich Fühlen (ananda). Wird dieses reine Selbstbewusstsein nun aktiv, dann findet eine Differenzierung zwischen affektivem und kognitivem Erlebnisaspekt, zwischen Fühlen und Denken statt. Die Aktivität des Bewusstseins besteht nun in der Interaktion zwischen beiden Erlebnisaspekten, zwischen Gemüt und Verstand. Dieses ständige, blitzschnelle Hin und Her zwischen Erlebnissubjekt und Erlebnisobjekt ist in Abb. 10 in Form von zwei Kreisläufen veranschaulicht. Der äussere Kreislauf beschreibt unser mentales Geschehen mit Betonung auf Umweltreizen, die von unseren Sinnen aufgenommen werden: Unsere Befindlichkeit (z.B. Hunger) lenkt unsere Aufmerksamkeit (z.B. die Blickrichtung) auf einen Wahrnehmungsgegenstand (z.B. ein altes, verschimmeltes Stück Brot), der bei uns eine Empfindung auslöst (z.B. Ekel), die ihrerseits auf unsere Befindlichkeit zurückwirkt (z.B. verminderter Appetit). Der innere Kreislauf beschreibt unser mentales Geschehen mehr unter Ausschluss von aktuellen Sinnesreizungen: Unsere Emotionen (z.B. Zorn) motivieren (bewegen) uns zu bestimmten Gedanken (z.B. an eine Ohrfeige), die wir bewerten (z.B. als negativ), wodurch sie eine nächste Emotion hervorrufen (z.B. Scham). Solche Kreisbewegungen finden fortwährend und mit unglaublicher Geschwindigkeit statt. Sie bilden unsere mentale Aktivität. Wenn wir unsere mentale Aktivität beruhigen, also einen Versenkungsvorgang erfahren, wird der Abstand zwischen 'Denken' und 'Fühlen' immer geringer, bis er schliesslich völlig wegfällt. Alles, was dann noch übrig bleibt, ist die Einheit von Erlebendem, Erlebtem und Erleben: Bewusstsein an sich, reine Selbsterfahrung.

Welche Konsequenzen ergeben sich nun daraus, wenn uns an einer Anhebung unseres Wohlbefindens gelegen ist? Wir können an unseren Gedanken ansetzen, wenn wir uns besser fühlen wollen, beispielsweise dadurch, dass wir den Sinn von etwas erkennen oder uns gedanklich mit etwas Schönem, Interessanten oder Anregenden befassen. Genauso können wir an unserem Fühlen ansetzen, wenn wir positivere Gedanken oder schönere Wahrnehmungen haben wollen, zum Beispiel dadurch, dass wir Frustrationslösungen (siehe Kapitel 8) zulassen oder unsere körperliche Verfassung pflegen. Wir sollten das eine tun und das andere nicht lassen. Wenn wir transzendieren und zur gemeinsamen Wurzel von Denken und Fühlen vordringen, tun wir beides zugleich.

Fünf Erkenntnisse aus Kapitel 9

1. *Unser Erleben setzt sich zusammen aus Erlebendem, dem Erlebnis-Subjekt, und Erlebtem, dem Erlebnis-Objekt.*
2. *Das Erlebte - unsere Gedanken und Sinneswahrnehmungen ist ein 'kognitiver Prozess' in einem 'kognitiven Feld'.*
3. *Die Formel für Ästhetik lautet: 'Einheit in der Vielfalt' für das kognitive Feld und 'Neugestaltung' für den kognitiven Prozess.*
4. *Eine ästhetische Erfahrung erstem Ranges ist die Sinn-Erfahrung.*
5. *Es besteht eine ständige Wechselwirkung zwischen Denken und Fühlen.*

10. Unsere 'Mindware'

Unterscheidungsvermögen und Gedächtnis

Sie sind momentan damit beschäftigt, dieses Buch zu lesen. Was sind die allernotwendigsten Voraussetzungen dafür, dass Sie diesen Text gedanklich nachvollziehen können, dass Sie überhaupt irgendeinen Gedankengang haben können, gleich in welcher Sprache und gleich welchen Inhaltes?

Es braucht dafür zwei Bedingungen: erstens die Fähigkeit, zwischen unterschiedlichen Gedankeninhalten unterscheiden zu können, und zweitens die Fähigkeit, einmal gedachte Gedanken behalten zu können, kurz: Unterscheidungsvermögen und Gedächtnis. Ihrem Unterscheidungsvermögen verdanken Sie es, dass ein Gedanke, den Sie denken, oder eine Sinneswahrnehmung, die Sie haben, überhaupt irgendeinen Informationswert besitzt. Ihrem Gedächtnis verdanken Sie es, dass der von Ihnen zuletzt gelesene Satz für Sie überhaupt Sinn gemacht hat, denn dieser hätte sich Ihnen nicht erschlossen, wenn Sie am Schluss des Satzes nicht noch dessen Anfang in Erinnerung gehabt hätten. Ohne Unterscheidungsvermögen gäbe es keine Informationen, sondern nur 'Rauschen'. Ohne Gedächtnis gäbe es keine Sinnzusammenhänge, sondern nur 'Daten'. Das Unterscheidungsvermögen erzeugt die Vielfalt des Erlebten und das Gedächtnis verknüpft die Vielfalt zu sinnvollen Einheiten. Unterscheidungsvermögen und Gedächtnis sind damit auch die Voraussetzungen für das, was wir im vorigen Kapitel 'ästhetische Erfahrung' genannt haben. Ohne Unterscheidungsvermögen und Gedächtnis gäbe es auch unser überdauerndes, individuelles Selbst nicht, denn die Erfahrung einer Ich-Kontinuität bedingt, dass früher Erlebtes in unserem Bewusstsein überdauert (= Gedächtnis) hat, und das Bewusstsein der Individualität ist nur möglich, wenn wir uns in unserer Wahrnehmung von anderen Menschen in irgendeiner Hinsicht, und sei es nur die der räumlichen Trennung, unterscheiden.

Auch eine zeitgenössische Denkmaschine, ein Computer, funktioniert auf der Basis von Unterscheidungsvermögen, der Information, und dem Gedächtnis, dem Speicher. Die kleinste Informationseinheit, ein Bit, ist nichts anderes als eine digitale Unterscheidung zwischen 0 und 1. Die Fähigkeit des Computers, Informationen sinnvoll (!) zu verarbeiten, ist nicht zuletzt eine Frage seiner Speicherkapazität, d.h. des Umfanges seines Gedächtnisses. Unterscheidungsvermögen differenziert, trennt und schafft damit Vielfalt. Gedächtnis kombiniert, verbindet und schafft damit Einheit. Sinnerzeugendes, intelligentes Denken ergibt sich aus der Gleichzeitigkeit von Unterscheidungsvermögen und Gedächtnis. Diese Gleichzeitigkeit ermöglicht es uns, Vielfalt und Einheit zusammen zu denken.

Zwei Mentalitäten

Was die Eigenart des menschlichen Denkens anbetrifft, kann man seit einigen Jahren landauf, landab, etwa folgenden Unsinn hören: Die linke Gehirnhälfte denkt und die rechte Gehirnhälfte fühlt. In diesem Satz stecken gleich zwei Denkfehler: Erstens denkt oder fühlt weder die linke noch die rechte Gehirnhälfte. Vielmehr sind wir es, die denken und fühlen, und zwar mit beiden Gehirnhälften. Hier liegt eine klare Verwechslung von 'Hardware' mit 'Software' vor, wobei man erst noch die Hardware auf einen Teil ihrer selbst reduziert. Unser Gehirn, und zwar das ganze, bildet die Hardware für unser Denken. Doch darf dieses ausserordentlich wundersame und höchst komplexe Organ nicht mit dem Denken selbst gleichgesetzt werden. Der zypriotische Philosoph und Heiler Atteshlis, besser bekannt unter dem Namen Daskalos, vergleicht unser Gehirn mit einer Batterie, die aber nicht das Gleiche wie Elektrizität ist. Gegenstand dieses Kapitels ist die 'Elektrizität', die 'Software' des menschlichen Geistes, unsere 'Mindware'. Es besteht kein Zweifel, dass zwischen letzterer und unserer Hardware, die nicht auf das Gehirn beschränkt ist, sondern unseren ganzen Körper einschliesslich der Sinnes- und Handlungsorgane umfasst, ein gewisser Zusammenhang besteht.

Rein anatomisch gesehen stellt unser Grosshirn mit der Grosshirnrinde ein Doppelorgan dar, dessen Hälften, linke und rechte Hemisphäre (griechisch: Halbkugel) genannt, nur über eine schmale Brücke miteinander verbunden sind. Und tatsächlich gibt es eine gewisse Spezialisierung dieser beiden Hemisphären, was die Beherbergung von bestimmten Denkvorgängen anbelangt. Diese Spezialisierung geht aber nicht so weit, wie dies heute populärwissenschaftlich verbreitet wird. Dennoch verbirgt sich hinter der Gehirnhälftentheorie eine Unterscheidung zwischen zwei Arten des Denkens, eine Unterscheidung also innerhalb unserer Mindware, die durchaus wertvolle Einsichten vermitteln kann.

Wenn wir uns vergegenwärtigen, wie wir denken, können wir mit Fug und Recht von einer 'Doublemindedness', von zwei 'Mentalitäten' (vom lat. mens, mentis, englisch mind, sanskrit manas) sprechen. Sie stehen in einem lockeren Zusammenhang mit den beiden Gehirnhemisphären, weshalb wir sie künftig links- und rechtshemisphärisches Denken nennen wollen. Die Bezeichnung ist eher symbolisch als im Sinne einer Eins-zu-Eins-Zuordnung zu verstehen. Eine stichwortartige Gegenüberstellung dieser beiden Denkweisen findet sich in Abb. 11. Linkshemisphärisches Denken analysiert, zergliedert in Bestandteile, nimmt auseinander. Rechtshemisphärisches Denken synthetisiert, fügt zusammen, schafft grössere Ganzheiten. Linkshemisphärisches Denken erfolgt Schritt für Schritt, eines nach dem anderen, sequenziell. Rechtshemisphärisches Denken dagegen ist simultan, alles auf einmal. Es besteht häufig in vielschichtigen Gedankenbildern, in umfassenden Gesamteindrücken. Oft haben wir zuerst ein rechtshemisphärisches Gesamtbild, das wir nachher linkshemisphärisch in seine Bestandteile zerlegen. Wir treffen vielleicht zuerst blitzartig, also rechtshemisphärisch, eine Entscheidung, die wir anschliessend linkshemisphärisch begründen. Beim linkshemisphärischen Denken überwiegt das Unterscheiden gegenüber dem Gedächtnis, beim rechtshemisphärischen Denken ist es umgekehrt. Das linkshemisphärische Denken ist methodisch (von griechisch metà hodón, nach einem Weg), d.h. es folgt einem bestimmten Weg, einer festgesetzten Abfolge von Denkschritten.

Demgegenüber ist rechtshemisphärisches Denken frei assoziierend, wie es einem gerade in den Sinn kommt. Linkshemisphärisches Denken folgt den Gesetzen der Logik. Es ist unser rationales Denken, auf das wir alle so stolz sind.

Abbildung 11:
Zwei Gehirnhemisphären,
zwei Arten des Denkens,
zwei Mentalitäten

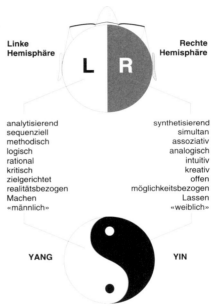

Linke Hemisphäre

Rechte Hemisphäre

analytisierend	synthetisierend
sequenziell	simultan
methodisch	assoziativ
logisch	analogisch
rational	intuitiv
kritisch	kreativ
zielgerichtet	offen
realitätsbezogen	möglichkeitsbezogen
Machen	Lassen
«männlich»	«weiblich»

YANG

YIN

Ana-logik

Rechtshemisphärisches Denken ist nicht etwa irrational, sondern intuitiv, d.h. es verarbeitet in einem Moment eine viel grössere Anzahl von Informationen, als wir linkshemisphärisch überblicken können. Auch ist unser rechtshemisphärisches Denken keineswegs unlogisch. Vielmehr hat es seine eigene Logik der Entsprechungen, Gleichnisse und Analogien. Die Gleichnisse der Bibel, die Mythen aller Religionen und Kulturen, die Symbole, Fabeln und Märchen aller Völker und Epochen sind primär rechtshemisphärisches Gedankengut. In den früheren Kulturen war die

Bildung abstrakter Begriffe, die Formulierung universeller Prinzipien, also im gewissen Sinne das Treiben von Wissenschaft, eine hauptsächlich rechtshemisphärische Angelegenheit. So sah man beispielsweise einen Zusammenhang zwischen folgenden Gegenständen oder Sachverhalten aus völlig unterschiedlichen Lebensbereichen:

Lebensbereich	**Gegenstand / Sachverhalt**
Metalle	*Blei*
Gestirne	*Saturn*
Tiere	*Schildkröte*
Körperbau	*Knochen, Haut, Zähne*
Städte	*Stadtmauer*
Tugenden	*Geduld, Durchhaltevermögen*
Zeitverlauf	*Verzögerung*
Aufgabenstellung	*Bewährung, Prüfung*

Was haben all diese Gegenstände und Sachverhalte aus den unterschiedlichsten Lebensbereichen gemeinsam? Es ist das Langsame, Zähe, Widerständige, das Grenzen setzt, Struktur gibt und Schutz bietet. Und weil es sich dabei um ein Lebensprinzip mit universeller Verbreitung handelt, sprach man davon in echt rechtshemisphärischer Manier als von einem 'Gott', dem Gott Saturn. In medizinischen Kreisen wird die These vertreten, dass das alte Rom unter anderem deshalb unterging, weil sich die ursprüngliche römische Bevölkerung nicht mehr vermehrte. Der Grund: Infertilität infolge Bleivergiftung. Die römischen Wasserleitungen waren nämlich innen mit Blei ausgekleidet. Im Laufe der Jahrhunderte wurde dieser Bleibelag brüchig und geriet mehr und mehr ins Trinkwasser der Römer. Die Folgen des zu hohen Bleigehaltes: Unfruchtbarkeit und Hautkrankheiten. Die Bewohner des spätantiken Roms waren sich ihres gesundheitlichen Missstandes durchaus bewusst. Sie gaben ihrer Krankheit den Namen 'Saturnische Krankheit', eine rechtshemisphärisch einwandfreie Diagnose, die ihrem modernen, linkshemisphärischen Gegenstück 'Bleivergiftung' an Richtigkeit um nichts nachsteht.

Götter waren im Denken der alten Völker universelle Prinzipien, denen man in allen Lebensbereichen immer wieder begegnete.

Die Art und Weise, wie man damals die Natur studierte, war mehr betrachtende, komtemplative Natur*philosophie* als beobachtende, messende, 'linkshemisphärische' Natur*wissenschaft*. So etwas wie 'rechtshemi-sphärische' Naturphilosophie gab es zweifelsohne auch in der christlich-abendländischen Kultur. Herausragende Exponenten waren beispielsweise die mittelalterliche Seherin Hildegard von Bingen und der Dichterfürst Goethe.

Gerade Goethe war sich der beiden Denkarten des menschlichen Geistes wohl bewusst. Im Faust liefert er eine vortreffliche Beschreibung des linkshemisphärischen Denkens. Allerdings bedient sich der Dichter für die Art, wie er das linkshemisphärische Denken beschreibt, meisterhaft des rechtshemisphärischen Denkens:

> „*Mein lieber Freund, Dir rat ich drum,*
> *zuerst Kollegium logicum.*
> *Da wird der Geist Dir wohl dressiert,*
> *in spanische Stiefel eingeschnürt,*
> *dass er bedächtiger fortan,*
> *hinschleiche die Gedankenbahn.*"

Linkshemisphärisches Denken ist seiner Funktion nach kritisch, seiner Haltung nach zielgerichtet. Es fragt nach dem, was ist, und nicht wie das rechtshemisphärische Denken nach dem, was sein könnte. Letzteres ist seiner Haltung nach offen und seiner Funktion nach kreativ. Es stellt offene Fragen, auf die es nicht eine einzige, richtige, sondern unendlich viele mögliche Antworten gibt. Rechtshemisphärisches Denken ist gefordert, wenn ein Haus entworfen oder eine Werbekampagne kreiert werden soll. Linkshemisphärisches Denken stellt geschlossene, gezielte Fragen und kommt bei Problemstellungen zum Einsatz, wo es eine, und nur eine richtige Lösung gibt, also beispielsweise, wenn es darum geht, den Täter bei einem Verbrechen ausfindig zu machen oder die Ursache für einen streikenden Automotor zu beseitigen. Linkshemisphärisches Denken stellt primär die Anforderung, keinen Denkfehler zu machen. Rechtshemisphärisches Denken hat primär die Aufgabe, neue Denkmöglichkeiten zu erkunden.

Das Wesen der Kreativität

Jede kreative Tat beginnt mit einer kreativen Idee. Die kreative Idee ist aber nichts anderes als ein Gedanke oder eine Wahrnehmung, die vom bisher Gekannten oder Gewohnten abweicht, also Neuigkeitswert besitzt. Dieser allein reicht vielleicht noch nicht aus, um der Idee das Prädikat 'kreativ' zu verleihen. Wenn aber der neue Gedanke grosse Auswirkungen oder weitreichende Konsequenzen hat, dann verdient er es wohl, 'kreativ' genannt zu werden. Eine kreative Idee ist somit eine *wirkungsvolle Neuwahrnehmung* und damit ein echtes Produkt rechtshemisphärischen Denkens. Dies gilt ebenso für 'geniale' Entdeckungen, 'bahnbrechende' Erfindungen oder 'elegante' Problemlösungen im technischen, wissenschaftlichen oder medizinischen Bereich wie für 'innovative' Produktideen, 'originelle' Werbekampagnen oder 'neuartige' Vertriebswege im Marketing. Doch auch im ganz privaten, persönlichen Leben gibt es zahllose Fälle von Kreativität, von neuen Wahrnehmungen und Gedanken, die ihre Wirkung auf die Betroffenen und Beteiligten nicht verfehlen. Wenn beispielsweise ein Kindergeburtstag in ganz unüblicher Weise begangen wird, so dass man noch Jahre später davon spricht, wenn ein Wohnzimmer durch Schrägstellen eines sonst immer gerade gestandenen Möbelstückes plötzlich Pfiff bekommt und harmonisch wirkt, wenn nach jahrelangem Ehetrott ein Ehemann seine Frau plötzlich mit neuen Augen sieht und sich daraufhin neu in sie verliebt, dann haben wir es mit Kreativität im Alltag zu tun.

Man merkt anhand der Beispiele, rechtshemisphärisches Denken hat viel mit Spiel und Spass zu tun. Rechtshemisphärisches Denken ist Ausdruck von Lebensfreude und Seinslust, und es hat die Aufgabe, sich selbst und anderen Freude zu bereiten. Eine Spielwiese des rechtshemisphärischen Denkens und der Kreativität ist deshalb auch der Humor. Wer Humor hat, kann Situationen, Personen, auch sich selbst so wahrnehmen, dass es dabei etwas zu Lachen gibt. Wer keinen Humor hat, der hat auch effektiv nichts zu lachen. Ausgelöst wird das Lachen durch eine Pointe, d.h. durch einen Gedanken oder häufiger eine Gedankenkombination, die aus den eingefahrenen Gleisen üblichen Denkens herausspringt und dadurch eine lustbetonte Überraschung präsentiert. Ein Beispiel dafür ist die Wortschöpfung 'Inforno', eine Zusammenziehung der Worte Information und Inferno. Sein Schöpfer, der Initiator des 'Vitalizer-Projektes' und Autor des gleichnamigen Buches, Hans Rudolf Jost, will damit die Hölle benennen, die durch die allgemeine Informationsüberflutung mit unseren heutigen Medien geschaffen wurde. Das Beispiel zeigt auch, dass es mittels rechtshemisphärischen Denkens möglich ist, einen an sich schrecklichen Sachverhalt in der Wahrnehmung zumindest teilweise lustig, sprich lustvoll und damit erträglicher zu machen. So erklärt sich auch die Erfahrungstatsache, dass der Witz nirgendwo so blüht wie in Diktaturen, Ghettos, während politischer Krisen oder 'kritischer' Operationen in der Chirurgie.

Das rechtshemisphärische Denken ist tendenziell heiter, das linkshemisphärische Denken dagegen ernst. Schliesslich geht es auch darum, keinen Fehler zu machen und die Realität nicht zu verkennen. Linkshemisphärisches Denken zielt damit in erster Linie auf Sicherheit, d.h. auf Vermeidung von Leiden. Beide Mentalitäten, links- und rechtshemisphärisches Denken, repräsentieren somit die beiden Komponenten des menschlichen Wohlbefindens: Sicherheit und Wachstum, Angstfreiheit und Freude, Fehlen von negativer Verspannung verbunden mit dem Vorhandensein von positiver Spannung.

Die linkshemisphärische Denkfalle

Doch genau hier, wo es um unser Wohlbefinden geht, läuft das linkshemisphärische Denken Gefahr, in eine riesige Falle zu tappen: Echte innere Sicherheit, existentielle Angstlosigkeit im Sinne von Ur-Vertrauen und Ur-Geborgenheit vermag das linkshemisphärische Denken nämlich nicht zu vermitteln. Der Grund dafür liegt in der Natur des linkshemisphärischen Denkens selber. Linkshemisphärisches Denken 'dis-kutiert', was wörtlich übersetzt bedeutet: es zer-schneidet, nimmt auseinander, d.h. es führt zu immer mehr Faktenwissen, Einzelerkenntnissen, Detailinformationen, zu immer mehr Verästelung und Aufsplitterung. Mittels linkshemisphärischen Denkens alleine wissen wir immer mehr von immer weniger. Linkshemisphärisches Denken führt in die Vereinzelung, in die Isolation, und genau dies erzeugt, wie wir schon bei unserer Ego-Analyse in Kapitel 3 festgestellt haben, Angst.

Das Gegenteil von Angst, also Urvertrauen oder Urgeborgenheit, kommt aus der Erfahrung von Einheit, von Selbst- und Allverbundenheit, oder um es mit dem Sanskrit-Terminus gleicher Bedeutung auszudrücken: von Yoga. Das Wort Yoga ist verwandt mit dem lateinischen iugum, Joch und iungere, verbinden. (Von daher auch unser Fremdwort 'Junktim'.) Die unmittelbare Selbst-Erfahrung, die Erfahrung von Bewusstsein an sich in der hellwachen und völligen Ruhe des Geistes (Samadhi), vermag jene zeit- und raum-überschreitende Seinsgegründetheit zu vermitteln, in der die Angst keinen Platz hat. Linkshemisphärisches Denken, und damit auch die ausschliesslich linkshemisphärische Art, Naturwissenschaft, Psychologie oder Theologie zu betreiben, ist als Hilfsmittel zur Überwindung von Grundängsten wie Lebensangst, Zukunftsangst oder Todesangst ungefähr so wirksam wie Meerwasser gegen den Durst. Es ist zwar flüssig, aber je mehr man von ihm trinkt, desto durstiger wird man.

Die reine Selbst-Erfahrung im Zustand reinen Bewusstseins hat weder etwas mit links- noch etwas mit rechtshemisphärischem Denken zu tun. Beide Arten des Denkens kommen zur Ruhe und geraten so in vollkommene Übereinstimmung. Diese Übereinstimmung hat eine 'hardwaremässige' Entsprechung, die man EEG-Kohärenz genannt hat. Man kann an verschiedenen Stellen des Schädels die elektrische Aktivität des Gehirns messen (sog. EEG) und untersuchen, inwieweit die Aktivitäten an unterschiedlichen Ableitungsstellen miteinander zusammenhängen, statistisch gesprochen: wie hoch sie miteinander korrelieren (EEG-Kohärenz). Während der Ausübung der Transzendentalen Meditation und speziell während des TM-Sidhi-Programmes zeigen Versuchspersonen Spitzenwerte sowohl bezüglich intra-hemisphärischer Kohärenz (Kohärenz zwischen links-vorne und links-hinten bzw. rechts-vorne und rechts-hinten) als auch bezüglich inter-hemisphärischer Kohärenz, also Kohärenz zwischen linker und rechter Gehirnhemisphäre. Das Gehirn arbeitet integriert, ganzheitlich, wie die Musikinstrumente eines Orchesters unter dem Taktstock eines Dirigenten. Ein inkohärentes Gehirn gleicht eher einem Orchester vor Beginn des Konzertes. Alle Musiker spielen sich noch ein, üben schwierige Passagen, aber jeder musiziert für sich. Erst wenn der Dirigent ans Pult tritt, den Taktstock erhebt und den Einsatz gibt, vereinigen sich die Musikinstrumente zu einem 'kohärenten' Klangkörper.

Vergessen wir also das linkshemisphärische Denken als Produzenten von innerer Sicherheit, Urgeborgenheit und Urvertrauen. Dafür ist es schlicht untauglich. Es ist aber höchst tauglich, wenn es darum geht, Sicherheit im Alltag zu schaffen und aufrecht zu erhalten. Wenn es also beispielsweise darum geht, einen Zug nicht zu verpassen, nicht den falschen Zug zu besteigen, am richtigen Ort wieder auszusteigen, ein Flugzeug zu warten, den Luftraum zu kontrollieren oder ein Kernkraftwerk zu überwachen. Hier ist die unangefochtene Domäne des linkshemisphärischen Denkens, und hier erfüllt es Tag für Tag seine sicherheitsstiftende Funktion.

Need to know and nice to know

Wenn ein Mensch aus einer linkshemisphärischen Bedürfnislage heraus eine Information sucht, dann braucht er diese Information im Sinne einer Notwendigkeit, d.h. die Information soll für ihn eine Not abwenden. Entsprechend zeigt er eine gezielte, aktive Suchhaltung. Ein linkshemisphärisch Fragender stellt vor allem geschlossene Fragen, um Hypothesen, die er bereits gebildet hat, auf ihre Richtigkeit zu überprüfen. Er will es genau wissen. Sein linkshemisphärisches, konkretes Sicherheitsinteresse wird am besten dadurch befriedigt, dass man ihm prompt und ohne Umschweife, exakt und vor allem wahrheitsgetreu, also ausgesprochen 'linkshemisphärisch', Auskunft gibt. Ausschweifungen, Exkurse, Details oder Beispiele, die die Phantasie (rechtshemisphärisches Denken) anregen, sind nicht gefragt. Angenommen, der Pressesprecher eines Konzerns teilt an einer Medienkonferenz mit, der Konzern beabsichtige, einen Teil seiner Produktion mittelfristig ins Ausland zu verlagern. Anschliessend stellt ein Journalist die Frage: „Bedeutet dies Abbau von Arbeitsplätzen?" Wenn jetzt der Pressesprecher anfängt, weitschweifig über Arbeitsplätze zu philosophieren und es unterlässt, direkt und konkret auf die Frage des Journalisten zu antworten, braucht er sich nicht zu wundern, wenn der Journalist nach kurzer Zeit die Geduld verliert. Der Journalist will eine schnelle und eindeutige Antwort auf seine konkrete Frage.

Ganz anders jedoch, wenn ein Mensch aus einer rechtshemisphärischen Bedürfnislage heraus nach Informationen Ausschau hält. Informationen sind in einem solchen Fall nicht notwendig, sondern willkommen im Sinne einer Anregung, Bereicherung, Belustigung oder Vertiefung. Die Haltung ist keine gezielte, aktive Suchhaltung, sondern eine offene, rezeptive Konsum- oder Genusshaltung. Entsprechend ist die rechtshemisphärische Frageform eher offen als geschlossen. Eine rechtshemisphärisch befriedigende Antwort sollte anschaulich sein, möglichst eine spannende Geschichte mit ausgeschmückten Details. Wenn sich z.B. in der gleichen Medienkonferenz ein anderer Journalist erkundigt: „Was ist die Vision Ihres Konzerns für heute in fünf Jahren?", und der Pressesprecher lakonisch antwortet: „Es gibt eine!", dann dürfte der Journalist frustriert von dannen ziehen. Das rechtshemisphärische Informationsbedürfnis ist kein Sicherheits-, sondern ein Neugier-Interesse. Die Information sollte im wahrsten Sinne des Wortes 'sensationell' sein, d.h. sie sollte vor allem die Sinne ansprechen. Der Neuigkeits- und Unterhaltungswert der Information ist wichtiger als ihr Wahrheitsgehalt. Das früher zitierte 'Inforno', mit dem unsere Medien uns beglücken, ist wohl eindeutig mehr Futter für die rechte als für die linke Gehirnhälfte. Unsere Nachrichten, die wir tagtäglich konsumieren, haben nur sehr beschränkt die Funktion 'seriöser' Berichterstattung für den 'kritischen' Zeitgenossen. Auf Englisch heissen Nachrichten 'News', Neuigkeiten. Das englische Wort ist hier ehrlicher.

Wie der Vergleich zwischen links- und rechtshemisphärischem Denken im Umgang mit Informationen zeigt, ist die linkshemisphärische Mentalität vor allem durch 'Machen', die rechtshemisphärische Mentalität dagegen durch 'Lassen' gekennzeichnet. In der linken

Gehirnhälfte sind die Denkzügel - bildlich gesprochen - straff ge-spannt, in der rechten baumeln sie locker herum. Links-hemisphärisches Denken ist streng kontrolliert, ernsthaft, seriös. Rechtshemisphärisches Denken ist heiter, verspielt, vielleicht so-gar versponnen, auf jeden Fall nicht unbedingt seriös.

Die Produktivität des Lassens

Lassen im Sinne von *Los*lassen und *Zu*lassen ist denn auch der Schlüssel zur Kreativität. Kreative Ideen sind nicht nach linkshemi-sphärischer Manier 'machbar', so wie man Brötchen backen kann. Kreative Ideen pflegen sich von selbst einzustellen, ohne Voran-meldung, und meistens dann, wenn man überhaupt nicht (mehr) mit ihnen rechnet. Uns allen ergeht es doch immer wieder nach dem gleichen Muster: Wir suchen krampfhaft nach einer kreativen Problemlösung, aber vergebens. Wenn wir endlich aufgegeben haben und womöglich gar nicht mehr daran denken, kommt uns dann plötzlich und unerwartet der zündende Einfall.

Kreative Ideen sind Produkte des Lassens. Lassen wiederum setzt Gelassenheit voraus. Ohne Gelassenheit können wir es uns nicht leisten, loszulassen und zuzulassen, also uns gehen zu las-sen. Gelassenheit aber ist nichts als ein anderer Ausdruck für inne-re Ruhe, Angstfreiheit, Sicherheit, Urgeborgenheit, Urvertrauen. Wenn wir kreativ sind, gleicht unser 'Mind' einem Akrobaten, der grosse und gewagte Sprünge, salti mortale und ähnliches ausführt. Der Akrobat muss sich darauf verlassen können, dass er festen Boden unter seinen Füssen hat. Wenn der Boden plötzlich zu schwanken anfangen würde, würde er sofort wie angewurzelt ste-hen bleiben und sich kaum von der Stelle bewegen. Ebenso braucht ein kreativer Geist eine stabile, in sich ruhende Basis, um sich frei und spielerisch entfalten zu können.

Der Kreativitätskiller Nummer 1 ist Angst. Wer Angst hat, engt sein Denken ein. Er kann sich nur in eingefahrenen Gedanken-bahnen bewegen. Mit Drohungen, d.h. mit Angsterzeugung kann man nur mechanische, primitive, bestenfalls quantitative Leistungen provozieren. Kreative, innovative, qualitative Leistungen werden durch Angst verhindert. Wenn im Angesicht einer Gefahr dennoch kreative Höchstleistungen erbracht werden, so deshalb, weil einige wenige Beteiligte nicht in Panik geraten, sondern ruhig bleiben und einen kühlen, freien Kopf bewahren. Eine angstfreie, entspannte Grundbefindlichkeit bildet das Fundament, auf dem unsere Gedanken gleichsam spielen, tanzen und springen können.

Dass wir früher oder später Angst haben, ist so lange unvermeidlich, wie sich unsere Sicherheitsgefühle auf gedankliche Vorstellungen gleich welcher Art und gleich welchen Inhalts gründen. Alle Glaubenssysteme, Dogmengebäude, Paradigmata, Weltanschauungen ebenso wie unsere ganz persönlichen Vorstellungen darüber, wer wir sind ('Ego', siehe Kap. 3), was uns glücklich macht, wie wir zu leben haben, sind starr und begrenzend und deshalb bestenfalls von zeitlich befristeter Gültigkeit. Irgendwann einmal müssen sie sich wandeln, wenn nicht gar zusammenbrechen. Weil aber solche Gedankenstrukturen uns ein Gefühl von Sicherheit verschaffen sollen, bekommen wir Angst, wenn sie herausgefordert werden und sich aufzulösen drohen. Als Folge davon halten wir krampfhaft an ihnen fest. Diese Erstarrung und Rigidität ist das typische verhaltensmässige Korrelat zur erlebnismässigen Angst. Wenn aber der Wandlungsdruck - vielleicht angesichts einer ausweglosen Situation oder ausgelöst durch einen Schicksalsschlag - zu gross wird, bleibt uns nichts anderes übrig, als von ihnen loszulassen und uns gleichsam urvertrauensvoll fallen zu lassen. Genau in dem Moment verschwindet auch die Angst, und jetzt wird oft der Weg frei für enorme Kreativitätsleistungen. Viele kreative Menschen berichten, dass sie zuerst durch einen finsteren Tunnel der Angst gehen mussten, bevor sie ans freie Licht kreativen Gestaltens treten konnten. Es war aber nicht die Angst, die sie kreativ gemacht hat, sondern das Fahrenlassen von bisherigen Gedankenmustern, also das Hinter-sich-lassen der Angst. Die Geburtswehen gehen der Geburt zwar voraus, aber der eigentliche Gebärakt ist etwas anderes.

Uns Kindern des 20. Jahrhunderts hat man in der Schule nicht gerade beigebracht, die Produktivität im 'Lassen' zu suchen. Im Gegenteil, wahrscheinlich hat man uns gepredigt: „Wenn Du produktiv, tüchtig und erfolgreich sein willst, dann musst Du am Ball bleiben, machen, machen, machen." Viele Manager bezeichnen sich stolz als 'Macher'. Die Mentalität des Machens als Schlüssel zur Produktivität ist aber nur die halbe Wahrheit. Die andere, genauso wichtige Hälfte ist, wie die Geburt kreativer Ideen zeigt, das Lassen.

Eine weitere Tätigkeit, wobei die Produktivität im Lassen und nicht im Machen besteht, ist die Kunst des Zuhörens im Rahmen der zwischenmenschlichen Kommunikation. Zuhören ist nicht einfach Schweigen. Zuhören ist auch nicht abwarten, bis man selber zu Wort kommt. Zuhören ist auf keinen Fall die gedankliche Vorbereitung dessen, was man als nächstes selber sagen will. Zuhören ist innerlich engagiertes Mitgehen mit dem Gesprächspartner. Wenn wir wirklich zuhören, dann denken wir mit, was der Gesprächspartner denkt, und fühlen wir mit, was der Gesprächspartner fühlt. Dies setzt allerdings voraus, dass wir loslassen von unserem eigenen Anliegen, unseren eigenen Meinungen und Vorstellungen, und wirklich daran interessiert sind, die Anliegen, Meinungen und Vorstellungen des Gesprächspartners kennenzulernen. Wir müssen gewissermassen unser eigenes Auto am Strassenrand parken, ins Auto des Gesprächspartners einsteigen, uns von ihm herumfahren und ihn uns zeigen lassen, wie er die Welt sieht. Nachher, wenn die Rundfahrt wieder vorbei ist, können wir wieder in unser eigenes Auto einsteigen. Doch genau vor dieser Situation fürchten wir uns vielfach. Wir befürchten nämlich, dass wir nach der Rückkehr zum Parkplatz unser eigenes Auto nicht wieder vorfinden, dass also unser eigenes Anliegen aus dem Gedächtnis entschwunden sein könnte. Diese Befürchtung ist Gott sei Dank unbegründet, denn eben weil es uns ja ein Anliegen ist, das uns am Herzen liegt, sorgt das in früheren Kapiteln behandelte 'Prinzip Wohlbefinden' dafür, dass unser Auto nach der Rundfahrt mit dem Gesprächspartner noch genauso am Strassenrand stehen wird, wie wir es vor der Rundfahrt hingestellt haben. Wir können es uns also leisten, von unseren Interessen und Sichtweisen loszulassen und uns auf diejenigen des Gesprächspartners einzulassen.

Zuhören bedeutet, dass wir wirklich auf Empfang schalten. Leider sind wir in Gesprächen viel mehr auf Sendung als auf Empfang geschaltet. Wir gehen in Gespräche mit einem zielgerichteten Sen-dungsbewusstsein statt mit einer offenen Empfangshaltung. Überhaupt ist Zuhören in erster Linie eine Frage der Offenheit und damit eine hauptsächlich rechtshemisphärische Angelegenheit. Offenheit heisst, wir müssen alles, was an unser Ohr dringt, hereinlassen und das Hereingelassene auch noch zulassen, und zwar so, wie es ist. Es geht darum, den Gesprächspartner zu verstehen, nicht zu bewerten. Die Quintessenz des Zuhörens ist somit Loslassen, Hereinlassen und Zulassen, also Lassen.

Zuhören ist nicht aktives Bewegen, sondern passives Bewegt-Werden. Es setzt die Bereitschaft voraus, sich bewegen zu lassen, und dies ist wiederum eine Frage der Gelassenheit. Zuhören unter Druck, auch Zeitdruck, wird häufig gefordert, ist aber schlicht unmöglich. Fehlt es beim Zuhörenden an der nötigen inneren Offenheit und Gelassenheit, dann reduziert sich Zuhören zu blossem *An*hören, aus dem bestenfalls ein neugieriges, aber teilnahmsloses *Aus*hören werden kann. Treten an die Stelle von Offenheit gar Vorurteile, dann pervertiert sich das *An*hören zum *Ver*hören. Letzteres ist ein *Über*hören alles dessen, was dem Vorurteil widerspricht, und verfolgt das Ziel, den Verhörten zu überführen, d.h. das eigene Vorurteil zu bestätigen.

Immer dann, wenn wir empfangen, etwas Neues erfahren, unseren Erlebnishorizont erweitern und die Grenzen unseres Bewusstseinszustandes sprengen wollen, ist nicht Machen, sondern Lassen gefordert. Angenommen, Sie lieben klassische Musik und gehen in ein Konzert. Vielleicht wird ein spätes Streichquartett von Beethoven gespielt, das Sie bei dieser Gelegenheit gerne kennenlernen möchten. Was müssen Sie dazu tun? Gar nichts! Sie müssen nur entspannt dasitzen, offen sein und die Musik auf sich wirken lassen. Wenn Sie sich enorm anstrengen, jeden Ton mitzubekommen, womöglich noch mit höchster Konzentration die Partitur mitverfolgend, werden Sie überhaupt nichts mitbekommen. Zumindest nichts von der Botschaft, die Ihnen der Komponist L.v.Beethoven mitteilen möchte. Analog verhält es sich, wenn Sie ein Kunstmuseum besuchen, sich einem Gemälde nähern und in Erfahrung bringen wollen, worin die Aussage des Malers besteht. Ein systematisches, analytisches, also linkshemisphärisches 'Scanning' aller Bilddetails von links oben nach rechts unten wird Ihnen diese kaum enthüllen. Sie müssen loslassen, sich dem Bild und gleichsam der Führung Ihrer Aufmerksamkeit durch den Maler überlassen.

Die Abwesenheit von linkshemisphärischer Kontrolle, die Freiheit von Konzentration und Beobachtung, die dem spontanen Erlebnisfluss eigentümlich ist, begegnete uns bereits im zweiten Kapitel, dort in erkenntnistheoretischem Zusammenhang. So verlangt denn auch der Versenkungsvorgang der Meditation, wie wir ihn in der TM-Technik (siehe Kapitel 5) behandelt haben, vom Meditierenden Lassen, nicht Machen. Die Grundanweisung an den Meditierenden lautet: „Nimm es, wie es kommt!", eine eindeutige Aufforderung zum Loslassen und nicht bewertenden Zulassen aller Erfahrungen.

Drei Arten von Dualität

Betrachtet man die Charakteristika des links- und rechtshemisphärischen Denkens insgesamt, so fällt es nicht schwer, sich diese beiden Mentalitäten in einem rechtshemisphärisch analogen - nicht linkshemisphärisch digitalen! - Sinn als 'männlich' und 'weiblich' vorzustellen. Damit ja keine Missverständnisse aufkommen: 'Männliches' Denken ist hier *nicht* im Sinne von *typisch männliches Denken* und 'weibliches' Denken im Sinne von *typisch weibliches Denken* zu verstehen. Was unser Denken anbetrifft, sind wir alle androgyn. Zwar mag es zutreffen, dass in unserer Kultur Männer stärker in Richtung linkshemisphärisches und Frauen mehr in Richtung rechtshemisphärisches Denken sozialisiert werden, aber von unserer mentalen Grundausstattung her verfügen beide Geschlechter über beide Mentalitäten. Wir haben es hier mit einer

Polarität zu tun, wobei sich beide Pole ergänzen. Die Pole sind komplementär, nicht kontradiktorisch. Keiner der Pole ist 'schlecht' oder 'gut'. Vielmehr sind beide Pole zusammen 'gut'. Einer der Pole allein, gleich welcher, bedeutet Halbheit, Unvollständigkeit, Einseitigkeit, und ist deshalb 'schlecht'. Die alten Chinesen veranschaulichten diesen Zusammenhang zwischen Einheit, Ganzheit und Polarität innerhalb der Ganzheit in dem bekannten Yin-Yang-Symbol (siehe Abb. 11). Dabei steht der Kreis für Einheit und Ganzheit, die beiden gegensätzlichen, aber ineinandergreifenden Teilfiguren Yin und Yang für die Polarität innerhalb der Einheit.

Die Art von Dualität, wie sie uns in 'linkshemisphärisch' und 'rechtshemisphärisch', 'männlich' und 'weiblich', Yin und Yang begegnet, könnte man eine *holistische Polarität* nennen. Das Prinzip der holistischen Polarität ist: *sowohl als auch*. Die damit verbundene Aufgabenstellung lautet: Vervollständigen und Einseitigkeiten vermeiden. Die holistische Polarität ist in ihrer Ganzheitlichkeit eher ein Kind rechtshemisphärischen Denkens. Sie erfreut sich grosser Beliebtheit in den Philosophien und Religionen Asiens. Die Europäer tun sich etwas schwer damit. Die denkerischen Nachfahren des Aristoteles sind eher mit einer zweiten Art von Dualität vertraut, die man *kontradiktorischen Gegensatz* nennen könnte. Das Prinzip des kontradiktorischen Gegensatzes ist: *entweder oder*. Beispiele für den kontradiktorischen Gegensatz sind 'gesund' und 'krank', 'schön' und 'hässlich', 'arm' und 'reich', 'tot' und 'lebendig', 'Sein' und 'Nichtsein'. Man ist geneigt, bei der Aufzählung dieser Beispiele jeweils das Wort *und* durch *oder* zu ersetzen. Es geht immer nur eines von beiden, und ein drittes gibt es nicht. (Tertium non datur.) Meistens bewerten wir die eine von beiden Möglichkeiten als positiv - z.B. gesund, schön, reich -, die andere als negativ - z.B. krank, hässlich, arm. Die Aufgabenstellung beim kontradiktorischen Gegensatz lautet deshalb: Auswählen und Ausscheiden, also Entscheiden. Man sieht sofort, dass der kontradiktorische Gegensatz ein Kind des linkshemisphärischen Denkens ist.

Es gibt noch eine dritte Art von Dualität, die sich ebenfalls bis zu Aristoteles zurückverfolgen lässt: das *bipolare Kontinuum*. Ein

Kontinuum wie z.B. die Temperaturskala hat zwei entgegengesetzte, in beiden Richtungen offene Extrempole. Dabei wird in der
Regel die neutrale Mitte als positiv, die beiden Extreme dagegen
als negativ bewertet. Das Prinzip des bipolaren Kontinuums ist:
weder... noch... , weder zu heiss, noch zu kalt, weder zu schwer,
noch zu leicht, weder zu klein, noch zu gross, weder überfordert,
noch unterfordert. Aristoteles verwendete das bipolare Kontinuum in seiner Ethik der 'Metriopathia', des mittleren Masses in den
Leidenschaften. Es geht beim bipolaren Kontinuum darum, das
rechte Mass, die richtige Dosierung zu finden. Entsprechend lautet
die Aufgabenstellung: Ballance halten und Extreme vermeiden.
Das bipolare Kontinuum kommt immer dann zum Einsatz, wenn
statistische Normen, also Durchschnittswerte, zur Norm erhoben
werden, wie das heute ja in vielen Lebensbereichen gang und
gäbe ist. Ein anderes Anwendungsgebiet des bipolaren Kontinuums sind Steuerungsvorgänge in der Technik: Wann immer bestimmte Werte zu weit nach oben oder nach unten von einem
Richtwert abweichen, wird eine Gegensteuerung ausgelöst. Alle
unsere Kühlschränke, Zentralheizungen und Klimaanlagen funktionieren so. Das bipolare Kontinuum ist eine Form von Dualität,
die im 'westlichen' und 'östlichen' Denken gleichermassen hei-
misch ist. Es lässt sich - ganz im Sinne des bipolaren Kontinuums!
- weder eindeutig dem linkshemisphärischen noch dem rechtshemisphärischen Denken zuordnen. Vielleicht ist es - im Sinne
einer holistischen Polarität - eine Kombination von links- und rechtshemisphärischem Denken.

In Diskussionen erlebe ich immer wieder, dass die Teilnehmer
heillos aneinander vorbeireden, weil sie diese drei Arten von Dualität wie Kraut und Rüben miteinander vermischen. Dies führt dann
zu philosophischen Thesen des Inhalts: Freud und Leid, Glück
und Unglück, Gesundheit und Krankheit sind beide gut, denn das
Leben ist doch eine Ganzheit, die aus zwei Polen besteht. Also
sollten wir uns freuen, wenn wir leiden, ein Unglück erfahren
oder von einer Krankheit befallen werden. Hier wird offenbar die
holistische Polarität mit dem kontradiktorischen Gegensatz in ei-

nen Topf geworfen. Man kann dies vielleicht machen, aber man sollte sich dabei bewusst sein, dass man es macht.

Trinitäten

Was sowohl die holistische Polarität als auch das bipolare Kontinuum vom kontradiktorischen Gegensatz unterscheidet, ist die Tatsache, dass sich hier ein drittes Element hineinzuschleichen beginnt. Bei der holistischen Polarität ist es die Ganzheit zusätzlich zu den beiden komplementären Bestandteilen, beim bipolaren Kontinuum die Mittelregion zusätzlich zu den beiden Extremregionen. Die Dualität zeigt Ansätze zur Trinität, zur Drei-Einigkeit. Drei-Einigkeiten sind Ganzheiten, die sich aus drei unterschiedlichen, sich untereinander ergänzenden Elementen zusammensetzen. Die Trinität ist damit mit der holistischen Polarität verwandt. Da hier aber nicht nur zwei, sondern drei Elemente sich zu einer Einheit zusammenfinden, halten sich bei der Trinität Synthese, sprich rechtshemisphärisches Denken, und Analyse, sprich linkshemisphärisches Denken, die Waage. Wenn wir in Dreieinigkeiten denken, denken wir Einheit und Vielfalt, Statik und Dynamik zugleich. Bekanntlich gibt es ja nichts Standfesteres als einen Tisch, der drei Beine hat. Auch wir haben im Rahmen dieses Buches eine holistische Polarität zu einer Trinität weiterentwickelt: Aus den beiden sich ergänzenden Erlebnisaspekten Erlebender und Erlebtes, affektiver und kognitiver Erlebnisaspekt, wurde durch Hinzufügung der Wechselwirkung zwischen beiden Erlebnisaspekten ein drei-einiges Mind-Modell, wie es in Abb. 10 dargestellt ist.

Vielleicht liegt das Geheimnis der Drei-Einigkeit darin, dass die Vielfalt noch nicht so gross ist, dass sie unser Kurzzeitgedächtnis überfordert, aber doch schon genügend gross ist, dass wir wirklich von Vielheit und Verschiedenheit sprechen können. Wann immer wir drei verschiedene Gedankeninhalte denken, die zusammen eine Einheit ergeben, ist die Bedingung für eine Trinität erfüllt. Wahrscheinlich ist das der Grund dafür, dass sich Drei-Einigkeiten in allen Kulturen, Religionen, Philosophien, Wissenschaften und Praxisbereichen einer so enormen Beliebtheit erfreuen. Hier eine Reihe von Drei-Einig-keiten, die sich beliebig lang fortführen liesse:

Gottesbegriff im Christentum:	*Gott-Vater, Gott-Sohn,*
	Gott-Heiliger Geist
Altägyptische Religion:	*Osiris, Isis, Horus*
Hinduismus:	*Brahma, Vishnu, Shiva*
Teilgebiete der Philosophie:	*Erkenntnistheorie,*
	Metaphysik, Ethik
F. Hegel:	*These, Antithese, Synthese*
Ursachenarten:	*Zweckursache (causa finalis)*
	Wirkursache (causa efficiens)
	Stoffursache (causa materialis)
Psychischer Apparat nach S. Freud:	*Es, Ich, Überich*
Staatsgewalten:	*Legislative, Exekutive, Judicative*
Wirtschaftssektoren:	*Landwirtschaft, Industrie,*
	Dienstleistungen
Bankwesen:	*Zahlungsverkehr, Geldanlagen,*
	Kreditgeschäft

Der griechische Weise Pythagoras von Samos drückte die Drei-Einigkeit als 'heilige Tetraktis', als 'heilige Vierheit' im Sinne von 3 (Dreiheit) + 1 (Einheit) aus. Für ihn repräsentierte die Zahl 4 in besonderem Masse den Gedanken der Einheit, die gleichzeitig Vielheit enthält. Addiert man nämlich die natürlichen Zahlen von 1 bis 4 (1+2+3+4), so erhält man als Summe die Zahl 10, deren Quersumme (1+0) wiederum 1 ergibt.

In der vedischen Wissenschaft, der Wissenschaft vom Bewusstsein, wird 'Bewusstsein an sich' oder 'reines Bewusstsein' als Einheit von Erkenn*endem*, Erkennt*nis* und Erk*anntem* begriffen. Die einfachste Grundform des Bewusstseins wird gleichzeitig als dreifach gesehen. Gerade diese Dreiheit innerhalb der Einheit oder 'Drei-in-Eins-Struktur', wie Maharishi Mahesh Yogi sie häufig nennt, weist reines Bewusstsein wirklich als Bewusst-sein und nicht als 'absolutes Unbewusstes' aus. Die Erfahrungsmerkmale reinen Bewusstseins bilden ebenfalls eine Drei-Einigkeit, nämlich Sat-Chit-Ananda, Sein-Bewusstsein-Glückseligkeit. Reines Bewusstsein wird dank seines Bewusstseins-Charakters auch als 'reines Wissen' bezeichnet. Maharishi sagt über dieses apriorische Urwissen immer wieder: 'knowledge has organizing power'. Wissen an sich, das irgendein Wissen überhaupt erst möglich macht, organisiert jegliches Wissen. Reines Wissen, die Drei-in-Eins-Struktur von Erkennendem, Erkenntnis und Erkanntem, liefert uns das Organigramm für irgendwelches Wissen. Reines Wissen programmiert die Struktur von spezifischem Wissen. Daher unsere erkenntnismässige Befriedigung, wenn wir irgendeinen Sachverhalt als Drei-Einigkeit erfassen können. Einheit und Vielheit, Homogenität und Differenziertheit, Kompaktheit und Komplexität, Bewegung und Ruhe, Statik und Dynamik, fallen hierbei maximal zusammen. Jede intellektuelle Beschäftigung mit Dreieinigkeiten trainiert demzufolge unsere Fähigkeit, Vielfalt und Einheit gleichzeitig zu denken.

Unterschiedliche Denkstile

Gerade dann, wenn Einheit und Vielheit in unserem Denken eine Rolle spielen, treten die unterschiedlichen Mentalitäten des links- und rechtshemisphärischen Denkens offen zutage. Sie ergeben vier verschiedene Denkstile, wie sie auf der nächsten Seite in Abb. 12 zusammengestellt sind.

Einheit entsteht im linkshemisphärischen Denken dadurch, dass man von Unterschieden absieht, 'abstrahiert', und das allen Elementen Gemeinsame hervorhebt. Die unterschiedlichen Elemente werden dadurch einander gleich gemacht, eben vereinheitlicht. Wir tun dies immer dann, wenn wir generalisieren, indem wir beispielsweise sagen: Banken haben mit Geld zu tun. Dabei sehen wir von den Unterschieden zwischen den verschiedenen Banken ab und streichen das heraus, was alle Banken gemeinsam haben. Im rechtshemisphärischen Denken entsteht Einheit durch Zusammenfügen von verschiedenen Elementen, bei denen eine wechselseitige Ergänzung festgestellt wird. Die verschiedenen Elemente werden nicht gleich, sondern eins oder ganz gemacht. Sie werden miteinander integriert. Während die linkshemisphärische Abstraktion die Komplexität vereinfacht, bleibt sie bei der rechtshemisphärischen Integration bestehen. Ein politisches Anwendungsbeispiel für Einheitsdenken durch Gleichmachen (Universalismus) ist der Zentralstaat, für Einheitsdenken durch Einsmachen (Holismus) die Föderation.

Bewegt sich ein linkshemisphärisch Denkender vom Allgemeinen zum Besonderen, also von der Einheit in die Vielheit, dann sondert er ein einzelnes Element aufgrund seiner spezifischen Beschaffenheit heraus. Das einzelne Element wird wegen seiner Verschiedenheit von anderen Elementen isoliert und für sich betrach-

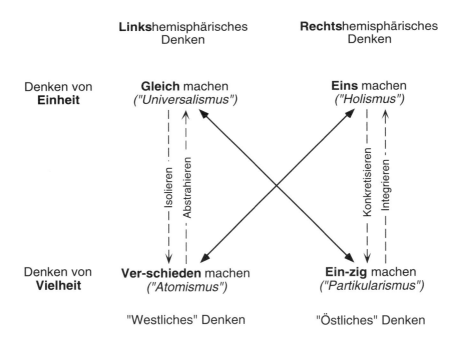

Abbildung 12: Unterschiedliche Denkstile

tet. Der rechtshemisphärisch Denkende dagegen belässt das einzelne Element im Kontext der anderen Elemente und konzentriert sich auf die Einzigartigkeit jedes einzelnen Elementes, ein Vorgehen, das man im Gegensatz zum 'Isolieren' 'Konkretisieren' nennen könnte. Als Folge davon sieht er jedes Einzelne als Unikat im Zusammenhang mit anderen Unikaten. So präsentiert sich in rechtshemisphärischer Betrachtung unser Organismus (Ganzheit, Einheit) als ein zusammenhängendes System von höchst spezialisierten und profilierten (Einzigartigkeit) Organen. Während das linkshemisphärische Denken dazu neigt, ein einzelnes Element aus seinem Kontext herauszuschneiden (Atomismus), belässt es das rechtshemisphärische Denken darin, versucht aber, der Einzigartigkeit jedes Elementes gerecht zu werden (Partikularismus).

Zu Konflikten kommt es häufig dann, wenn die in Abb. 12 einander diagonal gegenüberliegenden Denkstile aufeinander treffen. Der Universalist proklamiert: „Gleiches Recht für alle!" Und der Partikula-rist kontert: „Aber hier haben wir es doch mit einem einmaligen Spezialfall zu tun!". Der Atomist fährt die Strategie: „Konzentrieren wir uns auf eine gezielte Behandlung dieses erkrankten Organs!" Der Holist wendet dagegen ein: „Aber man muss doch diese Organerkrankung als lokale Manifestation einer gesamtorganismischen Störung sehen!" Häufig wird universalistisches und atomistisches Denken mit 'typisch westlichen', holistisches und partikularistisches Denken mit 'typisch östlichem' Denken assoziiert, was diesbezügliche Konflikte nicht gerade mildert. Warum nicht das eine tun, und das andere nicht lassen? Tatsächlich ergänzen sich alle vier Denkstile untereinander prächtig. Wir haben es hier wiederum mit einer holistischen Polarität zu tun. Um diese jedoch zu erkennen und nutzbringend anzuwenden, bedarf es einer rechtshemisphärischen, holistischen Sichtweise. Und diese kommt in unseren Breiten- und Längengraden meist zu kurz.

Synthese tut Not

In unserer derzeitigen westlichen Kultur herrscht eindeutig eine Dominanz des linkshemisphärischen Denkens. Wir brauchen uns nur an unsere Schulzeit zu erinnern. Unsere ganze Sozialisation, unser Wissenschaftsbetrieb, aber auch unser Wirtschaftsleben haben unser linkshemisphärisches Denken hochgezüchtet, während das rechtshemisphärische Denken in allen 'offiziellen' Institutionen und Angelegenheiten ein ziemlich kümmerliches Schattendasein fristet. Das war keineswegs immer so. Wie wir am Beispiel der 'saturnischen Krankheit' festgestellt haben, gab es in früheren Kulturen so etwas wie eine rechtshemisphärische Wissenschaft. Für die Gelehrten des Altertums waren die Göttergeschichten, Mythen und Heldenepen 'analoge' wissenschaftliche Texte. Noch am Ausgang des europäischen Mittelalters war die Gedankenwelt mehrheitlich durch den christlichen Glauben und seine Bilderwelt, also rechtshemisphärisch geprägt. Erst mit der Aufklärung wendete sich das Blatt zugunsten des linkshemisphärischen Denkens. Eine Schlüsselrolle spielte dabei der französische Philosoph René Descartes. Er ersetzte den Glauben durch dessen Gegenteil: den Zweifel. An die Stelle gehorsamer Gläubigkeit trat eine Grundhaltung der Skepsis. Alles sollte kritisch hinterfragt, auf seine Gültigkeit überprüft werden. Das gezielte, kritische Fragen mit der Suche nach unzweifelhaften, eindeutigen Antworten wurde zur wissenschaftlichen Forschungsmethode: Das Experiment trat seinen Siegeszug an. Das linkshemisphärische Denken wurde zum wissenschaftlichen Denken schlechthin. Seine konsequenteste Ausgestaltung fand es im zwanzigsten Jahrhundert in Form des 'kritischen Rationalismus' von Karl Popper. An seiner Wiege stand der cartesianische Zweifel, eine linkshemisphärische Geistesregung in Reinkultur. Man wollte nicht mehr glauben, sondern es ganz genau wissen. Gewiss, der Zweifel für sich alleine genommen ist wohl kaum der Königsweg zu höchsten Erkenntnissen und tiefsten Einsichten. Aber gegenüber dem Aberglauben markiert er unbestreitbar einen Fortschritt.

Und wo stehen wir heute an der Schwelle zum 21. Jahrhundert? Viele Zeitgenossen, vor allem innerhalb der New-Age-Szene, haben das Zeitalter der Aufklärung zu Grabe getragen. Und es mangelt auch nicht an glühenden Verfechtern des rechtshemisphärischen Denkens, die mit ebensolcher Glut und nahezu religiösem Eifer das linkshemisphärische Denken verteufeln. Wird hier nicht wieder einmal das Kind mit dem Bade ausgeschüttet? Vielleicht trifft auf manche zeitgenössische Propheten der rechten Gehirnhälfte ein Satz von Ken Wilber zu: „Viele, die glauben, den rationalen Verstand überwunden zu haben, sind in Wahrheit noch gar nicht bis zu diesem vorgedrungen." Was wir heute brauchen, ist eine Synthese von kritischem Hinterfragen und Offenheit für Intuitionen, von Machen und Lassen, von links- und rechtshemisphärischem Denken. Dies könnte mithelfen, dass sich das Zeitalter der Aufklärung weiterentwicklt zu einem 'Zeitalter der Erleuchtung'.

Fünf Erkenntnisse aus Kapitel 10

1. Ohne Unterscheidungsvermögen und Gedächtnis gäbe es kein sinnerzeugendes, intelligentes Denken.
2. Es gibt neben der linkshemisphärischen Naturwissenschaft noch eine rechtshemisphärische, mit Analogien arbeitende Naturphilosophie.
3. Humor ist eine Form von Kreativität.
4. Angst ist der Kreativitätskiller Nummer eins.
5. Das linkshemisphärische, analytische Denken allein kann kein Urvertrauen vermitteln.

11. Im Reich der Gedanken

Denkgewohnheiten

Nachdem wir uns im vorangegangenen Kapitel ausgiebig mit der Frage auseinandergesetzt haben, *wie* wir denken, wenden wir uns nun dem *Was* des Denkens, unseren Gedanken*inhalten* zu. Was bestimmt, was wir denken - und was wir nicht denken?

Der Haupteinflussfaktor auf die Inhalte unserer Gedanken ist weder besonders originell noch sonderlich vielversprechend: Es sind unsere früheren Gedanken, die wir im Gedächtnis abgespeichert haben. Ca. 80 % unserer Gedanken von heute haben wir bereits gestern gedacht. Wir sind mentale Wiederkäuer, Gewohnheitsdenker, eingefangen in *Denkgewohnheiten*. Einige dieser gewohnheitsmässigen Gedankenabfolgen sind sicherlich nützlich, andere dagegen unbestreitbar schädlich für uns selbst und unsere Umwelt. Negative, destruktive, lebensfeindliche Denkgewohnheiten sind meiner Erfahrung nach die hartnäckigsten Widerstände auf dem menschlichen Entwicklungsweg, mit denen wir uns immer wieder selbst ein Bein stellen. Und was diesen Missstand noch verschlimmert, ist der Umstand, dass viele negative Denkgewohnheiten kollektiv sind, also nicht nur im eigenen Kopf, sondern auch in den Köpfen unzähliger anderer repetiert werden. Wir sind, was unsere Denkmuster anbetrifft, nicht nur Wiederkäuer, sondern auch noch Herdentiere.

Mit negativen Denkgewohnheiten verhindern wir unser persönliches und gesellschaftliches Glück. Die moderne, kognitive Verhaltenstherapie hat die krankmachende Wirkung lebensfeindlicher Denkgewohnheiten erkannt und setzt mit ihren therapeutischen Interventionstechniken deshalb genau an dieser Stelle an. Der bereits zitierte zypriotische Lehrer und Heiler Daskalos spricht in diesem Zusammenhang von 'Elementalen' und geisselt die negativen Elementale als unsere ärgsten Fortschrittsverhinderer. Daskalos beschreibt die Elementale als von uns geschaffene Gedankenwesen mit einer Art Selbsterhaltungstrieb, der das ausserordentliche Beharrungsvermögen unserer Denkgewohnheiten ausmacht. Indem wir unsere Elementale immer wieder denken, ihnen immer wieder unsere Aufmerksamkeit widmen, versorgen wir sie immer wieder mit Nahrung, die sie am Leben erhält. Die Gedankenwesen des Daskalos erinnern an die 'bösen Geister' und 'Dämonen' aller Kulturen und Epochen. In allen spirituellen Traditionen findet sich der Mythos vom Helden, Heiligen oder Gott, der seinen Kampf mit den Dämonen bestehen muss. Erst wenn er den Dämon erschlagen hat und siegreich aus dem Kampf hervorgegangen ist, wird ihm der höchste Lohn - der heilige Gral, Unsterblichkeit, Gottesverwirklichung, Erleuchtung - zuteil. In diesen Mythen wird mit rechtshemisphärischer Ausdruckskraft ausgemalt, was die nüchterne Alltagserfahrung aller sich entwickelnden Menschen ist: die Überwindung negativer Denkgewohnheiten.

Die Frage erhebt sich: *Wie* können wir unsere negativen Denkgewohnheiten verändern? Wie können wir aus dem unendlichen Recyclingstrom destruktiver Gedanken aussteigen? Und *wohin* wollen wir unsere Denkmuster verändern? Hierzu einige Empfehlungen:

1. Nicht ankämpfen gegen negative Gedanken! Wenn wir versuchen, negative Gedanken zu verscheuchen oder sie beiseite zu schieben, haben wir den Kampf bereits verloren, bevor wir ihn erst richtig begonnen haben, denn Druck erzeugt stets Gegendruck. Besser ist es, wir lassen die Gedanken, die sich nun einmal eingestellt haben, einfach laufen, ohne ihnen inneren Widerstand entgegen zu setzen. Genau dadurch nämlich lassen wir sie ins Leere laufen. Wenn wir den negativen Gedanken gegenüber eine neutrale Beobachterhaltung einnehmen, entziehen wir ihnen gleichsam die Nahrung. Wichtig ist, dass wir uns nicht *durch* unsere Gedanken identifizieren. Wir sind nämlich nicht unsere Gedanken, sondern deren Denker, ebensowenig wie die vorüberziehenden Wolken am Himmel der Himmel selbst sind. Wenn aber der Himmel mit Wolken total bedeckt ist, ist er verdeckt. Wir sind nicht unsere Gedanken. Wenn wir aber uns selbst vergessen, werden wir zu unseren Gedanken.

2. Deshalb ist es hilfreich, wenn wir von Zeit zu Zeit unsere Gedanken transzendieren, die Wolkendecke gleichsam durchstossen und in den wolkenlosen Himmel unseres reinen Selbstes jenseits aller Gedanken vordringen. Als praktisches Verfahren dafür lernten wir in Kapitel 5 die TM-Technik kennen. Die unmittelbare, reine Selbsterfahrung im Zustand transzendentalen Bewusstseins bringt uns unseren eigentlichen Status als Ursprung von Gedanken, nicht aber als deren Gegenstand in Erinnerung.

3. Der positive Bliss-Charakter der reinen Selbsterfahrung (Ananda) invalidiert die Negativität und Destruktivität bisheriger Denkgewohnheiten. Die Bliss-Erfahrung, d.h. die Erfahrung von Urlebensfreude in Urgeborgenheit, statuiert unmissverständlich ein Exempel für die positive Grundnatur des Lebens. So wirkt jede Bliss-Erfahrung zersetzend auf negative Lebenshaltungen und Denkmuster.

4. Denken im Zustand der Selbstgegründetheit, d.h. die Selbsterfahrung geht nicht verloren, während wir Gedanken haben. Dieser Selbst-Rückbezug bei gleichzeitiger gedanklicher Aktivität führt dazu, dass wir nicht länger von unseren Gedanken beherrscht, sondern Herrscher über unsere Gedanken werden. Aufrechterhaltung der Selbsterfahrung heisst indessen nicht, dass wir an uns denken, während wir gleichzeitig an etwas anderes denken. Die kontinuierliche, unsere Gedanken begleitende Selbsterfahrung ist vielmehr ein spontaner Bewusstseinszustand, der das Frühstadium dessen markiert, was wir in früheren Kapiteln 'Erleuchtung' nannten.

5. Klare, tiefe und messerscharfe Einsichten in die Natur unserer selbst und des Lebens fördern neue, aufbauende und lebensfördernde Denkhaltungen. Echte Aha-Erlebnisse, Erkenntnisse, die uns bis ins Mark berühren, legen den Grundstein für positive Denkgewohnheiten. Solche Erkenntnisse, die uns verändern, sind weitaus wirksamer als der künstliche Versuch, stets positiv zu denken, auch wenn uns gar nicht danach zumute ist.

6. Ein tief innerlich gefasster, klarer Entscheid für das Leben! Wenn wir in der tiefsten Tiefe unseres Wesens Ja zum Leben sa-

gen, begründen wir in uns eine neue, lebensfördernde Denktradition. Wichtig ist, dass wir diesen Entscheid aus freien Stücken, ohne äussere Beeinflussung fällen. Eine solche freie Wahl ist ein Akt der Selbstbestimmung, d.h. wir bestimmen, determinieren uns selbst in positive Richtung.

7. Wählen wir unser soziales Umfeld! Destruktive Umwelten, die negative Denkmuster pflegen, sollten wir abwählen, konstruktive Umwelten, in denen positive Denkgewohnheiten herrschen, sollten wir als 'geistige Wohnquartiere' auswählen. Wir besitzen Wahlfreiheit, und niemand hat das Recht uns vorzuschreiben, in welcher Umgebung mit welcher Geistesqualität wir uns aufhalten sollen. Wenn wir selektiver werden, mit wem wir unsere Zeit verbringen und mit wem nicht, so hat das nichts mit elitärem Verhalten, wohl aber etwas mit geistiger Hygiene zu tun.

Das Prinzip Wohlbefinden

Unsere negativen Denkgewohnheiten geraten immer wieder auf Kollisionskurs mit dem zweiten Einflussfaktor auf unsere Gedankeninhalte: unser *Streben nach Wohlbefinden*. Wir begegnen hier einmal mehr dem 'mentalen Lustprinzip'. Es beginnt bereits bei den Sinneswahrnehmungen. Wir nehmen bei weitem nicht alles wahr, was in der Umwelt sich unseren Sinnen darbietet. Vielmehr arbeitet unsere Wahrnehmung sehr selektiv, wobei die Selektion vom Prinzip Wohlbefinden gesteuert wird.

Angenommen Sie machen einen Bummel durch die Geschäftsstrassen einer Stadt und wandern von Schaufenster zu Schaufenster. Nur ein vergleichsweise winziger Ausschnitt aus der Überfülle des Warenangebotes wird es schaffen, Ihre Aufmerksamkeit auf sich zu ziehen, nämlich genau diejenigen Gegenstände, die etwas mit Ihrem Wohlbefinden zu tun haben. Oder stellen Sie sich vor, Sie befinden sich auf einer Ferienreise und sind mit dem Auto unterwegs. Sie sind am Morgen abgefahren, durchqueren die Alpen und geniessen die abwechslungsreiche Berglandschaft. Gegen Mittag stellen sich Hungergefühle ein und Sie sehen entlang der Strasse den Gasthof 'Hirschen', das Restaurant 'Seeblick', die 'Traube' und jede Menge anderer Gaststätten. Schliesslich finden Sie ein Restaurant Ihres Geschmackes und kehren dort ein. Nach einem guten und reichlichen Mahl setzen Sie Ihre Überlandfahrt fort. Merkwürdig: Sie sehen kein einziges Restaurant mehr, obwohl 'objektiv' gesehen Restaurants entlang Ihrer Reiseroute nach Ihrem Mittagessen genauso häufig vorkommen wie vorher. Der Grund dafür ist einfach: Restaurants besitzen nach dem Mittagessen keine Relevanz mehr für Ihr Wohlbefinden.

Die vom Prinzip Wohlbefinden gesteuerte selektive Wahrnehmung kann auch im umgekehrten, warnenden Sinne erfolgen. Erfahrene Autofahrer, für die Geschwindigkeitsvorschriften keine unumstösslichen Tabus sind, erkennen Polizeiautos schon in Punktgrösse am Horizont und haben einen sechsten Sinn für unauffällig postierte, in grauer Tarnfarbe gehaltene Blitzkästen am Strassenrand, aus denen bei zu hohem Tempo zwar sehr schöne, aber unverhältnismässig kostspielige Fotos geschossen werden.

Das Gegenteil zur Wahrnehmungs*selektion* ist die Wahrnehmungs*abwehr*. Sie tritt in Aktion, wenn der Vollzug einer Sinneswahrnehmung für unser Wohlbefinden allzu bedrohlich wäre und deshalb verhindert werden soll. Ich erinnere mich noch gut an ein solches Erlebnis in meiner Studentenzeit, als ich eine Telefonrechnung erhielt, die mein damaliges Monatsbudget um ein Mehrfaches überstieg. Meine allererste Reaktion angesichts des astronomischen Betrages: Dies ist sicher nur ein böser Alptraum. Gleich werde ich aufwachen, und dann ist alles wieder vorbei. Während uns die Wahrnehmungsselektion Wohlbefinden verschaffen soll, hat die Wahrnehmungsabwehr die Aufgabe, uns vor einer allzu grossen Beeinträchtigung unseres Wohlbefindens zu schützen. Die Wahrnehmungsabwehr gehört zur sekundären, resignativen Frustrationsabwehr, wie wir sie in Kapitel 8 behandelt haben.

Ähnliches wie für die Wahrnehmungsinhalte gilt auch für unsere Gedächtnisinhalte. Erlebnisse, an die wir gerne zurückdenken, bleiben uns stärker in Erinnerung als solche, deren Erinnerung uns Unbehagen bereitet. Dabei kann es sogar vorkommen, dass die Erlebnisse, deren Erinnerung uns heute Freude machen, damals, als wir sie echt durchlebten, alles andere als freudevoll waren. So manche Schulstunde, die wir in Angstschweiss und mit Zittern verbrachten, mag uns aus heutiger Sicht erheitern, doch damals war sie eine Qual. Weil Sie aber der Vergangenheit angehört und wir heute darüberstehen, denken wir mit Schmunzeln und nicht ohne Vergnügen daran zurück. So erklärt sich die häufig anzutreffende nachträgliche Glorifizierung der Vergangenheit, wenn beispielsweise von 'Jugendabenteuern' in der Schule, auf Reisen oder gar im Kriege die Rede ist. Der zeitliche Abstand erzeugt eine Art Spielfilmeffekt. Ein Beispiel dafür ist meine heute noch lebendige Erinnerung an die oben berichtete exorbitante Telefonrechnung aus meiner Studentenzeit.

Die Parallele zur Wahrnehmungsabwehr im Gedächtnis heisst 'Verdrängung': Erlebnisse werden besonders gründlich aus dem bewussten Gedächtnis getilgt, weil ihre Erinnerung uns heute in zu grosse Unruhe versetzen würde. Dies gilt zum einen für 'traumatische' Erlebnisse (z.B.: erlittene seelische oder körperliche Grausamkeiten), zum andern aber auch für Erlebnisse, die unser Ego nicht ertragen kann, weil Sie uns in unerträglicher Weise unser Anti-Idealbild vor Augen führen und deshalb mit unserem Selbstbild, durch das wir uns identifizieren (eben unser Ego), unvereinbar sind. „Was: ich soll da dabei gewesen sein? Ich soll dort mitgemacht haben? Ich soll dazu meine Unterschrift gegeben haben? Ausgeschlossen! Ich bin doch ein anständiger Mensch!" Solche gedachten oder ausgesprochenen Reaktionen von Ex-Nazis, Ex-Kommunisten, Ex-Irgendetwas, 'rechtschaffenen' Menschen, die 'immer nur ihre Pflicht getan' und 'von nichts gewusst' haben, geben Zeugnis vom Mechanismus der Verdrängung im Dienste des Ego. Verdrängen ist mehr als natürliches Vergessen. Es ist ein neurotisches Übervergessen.

Auch im aktuellen Denken tendieren wir dazu, unserem Ego unangenehme Dinge, wie zum Beispiel unsere Fehler und Schwächen, zu verharmlosen, zu verniedlichen oder schlicht zu verleugnen. Wir legen uns die Dinge so zurecht, dass sie unserem Ego schmeicheln und so zu unserem Wohlbefinden beitragen. Konfrontieren Sie einmal einen intelligenten Kettenraucher mit den bekannten Gesundheitsrisiken des Rauchens - Krebsgefahr, Herz-Kreislaufprobleme etc. - und bitten Sie ihn dann um eine stichhaltige Begründung, warum er angesichts dieser Gefahren gleichwohl unbeschwert eine Zigarette nach der anderen inhaliert. Seine Rechtfertigung tönt dann etwa so: „Das wird von den Medien masslos aufgebauscht. Und übrigens, mein Grossvater hat sein Leben lang geraucht. Er wurde über 90 Jahre alt und war bis ins hohe Alter kerngesund. Mein Nachbar dagegen raucht nicht, trinkt nicht, treibt Sport und hatte trotzdem mit 45 Jahren einen Herzinfarkt. Warum soll ich mich dann von Statistiken ins Bockshorn jagen lassen?" Ich kannte einmal eine junge Frau, die mit einem älteren verheirateten Mann ein Verhältnis einging. Die Frau war praktizierende Katholikin und hatte von Haus aus strenge Moralvorstellungen. Mit einiger Gehirnakrobatik brachte sie es schliesslich fertig, ihr Verhältnis mit dem verheirateten Mann als positiven Beitrag zu dessen Ehe- und Familienglück darzustellen. „Der Mensch ist kein rationales, sondern ein rationalisierendes Wesen", sagt der Psychologe Leon Festinger, und so ganz Unrecht hat er damit sicherlich nicht.

Der Einfluss des Prinzips Wohlbefinden macht auch vor dem wissenschaftlichen Denken, oder besser gesagt, vor dem Denken von Wissenschaftlern nicht Halt. Albert Einstein gab offen und ehrlich zu, was ihn im tiefsten Innern zum Forschen antrieb: Er konnte den Gedanken nicht ertragen, dass „Gott mit dem Universum Würfel spielt". Im damaligen naturwissenschaftlichen Weltbild herrschte nichts als der blinde Zufall. Es gab keinen Platz für so etwas wie Geist, Intelligenz oder eine göttliche Absicht. Und genau dagegen setzte sich Einsteins religiöses Empfinden zur Wehr, was ihn zu erkenntnismässigen Höchstleistungen anspornte. Ein weiteres Beispiel für die Steuerung wissenschaftlichen Denkens durch das Prinzip Wohlbefinden findet sich in der Geschichte der Psychologie. Der Begründer der Psychoanalyse, Sigmund Freud, hatte einen besonders begabten Schüler in der Schweiz: Carl Gustav Jung, anfänglich ein glühender Verehrer von Freud und eifriger Propagator seiner Psychoananlyse. Mit der Zeit regten sich bei Jung jedoch Zweifel, insbesondere an der Richtigkeit der sogenannten Sexualtheorie, derzufolge alle seelischen Regungen und Strebungen letztlich auf den Sexualtrieb zurückgehen (siehe Kapitel 7 und Kapitel 9). Anlässlich einer gemeinsamen Atlantiküberquerung zu Schiff - Freud und Jung unternahmen zusammen eine Vortragsreise durch die USA - gab es mehrere ernste, nicht immer harmonisch verlaufende Diskussionen zu diesem Thema. Der Disput endete damit, dass sich Jung von Freud lossagte und seine eigene Schule, die 'analytische Psychologie', gründete. Was den entscheidenden Anstoss zu dieser Verselbständigung gab, war ein Ausspruch Freuds folgenden Wortlautes: „Mein lieber Jung, versprechen Sie mir, nie die Sexualtheorie aufzugeben. Das ist das Allerwesentlichste. Sehen Sie, wir müssen daraus ein Dogma machen, ein unerschütterliches Bollwerk gegen die schwarze Schlammflut des Okkultismus". (zitiert aus C.G. Jung: Erinnerungen, Träume, Gedanken.) 'Okkultismus' war die zu Beginn des zwanzigsten Jahrhunderts gebräuchliche Bezeichnung für die damalige 'Esoterik-Szene', wie wir heute sagen würden. Was spricht aus diesen Worten von Freud? Unvoreingenommenes, vorurteilsfreies, wissenschaftliches Wahrheitsdenken? Keineswegs! Es ist nackte Angst, die Angst, sich mit Okkultisten oder Esoterikern an einen Tisch zu setzen oder mit diesen von 'seriösen' Naturwissenschaftlern in einen Topf geworfen zu werden.

Die Wirkungsweise von Einstellungen

Erinnern wir uns noch einmal an die Unterscheidung zwischen 'innerer Befindlichkeit' und 'aktuellem Erleben' (Kap. 8) oder, bezogen auf die Erlebnisobjekte, zwischen 'kognitivem *Feld*' und 'kognitivem *Prozess*' (Kap. 9). Die innere Befindlichkeit bzw. das kognitive Feld bildet den Hintergrund, vor dem sich das Szenario des aktuellen Erlebens bzw. kognitiven Prozesses als Ablauf in der Zeit abspielt. Bisher haben wir inhaltliche Steuerungsmechanismen von kognitiven Prozessen untersucht, nämlich die Macht der Gewohnheit und den Einfluss des Prinzips Wohlbefinden. Gibt es Gedankeninhalte als Merkmale des kognitiven Feldes, die gleichsam stumm und aus dem Hintergrund in das aktuelle Geschehen kognitiver Prozesse eingreifen? Ja, es gibt sie, und wir nennen sie *Einstellungen.* Zu den Einstellungen zählen unsere Grundannahmen von der Wirklichkeit, unsere Axiome, unser Wissen, unsere Werthaltungen, unser Glaube, aber auch der Aberglaube und unsere Vorurteile. Eine Einstellung 'steckt in uns drin' wie eine eingeschobene Diskette im PC und wirkt regelnd und steuernd auf konkrete Gedanken wie eine Software.

Wir können uns eine Einstellung als eine Art psychologisches Molekül vorstellen, das aus zwei Atomen besteht. Das eine Atom ist eine *gedankliche Vorstellung.* Angenommen, Sie sind ein(e) Vorgesetzte(r) mit mehreren Mitarbeitenden, und wenn Sie an einen bestimmten Mitarbeiter denken, kommt Ihnen ein bestimmtes Bild von diesem Mitarbeiter in den Sinn des Inhaltes: „Trottel, Taugenichts. Was er anfängt, geht schief. Was er anpackt, macht er kaputt. Ein typischer Fall von non-performer!" Die gedankliche Vorstellung ist ein inneres Bild, das wir vom Gegenstand unserer Einstellung haben. Wir können uns die gedankliche Vorstellung abrufen, indem wir uns fragen: „Wie sehe ich den Mitarbeiter?" Oder: „Wie sehe ich den Chef?" Wie sehe ich das Produkt, die Firma, meine Aufgabe, das Land, die Regierung, oder was auch immer der Gegenstand meiner Einstellung sein mag. Kurz: *„Wie sehe ich X?"*

Die gedankliche Vorstellung geht stets einher mit einer *gefühlsmässigen Stellungnahme*, dem anderen Atom des psychischen Moleküls Einstellung. Die gefühlsmässige Stellungnahme hat meist den Charakter von Annahme oder Ablehnung, Zuneigung oder Abneigung. Im Falle des Mitarbeiters, den Sie als 'Trottel, Taugenichts und non-performer' sehen, dürften Gefühle der Ablehnung und Abneigung vorherrschen. Wir können die gefühlsmässige Stellungnahme spüren, indem wir uns fragen: *„Wie stehe ich zu X?"*

Gedankliche Vorstellung und gefühlsmässige Stellungnahme erzeugen in uns eine entsprechende *Erwartung*, d.h. eine gedankliche Vorwegnahme künftiger Erfahrungen. Was erwarten wir von einem Mitarbeiter, den wir für einen Taugenichts halten? Mist! Oder nehmen wir eine andere Einstellung, nämlich die Einstellung zur schweizerischen Alpensüdseite, dem Tessin: Gedankliche Vorstellung: Sonnenstube der Schweiz. Gefühlsmässige Stellungnahme: Super! Nichts wie dorthin! So fahren wir durch den Gotthard-Tunnel Richtung Tessin. Was erwarten wir am Tunnelausgang? Strahlende Sonne.

Die Erwartung bewirkt nun ihrerseits zweierlei: Erstens *filtert* sie unsere *Wahrnehmungen*. Wir können uns diese Filterwirkung ungefähr so vorstellen: Unsere Aufmerksamkeit ist im normalen Wachzustand lokalisiert und begrenzt. Sie kann nicht gleichzeitig bei allem sein, was wir prinzipiell wahrnehmen können. Vielmehr gleicht unsere Aufmerksamkeit einem Scheinwerferkegel. Alles, was sich innerhalb des Scheinwerferkegels befindet, hat eine grosse Chance, wahrgenommen zu werden. Alles, was sich ausserhalb des Scheinwerferkegels befindet, läuft dagegen Gefahr, übersehen, also nicht wahrgenommen zu werden. Dieser Scheinwerferkegel wandert nun von Denkinhalt zu Denkinhalt, von Wahrnehmungsgegenstand zu Wahrnehmungsgegenstand. Was ihn auf dieser Wanderschaft sowohl immer wieder verweilen als auch weiterziehen lässt, ist unser Streben nach Wohlbefinden. Was ihn dabei dahin oder dorthin lenkt, ist vielfach nichts anderes als früher gemachte Erfahrungen, unsere Lerngeschichte, oder wie wir es oben nannten: die Macht der Gewohnheit. Unsere Lerngeschichte, die ohne Zweifel auch etwas mit unseren Einstellungen zu tun hat, versetzt uns in die Lage, vorherzusagen, was wir als nächstes erfahren werden, d.h. wir haben Erwartungen, was unsere folgenden Erfahrungen anbetrifft. Diese Erwartungen lenken nun unsere Aufmerksamkeit auf das, was wir erwarten. Der Scheinwerferkegel unserer Aufmerksamkeit folgt dem Befehl unserer Vorhersage und wandert prompt zum vorhergesagten Ereignis. Was aber unserer Vorhersage widerspricht, wird mit hoher Wahrscheinlichkeit aus unserer Wahrnehmung ausgeblendet.

Stellen Sie sich vor, Sie sitzen in einer Hotelhalle und erwarten einen Geschäftsfreund. Sie rechnen jeden Moment damit, dass er durch das Hauptportal in die Halle eintritt. Der Scheinwerferkegel Ihrer Aufmerksamkeit ist auf das Hauptportal gerichtet. Plötzlich

steht Ihr Geschäftsfreund unmittelbar neben Ihnen und begrüsst
Sie freundlich. Sie haben nicht bemerkt, dass er, entgegen Ihren
Erwartungen und in Abweichung von dem, was Sie gewohnt sind,
einen Seiteneingang benutzte. Oder denken Sie an Ihren Tauge-
nichts-Mitarbeiter: Gerade hat er Ihnen einen Bericht abgeliefert.
Sie schicken sich an, den Bericht zu lesen. Was erwarten Sie in
dem Bericht? Mist! Worauf ist der Suchscheinwerfer Ihrer Aufmerksamkeit gerichtet? Auf Mist! Worauf stossen Sie - unvermeidlich -
bereits nach wenigen Zeilen? Auf Mist! Als ob Sie es nicht schon
vorher gewusst hätten! Ihr Mitarbeiter ist wirklich ein Taugenichts!
Die originellen Gedanken und kreativen Lösungsansätze Ihres
Taugenichts-Mitarbeiters ein paar Seiten weiter entgehen jedoch
Ihrer Aufmerksamkeit. Sie befinden sich ausserhalb des Lichtke-
gels Ihres Suchscheinwerfers und werden deshalb schlicht nicht
zur Kenntnis genommen.

Unsere Einstellungen bilden Erwartungen. Diese Erwartungen
wiederum lenken unsere Aufmerksamkeit und lassen vorzugsweise nur das zu unserer Wahrnehmung gelangen, was unserer Erwartung entspricht. Widerspricht ein Sachverhalt unserer Erwartung, wird er mit grosser Wahrscheinlichkeit aus unserer Wahrnehmung ausgefiltert. So verschaffen wir uns mit unseren Erwartungen Erfahrungen, die unsere Erwartungen erfüllen und dadurch
unsere Einstellungen bestätigen.

Eine Erwartung filtert nicht nur unsere Wahrnehmungen, sie
steuert auch unser *Verhalten*. Angenommen, Sie haben den Tau-
genichts-Mitarbeiter und noch eine andere, sehr fähige Mitarbeiterin. Jetzt müssen Sie eine Aufgabe vergeben, bei der es ganz entscheidend darauf ankommt, dass sie sehr gut gelöst wird. Wem
der beiden Mitarbeitenden werden Sie die Aufgabe übertragen?
Vermutlich der fähigen Mitarbeiterin. Damit jedoch erhält der Tau-
genichts-Mitarbeiter keine Gelegenheit Ihnen zu zeigen, dass er
vielleicht doch nicht so ein Taugenichts ist.

Bei unseren Handlungen und Entscheidungen antizipieren wir
Konsequenzen, d.h. wir lassen uns in der Wahl unserer Handlungen von unseren Erwartungen leiten. Jede Wahl, jede Entschei-

dung bringt aber unvermeidbar eine Einengung des Spektrums von Möglichkeiten mit sich. Wenn wir uns einmal für eine Möglichkeit entschieden haben, haben wir uns gleichzeitig gegen alle anderen Möglichkeiten entschieden und ihnen damit die Chance genommen, uns gegebenenfalls eines Besseren zu belehren. Unsere Erwartungen steuern also unser Verhalten in dem Sinne, dass Handlungskonsequenzen, die unsere Erwartungen Lügen strafen würden, gar nicht erst eintreten können. Vielmehr tendieren wir mit unseren erwartungsgeleiteten Handlungen dazu, Konsequenzen herbeizuführen und dadurch für uns selbst Erfahrungen zu produzieren, die einmal mehr unsere Erwartungen erfüllen und damit unsere Einstellungen bestätigen. Dies gilt nicht nur für unsere planmässigen, zielgerichteten Handlungen, also für unser 'instrumentelles' Verhalten, sondern auch für unser spontanes, unabsichtliches Ausdrucksverhalten, d.h. für unsere Mimik, unsere Gestik und Körperhaltung, unsere Stimme und unseren Tonfall, also für den ganzen Bereich der sogenannten nonverbalen Kommunikation.

Versetzen Sie sich beispielsweise in folgende Lage: Sie haben sich auf ein Stelleninserat hin bei einer Firma beworben und mit dem Personalchef einen Termin für ein Vorstellungsgespräch vereinbart. Kurz vor dem Gesprächstermin lernen Sie auf einer Party jemanden kennen, der zufällig in der besagten Firma arbeitet. Sie erzählen ihm von Ihrem bevorstehenden Termin beim Personalchef. Darauf erklärt Ihnen Ihr neuer Bekannter: „Was, zum Personalchef müssen Sie? Oh, da tun Sie mir wirklich leid. Ich kenne diesen Burschen aus eigener Erfahrung. Er ist ein unglaublich eingebildeter, arroganter und unnahbarer Typ, der sich immer hinter seiner ach so professionellen Maske versteckt. Von Menschlichkeit keine Spur. Mir fröstelt jedesmal, wenn ich ihm nur im Haus begegne." Jetzt wissen Sie ja, was Sie von Ihrem Besuch beim Personalchef zu erwarten haben. Und prompt geschieht, was geschehen musste: Sie empfinden den Personalchef als ausserordentlich zugeknöpft, steif und unangenehm, ganz, wie Sie es erwartet hatten. Warum musste es geschehen? Ihre neue Partybekanntschaft hat in Ihnen eine Einstellung (oder ein Vorurteil?) eingepflanzt.

Dieses Vorurteil hat bei Ihnen eine entsprechende Erwartung ausgelöst. Diese Erwartung wiederum hat sich in Ihrem spontanen Ausdrucksverhalten, in Ihrer Körpersprache und in Ihrem Tonfall ausgedrückt. Der Personalchef reagierte auf Ihre nonverbale Kommunikation mit einer entsprechend kühlen und zurückhaltenden nonverbalen Kommunikation seinerseits. Diese wiederum hat Ihre Erwartung erfüllt und Sie in Ihrem Vorurteil bestärkt, dass es sich um einen unnahbaren und unfreundlichen Zeitgenossen handle. Was Sie wiederum darin bestärkt hat, sich Ihrerseits immer mehr zu verschliessen und einzuigeln. Was ihn wiederum veranlasst hat, immer reservierter und kälter zu werden.

„Wie man in den Wald hineinruft, so schallt es zurück", sagt ein altes Sprichwort. Unsere Einstellungen drücken sich aus in unserem spontanen Ausdrucksverhalten. Unsere Umgebung nimmt unser Ausdrucksverhalten wahr und reagiert darauf mit einem Verhalten, das dem unsrigen entspricht. So hören wir den Tonfall der anderen als Echo auf unsere eigene Stimme und sehen wir in deren Gesichtsausdruck das Spiegelbild unserer eigenen Mimik. Unsere zwischenmenschlichen Erfahrungen sind über weite Strecken hinweg nichts anderes als ein Feedback unserer ureigenen, zwischenmenschlichen Einstellungen, einschliesslich unserer Vorurteile.

Sich selbst erfüllende Vorhersagen

Quintessenz: Unsere Einstellungen programmieren über unsere Erwartungen unsere Erfahrungen. Einstellungen sind *self fulfilling prophecies*, sich selbst erfüllende Vorhersagen. Unsere Einstellungen, Vorurteile, Glaubenssätze, Meinungen und Überzeugungen bestimmen entscheidend mit, was für Erfahrungen wir im Leben machen. Einstellungen sind ungeheuer mächtig. Wie gross die Macht der Einstellungen im menschlichen Leben sind, sollen die folgenden Beispiele demonstrieren.

Beispiel 1: Ein Studienkollege von mir hat eine psychologische Praxis in Südwestdeutschland und erzählte mir eines Tages folgende Fallgeschichte: Ein Elternpaar bekam ein erstes Kind. Es war ein Junge und sie nannten ihn Hans. Klein-Hänschen lernte spät laufen, begann spät zu sprechen, und bei den Eltern bildete sich der Verdacht: „Unser Hänschen ist vielleicht nicht der hellste". Ein paar Jahre später ging Klein-Hänschen in den Kindergarten. Wiederholte Gespräche mit der Kindergärtnerin bestärkten die Eltern in ihrer Ansicht, ihr Hänschen sei 'nicht so intelligent wie andere Kinder'. Als Hänschen eingeschult wurde, sprachen seine Eltern mit dem Lehrer, er möge Nachsicht mit dem Schulanfänger üben. Man wisse ja bereits vom Kindergarten, dass es mit Hänschens Intelligenz nicht allzu weit her sei. Hänschen wurde erwartungsgemäss ein schlechter Schüler, und die Eltern sahen sich auf Anraten des Lehrers veranlasst, einen Psychologen, meinen Studienkollegen, aufzusuchen. Dieser wollte zu allererst wissen: Wie intelligent ist Hänschen wirklich? Also führte er mit Hänschen einen Intelligenztest durch. Und wie zu erwarten war, Hänschen schnitt im Intelligenztest deutlich schlechter ab als der Durchschnitt seiner Altersgruppe. Mit diesem Resultat wollte sich der Psychologe aber noch nicht zufrieden geben. Er forschte weiter und fragte Hänschen: „Sag mir mal, wofür interessierst Du Dich am meisten?" „Für Dinosaurier!", antwortete Klein-Hänschen, ohne zu zögern. „Dann erzähl doch etwas über Dinosaurier!", bat ihn der Psychologe. Darauf hielt Klein-Hänschen einen brillanten Vortrag über Dinosaurier wie ein angehender Paläontologe und offenbarte dabei Intelligenzleistungen, die er aufgrund seiner Schul- und Testresultate gar nicht erbringen können durfte. Klein-Hänschen war gar nicht dumm; er hatte nur gelernt, dumm zu sein, weil er in einer Umgebung mit der Einstellung aufwuchs: Hänschen ist unintelligent. 'Neurotische Intelligenzhemmung' lautet die klinische Diagnose. Man könnte dazu auch sagen: einstellungsbedingte Intelligenzverhinderung. Ähnliche Phänomene sind beobachtet worden, wenn in einer Schule Lehrer eine Klasse neu übernehmen und man sie vorher über das Leistungsniveau einzelner Schüler oder der Klasse insgesamt 'informiert' hat. Aus der pädagogischen Forschung weiss man, dass die Einstellung des Lehrers zu seinen Schülern sowohl zu drastischem Leistungsabfall als auch zu erstaunlichen Leistungssteigerungen führen kann.

Beispiel 2: Ein psychologischer Forscher namens R. Rosenthal führte in den Sechziger-Jahren folgendes Experiment durch: Rosenthal hatte zwei Assistenten, denen er erklärte, er wolle Mechanismen des Lernens untersuchen und deshalb Ratten dazu bringen, den Weg durch ein Labyrinth zu erlernen. Er instruierte daraufhin seine Assistenten wie folgt: „Hier hat jeder von Ihnen einen Käfig mit Ratten und ein Labyrinth. Stellen Sie bitte fest, wie lange Ihre Ratten brauchen, um den Weg durch das Labyrinth zu erlernen!" Dann wandte er sich zum ersten Assistenten und fügte hinzu: „Es handelt sich bei Ihren Ratten nicht um x-beliebige Ratten, sondern um speziell gezüchtete. Über mehrere Generationen hinweg sind immer nur die lernfähigsten Ratten zur weiteren Fortpflanzung ausgewählt worden. Sie können also davon ausgehen, dass Sie es mit besonders 'intelligenten' Ratten zu tun haben." Zum zweiten Assistenten gewandt ergänzte Rosenthal: „Bei Ihren Ratten verhält es sich genau umgekehrt. Hier sind immer nur die lernunfähigsten Tiere zur weiteren Fortpflanzung ausgewählt worden. Sie können also davon ausgehen, dass Sie es mit besonders 'unintelligenten' Ratten zu tun haben." Wie zu erwarten war, lernten die Ratten des ersten Assistenten sehr viel schneller, ihren Weg durch das Labyrinth zu finden, als die Ratten des zweiten Assistenten, obgleich in Wahrheit weder die Ratten des ersten noch des zweiten Assistenten das Ergebnis einer speziellen Züchtung waren. Vielmehr handelte es sich um ganz gewöhnliche Ratten, die sauber nach Zufall auf beide Käfige aufgeteilt waren. Woher kamen dann die unterschiedlichen Lernleistungen? Herr Rosenthal hat in den beiden Rattentrainern unterschiedliche Einstellungen erzeugt und damit entsprechende Erwartungen ausgelöst. Diese wiederum haben sich auf das Verhalten (z.B. mehr oder weniger Zuwendung) und die Wahrnehmung (z.B. Ab- oder Aufrunden beim Protokollieren von Messwerten) bei den beiden Rattentrainern ausgewirkt und so erwartungskonforme Versuchsergebnisse produziert. Die Einstellungen der Rattentrainer sind 'wissenschaftlich' bestätigt worden.

Beispiel 3: Die Harvard-Professorin Ellen Langer schaltete im Jahre 1989 ein Inserat in sämtlichen Bostoner Tageszeitungen folgenden Inhalts: "Wir führen ein Experiment durch, für das wir Versuchspersonen suchen. Dauer des Experimentes: eine Woche. Unterkunft und Verpflegung einschliesslich einer kompletten medizinischen Untersuchung sind im Experiment inbegriffen. Voraussetzung für die Teilnahme: Das Mindestalter jeder Versuchsperson muss 70 Jahre betragen." Die Personen, die sich auf dieses Inserat hin zur Teilnahme meldeten, wurden zunächst alle gründlich medizinisch untersucht und dann nach Zufall auf zwei Gruppen aufgeteilt. Mit der ersten Gruppe bestieg Frau Langer einen Bus, der alle Beteiligten hinaus aufs Land fuhr. Nach ein paar Stunden Fahrt hielt der Bus an einer schönen Ferienanlage an, und die Passagiere wurden gebeten, auszusteigen und sich in das Innere der Ferienanlage zu begeben. Dort sollten sie sich nun eine Woche lang aufhalten. Das erste, was den ankommenden Feriengästen auffiel, waren die zahlreichen Oldtimer aus den Fünfziger Jahren, die neben dem Hoteleingang geparkt waren. Als sie die Hotelhalle betraten, ertönte aus einem Lautsprecher Elvis Presley Musik. An den Wänden hingen Plakate aus den Fünfziger Jahren. Das Personal war in der Mode der Fünfziger Jahre gekleidet. Auf den Tischen lagen Zeitungen und Zeitschriften mit dem Datum des Ankunftstages, aber nicht von 1989, sondern von 1959, also genau 30 Jahre früher. Das einzige Fernsehgerät in der Anlage war ein Schwarz-Weiss-Fernseher. Wenn man ihn einschaltete, wurde man Zeuge einer flammenden Rede von Fidel Castro aus dem Jahre 1959. Man hatte also alles nur Erdenkliche getan, um in der Ferienanlage die Welt von 1959 zu rekonstruieren. Frau Langer gab nun ihren Versuchspersonen die folgende Instruktion: "In dieser Umgebung werden Sie nun eine Woche lang wohnen. Sie können machen, was Sie wollen, und tun, wozu Sie Lust haben. Ich gebe Ihnen nur eine einzige Anweisung: Sprechen Sie über alles, was Sie hier sehen und hören, in der Gegenwart, nicht in der Vergangenheit. Was Sie hier vorfinden, war nicht 'damals', sondern spielt sich 'jetzt', heute, ab." Die Versuchspersonen hielten sich an diese Anweisung und verbrachten eine Woche in der Ferienanlage. Nach Ablauf der Woche wurden sie erneut einer kompletten medizinischen Untersuchung unterzogen. Das erstaunliche Resultat: Die biologischen Altersindikatoren der Versuchspersonen zeigten eine Verjüngung von fünf bis zehn Jahren gegenüber den Messwerten von einer Woche vorher. Was geschah mit der zweiten Gruppe von Personen, die sich auf das Inserat hin gemeldet hatten? Auch diese 'Kontrollgruppe' verbrachte eine volle Woche in einer Ferienanlage von 1959. Der einzige Unterschied zur 'Experimentalgruppe': Sie erhielten nicht die Anweisung, über alles, was sie vorfinden, statt in der Vergangenheit in der Gegenwart zu sprechen. Resultat: keine Verjüngung in den biologischen Altersindikatoren. Offenbar war die Anweisung, über die Welt von 1959 'in der Gegenwart' zu sprechen, entscheidend, um einen psychologisch und physiologisch wirksamen 'kognitiven Hintergrund', eine sich selbst bewahrheitende Einstellung zu etablieren. Das alte Sprichwort 'Man ist so alt, wie man sich fühlt', scheint sich zu bestätigen. Diesem Forschungsergebnis verwandt ist der aus der Pharmazie bekannte 'Placebo-Effekt': Als Medikamente deklarierte Mehltabletten ohne jegliche Wirksubstanz zeigen bei Testpersonen eine Heilwirkung, wenn diese nicht wissen, dass es sich nur um Placebo-Tabletten handelt, also an die angekündigte Heilwirkung glauben.

Realistischer Optimismus

Einstellungen sind weniger Abbilder einer angeblich objektiven Wirklichkeit als vielmehr ursächliche Urbilder, von denen die sogenannte objektive Wirklichkeit ein Abbild ist. Einstellungen sind unsere inneren Programme, mit denen wir unsere Erfahrungen im Leben vorausbestimmen. Und was die ganze Angelegenheit häufig noch verschlimmert: Wir sind uns zwar unserer Erfahrungen, in den seltensten Fällen aber der inneren Programme bewusst, mit denen wir unsere Erfahrungen selber programmiert haben. Hier müssen wir Abhilfe schaffen, indem wir den Hebel direkt an den Programmen, an unseren Einstellungen ansetzen. Verlagern wir deshalb den Scheinwerferkegel unserer Aufmerksamkeit von der Wirkung zur Ursache, von unseren Erfahrungen im Leben zu den sie determinierenden Einstellungen!

Doch bevor wir den Hebel betätigen, müssen wir uns darüber klar werden, wohin wir hebeln wollen. Wir brauchen eine Zielbestimmung im Sinne von Gütekriterien, die eine Einstellung zu einer 'guten' Einstellung machen. Wir müssen uns eine Grundeinstellung erarbeiten, mit der wir dann an unsere konkreten Einstellungen herangehen können, gleichsam ein 'Master-Programm' zur Programmierung unserer Programme im täglichen Leben.

Wenn unsere Einstellungen schon unsere Erfahrungen vorherbestimmen, dann wollen wir gewiss dank unserer Einstellungen möglichst viele positive und möglichst wenig negative Erfahrungen machen. Unsere Einstellungen sollen uns Wohlbefinden verschaffen und nicht verhindern. Deshalb sollte eine Einstellung erstens *konstruktiv* sein, d.h. wir sollten, was den Gegenstand der Einstellung, z.B. einen Menschen, ein Projekt oder eine Situation anbetrifft, maximal offen sein für positive Erfahrungen. Indem wir nämlich offen sind für positive Erfahrungen, machen wir sie überhaupt erst möglich. Umgekehrt verunmöglichen wir positive Erfahrungen bereits dadurch, dass wir sie von vornherein für unmöglich halten. Damit ein Mensch seinen Fuss auf den Mond setzen konnte, musste eine bemannte Mondlandung zumindest für möglich gehalten werden. Ein Sterbenskranker, der die Möglichkeit seiner Genesung verneint, kann kaum gesund werden. Ein armer Schlucker, der die Möglichkeit des Reichtums ausschliesst, kann kaum zu Wohlstand gelangen. Wenn jemand mit der Einstellung heiratet, eine Ehe könne sowieso nicht gut gehen, dann ist die Ehe schon von vornherein zum Scheitern verurteilt. Es gibt das Sprichwort: „Es geschieht nichts Gutes, ausser man tut es." Es sollte besser heissen: „Es geschieht nichts Gutes, ausser man hält es für möglich." Wenn wir Frieden, eine intakte Umwelt und Wohlstand für den ganzen Planeten wünschen, dann dürfen wir die Verwirklichung solcher Visionen nicht dadurch unmöglich machen, dass wir sie für unmöglich halten.

Wir sollten also maximal offen sein für positive Erfahrungen, um die Chance für solche zu maximieren. Wenn wir aber nur offen sind für positive Erfahrungen, besteht die Gefahr, dass wir uns täuschen. Wir müssen dann früher oder später im wahrsten Sinne des Wortes ent-täuscht werden, und das tut weh. Um also unnötige Enttäuschungen zu vermeiden, sollten unsere Einstellungen nicht nur konstruktiv, sondern auch *realitätsgerecht* sein. Wir sollten keine Vogel-Strauss-Politik betreiben, sondern die Dinge sehen, wie sie sind. Und da gibt es vielleicht nun einmal Missstände, Schwierigkeiten, Gefahren, denen wir ins Auge blicken müssen. Wahrnehmungsabwehr erweist uns dabei nur einen Bärendienst.

Ich plädiere also für *sowohl* konstruktive *als auch* realitätsgerechte Einstellungen. Man könnte eine solche Grundeinstellung einen 'realistischen Optimismus' oder auch einen 'optimistischen Realismus', aber sicher keinen 'Pessimismus' nennen. Konstruktive und gleichzeitig realitätsgerechte Einstellungen könnten beispielsweise lauten: „Natürlich kann ich Millionär werden, wenn ich das will. Aber es wird nicht von heute auf morgen gehen, und ich werde einiges dafür tun müssen." „Mein derzeitiger Gesundheitszustand ist zwar ziemlich desolat, aber das nimmt nicht hinweg, dass ich heute in einem Jahr wieder völlig regeneriert und topfit sein kann." „Von dem neuen Mitarbeiter habe ich bis jetzt noch keine überzeugende Leistung gesehen. Vielleicht hat er aber Begabungs- und Motivationsreserven, die ich erst noch anzapfen muss." Die Realitätsgerechtigkeit einer Einstellung bezieht sich vornehmlich auf das Hier und Jetzt, auf die Ausgangslage in der Gegenwart. Die Konstruktivität, also die Offenheit für positive Erfahrungen, ist hauptsächlich auf die Zukunft, auf weitere Entwicklungsverläufe ausgehend von der Gegenwart gerichtet. Es geht dabei nicht etwa darum, 'ein wenig' konstruktiv und 'ein wenig' realitätsgerecht, sondern gleichzeitig maximal offen für positive Erfahrungen und maximal realistisch in der Einschätzung der Sachlage zu sein.

Die beiden Gütekriterien für Einstellungen haben unzweifelhaft etwas mit unseren zwei Arten des Denkens zu tun. Die möglichst realistische Einschätzung der Sachlage entspricht dem linkshemisphärischen, die grösstmögliche Offenheit für positive Erfahrungen dem rechtshemisphärischen Denken. Konstruktiv sollen unsere Einstellungen sein im Interesse unserer Lebensfreude, unserer Entwicklung, unseres Wachstums. Realitätsgerecht sollen sie sein im Interesse unserer Sicherheit, um unnötiges Leiden zu vermeiden.

Wahrscheinlich halten wir uns mehrheitlich für ausgesprochene 'Realisten', die 'schliesslich über eine gewisse Lebenserfahrung verfügen' und von daher 'wissen, wie der Hase läuft'. Wenn wir ehrlich sind, können wir vermutlich alle, was unsere Offenheit für positive Erfahrungen anbetrifft, noch ein Stück zulegen.

Es gibt Leute, die sich mit Stolz 'Realisten', 'Pragmatiker' oder 'Skeptiker' nennen, in Tat und Wirklichkeit aber Pessimisten sind, weil ihnen die Offenheit für positive Erfahrungen gänzlich abhanden gekommen ist. Diese Leute halten sich mit grosser Hartnäkkigkeit in unseren Unternehmen, Organisationen und Institutionen. Der Grund dafür: Sie haben ein Erfolgserlebnis nach dem anderen. Es sind nämlich diejenigen, die 'ja schon vorher gewusst' und 'es immer schon gesagt' haben, dass die Sache gar nicht klappen *kann*. „Ich habe schon von Anfang an verkündet, dass die Sache schiefgehen wird!" Und tatsächlich: Die Sache *ist* schiefgegangen, aber nicht weil sie schiefgehen *musste*, sondern weil eine den Erfolg ausschliessende Einstellung einen Misserfolg vorprogrammiert hat. Der Erfolg des Pessimisten ist ein Vorhersageerfolg dank self fulfilling prophecy.

Pessimisten, die immer nach Gründen suchen, weshalb eine Sache nicht gut gehen kann, sind statistisch gesehen eher ältere als jüngere Leute. Vielleicht war ein heute älterer Pessimist in seiner Jugend einmal Optimist, aber eben kein 'realistischer', sondern ein 'naiver' Optimist. Als solcher musste er im Laufe seines Lebens manch arge Enttäuschung hinnehmen, was ihn schliesslich veranlasste, 'aus der Not eine Tugend' zu machen und sich zu sagen: „Wenn ich schon mit Enttäuschungen und Misserfolgen leben muss, dann stelle ich mich lieber ganz darauf ein. Dann bleibt mir wenigstens noch die Befriedigung, Recht gehabt zu haben." Man erkennt in diesem Vorgang unschwer die Handschrift des Prinzips Wohlbefinden wieder. Die kalifornische Autorin und Unternehmensberaterin Cherie Carter-Scott nennt solche Pessimisten, die negative Erfahrungen für ihr Wohlbefinden brauchen und durch eine entsprechende Einstellung immer wieder herbeiführen, 'Negaholiker', Negativitätsüchtige.

'Mental Clearing'

Was können wir konkret tun, um unsere Einstellungen in Richtung Konstruktivität und Realitätsgerechtigkeit weiter zu entwickkeln? Wir können uns ins stille Kämmerlein zurückziehen und einen inneren Prozess durchlaufen, den ich *mental clearing* genannt habe. Wie wir ja bereits festgestellt haben, sind uns viele unserer Einstellungen kaum bewusst. Also besteht der erste Schritt des mental clearing darin, sich eine gegebene Einstellung bewusst zu machen. Wir können uns eine Einstellung ins Bewusstsein rufen, indem wir uns die Fragen nach der gedanklichen Vorstellung und der gefühlsmässigen Stellungnahme stellen: Wie sehe ich X und wie stehe ich zu X? Mit der Beantwortung dieser Frage haben wir die gegebene Einstellung gleichsam aus dem Nebelmeer des Unbewussten ins klare Sonnenlicht des Wachbewusstseins gehoben. Jetzt liegt die bisherige Einstellung vor uns wie ein Patient auf dem Untersuchungstisch. Der nächste Schritt des mental clearing besteht in der Erstellung einer Diagnose. Die zu befragenden Prüfkriterien sind: Ist die Einstellung konstruktiv, d.h. bin ich maximal offen für positive Erfahrungen? Ist die Einstellung realitätsgerecht, d.h. ist meine Einschätzung der Sachlage richtig und vollständig? Je nach Ausgang dieser Prüfung folgt dann ein dritter Schritt, die Therapie. Sie besteht in der bewussten Formulierung einer neuen, konstruktiveren und realitätsgerechteren Einstellung: So sehe ich jetzt X und so stehe ich jetzt zu X.

Mental clearing ist keine einmalige, schematisch durchzuführende Angelegenheit. Vielmehr sollten wir uns immer wieder unsere Einstellungen vorknöpfen und sie auf ihre Konstruktivität und Realitätsge-rechtigkeit hin hinterfragen. Damit wir aber solche inneren Klärungsprozesse durchlaufen können, müssen zwei Bedingungen erfüllt sein: Wir müssen erstens *ehrlich mit uns selber* sein und dürfen uns, was unsere gegebene Einstellung angeht, nichts vormachen. Zweitens müssen wir *Zugang* haben *zu uns selbst*, d.h. Zugang zu unseren inneren Bildern und Gefühlen haben. Wenn uns dieser Zugang nicht abhanden gekommen ist und wir es mit uns wirklich ehrlich meinen, kann jeder von uns ohne professionelle Hilfe durch einen Berater oder Therapeuten im normalen Wachzustand mental clearing machen und so allmählich zu immer konstruktiveren und realitätsgerechteren Einstellungen kommen.

Im praktischen Alltag sind es immer wieder drei Einstellungen, die wir einem mental clearing unterziehen sollten: die Einstellung zum Kommunikationspartner, die Einstellung zum Kommunikationsgegenstand und die Einstellung zu sich selbst. Vor einer wichtigen Verhandlung sollten wir uns fragen: Wie ist meine Einstellung zu meinem Verhandlungspartner, zur Sache, über die wir verhandeln und zu mir selbst als Verhandler. Ein analoges mental clearing vor einer Rede oder Präsentation - Wie ist meine Einstellung zum Publikum, zum Redeinhalt und zu mir selbst als Redner? - ist ein ebenso wichtiger Bestandteil der Redevorbereitung wie die Zusammenstellung der Rede- oder Präsentationsinhalte. Allerdings sollten wir, wenn es um die Einstellung zu uns selbst geht, das mental clearing beschränken auf unsere Rolle in der jeweiligen Situation, d.h. auf unsere konkrete Funktion und Aufgabenstellung. Ein allzu extensives mental clearing bezüglich der eigenen Person birgt die Gefahr in sich, dass wir unversehens, wie der Volksmund sagt, ins Grübeln kommen und dabei auf einen Ego-Trip geraten. Wir würden womöglich anfangen, uns nicht mehr 'mit', sondern 'durch' unsere Rolle oder Funktion zu identifizieren. Und damit würden wir uns selbst eine Falle stellen.

Effektives Denken

Warum denken wir? Was ist der Sinn und Zweck der Tatsache, dass wir denken können? Alltagspsychologisch hat unser Denken zwei Aufgaben, nämlich *Informationsverarbeitung* und *Probehandeln*. Wir 'verdauen' unsere Sinneseindrücke, indem wir 'geistigen Nährwert' aus ihnen ziehen, d.h. sie in Erkenntnisse umwandeln. Ferner gibt uns das Denken die Möglichkeit, Handlungen und ihre Konsequenzen als 'geistige Trockenübung' durchzuspielen, bevor wir sie in die Tat umsetzen. Solche mentalen Planspiele helfen uns, die richtigen Handlungen zu wählen und Fehler zu vermeiden.

Bewusstseinspsychologisch geht die Aufgabe des Denkens aber noch tiefer. Gerade die Untersuchung unserer Einstellungen und ihrer Wirkungen hat uns gezeigt: Unser Denken soll uns *Erfahrungen vermitteln*, sei es Erfahrungen 'nur' auf gedanklicher Ebene, also in der Vorstellung, oder auf der konkreten Ebene der 'realen' Sinneswahrnehmungen. Ohne Gedanken könnten wir nämlich gar keine Erfahrungen machen. Erst spezifische, von einander unterschiedene Gedanken erlauben es uns, verschiedenartige Erfahrungen und damit die Erfahrung von Vielfalt zu machen. Die Homogenität des 'Bewusstseins an sich' bricht sich in die Vielgestaltigkeit unserer Gedankenwelt, so wie sich weisses Licht in die Buntheit der Spektralfarben bricht. Gedanken sind in Inhalte gebrochenes reines Bewusstsein. Aufgabe des Denkens ist es, Erfah*rungen* zu produzieren, während es die Aufgabe des Nicht-Denkens (des reinen Bewusstseins) ist, den Erfahr*enden* erfahrbar zu machen. Die Funktion des Denkens ist so betrachtet eine zutiefst schöpferische: Unser Denken soll Erfahrungen erschaffen, Erfahrungen von Qualitäten und Quantitäten. Unser Denken kreiert die unendlich variable Erfahrung von Relativität. Mittels des Denkens schöpft Bewusstsein unsere Welt.

Auf unsere tägliche Praxis, insbesondere in unserem Arbeitsleben, übertragen bedeutet dies: Unser Denken soll etwas *bewirken*, sei es in unserem eigenen Kopf, in den Köpfen anderer oder in unserer materiellen Umwelt. Damit unser Denken etwas bewirken kann, muss es *effektiv* sein. Effektives Denken ist erstens *richtiges* und zweitens *kraftvolles* Denken. Richtiges Denken heisst: Es ist erstens *logisch richtig*, d.h. wir machen keine linkshemisphärischen Denkfehler, weil wir die Gesetze der Logik (Abstrahieren, Definieren, Schlussfolgern, Argumentieren) nicht verletzen. Richtiges Denken heisst weiterhin: *Die Richtung stimmt*, d.h. es ist aufbauend, konstruktiv, lösungsorientiert. Damit ist die rechtshemisphärische

Richtigkeit angesprochen. Es geht dabei vornehmlich um unsere inneren Bilder, die nämlich dazu tendieren, sich in der Wirklichkeit zu manifestieren, übrigens auch dann, wenn wir sie ablehnen oder verneinen. Sportler und Künstler wissen dies und setzen deshalb 'richtige' innere Bilder systematisch ein ('Mentaltraining'). Wenn wir zum Beispiel in letzter Minute am Bahnhof eintreffen, sollten wir nicht denken: „Ich will den Zug nicht verpassen!", sondern wir sollten uns bildlich vorstellen, wie wir in dem Zug sitzen werden. Unsere inneren Bilder sollten abbilden, was wir wünschen, und nicht, was wir nicht wünschen. Unser Denken ist drittens richtig, wenn es *gerecht* ist, d.h. wenn es alle und alles, was von unseren Gedanken betroffen wird, in angemessener Weise berücksichtigt. Hier geht es um die Ethik des Denkens, und diese wird uns in späteren Kapiteln noch beschäftigen.

Es gibt drei *Kraftquellen des Denkens.* Erstens *Konzentration,* d.h. Fokus, Aufmerksamkeitsbündelung, aber auch Wachheit, geistige Klarheit. Unsere Konzentration ist im wesentlichen eine Frage unserer körperlichen und geistigen Verfassung, ob wir frisch und ausgeruht oder verbraucht, abgespannt und ruhebedürftig sind. Konzentration hilft uns vor allem, linkshemisphärische Denkfehler zu vermeiden. Die zweite Kraftquelle ist *Motivation,* d.h. unsere Wünsche, Bedürfnisse, Anliegen, Interessen und Werthaltungen, die unser Denken anfeuern und das Feuer am Brennen halten. Motivation spornt uns zum Denken an und unterstützt uns dabei, unser Denken in der richtigen Richtung zu halten, also rechtshemisphärisch richtig zu denken. Die dritte Kraftquelle ist unsere *innere Mitte,* d.h. Selbst-Gegenwart, Ruhen in sich selbst. Wenn wir in unserer inneren Mitte ruhen, werden unsere Gedanken genährt von der Kraft der Stille. Wir haben einen geistigen Weitwinkelblick verbunden mit der Fähigkeit, scharf zu fokussieren. Selbst-Gegenwart bewirkt sowohl innere Losgelöstheit als auch ein Gefühl von All-Verbundenheit - die beste Voraussetzung dafür, dass unser Denken im obigen Sinne 'gerecht' wird.

Wenn unser Denken 'richtig' und 'kraftvoll' ist, ist es gleichzeitig auch maximal ökonomisch, d.h. wir erreichen mit einem Minimum an Denkaufwand ein Maximum an gedanklichem Ertrag. Dies zum einen, weil wir unsere Denkenergie nicht mit unproduktivem, falschem, oder destruktivem Denken vergeuden, zum anderen, weil wir mit weniger Anstrengung, d.h. leichter und müheloser, mit mehr Spass denken. Effektives Denken wird dadurch auch zu *effizientem* Denken. Wir können die Effektivität und Effizienz unseres Denkens steigern, indem wir regelmässig meditieren und uns im 'richtigen' Denken systematisch üben.

Fünf Erkenntnisse aus Kapitel 11

1. *Negative Denkgewohnheiten sind der ärgste Feind menschlicher Entwicklung.*
2. *Der Mensch ist kein rationales, sondern ein rationalisierendes Wesen.*
3. *Mit unseren Einstellungen programmieren wir unsere Erfahrungen.*
4. *Wir sollten uns um sowohl konstruktive als auch realitätsgerechte Einstellungen bemühen.*
5. *Effektives Denken ist richtiges und kraftvolles Denken.*

12. Farben in uns

Farben als Gedanken

In diesem Kapitel wenden wir uns einer besonderen Gruppe von Gedanken zu: den Farben. Gemeint sind hier die *gedachten* Farben. Es geht hier also weder um Farbenphysik noch um chemische oder technische Vorgänge bei der Entstehung von Farben in der Aussenwelt. Es geht auch nicht um die Physiologie des Auges, die beim Sehen von Farben in der Aussenwelt eine entscheidende Rolle spielt. Es geht nicht einmal um die ästhetische Reaktion auf Farben, also darum, ob und warum wir eine Farbe als schön oder hässlich empfinden. Worum es uns hier geht, ist die ursprüngliche geistig-seelische Bedeutung der Farben. Diese findet sich in der subjektiven Erlebniswelt *in* uns, nicht in der objektiven Aussenwelt *um* uns. Wenn wir diesen Bedeutungen auf die Spur kommen wollen, so müssen wir absehen von den unendlich vielfältigen Erscheinungsformen der Farben in unserer Umwelt je nach Helligkeit, Beleuchtungsverhältnissen, Kontrastbildungen, Material und Oberflächenbeschaffenheit. Wir müssen uns vortasten zu abstrakten Farbbegriffen, die wir mit Wortmarken wie 'Rot' oder 'Grün' versehen und die nur in unserem Geist als Farb-Ideen existieren. Dies ist auch der Grund dafür, dass Sie auf den Abbildungen dieses Kapitels keine Farben, sondern nur Farbnamen vorfinden werden. Wir gehen also nicht von bestimmten Farbvorlagen aus, die wir auf uns wirken lassen, sondern operieren mit prinzipiellen Farbkategorien im Sinne von generellen Oberbegriffen.

Sage mir, was Deine Farbe ist, und ich sage Dir, ...

In Abbildung 13 finden Sie von links nach rechts sechs Farben aufgelistet, die als Antwortmöglichkeiten für drei Fragen dienen, indem Sie pro Frage in das jeweilige Kästchen ein Kreuz machen. Es handelt sich um einen kleinen Farbtest, den Sie am Ende dieses Kapitels für sich selbst auswerten können. Wichtig ist dabei, dass

Sie jede der drei Fragen unvoreingenommen beantworten und sich pro Frage auf möglichst nur eine Antwort beschränken.

Abbildung 13: Ein kleiner Farbtest

	Gelb	Rot	Grün	Violett	Orange	Blau
Frage 1	☐	☐	☒	☐	☐	☐
Frage 2	☐	☐	☐	☒	☐	☐
Frage 3	☐	☐	☐	☐	☒	☐

Fragen siehe Text

Die erste Frage lautet: Welche von den oben stehenden sechs Farben haben Sie am liebsten? Kreuzen Sie bitte diejenige Farbe an, die Ihnen spontan als Ihre Lieblingsfarbe einfällt. Sollten Sie bei der Beantwortung dieser Frage feststellen, dass Sie vor ein paar Wochen oder Monaten eine andere Farbe gewählt hätten, so macht das nichts. Geben Sie Ihre derzeitige Lieblingsfarbe an.

Die zweite Frage lautet: Welche von diesen sechs Farben ist so, wie Sie sind, bildet Ihre Persönlichkeit am besten ab, repräsentiert Ihr inneres Wesen am treffendsten? Sie kennen vielleicht das Spiel: Wenn ich ein Tier wäre, dann wäre ich ... . Ebenso können Sie sich jetzt fragen: Wenn ich eine Farbe wäre, dann wäre ich ... .

Die dritte Frage lautet: Welche von diesen sechs Farben mag ich am wenigsten, ist mir am unsympathischsten? Vielleicht gibt es eine Farbe, die Sie zur Zeit nicht ausstehen können. Vielleicht haben Sie alle sechs Farben gerne, können aber angeben, welche Farbe Sie am wenigsten gern haben. Auch die Beantwortung dieser Frage kann sich im Laufe der Zeit ändern. Es geht jetzt um diejenige Farbe, die Ihnen gegenwärtig am wenigsten sympathisch ist.

Wenn Sie die Fragen beantwortet haben, dann vergessen Sie sie wieder. Wir werden später darauf zurückkommen.

Farbensymbolik

Wenn Sie an die Bedeutung von Farben denken, kommen Ihnen vielleicht tradierte Farbensymbole wie Rot als Farbe der Liebe, aber auch des Zorns, Gelb als Farbe des Neides, Blau als Farbe der Treue und Weiss als Farbe der Reinheit und Unschuld in den Sinn. Solche Symbolbedeutungen der Farben sind eindeutig kulturell geprägt und werden innerhalb einer Kultur durch den Sozialisationsprozess von Generation zu Generation weitergegeben. Natürlich gibt es in der Farbensymbolik interkulturelle Unterschiede. So hat sich beispielsweise auch schon bei uns herumgesprochen, dass Weiss in China die Farbe der Trauer ist und dort, nicht wie in unserer Kultur bei Hochzeiten, sondern bei Bestattungen zur Anwendung kommt. Die Kinder innerhalb einer Kultur übernehmen die Symbolbedeutungen der Farben über einen Lernprozess, den man 'klassisches Konditionieren' nennt, und mit der Zeit empfinden sie tatsächlich die angelernten Farbbedeutungen, wenn sie die betreffenden Farben sehen oder sich in der Vorstellung vergegenwärtigen. So empfinden wir beispielsweise Rot als 'warme' und Blau als 'kalte' Farbe.

Die Frage erhebt sich: Sind die kulturgegebenen Symbolbedeutungen der Farben nur zufällig entstanden? Sind die Bedeutungen, die man den Farben in den verschiedenen Kulturen zugeordnet hat, nichts als reine Willkür? Oder verbergen sich möglicherweise hinter den kulturgegebenen Symbolbedeutungen noch grundlegendere, naturgegebene Urbedeutungen, die kulturell invariant sind? Haben diese im menschlichen Bewusstsein wurzelnden Kulturbedeutungen der Farben bei den Symbolbildungen in den verschiedenen Kulturen vielleicht eine wichtige Rolle gespielt? Und könnte es sein, dass sich die Symbolbedeutungen dann im Laufe der Jahrhunderte von ihrem natürlichen Ursprung abgelöst, gleichsam verselbständigt und im Zuge der historischen Entwicklung der jeweiligen Kultur ihre eigene, wechselvolle Geschichte durchgemacht haben? Mit der Folge, dass die ursprüngliche Bedeutung vielfach verkürzt, verzerrt, ja womöglich in ihr Gegenteil verkehrt wurde? Ich gehe bei meinen Überlegungen zur Bedeutung der Farben davon aus, dass solche Prozesse tatsächlich überall und immer wieder stattgefunden haben. Bei den heute gängigen Symbolbedeutungen der Farben klingen teilweise noch die naturgegebenen Urbedeutungen an, teilweise werden diese aber von kulturbedingten Bedeutungskonventionen überlagert.

In der Wahrnehmungspsychologie unterscheidet man zwischen den unbunten Farben Schwarz und Weiss einerseits und den bunten Farben andererseits. Die bunten Farben lassen sich zurückführen auf die drei Primärfarben Gelb, Rot und Blau, die zusammengenommen, d.h. durch Lichtproduktion miteinander vermischt, wiederum die Farbe Weiss ergeben. Die drei Primärfarben lassen sich nicht durch Mischung herstellen, während alle anderen bunten Farben aus Mischungen der Primärfarben gebildet werden können. Jeweils zwei miteinander vermischte Primärfarben ergeben die Sekundärfarben Grün (aus Gelb und Blau), Orange (aus Gelb und Rot) und Violett (aus Blau und Rot). Mischt man eine Sekundärfarbe mit der an ihr nicht beteiligten, dritten Primärfarbe, so entsteht wiederum Weiss bzw. Grau. Jede Primärfarbe und die von den beiden anderen Primärfarben gebildete Sekundärfarbe - z.B. Gelb und Violett - sind somit zueinander komplementär, d.h. sie ergänzen sich wechselseitig zu Weiss oder Grau.

Soweit so gut. Was mich nun an diesen Zusammenhängen seit Jahren interessiert, ist die Frage: Wenn die unendlich bunte Vielfalt unseres Farberlebens auf ein derart einfaches Ordnungsmuster zurückgeführt werden kann, hat dieses Ordnungsmuster nicht eine tiefere, universelle Bedeutung? Besonders bemerkenswert fand ich dabei immer den Zusammenhang zwischen den bunten Farben und dem unbunten Weiss oder Grau. Die bunten, höchst verschiedenartigen, sozusagen farblich profilierten Farben sind in ihrer Gesamtheit nichts anderes als das vergleichsweise farblose, eigenschaftslose Weiss. Vom allumfassenden Weiss aus gesehen ist jede bunte Farbe nichts anderes als ein Teil aus dem Ganzen. Das eine, ganzheitliche Weiss teilt sich in die drei markant unterschiedlichen Grundfarben Gelb, Rot und Blau, aus denen wiederum die unendliche Buntheit unserer Farbenvielfalt hervorgeht. Diese Betrachtungsweise erinnert an die Entstehung von Vielfalt aus der

Einheit, wie sie in den mystischen Lebensphilosophien aller Zeiten thematisiert wurde. So sprach beispielsweise der Neuplatoniker Plotin von dem Einen, das dem Vielen zugrunde liegt und sich im Vielen offenbart. Die vedische Literatur des alten Indiens handelt immer wieder von dem Einheitsfeld reiner Potentialität. Es manifestiert sich in drei Grundqualitäten, den sogennanten drei Gunas, aus deren Interaktion das ganze Universum hervorgeht. Ebenso lehrt das chinesische Tao Te King das eine, eigenschafts- und namenlose Tao als den Urgrund und Ursprung aller Dinge. Sind diese Parallelen rein zufällig, oder könnte es sein, dass unser Farberleben uns ein Abbild von einem noch viel grundlegenderen Urbild liefert?

Der unfarbige Urgrund der Farbigkeit

Vielleicht ist die Art und Weise, wie wir die Farben erleben, ein visuelles Spiegelbild von uns selbst. Das noch nicht farbige, aber alle Farben enthaltende Weiss entspricht dabei unserem zeitlosen, universellen, transpersonalen und transzendenten Selbst. Es ist das unendliche Meer. Die einzelnen bunten Farben repräsentieren die markanten Wellenfiguren an der Oberfläche dieses Meeres und stehen damit für unser individuelles Selbst. Unbuntes Weiss ist die farbliche Metapher für Bewusstsein an sich, während die unendlich vielen Farben im Reich der Buntheit unsere persönlichen und von Mensch zu Mensch verschiedenen Erlebniswelten darstellen. Maharishi Mahesh Yogi greift in seinen Vorträgen immer wieder auf diese Metapher zurück: Er nimmt eine Rose in die Hand und betrachtet das leuchtende Rot der Blüte neben dem satten Grün der Blätter. Woraus sind, so Maharishi, diese bunten Farben hervorgegangen? Aus unfarbigem, farblosem Saft.

Nehmen wir einmal an, die bunten Farben haben ihren Ursprung in einer unbunten, homogenen Weissheit. Damit aus dem Weiss bunte Farben hervorgehen können, muss das Weiss zumindest keimhaft auch dessen Gegenteil, das Schwarz enthalten. Jede bunte Farbe, die ja einen Ausschnitt aus der Ganzheit des Weiss darstellt, ist nämlich, auch wenn sie noch so hell leuchtet, dunkler als reines Weiss. Woher aber soll diese Verdunkelung kommen, wenn nicht aus einem im Weiss potentiell angelegten und ebenso unbunten Schwarz? Das Weiss holt, bildlich gesprochen, aus sich selbst sein Gegenteil, das Schwarz, hervor, und erschafft daraus die Farbenwelt. Es ist so, als ob sich in der Mitte eines unendlich grossen weissen Kreises ein schwarzer Punkt befindet. Ein Punkt hat die Ausdehnung Null und müsste von daher unsichtbar sein. Schwarz ist ein unmanifester Bestandteil des Weiss. Weiss ist eine farbliche Entsprechung des transpersonalen, universellen und zeitlosen Selbst, das aber den Keim der Individualität, symbolisiert als schwarzer Punkt, bereits in sich trägt (siehe Kapitel 4). In genau diesem Sinne spricht Maharishi immer wieder vom 'point value', vom 'Punktwert', der in der Unendlichkeit des Bewusstseins an sich enthalten ist. Ein geflügeltes Wort in der vedischen Literatur, das dieser Gleichzeitigkeit von Weiss und Schwarz entspricht, lautet: „Grösser als das Grösste und kleiner als das Kleinste".

Die bunten Farben kommen demnach dadurch zustande, dass sich das allfarbige Weiss mit dessen aus ihm selbst kommenden Gegenteil, dem Schwarz, gewissermassen selbst etwas antut. Oder um es mit Goethe zu sagen: „Farben sind Taten und Leiden des Lichtes". Am Anfang aller Farbigkeit und noch vor jeder Buntheit steht somit eine innere Polarisierung des weissen Urgrundes in Weiss und Schwarz. (Abb. 14). Weiss steht für die Fülle, für das allumfassende Sein, Schwarz für die Leere, für das Nichtmanifestierte, für das materielle Nichts. Weiss und Schwarz repräsentieren damit gleichermassen die Transzendenz. Eine Spiritualität, in der die Farbe Weiss eine dominierende Rolle spielt, betont die Unendlichkeit und Allgegenwart des Göttlichen. Eine Spiritualität, in der die Farbe Schwarz dominiert, betont die Nicht-Weltlichkeit des Göttlichen, seine Abgesondertheit - lateinisch Absolutheit - von der Schöpfung. Die schwarz gefärbte Spiritualität ist eher schöpfungsabgewandt und weltverneinend, die weiss gefärbte Spiritualität eher weltbejahend und schöpfungszugewandt.

Der geankerte Farbenkreis

Die nächste Frage in meinen Überlegungen lautete: Wie lassen sich die drei bunten Grundfarben aus dem unbunten Farbenpaar Weiss und Schwarz ableiten? Zur Beantwortung dieser Frage stellte ich die Frage: Welche der drei Grundfarben Gelb, Rot und Blau ist dem Weiss am ähnlichsten? Antwort: Es ist Gelb. Welche der drei Grundfarben weist die engste Verwandtschaft mit Schwarz auf? Antwort: das Blau. (Abb. 15). Bleibt noch Rot, das von Weiss und Schwarz weiter entfernt ist als Gelb und Blau. Stehen Weiss und Schwarz für reine, potentielle Energie, so bedeutet Rot deren vollständige Umsetzung in dynamische oder kinetische Energie. Daraus ergibt sich eine zyklische Bewegung vom Weiss über Gelb zum Rot und vom Rot über das Blau zum Schwarz. Da Gelb, Blau und Rot die drei Grundfarben sind, positionieren wir sie als voneinander gleich weit entfernt und verbinden sie miteinander in Form eines gleichseitigen Dreiecks. (Abb. 16).

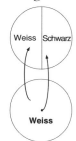

Abb.14: Polarisierung des weissen Urgrundes in Weiss und Schwarz

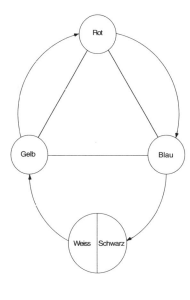

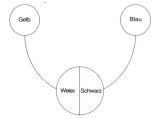

Abb.15: Zuordnung von Gelb und Blau zu Weiss und Schwarz

Abb. 16: Die 3 Grundfarben in ihrer Relation zu Weiss und Schwarz

Jetzt ist es noch ein Leichtes, das umgekehrte Dreieck mit den Sekundärfarben einzufügen, und wir erhalten einen sechseckigen Stern mit den drei Grundfarben und den jeweils gegenüberliegenden Komplementärfarben. Die zyklische Bewegung verläuft jetzt von Weiss über Gelb, Orange zu Rot, und von Rot über Violett und Blau entweder zu Schwarz oder über Grün wieder zu Gelb. (Abb. 17) Jede Farbe entlang des Farbkreises hat in genau 180-gradiger Entfernung ihre 'Gegenfarbe'. Beide zusammen ergänzen sich zu Weiss.

Entscheidend an dieser Darstellung ist die räumliche Relation des bunten Farbkreises zum Weiss-Schwarz-Kreis an der Basis. Der Farbkreis ist kein Rad mehr, das man beliebig drehen kann. Vielmehr bestimmt die räumliche Beziehung der einzelnen Farben zu Weiss und Schwarz deren Lage oben oder unten, links oder rechts. Durch den Bezugspunkt Weiss-Schwarz bekommt jede Farbe ihre feste Position in einem zweidimensionalen Farbenraum zugewiesen.

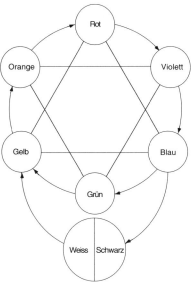

Abb. 17: Der Farbkreis mit den drei Grundfarben und drei Komplementärfarben in seiner Relation zu Weiss und Schwarz.

Der zweidimensionale Farbenraum

Wir können nun diesen Farbenraum wie jeden anderen Raum beschreiben, indem wir in ihn ein Koordinatenkreuz hineinlegen. Wir verlängern den Weiss-Schwarz-Trennungsstrich nach oben bis zum Rot und erhalten so die Ordinate. Die Ordinate teilt den Farbkreis in eine linke und eine rechte Hälfte. Daraus ergibt sich eine bipolare Abszisse, die wir ebenfalls durch den Mittelpunkt des Farbkreises laufen lassen (Abb. 18).

Versuchen wir jetzt, diese beiden räumlichen Dimensionen, die Ordinate und die Abszisse, zu qualifizieren, d.h. ihnen Eigenschaften zuzuschreiben. Sollte uns dies nämlich gelingen, so könnten wir die einzelnen Farben entsprechend ihrer Lokalisierung im Farbenraum charakterisieren.

Erinnern wir uns noch einmal an die zyklische Bewegung vom Weiss über Gelb und Orange zum Rot, und vom Rot über Violett und Blau zum Schwarz. Dabei haben wir Weiss als reine, potenti-

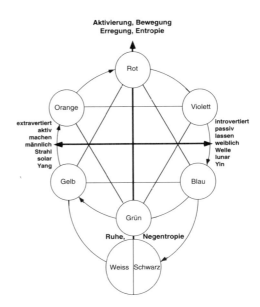

Abbildung 18: Das Koordinatenkreuz im Farbenraum.

elle Energie interpretiert, die über Gelb und Orange in Bewegung gerät und im Rot ein Maximum an Bewegung und Dynamik erreicht. Über Violett und Blau findet dann wieder eine Beruhigung statt, bis schliesslich im Schwarz wieder vollkommene Stille einkehrt. Aus diesem Kreislauf lassen sich folgende Deutungen für die beiden Dimensionen des Farbenraumes, also für die Ordinate und die Abszisse, ableiten:

Die Ordinate hat einen absoluten Nullpunkt im Weiss-Schwarz. Weiss und Schwarz bedeuten in Bezug auf Buntheit absolute Ruhe, völlige Bewegungslosigkeit. Je weiter wir der Ordinate entlang nach oben wandern, desto bewegter, quirliger, erregter, aber auch entro-pischer wird es. Im Rot erreicht die Bewegtheit ihren Höhepunkt. An der Ordinate lässt sich somit das Ausmass von Bewegtheit oder Ruhe, von Entropie oder Negentropie ablesen. Die senkrechte Dimension im Farbenraum drückt das Gleiche aus wie die senkrechte Dimension im vedischen Modell der Hauptbewusstseinszustände, das wir in Kapitel 5 behandelt hatten (siehe Abb. 3).

Die Farben links von der Ordinate gehören zu derjenigen Phase des Kreislaufes, in der die Bewegung zunimmt. Die linke Seite des Farbenraumes steht damit für Aktivitätsentfaltung und ist nach aussen, zur Welt hin gerichtet. Demgegenüber gehören die Farben rechts von der Ordinate zur Phase der abnehmenden Bewegung. Die rechte Seite des Farbenraumes steht somit für Beruhigung und ist nach innen, zum Transzendenten hin gerichtet. Wir können diese Polarität mit Gegensatzpaaren beschreiben wie aktiv - passiv, extrovertiert - introvertiert, männlich - weiblich. Beide Pole ergänzen sich wechselseitig wie das chinesische Yang und das Yin, das solare und das lunare Prinzip in der Mythologie oder der Strahl und die Welle in der Physik. Es sind zwei verschiedene Arten der Bewegung, bewe*gend* und bewegt *werdend*, beide völlig gleichberechtigt und einander zur Vollständigkeit bedürfend.

Die Farben links von der Ordinate, Orange und Gelb, kommen auf den Betrachter zu, während die Farben rechts von der Ordinate, Blau und Violett, davonzuweichen scheinen. Die

Farbperspektive in der Malerei hat von diesem Phänomen immer wieder Gebrauch gemacht. Auch das Begriffspaar Machen und Lassen passt zur Charakterisierung des linken und des rechten Pols. Keine Frage, wir haben es bei den beiden Polen der horizontalen Dimension des Farbraumes mit grundsätzlich der gleichen Polarität zu tun, wie wir sie im 10. Kapitel als links- und rechtshemisphärisches Denken kennengelernt haben. Es ist die 'holistische Polarität'.

Lässt man Abb. 18 mit dem Farbensechseck und dem Koordinatenkreuz auf sich wirken, so fühlt man sich unwillkürlich an die beiden wichtigsten Symbole unserer Bibelreligionen erinnert, an das christliche Kreuz und an den jüdischen Davidstern. Vielleicht ist dies kein Zufall, und wir dringen hier, quasi als Nebeneffekt unserer Beschäftigung mit den Farben, zu einer grundlegenden, abstrakten und universellen Bedeutungsebene dieser Zeichen vor, die jenseits von historisch gewachsenen Konventionen und religiösen Glaubensbekenntnissen liegt.

Mit der unipolaren Ordinate des Bewegungs*ausmasses* und der bipolaren Abszisse der Bewegungs*art* verfügen wir über zwei prinzipielle Beschreibungsdimensionen des Farbenraumes, mit deren Hilfe wir jede Grund- und Komplementärfarbe wesensmässig erfassen können.

Das Lexikon der Farben

Beginnen wir mit der Farbe *Rot.* Rot ist der Gegenpol zu Weiss und Schwarz. Rot ist gewissermassen die farbigste aller Farben und damit die Symbolfarbe für Farbigkeit schlechthin. Rot ist die erregendste, bewegteste, aktivierteste aller Farben und steht damit für äusserste Kraftanstrengung, für Arbeit und Leistung, für Wirksamkeit und Zielerreichung, für Dynamik, Veränderung und Umgestaltung. Emotional gesehen bedeutet Rot Lebendigkeit, Vitalität, Temperament, Tatendrang und Mut. Rot ist auch die Farbe der Leidenschaft, des leidenschaftlichen Zorns ebenso wie der leidenschaftlichen Liebe. Seine Lokalisierung am erregten Vereinigungspunkt von aktiv und passiv, von männlich und weiblich, macht Rot zur Farbe der prickelnden Erotik und des Geschlechtsaktes. Im Gegensatz zur unbegrenzten All-Einheit, die dem Weiss entspricht, symbolisiert Rot die konzentrierte, nach aussen hin abgegrenzte Einheit, d.h. die Individualität, das Ich. Es eignet sich damit auch als Farbe der Grenzmarkierung, der Revierabsteckung und der Frontlinie. Rot als die 'oberste' aller Farben ist schliesslich auch die Farbe der Macht, und zwar im Sinne von Übermacht und Positionsmacht. Rot kommuniziert Mächtigkeit, Kampf und Durchsetzungsvermögen.

Alle Farben sind ethisch gesehen gut und wertvoll, denn sie leisten einen einzigartigen und unverzichtbaren Beitrag zur Ganzheit des Lebens. Sie wandeln sich aber in etwas Negatives, wenn sie verabsolutiert, d.h. aus dem Gesamtzusammenhang des Farbkreises herausgelöst werden. Jede Farbe bedarf ihrer Gegenfarbe als Ergänzung zur Ganzheit des Weiss. Eine Farbe verabsolutieren heisst, die dazugehörige Gegenfarbe ignorieren oder unterdrücken. Man erhebt dadurch einen Teil in den Status des Ganzen, und dieser Verlust an Ausgewogenheit kann sich nur negativ auswirken. So bedeutet eine Verabsolutierung von Rot blinder Aktionismus, Fanatismus, Aufruhr, Gewalt und Zerstörungswut. Nicht umsonst haben die Rebellen und Revolutionäre aller Zeiten Rot zur Farbe ihres Banners erwählt. Eine destruktive Wirkung von Rot ist insbesondere dann zu befürchten, wenn Rot zusammen mit Schwarz auftritt, eine Farbenkombination, die sich beispielsweise im nationalsozialistischen Deutschland grosser Verbreitung erfreute.

Rot befindet sich an der erregtesten Position im Farbenraum. Ihm entspricht ein hohes Erregungs- oder Aktivierungsniveau im physiologischen Bereich. Hohe physiologische Erregungszustände können wir geniessen, wenn sie von kurzer Dauer sind. Lange anhaltend arten sie zu Stress oder Schmerz aus. Die Verteilung der Farben in unserer natürlichen Umwelt scheint darauf Rücksicht zu nehmen. Intensive Rotfärbungen treffen wir nur auf kleinen Flächen an, etwa die roten Farbtupfer der Mohnblumen auf einer Wiese. Die grossen Flächen in der Natur sind meist in Farben gehalten, die dem unteren, ruhigen Bogen des Farbkreises angehören. Denken wir nur an die grünen Wiesen und Wälder, die gelben Felder, Steppen und Wüsten, den blauen Himmel, das blaue Meer, oder auch die weissen Winterlandschaften und die weissgraue Bewölkung am Himmel. Selbst wenn sich im Herbst die Blätter zum Teil feurig rot färben, so ist diese Farbenpracht doch nur von kurzer Dauer. Gott sei Dank! Stellen Sie sich als Extrembeispiel einmal vor, Sie müssten das ganze Jahr durch knallrote Wälder wandern. Sie würden sicher bald auswandern! Rot ist die erregteste und bewegteste aller Farben. Um Rot auf grossen Flächen oder über lange Zeiträume geniessen zu können, müssen wir es gleichsam beruhigen, es abmildern, ihm die Schärfe nehmen. Dies geschieht dadurch, dass wir Rot mit der Farbe der Transzendenz, mit Weiss, mischen. Als Resultat erhalten wir Rosa, die Farbe der Zärtlichkeit und Lieblichkeit. Rosa ist ein verfeinertes Rot, gleichsam eine ätherische, eine himmlische Farbe, befreit von der Grobheit, Aufdringlichkeit, ja Brutalität des 'irdischen' Rot.

Kommen wir zur zweiten Grundfarbe, zum *Gelb*. Gelb hat auf Grund seiner Lage im Farbenraum die Qualitäten eher ruhig einerseits und aktiv-männlich andererseits. Es ist die Farbe, die direkt aus dem Weiss kommt, und symbolisiert das Anfangsstadium eines Geschehens oder einer Handlung. Am Anfang steht der Plan, das Gesetz, ein geistiges Konzept, nach dem alles Weitere abläuft. Gelb ist deshalb die Farbe der Geistesklarheit, des Intellektes, des geistigen Schauens und durchschauen. Zur Welt des Gelb gehören unser Unterscheidungsvermögen, unser logisches, differenzierendes und analysierendes, also unser linkshemisphärisches Denken. Gelb ist auch die Farbe des Austausches von Informationen, also der Kommunikation, und von Waren, also des Handels. Im alten Rom war Merkur der Gott des Handels, des Reisens und der Kommunikation. Seine Farbe war Gelb. Bis heute sind in den meisten Ländern die Briefkästen mit gelber Farbe gestrichen. In einem höheren Sinn ist Gelb die Farbe der Erkenntnis, der Weisheit, des erleuchteten Geistes und damit der Erleuchtung. Gelb steht für Licht und Transparenz, für Helligkeit und insofern auch für Heiterkeit, Freundlichkeit und Lebensbejahung. Kommt es aber zur Ver absolutierung von Gelb, so deutet dies auf trockenes Theoretikertum, Verblendung, Einbildung, Arroganz, Besserwisserei.

Die dritte Grundfarbe, auf gleichem Erregungsniveau wie Gelb, diesem aber polar entgegengesetzt, ist *Blau*. Seiner Position nach hat Blau die Qualitäten eher ruhig und passiv-weiblich. Blau ist - von Rot aus gesehen - die Farbe der Beruhigung und Abkühlung. Je nach Ausgangslage bedeutet dies entweder Entspannung, gleichsam ein wohltuendes Bad, eine Ausdehnung und Ausweitung, ein ozeanisches Glücksgefühl, oder aber Verfestigung, Kristallisierung und Formenbildung. Letzteres macht Blau auch zur Farbe des Bewahrens und Erhaltens, der Tradition und der Treue. Blau ist der umhüllende, schützende Mantel der Mutter Gottes. Blau waren auch die Flügel der Vorgängerin der christlichen Marienfigur, der ägyptischen Göttin Isis. Blau steht für Materie im ursprünglichen Sinne des Wortes, für das Mütterliche, stofflich und gefühlvoll zugleich. Blau symbolisiert Harmonie, Frieden, Zufriedenheit und Erlöstheit. Kommt es aber zu einer Verabsolutierung von Blau, so deutet dies auf Selbstzufriedenheit, Sattuiertheit, Antriebslosigkeit, oder auch Erstarrung, Härte, Rigidität, Hyperkonservatismus und Widerstand gegen jede Neuerung.

Grün verbindet Gelb mit Blau. Grün ist die ruhige Vereinigung von aktiv-männlich und passiv-weiblich. Es repräsentiert damit im Gegensatz zum Rot die überpersönliche, universelle, heilende Liebe. Grün als die ruhigste und sanfteste aller bunten Farben vertritt die unbunten Transzendenz-Farben Weiss und Schwarz im Reich der Farbigkeit. Die mittelalterliche Heilerin und Seherin Hildegard von Bingen sprach von der 'Grünkraft' als der heilenden und segnenden Kraft im Universum und identifizierte sie mit dem Heiligen Geist. Im alten Kreta trugen die Priester grüne Gewänder - ebenso wie unsere heutigen Chirurgen. Grün ist die heilige Farbe des Islam. Als Gegenfarbe zu Rot steht Grün für Milde, Sanftmut und Barmherzigkeit. Grün als Übergang vom Blau zum Gelb bedeutet Verjüngung, Erfrischung, Regenerierung, Erneuerung und Wiederbelebung. Kommt es jedoch zu einer Verabsolutierung von Grün, so deutet dies auf Entscheidungsschwäche, Handlungsunfähigkeit, Naivität, Praxisferne und Drückebergerei. Eine Verabsolutierung von Grün würde heissen, Gefahren aus dem Wege zu gehen, sich den Herausforderungen des Lebens nicht zu stellen und keine Bewährungsproben zu bestehen. Man bleibt dann, wie der Volksmund lehrt, 'grün hinter den Ohren'.

Orange ist die Umsetzung des Planes - Gelb - in die Tat - Rot - . Orange steht für planvolles, zweckmässiges, vernünftiges Handeln. Orange repräsentiert den in der Welt tätigen Menschen, den Macher, den Handwerker ebenso wie den Manager, der Effektivität und Effizienz zu verbinden weiss. So ist Orange ein Symbol für gleichzeitig wohlüberlegtes, aber auch unzögerliches, zielgerichtetes Vorgehen, ohne Umwege und ohne irgendwo länger zu verweilen als unbedingt nötig. 'Direkt und ohne Umschweife', 'prägnant auf den Punkt gebracht', 'Nutzen maximieren und Kosten minimieren' sind Mottos aus der Welt des Orange. Orange kommuniziert Gradlinigkeit, Nüchternheit, auch Strenge und Kompromisslosigkeit. Vielleicht tragen nicht zuletzt deshalb die Mönche Asiens orange-farbene Gewänder. Seiner Position nach ist Orange eher bewegt und aktiv-männlich. Es ist deshalb auch die Farbe des Anpackens, des Umsetzens, des Realisierens, und damit auch der Realitätsbezogenheit, des down-to-earth. Kommt es zu einer Verabsolutierung von Orange, so deutet dies auf Rohheit, Ungehobeltheit, technokratische Herzlosigkeit, Rüpelhaftigkeit, Rücksichtslosigkeit.

Violett ist die Kombination von Rot und Blau. Seine Position im Farbenraum kennzeichnet es als gleich stark bewegt wie Orange, aber von passiv-weiblicher Natur. Zyklisch gesehen ist Violett von Rot kommend die Farbe der Umkehr und Einkehr, des Umdenkens, des beginnenden Weges nach innen, der geistigen Reinigung und Läuterung. In der katholischen Kirche ist Violett die Farbe der Busse. Die Verbindung von Dynamik und Vitalität - Rot - mit Wohlgefühl und Entspannung - Blau - verleiht dem Violett auch einen ganz anderen, nämlich sinnlichen, verspielten, schillernden, vieldeutigen und damit auch verführerischen Charakter. Violett ist die Farbe der künstlerischen Kreativität. Als Gegenfarbe zum hellen, geistesklaren Gelb steht Violett für das Geheimnisvolle, Okkulte, Unerklärliche, Verborgene und Unergründliche. Violett hat von daher auch einen 'direkten Draht' zur Transzendenz, zum Weiss-Schwarz, weshalb es oft auch als 'mystische' Farbe bezeichnet wird. Überhaupt steht Violett für Übergänge von einer Welt in die andere, von einem Bewusstseinszustand in einen anderen Bewusstseinszustand, vom Diesseits ins Jenseits. Violett liegt der Helligkeit und Heiterkeit der Farbe Gelb gegenüber, was ihm auch etwas Trübes und Trauriges verleiht. Vielleicht ist dies der Grund dafür, dass Violett sehr viel bei Trauerfeierlichkeiten und Begräbnissen zu Einsatz kommt. Kommt es zu einer Verabsolutierung von Violett, so deutet dies auf Orientierungslosigkeit, Verwirrung, Geistesgestörtheit, Trübsal und Depression.

Es ist also unmöglich, jede der sechs Farben rund um den Farbkreis in ihrer geistig-seelischen Bedeutung zu erfassen und die zu ihr gehörigen Assoziationswelten zu skizzieren. Grundlage dieser Deutungen und Interpretationen ist zum einen die Position jeder Farbe im Koordinatensystem, zum anderen ihre Polarisierung zur jeweils gegenüberliegenden Farbe. Die Eigenschaften, die auf diesem Wege für jede Farbe zu Tage treten, machen durchaus Sinn und weisen übrigens mancherlei Ähnlichkeiten mit der Farbenlehre von Goethe auf.

Vergegenwärtigt man sich noch einmal die sechs Farben und das, wofür sie stehen, dann könnte man sich für jede Farbe charakteristische Berufe vorstellen:

Farbe	Charakteristische Berufe
Gelb	Forscher(in), Informatiker(in), Buchhalter(in)
Orange	Manager(in), Handwerker(in), Ingenieur(in)
Rot	Sportler(in), Soldat(in), Katastrophenhelfer(in)
Violett	Werber(in), Zauberkünstler(in), Schauspieler(in)
Blau	Mutter, Gastwirt(in), Kurator(in)
Grün	Lehrer(in), Berater(in), Therapeut(in)

...was Dich glücklich macht

Kehren wir jetzt wieder zu Ihrem 'Farbtest' am Beginn dieses Kapitels zurück. Vermutlich können Sie jetzt, nachdem wir die Farben und ihre Bedeutungen beschrieben haben, mit Ihren Antworten auf die drei Fragen etwas anfangen. In dem Test geht es um Ihr Wohlbefinden, genauer gesagt: es geht darum, wo Sie - möglicherweise im Unterschied zu anderen - nach Wohlbefinden suchen. Um Ihnen die Interpretation zu erleichtern, versehen wir die drei Grundfarben jetzt mit zu ihnen passenden Suchstichworten, nämlich:

Gelb = Erkennen

Rot   = Vollbringen

Blau = Geniessen

Erkennen, Vollbringen und Geniessen sind Motive, Werte, die man anstreben und verwirklichen möchte. Erkennen, Vollbringen und Geniessen ergänzen sich zu einem vollständigen Dreiklang menschlicher Strebungen, so wie sich die Grundfarben Gelb, Rot und Blau zu Weiss ergänzen. Nimmt man aus dieser Motiv-dreieinigkeit eines heraus, wird das Bild einseitig und unausgewogen. Die Reihenfolge der drei Motive, zuerst Erkennen, dann Vollbringen und schliesslich Geniessen, folgt nicht nur der zyklischen Bewegung entlang des Farbkreises, sondern ist auch psychologisch sinnvoll. Zuerst haben wir eine Einsicht, eine Erkenntnis, dann setzen wir die Erkenntnis in die Tat um und vollbringen eine Leistung, um dann das Resultat geniessen und uns quasi auf unseren Lorbeeren ausruhen zu können. Alle drei Motive, das 'gelbe' Erkennen, das 'rote' Vollbringen und das 'blaue' Geniessen sind für sich genommen gleich wichtig und wertvoll. Es kann aber sein, dass dem einen dieses oder jenes Motiv mehr am Herzen liegt als die anderen. Nicht jeder wird für sich persönlich alle drei Motive gleich stark gewichten, sondern das eine mehr und das andere weniger. Und genau darüber geben die im Farbtest gewählten Farben Auskunft.

Ihre Antwort auf die erste Frage sagt etwas über Ihre derzeitige Bedürfnislage aus. Nennen wir die von Ihnen zur Zeit bevorzugte

Farbe deshalb Ihre *Bedürfnisfarbe*. So bedeutet beispielsweise die Bedürfnisfarbe Grün, dass Sie sich momentan nach Abstand, Regenerierung und nach Verjüngung sehnen. Ihre Antwort auf die zweite Frage offenbart Ihre *Persönlichkeitsfarbe* und gibt darüber Auskunft, was Sie von Haus aus und generell im Leben am meisten suchen: Erkenntnisse gewinnen, Wirkungen hervorbringen oder Genüsse erleben. Falls Sie als Antwort auf die zweite Frage eine Sekundärfarbe gewählt haben, sind zwei Strebungen, nämlich die zu den sie konstituierenden Grundfarben gehörigen, bei Ihnen gleich stark vertreten im Gegensatz zur weniger ausgeprägten Strebung, die zur gegenüberliegenden Primärfarbe gehört. Ist also beispielsweise Ihre Persönlichkeitsfarbe Orange, dann geht es Ihnen im Leben gleichermassen um Erkenntnis und Vollbringen, das süsse Nichtstun dagegen liegt Ihnen weniger. Die Antwort auf die dritte Frage zeigt an, wo Ihr Wohlbefinden zur Zeit beeinträchtigt ist, womit Sie Mühe oder wovon Sie genug haben, vielleicht auch, wodurch momentan Ihre innere Abwehr mobilisiert wird. Es handelt sich bei der von Ihnen am wenigsten geliebten Farbe um Ihre *Problemfarbe*. Ist Ihre Problemfarbe z.B. Violett, so bedeutet dies, dass Sie zur Zeit eine Abneigung gegen alles Unklare, Zweideutige, Undurchschaubare haben, oder dass Sie sich in einer ungeklärten, komplizierten Situation befinden, die Sie mit Unruhe oder Ungeduld erfüllt, oder dass geheime Wünsche in Ihrer Seele rumoren, von denen Sie lieber nichts wissen wollen.

Interessant sind auffallende Kombinationen der im Farbtest gewählten Farben. So kommt es relativ häufig vor, dass die Problemfarbe mit der Gegenfarbe der Bedürfnisfarbe zusammenfällt, was die Interpretation natürlich besonders leicht macht. Hat jemand zum Beispiel als Bedürfnisfarbe Blau und als Problemfarbe Orange, so bedeutet dies: Dieser Mensch hat von seinem Arbeitsalltag mit seiner strengen Disziplin, mit der permanenten Selbstkontrolle, mit dem Primat des Ökonomieprinzips, mit dem Zwang zur Effizienz die Nase gestrichen voll. Er muss dringend einmal ausspannen, sich gehen und verwöhnen lassen, tun und lassen können, was er will.

Gelegentlich kommt es auch vor, dass jemand als Bedürfnisfarbe die Gegenfarbe zu seiner Persönlichkeitsfarbe angibt. Eine solche Farbkombination zeigt an, dass der betreffende Mensch gerade eine besonders wichtige und positive Phase in seiner Persönlichkeitsentwicklung durchmacht. Ein Mensch mit beispielsweise der Persönlichkeitsfarbe Grün hat wahrscheinlich von Haus aus ein etwas distanziertes Verhältnis zur Farbe Rot. Er will im Leben primär erkennen und geniessen, nicht unbedingt eigenhändig etwas vollbringen. Er belehrt und berät lieber andere als selbst etwas zu tun. Er sagt lieber anderen, wie sie es machen sollen, als dass er selber einmal anpackt. Ein solch 'grüner' Mensch muss früher oder später die Welt der Farbe Rot annehmen, in sein Leben integrieren, ja regelrecht lieb bekommen, will er nicht ein Leben lang 'grün hinter den Ohren' bleiben. Wenn ein von Haus aus 'grüner' Mensch eine Liebe zu Rot entwickelt, dann ist dies ein Anzeichen dafür, dass dieser Integrationsprozess wirklich stattfindet.

Jeder von uns muss ein ganzheitliches Individuum werden, d.h. wir müssen lernen, die Gegenfarbe unserer Persönlichkeitsfarbe zu einem Teil von uns zu machen. Andernfalls bleiben wir halb und der Lebenserfolg bleibt uns versagt. Ein 'grüner' Berater, der nie etwas Eigenständiges geleistet, nie Verantwortung getragen, nie Schwierigkeiten praktisch gemeistert hat, wirkt unglaubwürdig. Ein 'orangefarbener' Manager, der nicht gelernt hat, ab und zu loszulassen, offen zuzuhören, sich in andere einzufühlen, der also nicht auch 'blaue' Qualitäten entwickelt hat, wird im Umgang mit Mitarbeitern und Kunden jämmerlich versagen. Umgekehrt ist ein 'blauer' Gastwirt, der zwar seine Gäste nach allen Regeln der Kunst verwöhnen kann, aber über keinerlei 'orangefarbene' Managereigenschaften verfügt, wirtschaftlich zum Scheitern verurteilt. Wir tun also gut daran, wenn wir unsere Gegenfarbe nicht wegstossen, sondern dankbar annehmen und uns im Interesse unserer ganzheitlichen Entwicklung quasi einverleiben. Wenn wir es nicht freiwillig tun, wird das Schicksal - Schicksal bedeutet wörtlich: geschicktes Heil - irgendwann einmal dafür sorgen, dass wir es tun müssen. Wir dürfen und sollen zu unserer

244 .... *Zahlensymbolik*

Persönlichkeitsfarbe, zu unseren Präferenzen und Neigungen stehen, aber wir dürfen nicht dabei stehen bleiben, denn es ist unsere Bestimmung, ganz oder 'heil' zu werden.

Zahlensymbolik

Gehen wir jetzt noch einen Schritt weiter und wagen uns an
ein zunächst noch spekulativer erscheinendes Vorhaben heran:
Versuchen wir, den Farben Zahlen zuzuordnen und schauen wir,
was dabei herauskommt. Zahlen hatten in den spirituellen Traditionen und mystischen Lebensphilosophien aller Kulturen nicht
nur eine quantitative, sondern auch eine qualitative Bedeutung,
d.h. man sprach den Zahlen, ähnlich wie den Farben, bestimmte
Symbolwerte zu, die sich aus geometrischen Assoziationen und
deren Eigenschaften ableiten. So entstand eine Art *rechtshemisphärische Mathematik*, die zur uns bekannten und in der
Schule ausschliesslich vermittelten linkshemisphärischen eine Ergänzung bildete. Was heute noch, wenn auch durch Aberglauben
entstellt, an die einstige rechtshemisphärische Mathematik erinnert, sind die sogenannten 'heiligen' Zahlen, 'magischen' Zahlen,
'Glückszahlen' oder 'Unglückszahlen'.

Die in unserem Kulturkreis bekanntesten qualitativen Zahlen-
lehren sind die des Pythagoras und diejenige in der Kabbalah, der
esoterischen Überlieferung des Judentums. Überhaupt ist die Bibel voll von tiefgründiger Zahlensymbolik. Dies gilt in ganz besonderem Masse für die Apokalypse des Johannes. Auch im alten
Indien gab es eine 'vedische' Mathematik, deren wichtigstes Geschenk an die Menschheit wir mit der grössten Selbstverständlichkeit tagtäglich bei unseren linkshemisphärischen Berechnungen
benutzen: Die Zahl Null. Auch unsere Zahlenzeichen, unsere Ziffern, stammen bekanntlich aus Indien, genauer, aus der vedischen
Mathematik, und sind über die Araber zu uns nach Europa gekommen, weshalb wir meistens vom 'arabischen Zahlensystem'
sprechen. Während sich die linkshemisphärische, rein quantitative
Mathematik auf die Objektwelt 'da draussen' bezieht und folgerichtig vor allem in der Naturwissenschaft und Technik fruchtbare

Anwendung findet, geht es in der qualitativen, rechtshemisphärischen Mathematik um Zahlen 'in uns', d.h. es geht darum, wie
wir Zahlen innerlich erleben, und zwar im Sinne von geistig-seelischen Urbildern, unabhängig von der Tatsache, dass sie für eine
bestimmte Anzahl stehen. Zahlen sind so betrachtet, genau wie
auch die Farben, 'Archetypen' in der Terminologie von C.G.Jung.

Die qualitative, rechtshemisphärische Zahlenphilosophie konzentriert sich naturgemäss auf die ersten natürlichen Zahlen.
Grössere und mehrstellige Zahlen werden auf die ersten natürlichen Zahlen reduziert, indem man sie entweder in Faktoren zerlegt, deren Produkt sie darstellen, oder aus den sie konstituierenden Ziffern die Quersumme bildet. So repräsentiert beispielsweise
die Zahl 12 primär die 3 (Quersumme 1+2=3), sekundär aber auch
3 und 4 (3x4=12), sowie 6 und 2 (6x2=12). Grössere und
mehrstellige Zahlen sind 'qualitativ' gesehen nicht Kennzahlen einer grossen (quantitativen) Menge, sondern Ausdruck von Komplexität, von Vielschichtigkeit, vom gleichzeitigen Übereinander
verschiedener, miteinander kombinierter Eigenschaften. Die ersten
natürlichen Zahlen sind, um es an Hand einer sprachlichen Analogie zu verdeutlichen, wie einzelne Worte, die grossen, zusammen-
gesetzten Zahlen wie die Kombinationen der Worte zu sinnvollen
Sätzen.

Zahlen und Farben

Versuchen wir also, die ersten natürlichen Zahlen den Farben
zuzuordnen. Beginnen wir mit der Zahl 1. Die 1 symbolisiert Einheit und wohl gerundete Ganzheit. Die geometrische Assoziation
zur 1 ist der Kreis, das Mandala, dreidimensional die Kugel, in der
Architektur die Kuppel. Was liegt näher, als die 1 dem Weiss zuzuordnen? Und was liegt näher, die Null dem Schwarz zuzuordnen?
Die Null steht ja für Nichts, die Negation, die Leere, und ist damit
die Zahl der Nicht-Farbe, der totalen Abwesenheit von Licht, des
Gegenteils von Weiss. So wie das Schwarz dem Weiss nichts hin-
zufügt, wird die 1 durch die Null um nichts vermehrt: 1+0, also die
Quersumme aus Weiss und Schwarz, ergibt 1 bzw. Weiss. 10 ist

die Zahl von Weiss-Schwarz. Obwohl 10 ein Vielfaches von 1 ist, bedeutet 10 prinzipiell das Gleiche wie 1, drückt aber zusätzlich zur Einheit noch deren Potential zur Vervielfältigung aus. Die Zahl 10 steht, ebenso wie das unbunte Weiss-Schwarz, für die unmani-

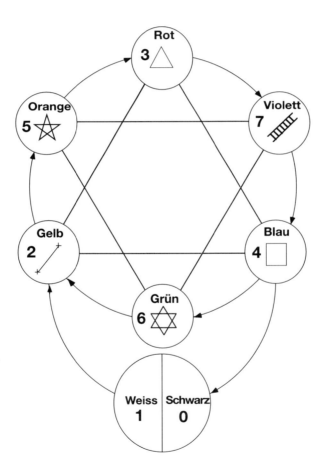

Abbildung 19: Farben und Zahlen

festierte, transzendente Homogenität des reinen (Bewusst-)Seins als ein lebendiges Feld aller Möglichkeiten.

Was geschieht nun, wenn wir die der 1 folgenden Zahlen in ihrer natürlichen Abfolge den drei Grundfarben, und zwar in der Reihenfolge der zyklischen Bewegung von Weiss zum Gelb (=2) über Rot (=3) zum Blau (=4) zuordnen?

Die Zahl 2 symbolisiert Teilung, Unterscheidung, Differenzierung, ebenso Parallelität, Verdoppelung, Replikation. Die 2 ist die Zahl der Trennung, der Dualität, aber auch der zusammengehörigen Polarität und Balance. Zweiheit heisst einerseits/andererseits, entweder/oder, sowohl/als auch. Geometrisch entspricht der 2 die Strecke, die geradlinige Verbindung zwischen 2 Punkten. Offenbar passt die Zahl 2 zur Farbe Gelb, die mit klarem Denken, Erkennen und Planen zu tun hat.

Die Zahl 3 steht für Dynamik, Bewegung, Umwandlung ebenso wie für Profilierung, Prägnanz, Intensität und passt von daher ausgezeichnet zur oben beschriebenen Welt der Farbe Rot. Die geometrische Assoziation zur Dreiheit ist das gleichseitige Dreieck. Die dem Rot zugeordnete 3 steht an der Spitze des gleichseitigen Dreiecks, das aus den drei Grundfarben gebildet wird. Die 'farbigste aller Farben' vertritt gewissermassen alle drei (!) Grundfarben, die voneinander maximal unterschiedenen, nicht mehr zerlegbaren Grundbausteine (Atome) jeglicher Buntheit.

Die Zahl 4 schliesslich ergibt als Produkt von 2 und 2, von Strecke und Strecke, geometrisch ein Quadrat und ist damit Ausdruck von Struktur und Stabilität, von blockartiger, fester Masse. Die Dynamik der 3 kommt in der 4 zur Ruhe und erhält dort eine dauerhafte Form. Es ist so ähnlich, wie wenn man kochendes, flüssiges Stahl in eine bestimmte Form giesst, wo es erkaltet und hart wird. Keine Frage, auch die Zuordnung der Zahl 4 zur Farbe Blau macht 'entsprechungswissenschaftlich' oder 'analogisch' Sinn.

Soweit die Zahlenzuordnung zu Weiss, Schwarz und den drei Grundfarben. Addiert man nun die Zahlenwerte der Grundfarben (2+3+4), so erhält man als Summe die 9, die 3 in der Potenz (3x3).

Die Zahl 9 bedeutet grundsätzlich nichts anderes als die Zahl 3, ja sie repräsentiert gewissermassen den Inbegriff von Dreiheit, und zwar in ihrer grösstmöglichen Verfeinerung, in ihrer intimsten Nähe zur 10, zur 'unbunten' Transzendenz. Die 9 steht für die Welt der Buntheit in ihrer subtilsten, zartesten Ausprägung. Sie symbolisiert die allerfeinste Relativität, die Schöpfung im Stadium ihrer Morgenröte, als sie noch neu, taufrisch und ganz rein war. Es ist wohl kein Zufall, dass im Wort 'Neun' das Wort 'neu' enthalten ist, und das nicht etwa nur im Deutschen, sondern auch im Lateinischen (novem = 9, novum = neu) und Griechischen (ennea = 9, nea = Neues). Eine zur 9 passende Farbe wäre das durch Weiss 'verfeinerte' Rot: Rosa, die Farbe der hauchzarten Morgenröte, wenn ein neuer Tag beginnt.

Addiert man zur Summe der drei Grundfarben-Zahlen noch die zu Weiss gehörige Zahl 1, dann erhalten wir 10, die Farbe des Weiss-Schwarz. Wir haben es hier mit der 'heiligen Tetraktis', der heiligen Vierheit des Pythagoras (1+2+3+4=10) zu tun, von der in Kapitel 10 die Rede war. Wenn wir die 10 des Weiss-Schwarz und die Zahlen der Grundfarben zusammenzählen, erhalten wir als Summe die Zahl 19, die 'unterm Strich' - als Quersumme von 1 und 9 - wiederum 10 ergibt. Mit anderen Worten: Weiss-Schwarz + Buntheit = Weiss-Schwarz. Weil Weiss-Schwarz bereits potentiell alle bunten Farben enthält, können die bunten Farben dem Weiss-Schwarz substantiell nichts hinzufügen. Metaphysisch gesprochen: Weil das ewige, allgegenwärtige und alles umfassende Sein alles je Existierende als Möglichkeit bereits beinhaltet, kann irgendetwas Existierendes dem Sein an 'Seinssubstanz' nichts hinzufügen.

Wenden wir uns nun den Sekundärfarben und ihren Zahlen zu. Die Sekundärfarben entstehen durch Mischung von jeweils zwei benachbarten Primärfarben. Analog können wir für die Sekundärfarben Zahlenwerte finden, indem wir die Zahlen der jeweils benachbarten Primärfarben addieren. So erhalten wir für die Farbe Orange die Zahl 5 (aus 2+3), für Violett die 7 (3+4) und für Grün die 6 (4+2).

Die Zahl 5 wird durch den fünfzackigen Stern veranschaulicht und symbolisiert den mündigen Menschen, der sich in der Welt sinnvoll betätigt und praktisch nützlich macht. Er packt mit seinen Händen an, von denen jede 5 (!) Finger hat. Die Zahl 5 passt von daher zur Bedeutung von Orange. Die Zahl 6 ergibt sich aus 2x3, d.h. sie kombiniert Dynamik (3) mit Balance und Symmetrie (2). Bildlicher Ausdruck der 6 ist der sechszackige Davidstern, unsere Darstellung der 3 Grund- und drei Komplementärfarben. War Rot die 'Repräsentativfarbe' für die drei Grundfarben, so repräsentiert Grün als deren Gegenfarbe an der Basis des Farbkreises die Grund- und Komplementärfarben zusammen. Die Zahl 6 passt so gesehen gleich gut zur Farbe Grün wie die Zahl 3 zur Farbe Rot.

Bleibt noch die Zahl 7 für die Farbe Violett. Die Zahl 7 steht seit Alters her für stufenweise Entwicklung im zeitlichen Verlauf, für fortschreitende, schrittweise Vervollkommnung. In den Heiligen Schriften, Mythen und Märchen aller Völker begegnet man der 'heiligen' Siebenzahl auf Schritt und Tritt. In vielen antiken Mysterienschulen vollzog sich die Einweihung in 7 Initiationsschritten. Die katholische Kirche kennt 7 Sakramente, der Sufismus 7 Stufen des Herzens, der Seele und des Geistes. Die Erweckung der Kundalini vollzieht sich in 7 Chakren. Die vedische Wissenschaft gliedert die Bewusstseinsentwicklung des Menschen in 7 Bewusstseinszustände (von denen wir in diesem Buch bisher die ersten 5 behandelt haben). Die 7 markiert den stufenweisen Weg aus der Dunkelheit ins Licht, von der Unwissenheit zur Erleuchtung. Eine klangliche Entsprechung des Siebenstufenweges ist die Tonleiter mit ihren 7 Tönen. In unserer Darstellung der Farben gibt die 7 die Anzahl der bunten Farben plus das unbunte Schwarz-Weiss wieder und hat insofern eine gewisse Verwandtschaft mit der Zahl 10. Eine solche Verwandtschaft besteht numerologisch tatsächlich: Addiert man nämlich alle Zahlen von 1 bis 7 (1+2+3+4+5+6+7), so erhält man 28, deren Quersumme 10 ergibt. Die nächst höhere Zahl, die, wenn man sie in der gleichen Weise mit 1 beginnend aufsummiert, die Quersumme 10 liefert, ist die 10 selber: 1+2+3+4+5+6+7+8+9+10=55, Quersumme 10. Es verhält sich bei der 'heiligen Siebenzahl' ähnlich, wie bei der 'heiligen Vierheit' des Pythagoras. Die 4 gibt die Ganzheit des Weiss-Schwarz plus der drei Grundfarben, die 7 dieselbe Ganzheit zuzüglich der drei Komplementärfarben wieder. Vergegenwärtigt man sich noch einmal die Welt der Farbe Violett, so wird man feststellen, dass zwischen dieser und der Zahl 7 unverkennbare Entsprechungen bestehen.

Die Zuordnung von Zahlen zu Farben ist gesamthaft aus Abbildung 19 ersichtlich. Verfolgt man die Zahlen in ihrer natürlichen Abfolge, so zeigt sich ein nach oben gerichtetes Dreieck der drei Grundfarben (2,3,4) und ein nach unten gerichtetes Dreieck der drei Komplementärfarben (5,6,7). Auffallend an dieser Struktur ist, dass die Summe der Zahlenwerte jeder Farbe mit ihrer zugehörigen Gegenfarbe, also der Gesamtzahlenwert jeder Farbenachse, die Zahl 9 ergibt, die gleiche Zahl, die bei der Addition der drei Grundfarben-Zahlen herauskommt. Farben und Zahlen verhalten sich perfekt analog. Die Analogie funktioniert auch, wenn wir die Zahlen aller bunten Farben zusammenzählen. Wir erhalten dann die Zahl 27 mit der Quersumme 9.

War die Summe der drei Grundfarben oder einer Farbenachse 3^2, so ist die Summe aller 6 bunten Farben 3^3. Addieren wir zur 27 noch die Zahl der Transzendenz, 1 oder 10, so erhalten wir 28 bzw. 37, die beide wiederum 10 als Quersumme haben. Einmal mehr drücken die Zahlen aus: Weiss-Schwarz + Buntheit = Weiss-Schwarz. Die Wellen auf der Meeresoberfläche sind letztlich nichts anderes als das Meer selbst. Es bleibt nur eine Wirklichkeit übrig, die alle Vielfalt beinhaltet. In der vedischen Tradition des alten Indien wird diese Sicht der Dinge mit 'Vedanta', wörtlich: Ende von Veda, bezeichnet. Zu ihrer Charakterisierung fügt man häufig das Wort Advaita, wörtlich: Nicht-Zweiheit hinzu. In den Upanishaden, einer Schriftensammlung aus der vedischen Literatur, wird diese All-Einheit so ausgedrückt: „Ich bin Das, du bist Das, all dies ist Das, und es gibt nichts anderes als Das." Advaita-Vedanta ist die lebendige Erfahrungswirklichkeit im siebten und höchsten Bewusstheitszustand, dem Einheits- und Ganzheitsbewusstsein, 'Brahman'-Bewusstsein. In früheren Kapiteln begegnete uns der fünfte Bewusstseinszustand als Zustand der Erleuchtung, des nie ausgehenden Lichtes reinen Bewusstseins, der permanenten Selbst-Gegründetheit. Zwischen diesem Basiszustand der Erleuchtung und ihrer höchsten Vervollkommnung im 'Brahman'-Bewusstsein liegt noch ein sechster Bewusstseinszustand, der die Selbst-Gegründetheit des fünften Bewusstseinszustandes mit der Erfahrung von Buntheit und Vielfalt in ihrer allersubtilsten Form, in ihrer allerfeinsten Ausprägung, in ihrem allerzartesten Stadium kombiniert. Maharishi Mahesh Yogi hat diesen Bewusstheitszustand 'verfeinertes kosmisches' oder 'Gottesbewusstsein' genannt. Ihm entsprechen die Zahlen 1 (Selbst-Gegründetheit) + 9 (feinste Wahrnehmung der Objektwelt), die sich schliesslich in der 10 des Brahman-Bewusstseins vereinigen und Eins werden.

Fünf Erkenntnisse aus Kapitel 12

1. Farben im Sinne von inneren, gedachten Farben haben geistig-seelische Bedeutungen.

2. Die bunten Farben haben ihren Ursprung im unbunten. Weiss und Schwarz.

3. Den bunten Primär- und Sekundärfarben lassen sich entsprechend ihrer Positionen im Farbenraum Bedeutungen und Eigenschaften zuordnen.

4. Die bunten Farben korrespondieren mit verschiedenen menschlichen Strebungen.

5. Eine Zuordnung von Zahlen zu den Farben ergibt eine mathematische Struktur mit einer analogen philosophischen Aussage.

13. Leben in Ausgewogenheit

Ayurveda - die Wissenschaft vom Leben

Es gibt einen angewandten Zweig der vedischen Wissenschaft, der seit Mitte der 80er-Jahre im Westen einen wahren Boom erlebt: Ayurveda, gemeinhin bekannt als altindische Naturheilkunde und Gesundheitslehre. Ayurvedische Gesundheitszentren und Kliniken spriessen wie Pilze aus dem Boden. Fachbücher über Ayurveda stehen auf den Bestsellerlisten. Die Erfolge des Ayurveda in der Förderung von Gesundheit, Fitness und Wohlbefinden sowie in der Vorbeugung und Heilung von Krankheiten können sich sehen lassen. Das Erfolgsgeheimnis des Ayurveda lautet frei nach Rousseau: Zurück zur Natur. Alle ayurvedischen Massnahmen zielen darauf ab, das Leben des Menschen in Einklang mit der Natur zu bringen und es dort zu halten. Entsprechend einfach, natürlich und unmittelbar einleuchtend sind auch die ayurvedischen Massnahmen selbst, was sicherlich auch zu ihrer immer breiter werdenden Akzeptanz, auch in schulmedizinischen Kreisen, beiträgt. Die historischen Wurzeln des Ayurveda reichen in prähistorische Jahrtausende zurück. Die ältesten ayurvedischen Texte sind über 3000 Jahre alt. Maharishi Mahesh Yogi hat das überlieferte ayurvedische Wissen in Zusammenarbeit mit führenden Ayurveda-Gelehrten und westlichen Ärzten in seiner Vollständigkeit wiederbelebt und mit den Erkenntnissen der modernen Naturwissenschaften verbunden. Das Resultat dieser zeitgemässen Neufassung heisst 'Maharishi Ayurveda'.

Sprachlich setzt sich Ayurveda aus *Ayus* und *Veda* zusammen. 'Ayus' bedeutet Leben oder genauer Lebensspanne. Das angehängte -veda hat die gleiche Bedeutung wie das Anhängsel -logie in unseren westlichen Wissenschaftsbezeichnungen, nämlich -lehre. Überhaupt sind der altindische 'Veda' und der altgriechische 'Logos' philosophische Parallelbegriffe. Eine wörtlich richtige Übersetzung von Ayur-veda wäre Bio-logie. Ayurveda ist gleichsam eine 'vedische Biologie', eine vedische Lebenslehre, die Naturphilosophie und Naturwissenschaft, rechts- und linkshemisphärisches Denken, abstrakte Theorie und konkrete Praxisanwendung in sich vereinigt. Das Anwendungsgebiet der ayurvedischen Prinzipien erstreckt sich über die gesamte lebendige Natur, vom Ökosystem Erde über Klima und Landschaft, Pflanzen und Tiere, den menschlichen Körper, das menschliche Seelenleben, bis hin zu kollektiven Körperschaften (z.B. Firmen) und Gesellschaften. Gegenstand ayurvedischer Betrachtung und Behandlung kann jede Art von Organismus sein, denn die Organisationsprinzipien organismischen Lebens sind stets und überall die gleichen. Im Ayurveda werden sie die 'drei Doshas' genannt.

Die drei Doshas - Organisationsprinzipien der Natur

Die drei Doshas sind:

Bezeichnung	*Bedeutung*
1. Vata	*Bewegung, Formgebung, Information.*
2. Pitta	*Stoffwechsel, Formumwandlung, Transformation.*
3. Kapha	*Struktur, Formerhaltung, Formation.*

Maharishi Mahesh Yogi hat den Ursprung der drei Doshas dort lokalisiert, wo 'reines Wissen' aufhört, reines Wissen zu sein. Im Grundzustand reinen Bewusstseins sind Erkennender, Erkenntnis und Erkanntes identisch. Alle Drei sind das eine und das selbe Selbst. In dem Moment aber, wo 'reines' Wissen anfängt, ein bestimmtes Wissen zu werden, fällt diese Drei-Einheit - in der vedischen Terminologie: die Samhita (Zusammenheit) von Rishi (Erkennender), Devata (Erkenntnis) und Chhandas (Erkanntes) - auseinander, die Subjekt-Objekt-Spaltung der 'normalen' Wahrnehmung beginnt. An der Schnittstelle von erkennendem Subjekt und Erkenntnisakt entsteht Vata, aus der Lücke zwischen Erkenntnisakt und erkanntem Objekt geht Pitta hervor und am Übergang vom erkannten Objekt zum erkennenden Subjekt bildet sich Kapha.

Traditionell ordnet man die drei Doshas auch den fünf klassischen Elementen zu, wobei diese Elemente sowohl wörtlich sinnfällig als auch im Sinne von universellen, abstrakten Prinzipien zu nehmen sind. Die fünf Elemente sind, genau wie übrigens auch die drei Doshas, symbolhafte, rechtshemisphärische Überbegriffe. Die Zuordnung sieht wie folgt aus:

Elemente	*Doshas*
Raum	
	Vata
Luft	
Feuer	
	Pitta
Wasser	
	Kapha
Erde	

Die fünf Elemente wiederum korrespondieren mit unseren fünf Sinnen, woraus sich folgende sinnesmässige Beheimatung der drei Doshas ergibt:

Elemente	*Sinne*	*Doshas*
Raum	*Hören*	
		Vata
Luft	*Spüren*	
Feuer	*Sehen*	
		Pitta
Wasser	*Schmecken*	
		Kapha
Erde	*Riechen*	

Die Doshas lassen sich weder chemisch isolieren noch physikalisch messen, aber sie lassen sich unmittelbar erleben, spüren, fühlen. Unser körperliches Empfinden, unser Tast- und Spürsinn ist das wichtigste Registrierinstrument für diese Organisationsprinzipien organismischen Lebens. Je feinfühliger wir werden, desto klarer können wir die Doshas in und um uns wahrnehmen. Ayurvedische Ärzte, sogenannte Vaidyas durchlaufen in ihrer Ausbildung ein Sensibilitätstraining, das sie befähigt, durch Fühlen des Pulses präzise Aussagen über die Doshas im Körper insgesamt und in einzelnen Organen zu machen. Solche 'ayurvedischen Pulsdiagnosen' sind nicht minder subtil als die Blutanalysen in unseren biochemischen Laboratorien. Der Zugang zu den Doshas ist also kein objektiver, sondern ein subjektiver. Entsprechend werden die Doshas nach ihren Erlebniseigenschaften beschrieben und nach Anmutungsqualitäten unterschieden. Die diesbezüglichen Primärmerkmale der drei Doshas sind:

Vata: trocken   *Pitta: heiss*   *Kapha: schwer*

Sekundäre Merkmale ergeben sich daraus, dass auf jedes Dosha auch das Gegenteil der Primärmerkmale der beiden anderen Doshas zutrifft. Also:

Dosha	*Primärmerkmal*	*Sekundärmerkmal*
Vata	*trocken*	*kalt, leicht*
Pitta	*heiss*	*feucht, leicht*
Kapha	*schwer*	*feucht, kalt*

Neben diesen insgesamt neun Merkmalen kennt der klassische Ayurveda noch sechzehn weitere Eigenschaften zur Charakterisierung der drei Doshas. So ist Vata beispielsweise auch noch gekennzeichnet durch Schnelligkeit, Kapha dagegen durch Langsamkeit. Pitta ist spitz und scharf, Kapha dagegen rund und süsslich. Kapha ist bewahrend, Vata dagegen sucht die Veränderung.

Die drei Doshas finden sich überall und in allem. Was aber permanent wechselt, ist die Dominanz einzelner Doshas über die anderen. So repräsentiert beispielsweise im menschlichen Körper der Magen, der die aufgenommene Nahrung verbrennt, primär Pitta-Dosha, das Zentralnervensystem, das permanent sensorische und motorische Impulse weiterleitet, primär Vata-Dosha, und die schwammartige, mit Blut vollgesaugte Lunge primär Kapha-Dosha. Ein hohes, schweiss-treibendes Fieber ist ein Pitta-Anfall, Schüttelfrost eine Vata-Demonstration und eine verstopfte Schnupfnase eine Kapha-Belästigung. Ein scharf gewürzter Gemüsecurry ist eine Pitta-Mahlzeit, ein Beutel Popcorn zwischendurch ein Vata-Snack und ein Coupe Danmark ein Kapha-Dessert. Ein schwülheisser Sommertag ist Pitta-Wetter, eine kalte Bise (trockener Kontinentalwind) Vata-Wetter, dichtes Schneetreiben Kapha-Wetter. Eine hitzige Diskussion ist eine pittige, ein anregender Austausch von Neuigkeiten eine vatige und ein 'gemütlicher Höck' (schweizerisch für

gemütliches Zusammensitzen) eine kaphige Form zwischenmenschlicher Interaktion.

Eine Typologie nach Dosha-Dominanzen

So wie sich Körperteile, Körperzustände, Esswaren, Wetterla-
gen und Interaktionsformen nach ihrer Dosha-Gewichtung unterscheiden, unterscheiden wir Menschen uns auch hinsichtlich der
Dosha-Dominanz in unserer leiblich-seelischen Konstitution. Vielleicht überwiegt bei uns ein Dosha über die beiden anderen, dann
sind wir sogenannte 'Ein-Dosha-Typen', oder zwei Doshas überwiegen über ein drittes, was uns zu 'Zwei-Dosha-Typen' macht.
Seltener gibt es auch 'Drei-Doshas-Typen', bei denen alle drei
Doshas gleich stark ausgeprägt sind. Die nachfolgende Charakterisierung der drei Ein-Dosha-Typen ist aus dem Buch 'Ayurveda im
Business' von Gottwald und Howald entnommen:

Merkmale des Vata-Typs
- *geringes Gewicht, leichter Körperbau*
- *Begeisterungsfähigkeit*
- *Ideenreichtum*
- *Aktivitäten werden schnell ausgeführt*
- *Neigung zu trockener Haut*
- *Abneigung gegen kaltes, windiges Wetter*
- *unregelmässiger Hunger und unregelmässige Verdauung*
- *Probleme mit Verstopfung*
- *schnelle Auffassungsgabe und gutes Kurzzeitgedächtnis*
- *Neigung zu Sorgen und Kummer*
- *hohe Anpassungsfähigkeit und gutes Einfühlvermögen*
- *Tendenz zu leichtem und unterbrochenem Schlaf*

Merkmale des Pitta-Typs
- *mittelschwerer, geschmeidiger Körperbau*
- *präzise und zielstrebige Art zu arbeiten*
- *Organisationstalent*
- *Abneigung gegen Hitze*
- *starker Hunger und gute Verdauung*
- *mittlere Auffassungsgabe und mittleres Gedächtnis*

- *Fähigkeit, Erlerntes systematisch wiederzugeben*
- *guter Redner*
- *unternehmungslustig und wagemutig*
- *Bevorzugung kalter Nahrung und kühler Getränke*
- *hohe Erregungsbereitschaft*
- *Neigung zu Ungeduld, Zornausbrüchen und Unterdrückung anderer*
- *Tendenz zu rötlicher Hautfarbe, rötlichen Haaren, Sommersprossen und Muttermalen*

Merkmale des Kapha-Typs
- *stabiler, schwerer Körperbau*
- *Kraft und Ausdauer*
- *langsames und gründliches Arbeiten*
- *Neigung zu glatter und fetter Haut*
- *mässiger Hunger und langsame Verdauung*
- *ruhige und ausgeglichene Persönlichkeit*
- *langsame Auffassungsgabe und gutes Langzeitgedächtnis*
- *tiefer und langer Schlaf*
- *kräftiges, meist dunkles Haar*

Natürlich kommen 'reine' Ein-Dosha-Typen nur äusserst selten vor. Die Wahrscheinlichkeit, dass wir Zwei-Dosha-Typen sind, ist ohnehin grösser, als dass wir ein Ein-Dosha-Typ sind. Immerhin, die Gewichtung der Doshas in unseren Konstitutionen ist etwas, worin wir uns unterscheiden, und was dem einen 'Typ' gut tut, kann für einen anderen 'Typ' gar schädlich sein. So ist zum Beispiel aus ayurvedischer Sicht das als ach so gesund gepriesene ausgiebige und reichhaltige Frühstück für Leute mit Kapha-Dominanz kontraindiziert. Das Gleiche gilt für Hochleistungssport bei Vata-Leuten. Die Doshatypgemässe Ausrichtung von Empfehlungen und Behandlungen spielt in der ayurvedischen Gesundheitslehre eine zentrale Rolle.

Die Drei-Dosha-Typologie des Ayurveda weist unverkennbare Ähnlichkeiten mit Drei-Typen-Lehren auf, wie sie in der westlichen Psychologie entwickelt wurden. Es gibt die drei Konstitutionstypen von Wolfgang Kretschmer - leptosom, athletisch und pyknisch - oder die drei Naturelle von Karl Huter: Empfindungs-, Bewegungs- und Ernährungsnaturell. Die Überlappungen dieser drei Typologien sind sicherlich nicht perfekt, aber im Grossen und Ganzen gelten doch die folgenden Entsprechungen:

	Typ 1	*Typ 2*	*Typ 3*
Ayurveda:	*Vata*	*Pitta*	*Kapha*
Kretschmer:	*leptosom*	*athletisch*	*pyknisch*
Huter:	*Empfindungs-*	*Bewegungs-*	*Ernährungs-*
	naturell	*naturell*	*naturell*

Interessant ist in diesem Zusammenhang, dass in der Ayurveda-Terminologie ursprünglich nicht von 'Typen', sondern von 'Naturellen', Sanskrit: von *Prakritis*, die Rede ist. Hat ein Mensch z.B. eine Kapha-Dominanz in seiner psychophysischen Konstitution, so ist das sein Naturell, das seine ihm eigene Natürlichkeit ausmacht.

Doshas in Organisationen und Gesellschaften

Was spricht dagegen, die drei Doshas nicht nur auf einzelne Menschen, sondern auch auf von Menschen gemachte Gebilde wie Unternehmen oder Staaten anzuwenden? Wir nennen solche sozialen Gebilde nicht von ungefähr 'Organisationen', sind es doch nichts anderes als soziale Organismen, d.h. Organismen, die aus einer Vielzahl von Individuen und Abteilungen bestehen. Die Individuen innerhalb einer Organisation entsprechen dabei den Zellen im Organismus, die Abteilungen den Organen, die in ihrer Gesamtheit und ihrem Zusammenwirken den Organismus ergeben. In einer Organisation wird Vata-Dosha durch das Verhalten, insbesondere das kommunikative, jedes einzelnen Mitgliedes repräsentiert. Pitta-Dosha äussert sich in den Strategien und Aktionen einzelner Abteilungen und der Organisation insgesamt. Kapha-Dosha hat seine Entsprechung in den Systemen und Strukturen der Organisation.

Betrachtet man eine Wirtschaftsunternehmung unter dem Gesichtspunkt der drei Doshas, dann steht Vata-Dosha für das Management, Pitta-Dosha erscheint als umsatzgenerierende Produkti-

on, und Kapha-Dosha wird dur die verfügbare Infrastruktur repräsentiert.

Wenn wir an die drei klassischen Sektoren einer Volkswirtschaft denken, dann tritt auch hier eine deutliche Analogie zu den
drei Doshas zutage: Der primäre Sektor - Landwirtschaft, Fisch-
fang, Bergbau - dient vor allem der Substanzgewinnung und hat
damit vornehmlich Kapha-Charkter. Der zweite Sektor - Industrie,
d.h. die Produktion von Gütern - verarbeitet Substanzen und wandelt sie dabei um. Hier steht eindeutig Pitta im Vordergrund. Der
dritte Sektor - Dienstleistungen, wie z.B. Handel oder Ausbildung
- hat vor allem mit dem Transport von Substanzen zu tun. Dabei
können die Substanzen auch immaterieller Natur sein. Es handelt
sich dann um den Transport von Informationen, also um Kommunikation. Man sieht sofort: Dienstleistungen sind in erster Linie
Vata-geprägt. Wir leben heute bekanntlich nicht mehr in einer
Industrie-, sondern in einer Dienstleistungsgesellschaft. Dank der
explodierenden Informationstechnologie nennt man unsere Epoche 'Informationszeitalter'. Ayurvedisch formuliert könnte man
genauso gut von einer "Vata-Gesellschaft" oder einem "Vata-Zeit-
alter" sprechen. Und tatsächlich haben Vata-Störungen wie Nervosität, Schlafstörungen oder Herz-Kreislaufprobleme in den letzten
Jahrzehnten zugenommen wie nie zuvor. Schliesslich können wir
noch die drei Doshas mit den drei Staatsgewalten - Legislative,
Exekutive und Judikative - in Zusammenhang bringen. Die Legislative oder gesetzgebende Gewalt unterbreitet, diskutiert und ver-
abschiedet Gesetzesvorlagen. Sie erfüllt primär eine Vata-Funkti-
on. Die Exekutive, also die gesetzausführende Gewalt, ist dazu da,
verabschiedete Gesetze in die Tat umzusetzen und gegebenenfalls
auch gegen Widerstand durchzusetzen - eine Aufgabe mit starkem
Pitta-Charakter. Die Judikative, also die Rechtsprechung, spielt eine
systemerhaltende, beschützende und bewahrende Rolle. Sie nimmt
die Aufgabe von Kapha-Dosha wahr.

Doshas und Farben

Möglicherweise ist Ihnen beim bisherigen Kurzportrait der drei Doshas, sofern Sie das vorangegangene Kapitel gelesen haben, der gleiche Gedanke wie mir gekommen: Die drei Doshas des Ayurveda könnten etwas mit den drei Grundfarben zu tun haben. Die drei Grundfarben wären gewissermassen so etwas wie die farblichen Repräsentanten der drei Doshas. Dabei vertritt Gelb Vata-Dosha, Rot Pitta-Dosha, Blau Kapha-Dosha. Wenn wir uns jetzt noch einmal die primären und sekundären Anmutungsmerkmale der drei Doshas vergegenwärtigen, dann erhalten wir Eigenschaften aus dem Sinnesgebiet des Tastens und Spürens, die den (äusserlich oder innerlich) gesehenen Farben zukommen. Hier die entsprechende Zusammenstellung:

Anmutungsmerkmale

Farbe	*Dosha*	*primär*	*sekundär*
Gelb	*Vata*	*trocken*	*kalt, leicht*
Rot	*Pitta*	*heiss*	*feucht, leicht*
Blau	*Kapha*	*schwer*	*feucht, kalt*

Was wir jetzt treiben, ist ayurvedisch-systematische Kinästhetik, d.h. wir übertragen in systematischer Weise Eigenschaften von einem Sinnesgebiet (Tasten und Spüren) auf ein anderes (Sehen). Es ist so, als ob wir untersuchen, wie es sich auf der Haut anfühlt, wenn wir die drei Grundfarben, die wir in Tat und Wahrheit ja nur sehen, gewissermassen mit der Hand berühren. Oder anders gesagt: Wir stellen fest, wie uns die Farben im wahrsten Sinne des Wortes 'anrühren'.

Wir können nun diese Kinästhetik noch weiter treiben und auch die drei Sekundärfarben orange, violett und grün hinzunehmen. Wenden wir dabei folgende Regeln an:

Erstens: Jede Sekundärfarbe erhält als primäres Merkmal das Gegenteil des Primärmerkmals, das der gegenüberliegenden, an ihr nicht beteiligten Primärfarbe zukommt. Beispiel: Das Primärmerkmal von Orange ist das Gegenteil des Primärmerkmals von Blau - schwer -, also: leicht.

Zweitens: Als Sekundärmerkmale bekommen die Sekundärfarben die Primärmerkmale der sie konstituierenden Primärfarben zugewiesen. Beispiel: Die Sekundärmerkmale von Orange sind die Primärmerkmale von Gelb - trocken - und Rot - heiss -.

Auf diese Weise vervollständigt, erhalten wir einen Farbenstern mit je drei Anmutungsqualitäten für alle sechs Farben, wie sie in Abbildung 20 aufgeführt sind. Das jeweilige Primärmerkmal pro Farbe ist dabei fett gedruckt. Wie die Darstellung zeigt, gibt es jeweils drei trockene und drei feuchte, drei heisse und drei kalte, drei schwere und drei leichte Farben.

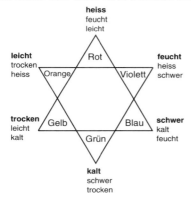

Abbildung 20:
Die aus den drei Doshas abgeleiteten Anmutungseigenschaften der sechs Farben

Betrachtet man sich die sechs Farben mit ihren Anmutungseigenschaften, so lassen sich dazu unschwer typische Beispiele aus der Natur assoziieren:

Gelb: ein klarer, kalter Novembertag, wobei ein schneidender Ostwind das frisch gefallene, trockene Herbstlaub aufwirbelt.
Orange: ein trocken-warmer, wolkenloser, strahlender Sommertag auf einer Mittelmeerinsel, wobei eine sanfte Meeresbrise würzigen Nadelholzduft vom nahegelegenen Pinienwald heranweht.
Rot: eine heiss in die Höhe schiessende Geisirfontaine.
Violett: ein träge bergab fliessender Lavastrom nach einem Vulkanausbruch.
Blau: ein winterlicher Garten mit meterhohem Pappschnee.
Grün: die Gänge und Kammern im Inneren des ausgehöhlten Rhônegletschers.

Denken Sie jetzt noch einmal an den Farbtest im vorigen Kapitel zurück. Ihre 'Bedürfnisfarbe' sagt vielleicht etwas darüber aus, welches Dosha oder, falls Ihre Bedürfnisfarbe eine aus zwei Primärfarben zusammengesetzte Sekundärfarbe ist, welche Doshakombination gegenwärtig in Ihrem Leben nach Verstärkung ruft. Ihre 'Problemfarbe' zeigt möglicherweise an, welches Dosha oder welche Doshakombination zur Zeit übermässig vertreten ist. Und Ihre 'Persönlichkeitsfarbe' ist möglicherweise ein Schlüssel zu Ihrem Prakriti, zu ihrem Naturell, Ihrem psychophysiologischen Konstitutionstypus. Ob ein Zusammenhang zwischen spontan gewählter Naturell-Farbe und dem von einem Ayurveda-Arzt diagnostizierten Dosha-Prakriti tatsächlich besteht, ist noch nicht wissenschaftlich untersucht worden. Es wäre aber ein Leichtes, eine entsprechende empirische Überprüfung vorzunehmen. Meine Vermutung ist, dass die Persönlichkeitsfarbe noch stärker das geistig-seelische als das körperliche Naturell oder Prakriti wiedergibt.

Das Prinzip des Gleichgewichts

Mit der doshamässigen Interpretation der Bedürfnisfarbe und der Problemfarbe stossen wir zum Herzstück der Ayurveda-Gesundheitslehre vor: Das Prinzip des Gleichgewichtes. Nicht etwa, dass der Ayurveda den Gedanken des Gleichgewichtes für sich allein gepachtet hätte. Die moderne Biologie, Physiologie und Biochemie kennt ihn genauso unter der Bezeichnung 'Homöostase', ein aus dem Griechischen stammender Fachausdruck, der wörtlich übersetzt 'Gleichstand' bedeutet. Die Konstanthaltung unserer Körpertemperatur, unabhängig davon, wie kalt oder warm es in unserer Umgebung ist, ist ein Beispiel für ein homöostatisches System. Stellt unser Körper 'draussen' eine Abkühlung fest, beginnt er automatisch 'drinnen' mehr zu heizen. In der Technik hat man die Homöostasesteuerung der Natur tausendfach kopiert. Denken wir nur an unsere Zentralheizungen, Kühlschränke oder an die Druckausgleichsregulierung in den Flugzeugen. Die Homöostasesteuerung ist eine praktische Anwendung jener Art von Dualität, die wie in Kapitel 10 'bipolares Kontinuum' genannt hatten. Was heisst nun 'Gleichgewicht' oder Homöostase bezogen auf die drei Doshas?

Zunächst einmal müssen wir festhalten, dass bei fast jedem von uns die Doshas zwar je nach Naturell unterschiedlich gewichtet, aber doch immer alle drei - Vata, Pitta und Kapha - vorhanden sind. Die drei Doshas bilden zusammen, übrigens genau wie die drei Grundfarben, eine Drei-Einigkeit, also eine Trinität, wie wir sie in Kapitel 10 behandelt haben. Weil sich die drei Doshas untereinander ergänzen und einander zur Vollständigkeit bedürfen, stellt jeder von uns unabhängig von seinem Prakriti ein *Inter-Dosha-Gleichgewicht* dar. Wenn wir völlig gesund sind und wir hundertprozentig natürlich funktionieren, verhalten wir uns und verhält sich unsere Physiologie spontan so, dass wir dieses Inter-Dosha-Gleichgewicht aufrechterhalten, auch wenn es von unserer Umgebung herausgefordert wird. So wird uns an nass-kalten Wintertagen (Kapha) ein 'natürlicher Instinkt' dazu raten, uns körperlich zu bewegen und warme Mahlzeiten zu uns zu nehmen (Pitta). Wenn wir an die 'frische' Luft gehen, werden wir eher dazu neigen, tief durchatmend (Vata) kräftig auszuschreiten als langsam entspannt vor uns hin zu schlendern. Dies gilt insbesondere für 'gesunde' Kapha-Naturelle. Umgekehrt wird an einem südlichen Ferienstrand während der grössten Mittagshitze (Pitta) der gleiche Naturinstinkt uns den kühlen Schatten aufsuchen und der Ruhe pflegen lassen (Kapha). In besonderem Masse trifft dies für natürlich funktionierende, d.h. genügend sensible Pitta-Naturelle zu. Wenn uns dann noch eine kühlende Meeresbrise über die Haut streicht, atmen wir erleichtert auf (Vata).

Dass in unseren Breiten Pitta-Tugenden (Leistung, Konzentration, Produktivität, Disziplin, Kampfgeist) hoch im Kurs stehen und die 'heissblütigen' Südländer eher eine kaphige Kultur entwickelt haben (ausgedehnte Mahlzeiten, entspannter Kunstgenuss, 'dolce far niente'), ist aus ayurvedischer Sicht klimatisch bedingt und völlig natürlich.

Das Inter-Dosha-Gleichgewicht geht verloren, wenn einzelne Doshas in sich aus dem Gleichgewicht geraten, d.h. wenn ihre naturellgemässe Dosierung nicht mehr stimmt. Die Basis für das Inter-Dosha-Gleichgewicht ist also ein *Intra-Dosha-Gleichgewicht* für jedes der drei Doshas je nach individuellem Prakriti. Es kommt bei jedem Dosha auf die richtige Dosierung, auf ein nicht Zuviel und nicht Zuwenig an, wobei das individuelle Prakriti vorgibt, welche Dosierung die richtige ist. So 'braucht' ein Vata-Typ naturgemäss mehr Vata als ein Kapha- oder Pitta-Typ. Gleichzeitig ist aber auch die Gefahr eines Zuviel an Vata für den Vata-Typ grösser als für andere Typen. Für jedes Dosha und bei jedem Menschen gibt es somit ein rechtes Mass, eine ideale Dosierung, ein 'Gleichgewicht'. Wird dieses Mass überschritten, liegt ein Dosha-Überschuss, wird es unterschritten, ein Dosha-Mangel vor. In der ayurvedischen Medizin geht es in allererster Linie darum, die aus dem Gleichgewicht geratenen Doshas wieder in ihre natürliche Balance zu bringen und darin zu halten. Der Maharishi Ayurveda kennt dazu zwanzig Ansätze. Sie reichen von der Aroma-Therapie bis zum Zeitmanagement und umfassen Ernährungsempfehlungen, musiktherapeutische Massnahmen (Gandharva-Veda, Urklang-Therapie), spezielle Reinigungskuren (Panchakarma) ebenso wie das Programm der Transzendentalen Meditation.

Sowohl bei der Entstehung von Ungleichgewichten als auch bei der Wiederherstellung von Gleichgewichten gilt, dass die Doshas einander anstecken. Gerät ein Dosha aus dem Lot, besteht eine gewisse Wahrscheinlichkeit, dass die anderen Doshas früher oder später folgen werden. Dies trifft in ganz besonderem Masse auf Vata-Dosha zu, das aus diesem Grunde traditionell als 'Anführer-Dosha' bezeichnet wird. Wenn Vata ausser Rand und Band gerät, ist es um die beiden anderen Doshas schlecht bestellt. Umgekehrt kann man vielfach eine Harmonisierung aller drei Doshas herbeiführen, wenn es gelingt, Vata ins Gleichgewicht zu bringen.

Der Gedanke des Ausbalancierens von Ungleichgewichten und Wiederherstellens von natürlichen Gleichgewichten ist ein ebenso wirksames wie einfaches Prinzip, wenn es um die Bewältigung von Stress geht. Die meisten unserer Stresssituationen - Hektik, Erfolgsdruck, Reizüberflutung (z.B. Lärm), Monotonie, Beziehungsprobleme - lassen sich als einseitige Extrembelastungen und -

beanspruchungen begreifen, als eine Kombination von Überfor-
derung mit gleichzeitiger Unterforderung. Unausgewogenheit ist
das stets wiederkehrende Markenzeichen jeder Stresssituation. Damit solche Schieflagen keine bleibenden Schäden für unsere Befindlichkeit und kumulativ für unsere Gesundheit zurücklassen,
tun wir gut daran, uns von Stresssituationen 'gezielt' zu erholen,
indem wir echte Ausgleichsaktivitäten ausführen, die diesen Namen auch verdienen. Wenn beispielsweise ein Manager mit Vata-
Dominanz, der im Berufsalltag einen erbarmungslosen Konkurrenzkampf zu bestehen hat, in seiner Freizeit noch wie ein Besses-
sener Wettkampf-Sport oder beim Joggen Höchstleistungen von
sich abverlangt, dann ist der Herzinfarkt vorprogrammiert. Ein Stu-
bengelehrter mit Kapha-Dominanz, der in seiner Freizeit faulenzt
und schlaue Bücher liest, bahnt sich den Weg in die Depression.
Was wir 'zum Ausgleich' tun, muss wirklich unsere Ungleichge-
wichte ausgleichen, um uns wieder ins Gleichgewicht zu bringen.
Eine fortschreitende Sensibilisierung für die drei Doshas und ihre
Dosierungen kann dabei enorm nützlich sein.

Es gibt eine kardinale Ausgleichsaktivität zum Stress: *Ausruhen*. Wir sind so gebaut, dass unser psychophysisches System sich
ganz von selbst wieder in Ordnung bringt, vorausgesetzt, man
überlässt es sich selbst. Und dazu müssen wir es in Ruhe lassen,
ihm genügend Ruhe und vor allem genügend tiefe Ruhe geben.
Ruhe ist das stärkste Heilmittel gegen ein Übermass des Anführer-
Doshas Vata, der häufigsten Gleichgewichtsstörung in unseren
westlichen Industrie- und Dienstleistungsgesellschaften. Die Natur
hält für uns zwei Formen der Ruhe bereit: die nicht-wache, also
den Schlaf, und die wache Ruhe, die wir während der Meditation
erfahren. In der Ruhe und aus der Ruhe heraus unternimmt unser
psychophysisches System das Nötige, um sich zu erneuern, zu
regenerieren und zu erfrischen. Es finden Verdauungs-, Ver-
arbeitungs-, Entsorgungs-, Aufräumungs- und Reparaturvorgänge
statt, die sich während der nächtlichen Ruhe als Träume manifestieren. Der analoge Vorgang während der wachen Ruhe, also psychische und physische Aufräumungs- und Reparaturarbeiten, die
während der Meditation auftreten, werden in der TM-Terminolo-

gie 'Stresslösung' genannt. Jede Erfahrung von Beruhigung und
Entspannung, z.B. während einer Therapiesitzung, beim Anhören
klassischer Musik, draussen in der freien Natur, ist geeignet, Stresslösungen zu provozieren und von daher äusserst wertvoll, wenn
wir uns von den seelischen und körperlichen Schlacken durchlit-
tener Stresssituationen befreien wollen. Solche Stresslösungen können regelrechte Frustrationslösungen sein, wie wir sie in Kapitel 8
besprochen haben.

Was ist der Grund dafür, dass sich unser psychophysiologisches
System wieder in Ordnung bringt, wenn man es in Ruhe versetzt?
Antwort: Weil es lebt. Unser psychophysiologisches System ist ein
lebendiges System und als solches wird es lebenserhaltend tätig,
d.h. es nutzt jede sich bietende Gelegenheit, um seine volle Funk-
tionstüchtigkeit wiederherzustellen. Die Gelegenheit dazu bietet
sich, wenn man keinerlei Leistung von ihm verlangt, wenn man es
also in Ruhe lässt. Jeder Arzt weiss dies und verordnet deshalb bei
ernsthaften Krankheiten, nach schweren Operationen oder Unfäl-
len zuallererst einmal Ruhe. Die Ruhe erlaubt es dem Körper, von
sich aus alles Nötige zu unternehmen, um möglichst rasch wieder
gesund zu werden. Es gibt dazu eine Analogie aus der Arbeitswelt:
Angenommen, Ihre berufliche Tätigkeit besteht hauptsächlich darin, den ganzen Tag lang mehrere Telefone gleichzeitig zu bedienen. Angenommen, in den vergangenen Wochen ging es bei Ihnen besonders hektisch zu und her. Kein Wunder, dass sich dabei
vor, hinter und zwischen den Telefonapparaten jede Menge Material aufgetürmt und so ein beträchtliches Mass an Unordnung angesammelt hat. Eines Morgens gehen Sie ins Büro und erfahren
beim Betreten des Gebäudes von der Empfangsdame, dass wegen
eines Defektes in der Telefonzentrale kein einziges Telefon funktioniert. Alle Linien sind tot. Was werden Sie mit grosser Wahrscheinlichkeit tun? Sie werden die Telefonruhe nutzen, um endlich mal Ihr Büro aufzuräumen. Weil das Telefon nie still stand,
fanden Sie bis heute dazu keine Zeit. Jetzt aber, wo alle Apparate
zum Schweigen verurteilt sind, bietet sich die Gelegenheit dazu.

Das Ideal ayurvedischer Lebensführung lautet 'Ausgewogenheit', denn dadurch behält der Mensch sein physisches und psy-

chisches Gleichgewicht inmitten all der Wechselfälle des Lebens. Auf seinem Weg durchs Leben gleicht der Mensch einem Seiltänzer, der immer wieder seine Balance herstellen muss, will er nicht abstürzen. Das Modell der drei Doshas liefert ihm dazu ein theoretisches und praktisches Rüstzeug, das sich auf alle Aspekte des Lebens anwenden lässt. Schwerpunktmässig wird es traditionell auf die physische Gesundheit angewendet, allerdings unter Einbezug der Psyche sowie der materiellen und sozialen Umwelt. Ayurvedische Medizin ist so etwas wie eine Öko-sozio-psychosomatik. In ihren tiefsten Tiefen, wie sie von Maharishi Mahesh Yogi an die Oberfläche gebracht wurde, ist sie sogar 'Spiritusomatik', d.h. die Verbindung der körperlichen Gesundheit mit dem zeitlosen, universellen Selbst. Es geht darum, 'heil', d.h. ganz zu werden, und dadurch Un-heil von uns und unserer Umwelt fern zu halten.

Ayurvedische Psychologie

Natürlich können wir das Drei-Dosha-Modell auch schwerpunktmässig auf unsere seelische Gesundheit anwenden. Der Gegenstand der Betrachtung ändert sich dabei nicht, aber wir lassen einen anderen Aspekt des gleichen Gegenstandes in den Vordergrund treten. Treiben wir jetzt also ein wenig '*ayurvedische Psychologie*'! Was bedeutet ein Zuviel, ein Zuwenig, ein Geraderecht der drei Doshas in unserem Seelenleben? Eine psychologische Interpretation der drei Doshas ist in Abb. 21 auf der nächsten Seite dargestellt.

Ein Überschuss an Vata ist mit Unruhe und Nervosität, mit Angst verbunden. Man grübelt, macht sich Sorgen und unnütze Gedanken. Man überlegt immer wieder: „Und was passiert, wenn... ?" und ist von daher bestrebt, alles vorauszuplanen und unter Kontrolle zu halten. Das Gegenteil davon, also ein Mangel an Vata, bedeutet, dass man sich zuwenig Gedanken macht. Gedankenlosigkeit - aber nicht im Sinne von Samadhi! -, Kopflosigkeit, Unbesonnenheit sind Kennzeichen eines Vata-Defizites. Es äussert sich in Desinteresse, Denkfaulheit, Phantasielosigkeit, Naivität oder Tollkühnheit. Ein Zuviel an Vata wird dadurch reduziert, dass Ängstlichkeit abgebaut und Vertrauen (im Sinne von Prozessvertrauen oder Urvertrauen, vgl. Kap. 8) aufgebaut wird. Alle 'vertrauensbildenden Massnahmen' verringern Vata im geistig-seelischen Bereich. Ein Vata-Mangel wird aufgefüllt, indem die Gedankentätigkeit angeregt und das Denken herausgefordert wird. Alles, was uns wacher und sensibler macht, neue Informationen, interessante Gespräche, Reisen, Vorträge, Aus- und Weiterbildung, stimuliert Vata im positiven Sinn. Eine gesunde Kombination von Vertrauen einerseits und Besonnenheit andererseits zeigt an, dass sich Vata im Gleichgewicht befindet.

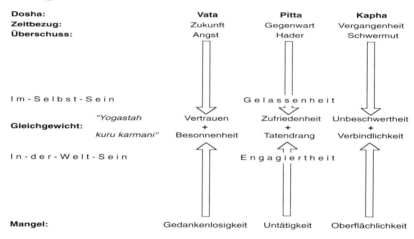

Abbildung 21: Die Anwendung der drei Doshas auf den geistig-seelischen Bereich.

Wer unter einem Überschuss von Pitta leidet, hadert mit dem Schicksal, zürnt den Göttern und grollt seinen Mitmenschen. Er kann und will sich nicht damit abfinden, was ist. Deshalb lebt er in innerem Unfrieden mit sich und der Welt. Um sein Pitta auf ein gesundes Mass herunterzuschrauben, braucht er eine Befriedung seiner Seelenlandschaft. Er muss sich mit seinem Schicksal aussöhnen und Zufriedenheit entwickeln. Alles, was die Erfahrung von Dankbarkeit, und sei es für das nackte Überleben, fördert, moderiert Pitta. Wenn sich Völker in einen Krieg oder Bürgerkrieg stürzen wie beispielsweise im ehemaligen Jugoslawien, wo Hass und Gewalt sich hemmungslos austoben und allenthalben die Zerstörung wütet, dann zeugt dies von einem kollektiven Pitta-Überschuss. Der Krieg wird dann aufhören, wenn die Dankbarkeit der Überlebenden grösser wird als deren Wut auf die jeweiligen Kriegsgegner.

Fehlt es einem Menschen an Pitta, dann mangelt es ihm an Engagement, Mut und Ehrgeiz. Er lebt teilnahmslos und untätig vor sich hin, lässt Gelegenheiten ungenutzt verstreichen, geht Herausforderungen aus dem Weg und gefällt sich in falsch verstandener Schicksalsergebenheit. Es braucht ein gesundes Mass an Pitta, das darin besteht, dass man Dinge bewegen und Zustände verändern will, dass man Ziele hat und diese verfolgt, dass man zupackt und sein Leben in die Hand nimmt. 'Ein Feuer unter dem Hintern anzünden', 'Pfeffer in den Arsch streuen', 'Dampf machen' - mit solchen Ausdrücken versucht der Volksmund Feiglinge, lahme Enten oder Unentschlossene, also solche, denen es an Pitta mangelt, im wahrsten Sinne des Wortes anzufeuern. Die Volkssprache ist deftig und derb, trifft aber ayurvedisch gesehen den Nagel auf den Kopf.

Ein Pitta-Gleichgewicht ist also dadurch gekennzeichnet, dass sich Schicksalsbejahung, Ausgesöhntheit und Zufriedenheit auf der einen und Tatendrang, Veränderungswille und Leistungsstreben auf der anderen Seite die Waage halten.

Ein Übergewicht an Kapha liegt vor, wenn uns irgend etwas zu schwer aufs Gemüt drückt. Im Falle eines Kapha-Übermasses zieht uns eine schwere Seelenlast in die Tiefe. Wir gehen gebeugt, fühlen uns deprimiert und unsere Stimmung ist finster. Schwermut stellt sich ein. Nicht selten ist es die Bürde einer Verantwortung, die Verantwortung für die Familie, das Unternehmen, die unserer Person zwar ein ungeheures Gewicht (Kapha) verleiht, uns jedoch gerade dadurch so sehr belastet, dass unser Seelen-Kapha übermässig anschwillt.

Erziehung zu Verantwortungsbewusstsein spielt in unserer Kultur eine grosse Rolle. Gewiss, ein Mangel an Verantwortungsbewusstsein ist nicht nur Ausdruck eines Kapha-Defizits, sondern auch ein Zeichen von Unreife und von daher nicht zu 'verantworten', aber eine Überzüchtung des Verantwortungsbewusstseins, wie sie bei uns immer wieder vorkommt, ist gesundheitlich genauso unverantwortlich. Realistisch gesprochen sind wir alle so ziemlich an allem mitverantwortlich, aber kaum einer ist für irgendetwas allein verantwortlich. Mir erzählen ab und zu Seminarteilnehmer mit ernster Miene, wie sie für Dinge Verantwortung tragen, auf die sie bei näherer Betrachtung kaum nennenswerten Einfluss haben; aber dank dieser grossen Verantwortung sind diese Herren ja so enorm wichtig und wertvoll für ihr Unternehmen, dass es sie zum Bezug von Spitzengehältern berechtigt! Sich für alle und alles verantwortlich fühlen ist ein als Tugend getarnter Ego-Trip!

Eine kaphige Gemütsverfassung, zu deutsch 'Schwermut', hat vielfach auch damit zu tun, dass man sich von gewissen Erfahrungen - geliebte Personen, Orte, Gegenstände, lieb gewordene Gewohnheiten, Vorstellungen, Rituale - nicht loslösen kann. Klebriges Festhalten, emotionales Anklammern, Possessivität sind charakteristische Verhaltensweisen bei Kapha-Übergewicht. Kaphische Belastungen sind häufig Altlasten, Hypotheken, die man aus der Vergangenheit mitschleppt. Was wir bei Kapha-Übergewicht brauchen, ist Entlastung und Erleichterung. Wir müssen lernen, loszulassen, die Dinge zu relativieren und das Leben leichter zu nehmen. Alles, was uns leichter, lockerer und fröhlicher macht, wie lustige Filme, Spass, Spiel, Sport und Unterhaltung, ist geeignet, ein Zuviel an Kapha abzubauen. So kann sich die Stimmung aufheitern, die Schwermut schwindet und macht einer gesunden Unbeschwertheit Platz.

Allerdings können wir die Dinge auch *zu* leicht nehmen. Es gibt Leute, die lehnen jede Verantwortung ab, gehen keinerlei Verbindlichkeiten ein und halten sich nicht an Abmachungen. Pflichtvergessenheit, Bindungsunfähigkeit, mangelnde Gefühlstiefe sind ebenso Ausdruck eines seelischen Kapha-Defizits wie fehlendes Beharrungsvermögen, Inkonsequenz und Sprunghaftigkeit im Denken, Handeln oder auch in zwischenmenschlichen Beziehungen. Solche Menschen müssen 'in die Pflicht genommen' und 'stärker eingebunden' werden. Sie müssen lernen, was es heisst, Bindungen einzugehen und dazu zu stehen, Angefangenes zu Ende zu führen. Sie müssen die Geduld aufbringen, sich in irgend etwas zu vertiefen. So können sie ihre Oberflächlichkeit ablegen und ein gesundes Mass an Verbindlichkeit aufbauen. Ist dieses dann gegeben zusammen mit einer ebenso gesunden Unbeschwertheit, dann befindet sich Kapha im Gleichgewicht.

Führt man sich die Gleichgewichtsbeschreibungen der drei Doshas in Abb. 21 vor Augen, so fällt auf, dass wir es hier einmal mehr mit Sowohl-als-auch-Strukturen, also mit holistischen Polaritäten zu tun haben. Die Doshas im Gleichgewicht sind echte Balanceakte von pola-ren, sich ergänzenden Merkmalen. Vertrauen ohne Besonnenheit wäre unvorsichtige Naivität, Besonnenheit ohne Vertrauen übervorsichtiger Kontrollzwang. Zufriedenheit ohne Tatendrang wäre gleichgültige Saturiertheit, Tatendrang ohne Zufriedenheit destruktiver Aktivismus. Unbeschwertheit ohne Verbindlichkeit wäre unreife Flüchtigkeit, Verbindlichkeit ohne Unbeschwertheit trister Todernst. Besonnenheit *mit* Vertrauen, Tatendrang *mit* Zufriedenheit, Verbindlichkeit *mit* Unbeschwertheit sind die Erkennungszeichen 'wohltemperierter' Doshas. Wenn sich die psychischen Doshas im Gleichgewicht befinden, haben sie gleichsam den optimalen Tonus. Sie sind wie die richtig gestimmten Saiten eines Musikinstrumentes, weder überspannt noch zu schlaff.

Weiterhin fällt auf, dass die drei Doshas im Seelenleben etwas mit den drei Zeitdimensionen zu tun haben. Vata bezieht sich hauptsächlich darauf, wie wir zukünftige Erfahrungen gedanklich antizipieren, Pitta beschreibt unsere Reaktion auf gegenwärtige Gegebenheiten und Kapha sagt viel über unsere Vergangenheitsbewältigung aus.

Gelassenes Engagement

Betrachtet man sich die drei Merkmale, die sich ergeben, wenn man Dosha-Mängel aufgefüllt hat, also Besonnenheit, Tatendrang und Verbindlichkeit, dann haben wir eine treffende Beschreibung dafür vor uns, was es heisst, in der materiellen und sozialen Umwelt seinen Mann, respektive seine Frau zu stehen. Die drei Merkmale lassen sich zusammenfassen unter dem Oberbegriff *Engagiertheit.* Analog können wir die drei Merkmale, die sich aus der Mässigung von Dosha-Überschüssen ergeben, also Vertrauen, Unbeschwertheit und Zufriedenheit, im Oberbegriff der *Gelassenheit* vereinigen. Sie kennzeichnen die Befindlichkeit eines Menschen, der im eigenen Selbst, das im Ozean des zeitlosen und universellen Selbst ausläuft, lebendig ist. Vertrauen, Zufriedenheit und Unbeschwertheit kommen aus dem Im-Selbst-Sein des Menschen. Die Merkmale der Dosha-Überschüsse (Angst, Hader und Schwermut) verraten, dass der Mensch nicht genügend im Selbst gegründet ist. Besonnenheit, Tatendrang und Verbindlichkeit kennzeichnen das gesunde In-der-Welt-Sein des Menschen. Hingegen deuten die Dosha-Mangelerscheinungen (Gedankenlosigkeit, Untätigkeit und Oberflächlichkeit) darauf hin, dass der Mensch nicht ganz in der Welt lebt. Beides zusammen jedoch, Im-Selbst-Sein und In-der-Welt-Sein, Gelassenheit kombiniert mit Engagiertheit, oder noch knapper: *Gelassenes Engagement* ist die Kurzformel für geistig-seelische Gesundheit und inhaltlich identisch mit Erleuchtung. Oder anders formuliert: Der psychisch Gesunde oder geistig Erleuchtete ist unbelastet von der Vergangenheit und doch bindungsfähig (Kapha im Gleichgewicht), er ist ausgesöhnt mit der Gegenwart und will gleichwohl Dinge bewegen und verändern (Pitta im Gleichgewicht), er macht sich keine Sorgen um die Zukunft und ist dennoch wachsam (Vata im Gleichgewicht).

Es gibt einen Text in der vedischen Literatur des indischen Altertums, den man als Kompendium der vedischen Psychologie bezeichnen kann: die Bhagavad Gita, ein Lehrdialog zwischen dem Helden und Bogenschützen Arjuna und seinem Freund, Lehrer und Lenker seines Streitwagens, der Verkörperung des universellen, zeitlosen Selbst, Krishna. Der Schauplatz des Lehrgespräches ist das Schlachtfeld von Kurukshetra unmittelbar vor Beginn der Entscheidungsschlacht. Eine zentrale Anweisung von Krishna an Arjuna lautet: „Yogastah kuru karmani" (Kapitel 2, Vers 48). 'Yogastah' heisst: in fester Verbindung mit dem zeitlosen und universellen Selbst stehend. 'Kuru karmani' bedeutet: Handle! Werde tätig in Übereinstimmung mit Deinem Naturell und Deiner gesellschaftlichen Aufgabe! Es ist die gleiche Botschaft wie das ayurvedische Gesundheitsideal: die Gleichzeitigkeit von Im-Selbst-Sein und In-der-Welt-sein, der Dauerzustand der Erleuchtung.

Fünf Erkenntnisse aus Kapitel 13

1. Ayurveda ist anwendungsorientierte vedische Biologie.
2. Die drei Doshas - Vata (Bewegung), Pitta (Umwandlung) und Kapha (Strukturbildung) - sind universelle Organisationsprinzipien der Natur, die sich vom organismischen Leben bis hin zu menschlichen Organisationen wiederfinden.
3. Es besteht eine Entsprechung zwischen den drei Doshas und den Grundfarben Gelb, Rot und Blau.
4. Gesundes Leben ist die Balance zwischen den Doshas und die richtige Dosierung innerhalb der Doshas.
5. Seelische Gesundheit ist die Gleichzeitigkeit von 'Im-Selbst-Sein' und 'In-der-Welt-Sein'.

14. Ein Bündnis mit der Zeit

Eile mit Weile!

„Die Zeit - mein Feind!", pflegte ein Geschäftsfreund von mir zu sagen und spricht damit wohl den meisten unserer Zeitgenossen aus dem Herzen. Wir führen Krieg gegen die Zeit, sei es, indem wir gegen den Zeitdruck ankämpfen, oder sei es, dass wir uns bemühen, die Zeit tot zu schlagen. Besser wäre es, wir würden mit der Zeit mitgehen und die Zeit zu unserem Verbündeten machen. Kurse in Zeitmanagement haben Hochkonjunktur. Systeme und Instrumente zur Zeiterfassung und -verwaltung finden unbeschadet des Zeitaufwandes, den ihre Anwendung beansprucht, reissenden Absatz. Wir machen Jagd auf 'Zeitdiebe', die uns z.B. am Telefon unsere ach so kostbare Zeit stehlen. Auch üben wir uns in Zeitanständigkeit. Wir unterlassen es tunlichst, andere zu stören, und falls wir es doch müssen, fassen wir uns gefälligst kurz

Und dennoch: Unsere Zeit wird immer knapper, während wir gleichzeitig immer weniger wissen, was wir mit unserer Zeit anfangen sollen. Haben Sie persönlich das Gefühl, dass Zeitnot, Termindruck, Hektik und Hetzerei in den letzten Jahren zugenommen haben? Falls ja, stimmt Ihr Eindruck mit einer Dreiviertel-Mehrheit meiner Seminarteilnehmer überein.

Gewiss, Zeit ist ein knappes Gut, das wir sinnvoll gebrauchen und nicht sinnlos vergeuden sollten. Es ist ganz natürlich, dass wir keine Zeit 'verlieren' wollen. Weniger natürlich allerdings sind die Mittel, mit denen wir versuchen, Zeit zu 'sparen' oder Zeit zu 'gewinnen'. Zunächst einmal erliegen wir dem kollektiven Wahn, man könne seine Arbeiten und Verrichtungen beliebig beschleunigen. Wir huldigen dem Aberglauben, dass wir um so mehr Zeit haben, je mehr wir uns beeilen. Wahrscheinlich haben wir diese Anschauung von unseren Maschinen abgeschaut. Ein Fotokopiergerät, dass 50 Kopien pro Minute ausspuckt, arbeitet zu langsam. Also bauen wir ein neues, schnelleres Gerät, das in der Minute 100 Fotokopien produziert. Was dem Kopiergerät recht ist, ist dem Menschen billig: Etwas mehr Beeilung bitte! Tempo, Tempo! Speed Management! Und genau hier machen wir die Rechnung ohne den Wirt, denn Menschen sind keine Maschinen, sondern Naturwesen, und Naturprozesse brauchen nun einmal ihre naturnotwendige Zeit, denn sonst finden sie schlicht nicht statt. Eine Schwangerschaft lässt sich ebensowenig beschleunigen wie die Verdauung einer Mahlzeit, das Wachsen der Haare oder das Ergrünen der Bäume im Frühling. Die Natur ist gewiss nicht untätig, aber Hetzerei ist der Natur fremd. Für jede Tätigkeit, für jede Verrichtung gibt es ein angemessenes, optimales Tempo. Darüber können auch 'Fast-Food-Restaurants' nicht hinwegtäuschen.

Angenommen, jemand stellt Ihnen einen Teller voll Spaghetti hin und zwingt Sie mit vorgehaltenem Revolver, diesen Teller binnen einer Minute aufzuzehren. Angenommen weiter, Sie schlingen die Spaghetti, geht es doch um die Rettung Ihres Lebens, tatsächlich vor Ablauf einer Minute in sich hinein. Was wird wahrscheinlich geschehen? Ihnen wird übel werden, Sie müssen sich übergeben und Sie kotzen die Spaghetti wieder heraus. Und das kostet Zeit! Nachher müssen Sie sich von der Kotzerei erholen, was wieder Zeit in Anspruch nimmt, und erneut - hoffentlich andere! - Spaghetti essen, was noch einmal Zeit braucht. Und die Moral von der Geschichte: Hätte man Ihnen von Anfang an genügend Zeit zum Essen gelassen, wäre die ganze Prozedur bedeutend weniger zeitaufwendig gewesen.

Hetzerei produziert Zeitkosten, weil die Tätigkeiten fehlerhaft und unvollständig ausgeführt werden und deshalb mehr als einmal ausgeführt werden müssen. "Quick and dirty" ist nun einmal kein taugliches Erfolgsrezept. Auch unsere geistigen Arbeiten wie Lernstoff aufnehmen und verarbeiten, Texte verfassen oder Gespräche führen sind Naturprozesse und brauchen ihre naturnotwendige Zeit. Diese liegt zum einen in der Natur der Sache, d.h. in der jeweiligen Tätigkeit, zum anderen im Naturell der betreffenden Person. Ein Kapha-Typ braucht für die gleiche Verrichtung mehr Zeit als ein Vata-Prakriti. Wenn zum Beispiel ein Vorgesetzter seinem Mitarbeiter (womöglich noch mit Kapha-Dominanz) einen dicken Aktenordner mit den Worten in die Hand drückt: „In fünfzehn Minuten beginnt die Sitzung. Arbeiten Sie bis dahin den Ordner gründlich durch, damit Sie kompetent mitdiskutieren und mitentscheiden können!", dann zwingt der Chef den Mitarbeiter, fünfzehn Minuten Zeit zu verschwenden.

In meinen Verhandlungstrainings werde ich immer wieder von Teilnehmern gefragt: „Wie kann man Verhandlungen beschleunigen?" Meine Antwort: „Überhaupt nicht! Man kann Verhandlungen verkürzen, indem man unnötiges Auf-der-Stelle-treten oder überflüssige Umwege verhindert, aber beschleunigen im Sinne einer Tempoerhöhung lassen sie sich nicht." Ist es Ihnen nicht auch schon so ergangen, dass Sie eine gehetzt durchgeführte Verhandlung zwar erfolgreich zu einem Abschluss gebracht haben, doch nachher ist Ihnen noch dieses und jenes eingefallen, woran Sie während der Verhandlung aus Zeitmangel einfach nicht gedacht haben? Je mehr Sie nachher darüber nachdachten, desto weniger tragbar erschien Ihnen das vereinbarte Ergebnis. Schliesslich mussten Sie zum Telefonhörer greifen und Ihren Gesprächspartner um eine erneute Aufnahme der Verhandlung bitten. Noch einmal: Hetzerei bringt keinen Zeitgewinn, sondern produziert Zeitkosten. In Tat und Wahrheit ist Hetzerei Zeitverschwendung! Hetzerei, um Zeit zu gewinnen, ist ungefähr so intelligent wie Meerwasser zu trinken, um den Durst zu stillen. Deshalb die Empfehlung: Geben Sie den Verrichtungen die naturnotwendige Zeit! Oder um es mit einem simplen Sprichwort zu sagen: Eile mit Weile! Immerhin, es gibt trotz des weltweit verbreiteten Tempowahns auch Anzeichen der Hoffnung: Amerikanische Unternehmensberater haben kürzlich den "Slobby"-Mitarbeiter entdeckt. "Slobby" steht für "slow, but better", langsam, aber dafür besser.

Die Axt schärfen!

Wir sind ständig bemüht, Zeit zu sparen, und merken dabei nicht, dass wir einen regelrechten Zeitgeiz entwickeln. Wir gehen so knauserig mit unserer Zeit um, dass wir nicht mehr in der Lage sind, zwischen Zeit-'Kosten' und Zeit-'Investitionen' zu unterscheiden. So gleichen wir einer Unternehmung, die nur noch auf die

Ausgaben schaut und keine Investitionen mehr tätigt. Eine Unternehmung, die nichts investiert, unternimmt nichts mehr. Die Unternehmung wird zur Unterlassung und entlässt sich schliesslich selbst. Wenn wir einatmen wollen, müssen wir zuvor ausatmen. Wenn wir erhalten wollen, müssen wir zuerst geben. Wenn wir Gewinn machen wollen, müssen wir zuerst investieren. Wenn wir Zeit gewinnen wollen, müssen wir zuerst Zeit investieren.

Gewiss, die Zeit-Investition fordert ihre Zeit, aber diese investierte Zeit kommt später um ein Vielfaches wieder zurück. Ausruhen, Meditieren, einen Waldspaziergang machen, Pausen einlegen, eine innere Einstellung überdenken sind nicht etwa Beispiele für 'unproduktive' Zeit, sondern Zeit schaffende Zeit-Investitionen, weil es nachher, was immer man auch vorhat, leichter, zielgerichteter und schneller geht. Ebenso sind Weiterbildungsmassnahmen aller Art, kreative Brainstormings vor einer Entscheidungsfindung oder der Aufbau einer guten zwischenmenschlichen Beziehung am Beginn einer Verhandlung lohnende Zeit-Investitionen. Ein offenes Ohr und mitfühlendes Herz für wenige Minuten könnten oft eine stundenlange Auseinandersetzung verhindern.

Leider hält uns die oben angeprangerte Hetzerei und das damit verbundene kurzfristige - und kurzsichtige! - Denken davon ab, die lebensunternehmerisch not-wendigen (sprich Not abwendenden) Zeit-Investitionen zu tätigen. Wir sollten deshalb feststellen, worin in unserem Tages-, Wochen- und Jahresverlauf und in unserem Lebensverlauf insgesamt die für uns wertvollen Zeit-Investitionen bestehen, um diese dann bewusst und gelassen tätigen zu können. Wir sollten nicht so reagieren wie der Holzfäller im Wald, der mit seiner Axt unaufhörlich auf einen Baumstamm einschlug und nicht weiter kam, und als ihn dann ein Wanderer ansprach und ihn darauf aufmerksam machte, er müsse die Axt schärfen, sich diesem zuwandte und ihm entgegnete: „Lassen Sie mich in Ruhe, ich habe keine Zeit. Ich muss Holzfällen!"

Wenn wir unsere Zeitinvestitionen als solche identifizieren und diese dann bewusst und gelassen tätigen, handeln wir nach dem Managementprinzip: Tue das Wichtige vor dem Dringenden. Wichtig ist, was weitreichende Konsequenzen hat. Was wichtig ist, ist deshalb auch wesentlich. Der Bestsellerautor Stephen Covey und seine Kollegen vom Covey Leadership Center haben diesen Gedanken zum Leitgedanken ihres Buches 'Der Weg zum Wesentlichen' (englischer Originaltitel: 'First Things First') gemacht. Weil wir gewohnt sind, das Dringende vor dem Wichtigen zu tun, werden wir zu Sklaven der Uhr, anstatt dass wir uns von einem inneren Kompass leiten lassen. Zwei Zitate aus dem oben genannten Buch könnten zu unseren bisherigen Überlegungen zum Zeitmanagement besser nicht passen: „Mehr Dinge schneller zu tun ist kein Ersatz dafür, das Richtige zu tun." und: „Nur eine bewusste Entscheidung für das Wichtige verhindert eine unbewusste Entscheidung für das Unwichtige."

Natürlich wollen wir auch keine Zeit nutzlos vertrödeln. Doch können wir dies allein schon dadurch verhindern, dass wir Ziele haben und diese vernünftig terminieren. Wenn wir nämlich wissen, bis wann wir wo sein wollen, dann wissen wir auch, wieviel Verweildauer da oder dort und welche Exkurse, Umwege oder Abstecher wir uns leisten können. Wenn wir beispielsweise mit dem Auto um ca. 17.00 Uhr aus Zürich abfahren und wissen, dass wir bis Mitternacht ein Hotel in Florenz erreichen wollen, in dem wir ein Zimmer gebucht haben, dann wissen wir auch, dass ein Abendbummel durch Lugano mit anschliessendem Abendessen auf der Piazza einfach nicht drinliegt. Ziele sind wie ein Kompass auf unserer Reise durch die Zeit. Wir sollten uns deshalb Tages-, Wochen- und Jahresziele, kurz-, mittel- und langfristige Lebensziele setzen, Ziele aber, die für uns wirklich erstrebenswert und terminlich realistisch angesetzt sind. Mehr dazu in Kapitel 21.

Wenn wir an Zeit denken, denken wir gewöhnlich an eine Zeitspanne, gleichsam an eine Strecke von Zeitpunkt A zu Zeitpunkt B. Was aber ist Zeit? Wie entsteht das, was wir als Zeit erfahren?

Im Einklang mit den Rhythmen der Natur leben!

Zeit ist das Produkt von natürlichen Rhythmen. Das ganze Universum vibriert in sich überlagernden Rhythmen: Die Lebenszyklen von Galaxien und Sonnen, die Sonnenumläufe der Planeten, die Planetenumläufe der Monde, die Biorhythmen in den Organismen, die unterschiedlichen Rhythmen der einzelnen Organe, das Ein und Aus unserer Atmung, der Taktschlag des Herzens, die elektrische Aktivität unseres Gehirns, die Elektronenrotation um den Atomkern. Vom Grössten bis zum Kleinsten besteht die materielle Welt aus Rhythmen. Bei näherer Betrachtung ergeben sich diese Rhythmen aus Zyklen, aus sich wiederholenden Kreisläufen (siehe Abb. 22). Zeichnet man einen Kreislauf entlang einer Zeitachse, dann wird aus dem Kreis eine Sinuskurve, eine unendlich lange Wellenlinie, das anschauliche Symbol für Schwingung. Das Universum ist Schwingung, die Welt ist Klang, lehrten die mystischen Lebensphilosophen aller Zeiten, und nicht anders tönt es aus dem Munde weitdenkender Naturwissenschaftler unserer Tage. Hier liegt die gemeinsame Quelle von Mathematik, Musik, Dichtung, Tanz, Architektur und bildenden Künsten. In der abendländischen Geistesgeschichte war es vor allem Pythagoras, der dieser Urquelle forschend nachspürte.

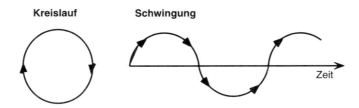

Abbildung 22: Der Kreislauf entlang der Zeit als Schwingung

Das Denken in Zyklen und Rhythmen spielt auch im Ayurveda eine zentrale Rolle. Innerhalb jedes Zyklus werden unterschiedliche Phasen mit unterschiedlichen Qualitäten identifiziert. Es sind Phasen mit abwechselnder Dosha-Dominanz, wobei die Dominanzabfolge genau umgekehrt ist wie die übliche Reihenfolge bei der

Aufzählung der Doshas. Die Abfolge der Doshaphasen innerhalb eines Zyklus lautet:
1. Kapha-Phase: *Allmähliches Anschwellen*
2. Pitta-Phase: *Stärkste Intensität, Höhepunkt*
3. Vata-Phase   *Abflauen, Auflösung*

Diese Dosha-Phasen werden traditionell auf folgende Zyklen angewandt:

Zyklus	Kapha-Phase	Pitta-Phase	Vata-Phase
Tagesverlauf	*Morgen*	*Mittagszeit*	*Nachmittag*
Nachtverlauf	*Abend*	*mittlere Nacht*	*Morgengrauen*
Jahresverlauf	*Spätwinter Frühling*	*Sommer*	*Herbst und Frühwinter*
Verlauf eines Menschenlebens	*Kindheit/ Jugend*	*Mittleres Alter*	*Fortgeschrittenes Alter*

Führt man sich diese Phasenabfolge einmal vor Augen, so wird man feststellen, dass sie durchaus Sinn macht. Am Morgen ist es meist frisch und der Boden ist noch feucht vom nächtlichen Tau, oder das Gras ist mit einer gefrorenen Rauhreifschicht überzogen (Kapha). Am Mittag und frühen Nachmittag steht die Sonne am höchsten und ist am wärmsten (Pitta). Am Nachmittag und gegen Abend wird es wieder kühler, und es kommt vielleicht ein Windchen auf (Vata). Es sind die Stunden des Kaffeekränzchens und des Five-o-clock-Tea's mit ihrer anregenden Geschwätzigkeit (Vata). Nach Sonnenuntergang begibt sich die gesamte Tierwelt zur Ruhe, und es liegt eine gewisse Schwere in der Luft (Kapha). Kurz vor Mitternacht und darüber hinaus hat die Nacht ihre stärkste Intensität und der Schlaf ist um diese Zeit am tiefsten. Nachtschwärmer entfalten um diese Zeit ihre stärkste Aktivität (Pitta). Gegen Morgen wird der Schlaf flacher, die Traumphasen werden länger, die Tierwelt erwacht (Vata). In der Kapha-Jahreszeit dominiert nasskaltes Wetter, in der Pitta-Jahreszeit gibt es Sommerhitze und unsere Herbststürme künden von der Vata-Jahreszeit. Das Kapha-Lebensalter ist durch Körperwachstum, Wissensansammlung und viel Schlaf gekennzeichnet (Säuglingsalter bis nach der Pubertät). Das Pitta-Zeitalter ist die Zeit des intensiven Schaffens und Bestehen von Bewährungsproben. Im fortgeschrittenen Alter nimmt der aktive Einsatz ab, dafür aber nehmen Nachdenklichkeit, Sorgen, Schlafstörungen, Nervosität (z.B. Zittern), Herzbeschwerden und Unruhesymptome aller Art zu (Vata).

Besonders anschaulich lässt sich die Dosha-Abfolge bei zyklischen Prozessen nachvollziehen, wenn man das Entstehen und Vorgehen von Wellen auf der Meeresoberfläche beobachtet: Zuerst bildet sich ein rundlicher Wellenberg, der immer höher anschwillt (Kapha). Dann wird die Welle zu einer mächtigen, kraftvollen Woge mit einer scharfen Oberkante, die im Begriff ist sich zu überschlagen (Pitta). Nachdem sie sich überschlagen hat, löst sich die Wellengestalt mit viel Getöse und Schaum in eine gurglige Wassermasse auf (Vata).

Wenn wir im Einklang mit den natürlichen Rhythmen leben, indem wir beispielsweise mit der Tageszeit oder mit der Jahreszeit gehen und uns 'phasengerecht' verhalten, fördern wir nicht nur unsere körperliche und seelische Gesundheit, sondern auch unseren Erfolg.

Zeit-Unikate

Die Dosha-Phasen machen eines deutlich: Zeit ist nicht nur eine Quantität, eine Zeitmenge, sondern auch eine Qualität, und zwar je nach Phase aller sich gleichzeitig überlagernden Zyklen. Während Sie jetzt gerade diese Zeilen lesen, befinden Sie sich in einem bestimmten Lebensalter während einer bestimmten Jahreszeit zu einer bestimmten Tageszeit. Gleichzeitig befindet sich der Mond an einer bestimmten Stelle auf seiner Bahn um die Erde und die Planeten in bestimmten Positionen auf ihrer Umrundung der Sonne. Hinzu kommt noch ein ganz bestimmter Stand aller Ihrer Biorhythmen im Körper zum gegenwärtigen Zeitpunkt. Und das alles macht diesen Moment, macht das 'Jetzt' zu einem wahrhaft einmaligen Augenblick mit einer einzigartigen Zeitqualität, zu einem Zeit-Unikat, das sich genau so niemals wiederholen wird (siehe Abbildung 23). Auch der nächste und der übernächste Augenblick sind solche Zeit-Unikate. Ohne diesen steten Wandel in der Zeit-

Qualität wäre das Leben tödlich langweilig, nichts als eine unendliche Wiederkehr des Gleichen. So aber verläuft die Zeit periodisch und chaotisch zugleich, und macht dadurch das Lebensgeschehen zu einem spannenden Spiel, das gleichwohl gewissen Ablaufregeln unterliegt.

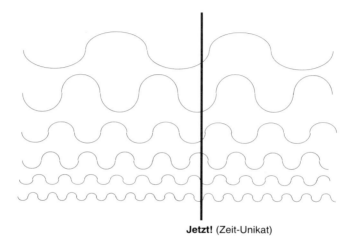

Jetzt! (Zeit-Unikat)

Abbildung 23: Einmalige Augenblicke, die sich aus sich überlagernden Zyklen und Rhythmen ergeben.

Leider ist der qualitative Aspekt der Zeit unserer heutigen Zivilisation weitgehend abhanden gekommen. Technik macht's möglich: Wir können die Nacht zum Tag machen und in ein paar Flugstunden jeder Jahreszeit ein Schnippchen schlagen. Technik macht's aber auch nötig, denn das 'globale Dorf' zwingt uns, in einem Lande zu wohnen, in dem die Sonne niemals untergeht. Wettbewerb heisst für viele von uns Wettlauf; der erste hat den grössten Vorsprung vor der Konkurrenz. Wir müssen nicht 'besser', sondern 'schneller' sein, wenn wir neue Marktanteile erobern wollen. Wohin diese Tempomanie allerdings führt, haben wir ein paar Seiten vorher gesehen: Wir haben keine Zeit mehr.

Antikes Zeitmanagement

In den Hochkulturen der Antike war dies gänzlich anders. Man war sich der Zeit als Qualität durchaus bewusst. Mehr noch: Man erforschte sie und richtete das Leben der Menschen, den Ablauf des Tages, den Jahresablauf mit seinem Festkalender nach ihr ein. Die 'Kirchenjahre' unserer Religionen mit ihren Feiertagen, Fest- und Fastenzeiten sind noch ein Überbleibsel aus dieser Vergangenheit. Die vorösterliche Fastenzeit fällt übrigens in die Kapha-Jahreszeit, und Fasten, oder zumindest etwas Zurückhaltung beim Essen und Trinken, moderiert Kapha. Eine wichtige Rolle im antiken Zeitmanagement spielte auch der Mondzyklus mit seinen Phasen. Dass dieser Rhythmus zwischen Tag und Jahr in unserem Leben tatsächlich von Bedeutung ist, erfährt jede Frau Monat für Monat am eigenen Leibe. Auch Männer haben ihre mondphasenbedingten Launen. Das deutsche Wort 'Laune' stammt vom lateinischen 'Luna' = Mond. Zwischen Tag und Monat schufen die antiken Kulturschöpfer noch einen weiteren Zyklus, die Siebentagewoche. Um diese ebenfalls in kosmischen Rhythmen zu verankern, setzten sie die sieben Wochentage zu den damals bekannten sieben Planeten in Beziehungen. Die Namen der Wochentage, Sonntag aus Sonnen-Tag, Montag aus Mond-Tag, französisch Mardi (Mars), Mercredi (Merkur), Jeudi (Jupiter), Vendredi (Venus), englisch Saturday (Saturn) erinnern noch heute daran.

Im alten Griechenland gab es zwei Worte für Zeit: *Chronos*, das Wort für die zeitliche Ausdehnung, für die Zeit als Quantität, und *Hora*, der Ausdruck für die Zeitqualität in einem gegebenen Moment. Das griechische Wort Hora wurde von den Römern ohne Abänderung übernommen und lebt bis heute beispielsweise im englischen hour fort. Es wird meist mit Stunde übersetzt, doch ist die Stunde ursprünglich weniger eine Masseinheit zur Messung von Zeitmengen als mehr der zu wählende Begriff, wenn eine bestimmte Zeitqualität angesprochen werden soll. So heisst es zum Beispiel in der biblischen Geschichte von der Hochzeit zu Kana, als Jesus Wasser in Wein verwandelte: „Als der Wein ausging, sagte die Mutter Jesu zu ihm: Sie haben keinen Wein mehr. Jesus erwiderte ihr: Was willst Du von mir, Frau? *Meine Stunde ist noch nicht gekommen.*" (Johannes 2, 3-4). Es dürfte klar sein, dass Jesus damit seine Mutter nicht auf gewerkschaftlich ausgehandelte Arbeitszeit-regelungen hinweisen wollte. Vielmehr war es ihm ein Anliegen, für eine so wichtige, symbolträchtige Handlung, für ein Ereignis mit so weitreichenden Folgen, den kosmisch richtigen Zeitpunkt, die richtige 'Hora' herankommen zu lassen.

Das griechische Wort Horo-skop bedeutet ursprünglich: Visu-elle Darstellung (von skopein = betrachten) der Zeitqualität (Hora) eines bestimmten Augenblicks an einem bestimmten Ort auf der Erde. Die Geburtshoroskopie ist nur eine Spezialanwendung der Horoskopie überhaupt. Im alten Babylonien hatten die Astrologen hauptsächlich die Funktion von königlichen Zeitqualitätsberatern, wenn es etwa darum ging, den günstigsten Zeitpunkt für die Zeu-gung eines Thronfolgers, die Gründung einer Stadt oder die Eröff-nung eines Feldzuges festzulegen. Tatsächlich ist ein Horoskop (genauer gesagt: das Astrogramm oder die 'Chart') auch heute noch nichts anderes als eine ebenso akkurate wie übersichtliche, zwei-dimensionale Visualisierung der Zeit-Konstellation (Tageszeit, Jah-reszeit, Mondstand etc.). Übrigens enthält das lateinische 'Konstel-lation' das Wort Stella = Sterne! In unserer Redewendung von der 'Gunst der Stunde' lebt jener uralte qualitative Sinngehalt des Wor-tes Stunde (hora) bis heute fort. In alten Zeiten wollte man die Gunst der Stunde nutzen, weil dann nämlich die Götter - sprich die Naturkräfte mit ihren Rhythmen - 'günstig gestimmt' waren. Man segelte gleichsam mit Rückenwind, nicht mit Gegenwind. Unser Wort 'rechtzeitig' bedeutete einst 'rechte Zeit' und war noch nicht auf Termineinhaltung reduziert.

So pulsierte in früheren Jahrhunderten und Jahrtausenden das Leben des Menschen im Einklang mit den Rhythmen der Natur. Dass diese archaische Art von Zeitmanagement funktionierte, ist auf zweierlei zurückzuführen. Erstens: Die Bevölkerungszahl, der Stand der Technik, die Herstellung von Produkten, die Einrichtun-gen der Gesellschaft, die Sitten, Normen und Werte blieben über viele Generationen hinweg praktisch unverändert. Modern gespro-chen: Es lastete keinerlei Innovationsdruck auf den Unternehmen. Zweitens: Eine mächtige Priesterschaft und eine starke Staatsge-

walt sorgten, zum Teil mittels Androhung drakonischer Straf-
massnahmen, dafür, dass die vorgeschriebenen Zeitnormen von
ausnahmslos allen eingehalten wurden. Die Bibel gibt Zeugnis
davon, mit welch unangenehmen Folgen selbst ein Arzt zu rechnen hatte, wenn er am Sabbat Patienten behandelte. Im alten Isra-
el war es gesetzlich verboten, am Sabbat Feuer anzuzünden. Durch
solch harte Vorschriften und deren Überwachung durch eifrige
Gesetzeshüter konnte sichergestellt werden, dass niemand sich
durch 'Wochenendarbeit' einen Konkurrenzvorteil verschaffte.

Wer zur rechten Zeit kommt, den belohnt das Leben

Keine Frage, das gesetzlich reglementierte, antike Zeitmanagement lässt sich nicht auf unsere Tage übertragen. Wir *haben* heute eine Bevölkerungsexplosion, eine technologische Revolution nach der anderen und einen permanenten Wertewandel.
Wir *brauchen* unseren Konkurrenzkampf mit seinem Innovationsdruck, wenn wir in der Gegenwart bestehen und die Herausforderungen der Zukunft meistern wollen. Wir ertragen es heute nicht
mehr, am Gängelband einer bevormundenden Priesterschaft geführt zu werden. Wir wollen über unsere Zeit selber verfügen können. Fundamentalistische Restaurationsversuche theokratischer
Diktaturen passen nicht mehr in unsere Zeit und sind deshalb,
nicht zuletzt aus wirtschaftlichen Gründen, zum Scheitern verurteilt.

Vielleicht aber ist es möglich, etwas von der Weisheit der alten
Kulturen in unsere Epoche hinüberzuretten, indem wir die Zeit-
qualität in unser modernes Zeitmanagement stärker einbeziehen
und den Sinn dafür mehr und mehr kultivieren. Wir können bei
unserer Zeiteinteilung vermehrt auf 'günstige' und 'ungünstige'
Zeitpunkte achten. So können wir beispielsweise bei uns selber
feststellen, ob wir eine bestimmte Tätigkeit besser am Vormittag
oder besser am Nachmittag ausführen, ob für bestimmte Vorhaben
diese oder jene Jahreszeit geeigneter ist, und unsere Tagesein-
teilung und Jahresplanung wenigstens bis zu einem gewissen Grad
danach ausrichten. Die in Kapitel 11 zitierte Beraterin, Workshop-

Leiterin und Buchautorin (Negaholiker) Cherie Carter-Scott erzählte mir, sie habe für sich herausgefunden, dass sie konzentrierte Schreibtischarbeit weitaus effizienter am Vormittag (Kapha-Zeit und beginnende Pitta-Zeit) erledigen könne, hingegen am späteren Nachmittag (Vata-Zeit) viel offener für andere Menschen und gesprächiger sei als zu anderen Tageszeiten. Entsprechend versuche sie seit ein paar Jahren, sich den Vormittag von Terminen freizuhalten, und Gespräche oder Sitzungen möglichst nur auf den Nachmittag zu legen. Seitdem habe die Effektivität und Zeiteffizienz ihrer Arbeit merklich zugenommen. Wir tun gut daran, wenn wir bei der Planung unserer Tages- und Jahresroutine die qualitative Periodizität der Zeit mit berücksichtigen.

Auch gibt es eine angewandte Disziplin der vedischen Wissenschaft, "Jyotish", die vedische Astrologie, die wir zur optimalen Zeitplanung benutzen können. Während sich die westliche Astrologie vor allem auf die Erfassung von psychologischen Tiefenstrukturen spezialisiert hat - C.G. Jung zum Beispiel hatte bei seinen Psychoanalysen stets auch das Horoskop des Patienten zur Hand -, beschäftigt sich die vedische Astrologie vor allem mit sich verändernden Zeitqualitäten und verfügt dazu über ein umfangreiches Arsenal an Methoden. Jyotisch liegt von daher näher bei der Astrologie des Altertums als bei der heutigen westlichen Astrologie. Mit Hilfe des Jyotisch Instrumentariums ist es möglich, die Qualität eines bestimmten Zeitpunktes oder einer bestimmten Zeitperiode zu beschreiben. Man kann feststellen, welche Tätigkeiten oder Vorhaben in einer bestimmten Zeitperiode erfolgversprechend sind und welche nicht, und man kann vorausberechnen, wann bestimmte Tätigkeiten oder Vorhaben erfolgversprechend sein werden.

Doch abgesehen von diesen Empfehlungen lässt sich qualitatives Zeitmanagement kaum mit linkshemisphärischen Mitteln rationaler Zeitplanung bewerkstelligen. Statt dessen müssen wir ein rechtshemisphärisches Gespür, ein intuitives Empfinden dafür entwickeln, ob ein Zeitpunkt für ein bestimmtes Vorhaben günstig oder ungünstig ist. Wir müssen lernen, warten zu können, bis die Zeit 'reif' ist, und dann wieder zupacken, damit uns der 'rechte

Augenblick', die vielleicht nie wiederkehrende Gelegenheit, nicht entwischt. Genau dies meint wohl das römische Sprichwort: 'Carpe diem!', 'Packe den Tag beim Schopf!' Und es meint nicht, wie es vielleicht so mancher Lateinlehrer auslegen würde: "Was Du heute kannst besorgen, das verschiebe nicht auf morgen!"

Geduld und Entschlossenheit sind gleichermassen Tugenden beim qualitativen Zeitmanagement. Die Fähigkeit, den richtigen Zeitpunkt abzuwarten, und dann zuzupacken, wenn er gekommen ist, ist insbesondere wichtig, wenn es um folgenschwere Handlungen und Entscheidungen geht. Will beispielsweise ein Mann einer Frau einen Heiratsantrag machen, ist die Wahl des Zeitpunktes unter Umständen erfolgsentscheidend. Kommt er nämlich mit seinem Antrag zu früh, riskiert er einen Korb mit der Begründung, sie gedenke nicht, einen unbedachten Draufgänger zu ehelichen. Kommt er zu spät, dann muss er sich vielleicht anhören: „Das hättest Du Dir früher einfallen lassen müssen!"

Wir alle haben ein intuitives Gespür für günstige oder ungünstige Zeitpunkte, aber wir achten nicht darauf. Sicher kennen auch Sie die Situation: Es ist 9.00 Uhr vormittags. Plötzlich schiesst Ihnen der Gedanke in den Kopf: Sie sollten jetzt sofort Herrn X anrufen. Sie haben sich jedoch vorgenommen, Ihre diversen Telefonanrufe erst am Nachmittag zu erledigen und wollen jetzt, wie geplant, Ihre angefangene Arbeit zu Ende führen. Also rufen Sie Herrn X erst am Nachmittag an, doch seine Sekretärin teilt Ihnen mit: „Herr X musste überraschend am Mittag für einige Tage ins Ausland reisen." Hätten Sie doch nur am Vormittag auf Ihre innere Stimme gehört! Nicht minder häufig ist die umgekehrte Situation: Wir zwingen uns zu einem Anruf, nur um unseren Zeitplan einzuhalten, obwohl sich innerlich etwas dagegen sträubt. Wenn wir Glück haben, ist unser Ansprechpartner gerade besetzt. Wenn wir Pech haben, erwischen wir ihn zu einem besonders ungünstigen Zeitpunkt. Das Gespräch verläuft disharmonisch, und wir bereuen es nachher bitterlich, mit dem Anruf nicht länger zugewartet zu haben. Disziplin ist weiss Gott kein Allheilmittel fürs Zeitmanagement!

Rechtshemisphärisches, qualitatives Zeitmanagement hat herzlich wenig mit Zeitplanung zu tun. Planung ist wirklich nur das halbe Leben. Die andere Hälfte ist Intuition und Spontaneität. Wir müssen uns sensibilisieren für Zeitqualitäten und dann die entsprechenden Empfindungen ernst nehmen. Dies geht natürlich wesentlich leichter, wenn unsere Doshas im Gleichgewicht sind und wir Kontakt mit uns selbst haben. Im Zustand der Selbstgegründetheit, der mit vollkommener Gesundheit identisch ist, sind wir in der Lage, ganz und gar im Jetzt zu leben. Der Erleuchtete erspürt in jedem Moment, welche Tätigkeit gerade jetzt die richtige ist. Er registriert, was im Moment gerade die Zeit von ihm erfordert und handelt danach, ohne zu zögern. Er geht im wahrsten Sinne des Wortes mit der Zeit. Und wer mit der Zeit fliesst, wird vom Strom der Zeit getragen. Er oder sie reitet auf den Wellen der Zeit. Wir können den berühmten Ausspruch von Gorbatschow ins Positive kehren: Wer zur rechten Zeit kommt, den belohnt das Leben.

Fünf Erkenntnisse aus Kapitel 14

1. Hetzerei produziert Zeitkosten.
2. Ohne Zeitinvestitionen gibt es keinen Zeitgewinn.
3. Zeit ist das Produkt von Rhythmen in der Natur.
4. Jeder Augenblick ist tatsächlich 'einmalig', was die Zeitqualität anbelangt.
5. Qualitatives Zeitmanagement ist sowohl links-hemisphärische Planung verbunden mit Disziplin als auch rechtshemisphärisches Gespür verbunden mit Spontaneität.

15. Die Quelle der Ethik

Ethisches Kopfzerbrechen

Ist es in Ordnung, wenn ich Werbetexte für Zigaretten schreibe? Soll ich Gentechnologie befürworten oder ablehnen? Kann ich es ökologisch vertreten, täglich mit dem Auto zur Arbeit zu fahren? Mache ich mich gegenüber der dritten Welt schuldig, wenn ich in Saus und Braus lebe? Hätte die Europäische Gemeinschaft im jugoslawischen Bürgerkrieg militärisch eingreifen sollen? Bin ich für eine Legalisierung von Drogen? Ist es so schlimm, wenn ich einen Seitensprung mache? Darf ich den unerwünschten Fötus abtreiben? Tag für Tag werden wir mit ethischen Dilemmas konfrontiert, und es wird immer schwieriger, befriedigende, geschweige denn allgemeingültige Antworten zu finden. Wie auch immer unsere Antworten ausfallen, wir fühlen uns genötigt, diese möglichst hieb- und stichfest zu begründen, als ob wir vor einer höchst richterlichen Instanz Rechenschaft ablegen müssten. Der Psychologe Kohlberg hat festgestellt, dass unsere Urteilsbegründungen im Laufe des Heranwachsens eine stufenweise Entwicklung parallel zu unserer kognitiven Entwicklung durchmachen.

Wir sind Kinder einer zweieinhalbtausend jährigen Geschichte rationaler Ethik und Entscheidungsfindung. Moral, Sittlichkeit und Recht sind der ganze Stolz des Abendlandes, zwar nicht unbedingt, was die Praxis, aber gewiss doch, was die theoretische Auseinandersetzung mit diesem Themenkomplex anbetrifft. Es begann in Jerusalem und Athen. Während auf dem Berg Zion Schriftgelehrte über die Auslegung und Einhaltung des mosaischen Gesetzes debattierten, übte man sich in den Gärten der platonischen Akademie in Dialektik, um dem Wesen der Areté, der Tugend, auf die Spur zu kommen. Wenig später traten römische Juristen auf den Plan und erarbeiteten ein logisch widerspruchsfreies Rechtssystem, das man für die effiziente Verwaltung eines internationalen und multikulturellen Imperiums brauchte. In den ersten Jahrhunderten nach der Zeitenwende erreichte das Philosophieren über ethische Fragen eine erste Hochblüte in Gestalt der Stoa. Die Stoa der Spätantike wurde im Mittelalter von der Moraltheologie abgelöst. Die neuzeitlichen Philosophen, Dichter, Theologen und Rechtsgelehrten waren nicht minder aktive Ethik-Theoretiker als ihre mittelalterlichen und antiken Vorgänger. In den letzten Jahrhunderten kamen noch die Wirtschaftswissenschaftler, Politologen, Soziologen, Psychologen und Pädagogen dazu, die im akademischen Ethik-Orchester mitspielten. Man kann wohl ohne Übertreibung sagen: Die Ethik war und ist bis heute *das* interdisziplinäre Betätigungsfeld für alle abendländischen Nichtnaturwissenschaften.

Und was ist das Ergebnis dieses Jahrhunderte langen ethischen Hirnens? Unsere Ethik ist enorm kopflastig. Wir bekommen Kopfweh angesichts von zu treffenden Entscheidungen, weil wir uns in einem immer dichter werdenden Dickicht von Pro- und Kontraargumenten nicht mehr zurechtfinden. Die meisten dieser Argumente sind pragmatischer Natur, d.h. wir fragen: Was kommt heraus, wenn wir so oder so handeln? Sind die Konsequenzen einer Handlung wünschbar, sprechen sie für die Handlung, sind sie nicht wünschbar, sprechen sie dagegen. Wir argumentieren mit vorausgesehenen Wirkungen, mit antizipierten Konsequenzen. Soll ich mein Auto jetzt abstossen und ein neues kaufen oder damit noch zwei Jahre zuwarten? Wenn ich jetzt ein neues Auto kaufe, muss ich beim nächsten Urlaub Abstriche machen. Wenn ich mein altes Auto behalte, muss ich vielleicht mit teuren Reparaturen rechnen. Schon dieses einfache Alltagsbeispiel und erst recht eine so schwierige Entscheidung wie für oder gegen Gentechnologie zeigt: Wir können die Auswirkungen unserer Handlungen nur sehr begrenzt vorhersagen. Die Spätfolgen von Entscheidungen - denken wir gerade an die Gentechnologie - entziehen sich gänzlich unserer rationalen Vorausschaubarkeit. Wir kennen nicht die Reichweite der Konsequenzen unseres derzeitigen Tuns und Lassens. Wir sind zu kurzsichtig für eine Ethik, die sich auf eine Beurteilung der Folgewirkungen von Handlungen und Entscheidungen abstützt.

Eine andere Art des Argumentierens ist fundamentalistischer Natur. Wir berufen uns auf Gesetze, Gebote, Verbote, Vorschriften, Regeln, stammen diese nun aus heiligen Schriften, staatlichen Gesetzbüchern oder Regelkatalogen von Unternehmen. In all diesen Fällen lassen wir uns von Normen sagen, wie wir zu entscheiden und was wir zu tun haben. Meist sind diese Normen statistischer Art, d.h. wir halten uns daran, weil sie von allen anderen eingehalten werden, vielleicht deshalb, weil es ganz einfach praktisch und nützlich ist, wie z.B. das Einhalten von Verkehrsregeln, vielleicht aber auch aus Konformitätsdruck: Wir verhalten uns so, weil 'man' sich so verhält, und wir nicht in eine Aussenseiterrolle geraten wollen. Das Wort Ethik stammt übrigens vom griechischen Wort Ethos ab, was soviel heisst wie Sitte, Gewohnheit, übliches Rollenverhalten.

Seltener ist der Fall, dass wir unser Handeln mit der Erfüllung einer Idealnorm begründen. Ein Beispiel dafür wäre ein Ehemann, der auf ein lockendes ausserehliches Abenteuer ungeachtet des ermunternden Hinweises seiner Stammtisch-Kollegen auf die statistische Norm, „Das machen doch alle irgendwann einmal", einzig und allein deshalb verzichtet, weil in der Bibel steht: „Du sollst nicht ehebrechen!" Der wohl kompromissloseste Vertreter einer solchen idealistischen Pflicht-Ethik war der Philosoph Immanuel Kant. Allerdings entnimmt er die moralischen Pflichten nicht der religiösen Schriftoffenbarung, sondern sieht sie als Erkenntnisgaben der reinen Vernunft. „Die Vernunft gebietet, wie gehandelt werden soll, wenngleich noch kein Beispiel davon angetroffen würde; auch nimmt sie keine Rücksicht auf den Vorteil, der uns daraus erwachsen kann, und den freilich nur die Erfahrung lehren könnte." (S. VI, 216). Hier erteilt Kant der pragmatischen Argumentation mittels wünschbarer Handlungskonsequenzen eine klare Absage. Ausschliesslich das abstrakte Denken vermag die Leitlinien des Handelns vorzugeben, wie es in dem berühmten kategorischen Imperativ zum Ausdruck kommt: „Handle so, dass die Maxime deines Wollens jederzeit zugleich als Prinzip einer allgemeinen Gesetzgebung gelten könnte." (Grundlegung zur Metaphysik der Sitten IV, 424)

Universalismus versus Partikularismus

Die Verallgemeinerungsfähigkeit einer Handlung im Sinne eines allgemeingültigen Gesetzes ist die Richtschnur über Gut und Böse. Oder volkstümlich ausgedrückt: Was würde geschehen, wenn das alle tun würden? Abgesehen davon, dass bei einer solchen Überlegung die gedankliche Vorwegnahme von Handlungskonsequenzen durch die Hintertür wieder hineingekommen ist, erscheint ein solcher universalistischer Ansatz höchst fragwürdig. Ein erster Einwand lautet: Es machen dies aber nicht alle! Wenn man Ausnahmen von einer Regel zulässt, ist damit noch nicht gesagt, dass die Ausnahme dadurch zur Regel wird. Könnte es zudem nicht sein, dass in der Regel zwar die Regel, in besonderen Fällen aber die Ausnahme das moralische Richtige ist? Nehmen wir das Beispiel des Tyrannenmordes: Generell gilt zwar das Gebot „Du sollst nicht töten!", aber einen Diktator, der seinerseits ein Massenmörder ist, umzubringen, gilt als Heldentat. Ich erinnere an das gescheiterte Hitlerattentat der Gebrüder Stauffenberg im Juli 1944. Aus ähnlichen Überlegungen heraus haben im Verlaufe der Geschichte Religionsvertreter Kriege 'geheiligt', Priester Waffen gesegnet und Revolutionäre Terroranschläge verübt. Wo liegt die Grenze zwischen 'moralischer' und 'unmoralischer' Tötung?

Unsere Ethik-Theoretiker philosophischer, theologischer und juristischer Provenienz versuchen, dieser Komplexität Rechnung zu tragen, indem sie zu jeder Regel Ausnahme-Regelungen, zu jedem allgemeinen Gesetz Sondergesetze formulieren. Resultat: Unser Paragraphenwald wird in dem Masse grösser, wie die tropischen Regenwälder durch Abholzung kleiner werden. Mit wirklicher Sittlichkeit, wie sie Kant zweifelsohne vorschwebte, hat das alles nichts zu tun. Schon Goethe beklagte diese Gesetzeswucherung, als er im Faust dichtete:

„Es erben sich Gesetz' und Rechte
Wie eine ewge Krankheit fort!
Sie schleppen von Geschlecht sich zum Geschlechte
Und rücken sacht von Ort zu Ort.

Vernunft wird Unsinn, Wohltat Plage;
Web dir, dass du ein Enkel bist!
Vom Rechte, das mit uns geboren ist,
Von dem ist, leider! nie die Frage."

Der Versuch, alles Tun und Lassen mit Prinzipien, Regeln, Axiomen, Richtlinien oder Gesetzen abzustützen, kann nicht anders als in einer Wirrnis von Widersprüchlichkeiten enden und ist deshalb zum Scheitern verurteilt. Wir stossen hier einmal mehr an die Grenzen unseres rein rationalen, linkshemisphärischen Denkens. Und ganz abgesehen davon sollte so etwas wie Ethik nicht nur elitäre Spielwiese linkshirniger Denkmuskelprotze sein!

Die universalistische Rückführung auf allgemein gültige Regeln und Gesetze bei Fragen von Recht und Unrecht, von gut und böse, ist übrigens charakteristisch für unsere aristotelisch geprägte, abendländische Kultur. In Asien trifft man eher eine partikularistische Denkweise an: Jeder Mensch ist einzigartig, jede Situation ist einmalig. Was in einem Fall richtig ist, kann in einem anderen völlig falsch sein und umgekehrt. Es gibt keine allzeit gültigen und für alle verbindlichen Verhaltensnormen, sondern nur das individuell und situativ Richtige.

Wahrscheinlich haben wir alle schon Erfahrungen gemacht, die uns von der Relativität moralischer Grundsätze überzeugt haben. Solche Erfahrungen haben uns vermutlich offener, weiter, toleranter, also moralischer, 'besser' gemacht. Wir sind dadurch vielleicht weniger wertend und richtend, mit Urteilen zurückhaltender geworden. So setze ich mich beispielsweise in meinen Seminaren für Ehrlichkeit und Wahrhaftigkeit in der zwischenmenschlichen Kommunikation ein. Ich rate meinen Seminarteilnehmern, nicht etwas anderes zu sagen als das, was sie denken, nichts vorzutäuschen, nicht zu lügen. Und doch kann ich mir Situationen vorstellen, in denen es ethisch besser ist, nicht ganz die Wahrheit zu sagen, nicht um sich einen Vorteil zu verschaffen oder sich Unannehmlichkeiten zu ersparen, sondern um den Gesprächspartner nicht unnötig zu verletzen oder um Dritte zu schützen. Der Arzt Paracelsus lehrte, jedes Gift könne bei entsprechender Indikationsstellung und in der richtigen Dosierung zum Heilmittel werden. Jesus heiligte den Sabbat, indem er in Übertretung des Gebotes einen Kranken heilte.

Tue das Richtige auf richtige Weise zum richtigen Zeitpunkt!

Nein, das nur linkshemisphärische, ach so vernünftige Denken ist ein zu grobschlächtiges Instrument, um ethisch richtiges Verhalten hervorzubringen. Es taugt vielleicht noch dazu, herauszufinden, *was* zu tun oder nicht zu tun sei. Doch damit allein ist ein Verhalten noch nicht 'gut' im ethischen Sinne. *Wie* etwas zu tun ist, ist mindestens ebenso wichtig. Es kann zum Beispiel eine ethisch völlig richtige Massnahme sein, einen unfähigen Mitarbeiter zu entlassen. Ethisch ist die Massnahme aber erst dann, wenn die Kündigung dem Mitarbeiter in der richtigen Art und Weise mitgeteilt wird. Dies allerdings ist weniger eine Angelegenheit von Regeln und Normen als vielmehr eine Frage des Herzens, des Taktgefühls im Umgang mit Menschen. Schliesslich spielt der Zeitpunkt der Mitteilung noch eine Rolle, ob er günstig oder ungünstig gewählt ist. Es geht hier um die rechte Zeit im Sinne der Zeitqualität, von der im vorangegangenen Kapitel die Rede war. Um den ethisch 'richtigen Moment' zu erwischen, brauchen wir etwas so Subtiles wie Fingerspitzengespür und Intuition. Wirklich ethisches Verhalten ist gleichzeitig rational, gefühlsmässig und intuitiv. Es ist ein ganzheitliches Produkt links- und rechtshemisphärischer Prozesse. Nur so kann es allen drei Dimensionen der Ethik, dem WAS (do the right things), dem WIE (do the things right) und dem WANN (do the things at the right time) gerecht werden. Wir dürfen die Ethik nicht alleine dem Kopf überlassen, der ganze Mensch ist gefordert.

Die Einheit der Natur

Im Kontext der vedischen Wissenschaft ist die Ethik nicht nur in der Philosophie, sondern auch in der Gesundheitslehre, im

Ayurveda, angesiedelt. Ethisches Verhalten wird als ein Aspekt des Gesundseins betrachtet und gefördert. Gesundheit macht aus ayurvedischer Sicht nicht an den Grenzen des menschlichen Körpers halt, sondern bezieht das menschliche Zusammenleben, die Menschheit insgesamt mit ein. Alle Menschen teilen als Individuen ein gemeinsames, einziges, universelles und zeitloses Selbst, Bewusstsein an sich, und sind von daher miteinander verwandt, Brüder und Schwestern im Selbst, eine Menschheitsfamilie, ein kollektiver Organismus. Unsere nichtmenschliche Umwelt, die Tiere, Pflanzen und Mineralien, unsere Biosphäre, der Planet Erde, ja das ganze materielle Universum betrachtet der Ayurveda als unseren erweiterten Körper. Die ganze Schöpfung ist gewissermassen der Körper des zeitlosen, universellen Selbst. Wir finden hier nicht die in unserem traditionellen Denken gebräuchlichen Trennungen zwischen Individuum und Kollektiv, zwischen Mensch und Welt. Diese Trennungen sind im Grunde genommen künstlich, sie sind Sinnestäuschungen und existieren für den vedischen Wissenschaftler, mystischen Naturphilosophen, ayurvedischen Heiler und modernen Quantenphysiker nur an der Oberfläche. Es gibt nur ein Leben, nur eine Natur. Wo immer wir der Natur begegnen, ob als 'subjektive' Natur in uns oder als 'objektive' Natur um uns, begegnen wir der gleichen, einen Natur. Oder um es mit dem Naturphilosophen Goethe zu sagen:

„Nichts ist innen,
Nichts ist aussen.
Denn was innen,
Das ist aussen."

Als aufgeklärte Realisten sollten wir die cartesianische, atomistische Betrachtungsweise aufgeben und durch eine holistische ersetzen. Die vorderste Front der theoretischen Physik kommt uns dabei zu Hilfe. In der vereinheitlichten Quantenfeldtheorie ist es gelungen, die Grundkräfte der gesamten 'objektiven' Natur schrittweise zu vereinigen und mittels einer letzten 'Super-Vereinigung' ein vereinigtes Grundfeld aller Naturkräfte und -gesetze ins Auge zu fassen. John Hagelin, ein führender Quantenfeld-Physiker, hat in Zusammenarbeit mit Maharishi Mahesh Yogi festgestellt, dass ein solches vereinigtes Urfeld aller Energie und Materie die gleichen Eigenschaften aufweist, wie sie in der vedischen Literatur schon vor Jahrtausenden dem Bewusstsein an sich zugesprochen wurden. Maharishi, Hagelin und mit ihnen zahlreiche andere Wissenschaftler sind der Überzeugung, dass Bewusstsein an sich und das vereinigte Feld ein und dasselbe sind. In der vereinigten Feldtheorie der Physik treffen sich moderne Naturwissenschaft und die uralte vedische Wissenschaft. Das von Kant gesuchte 'Ding an sich' erweist sich nicht als Ding, sondern als total immaterielles 'Feld aller Möglichkeiten'. Es ist der gemeinsame Grund von Individuum und Kollektiv, von der Welt in uns drinnen und der Welt da draussen.

Auch in der abendländischen Geistesgeschichte gibt es einen uralten Begriff, der das moderne Konzept des vereinigten Feldes vorwegnimmt: *Chaos*.

Die Urbedeutung von Chaos

Wenn uns heute das Wort Chaos begegnet, denken wir meist an Unordnung oder Durcheinander. Chaos als Gegenbegriff zur Ordnung hat für die meisten einen eher negativen Klang. Vergegenwärtigt man sich aber aktuelle Schlagworte wie Chaos-Management, Chaos-Theorie und Chaos-Forschung, so gewinnt man den Eindruck, dass die herkömmliche Bewertung von Chaos als negativ und Ordnung als positiv ins Wanken geraten ist. Das Prinzip Chaos scheint heute salonfähig geworden zu sein, während das Prinzip Ordnung in den letzten Jahrzehnten an Punkten eingebüsst hat. Keine Frage, vom Chaos geht tatsächlich eine gewisse Faszination aus. Eine tosende Meeresbrandung, ein eruptiver Vulkanausbruch, ein dramatisches Gewitter wirken zweifellos spannend und prickelnd auf den Beobachter. Die Faszination des Chaos wird allerdings noch grösser, wenn man wie die Chaosforschung dahinterkommt, dass auch im Chaos der Naturgewalten eine verborgene Ordnung waltet. Die Chaosforscher bezeichnen Chaos gar als die Ordnung des Universums. Hier hat eindeutig eine Bedeutungsverschiebung des Wortes Chaos stattgefunden.

Chaos steht nicht mehr für Unordnung, sondern für eine komplexe und dynamische Ordnung. Im Unterschied zur Chaosforschung jedoch hält die Alltagssprache am traditionellen Chaosverständnis als negativ bewertete Unordnung fest, wenn etwa von einem Verkehrschaos die Rede ist oder es in den Nachrichten heisst, das Land X drohe im politischen Chaos zu versinken. Die Urbedeutung des Wortes Chaos tritt allerdings erst dann zutage, wenn wir gleichsam Wortarchäologie treiben und das Wort bis zu seinem Ursprung zurückverfolgen.

Das griechische Wort Chaos taucht zum ersten Mal um 700 v.Chr. beim Dichter Hesiod in seiner Theogonie, dem Gedicht vom Werden der Götter und der Welt, auf. Es heisst dort: „Wahrlich, zu allererst entstand das Chaos." Alle Götter und das Weltall sind erst nach dem Chaos gekommen. Chaos bezeichnet den Urzustand, noch bevor irgend etwas in Existenz getreten ist. Wörtlich übersetzt bedeutet Chaos soviel wie offener, leerer Raum. Eine zeitgenössische, inhaltlich völlig adäquate Übersetzung des Wortes Chaos wäre 'Vakuum-Zustand', und zwar ganz in dem Sinne, wie die modernen Physiker diesen Ausdruck verwenden, nämlich als einen materiefreien Grundzustand völliger Ruhe, indem jedoch 'virtuelle' Teilchen jedweder Art - Elektronen, Photonen etc. - pausenlos auftauchen und sofort wieder verschwinden.

Das Wort Chaos ist stammverwandt mit dem deutschen Gähnen und Gaffen sowie dem englischen to yawn und gap. Die all diesen Wörtern gemeinsame gutturale Mundöffnung 'cha', 'ga' oder 'ya' ist ein ebenso anatomisches wie lautmalerisches Sinnbild für Offenständigkeit und Leere. In der vedischen Sprache, dem Ur-Sanskrit, ist die Silbe 'ga' der Ausdruck für Stille im Sinne eines Feldes aller Möglichkeiten. Der Gedanke der Unordnung ist diesem ursprünglichen Chaos-Begriff völlig fremd, denn im Urzustand der offenen Leere gibt es noch nichts, was in Unordnung geraten könnte. Die Homogenität und Undifferenziertheit des Urraumes schliesst jegliches Durcheinander, das ja Verschiedenheit impliziert, grundsätzlich aus. Chaos im ursprünglichen, kosmogonischen Sinn ist der Name für ein materielles Nichts. In der jüdisch-christlichen Tradition wird gesagt, Gott habe die Welt aus dem Nichts, ex nihilo, erschaffen. Auch in den Aphorismen des chinesischen Tao Te King klingt wiederholt das Motiv einer undifferenzierten Urleere an. Es macht den Anschein, dass die Vorstellung von einem der Schöpfung vorausgehenden, immateriellen und gestaltlosen Urzustand in allen alten Hochkulturen lebendig war.

Doch zurück zum griechischen Wort Chaos: Der Wortstamm 'Cha' demonstriert ja in eindrucksvoller Weise den Bedeutungsinhalt des Offenstehens. Vielleicht verbirgt sich hinter dem sinnfälligen Sinnbild noch ein tieferer Sinngehalt. Im Urzustand des materiellen Nichts ist noch alles offen, ist noch nichts entschieden. Das unterscheidet ja gerade den unmanifesten Vorschöpfungszustand von der manifestierten Schöpfung. Die Schöpfung besteht aus Dingen, die sich voneinander unterscheiden. Diese Vielfalt ist das Resultat von Differenzierungen, sprich Entscheidungen. Der Schöpfung zugrunde liegt jedoch ein materieloses, homogenes Ganzfeld, das jeder Differenzierung und damit Entscheidung logisch und zeitlich vorausgeht. In der totalen Offenheit des Vorschöpfungszustandes ist noch alles, wirklich alles möglich; nichts ist von dort aus gesehen unmöglich. Der biblische Satz aus dem Munde des Erzengels Gabriel, 'Bei Gott ist kein Ding unmöglich' (Lk. 1.37), weist auf diese transzendente Realität. Chaos ist ein Name für reine und unbegrenzte Potentialität, religiös gesprochen, für die Omnipotenz, die Allmacht Gottes.

Zusammengefasst ergibt sich damit folgende Urbedeutung des Wortes Chaos: Chaos, der offenstehende Mund, bedeutet offene Leere und beschreibt den immateriellen, unmanifesten Vorschöpfungszustand als ein 'Feld aller Möglichkeiten'.

Unser menschliches Leben ist der lebendige Beweis für die permanente Anwesenheit des unmanifesten Feldes aller Möglichkeiten. Ohne dieses nämlich wäre unser Leben unsagbar eintönig und langweilig. Ordnung ohne Chaos kennt keine Überraschungen. Ordnung ohne Chaos lässt dem Spiel, dem Spass, der Spontaneität, dem Humor, der Kreativität keinen Raum. Ordnung ohne Chaos wäre im wahrsten Sinne tod-ernst. Ohne Chaos gäbe es nichts, worüber wir uns wundern könnten, also auch keine Wunder. Die Wunder der Bibel werden im Text 'Zeichen' genannt. Sie sind Zeichen für die Wirklichkeit aller Möglichkeiten. Ohne die Tatsache des Chaos gäbe es keine Hoffnung, wenn eine Situation hoffnungslos erscheint. Ordnung ohne Chaos wäre unerbittlicher, erbarmungsloser, trostloser Determinismus. Ohne Chaos, ohne die Wirklichkeit aller Möglichkeiten, gäbe es weder menschliche Willensfreiheit noch göttliche Gnade. Als Kinder des Chaos mit einem freien Willen haben wir es aber selbst in der Hand, wieviel Spielraum wir dem Feld aller Möglichkeiten einräumen. Je offener wir für die Offenheit sind, desto grösser sind unsere Chancen.

Von Chaos zu Kosmos

Der altgriechische Begriff, der dem Chaos polar gegenübersteht, ist *Kosmos*, die geschaffene Welt, das manifestierte Universum. Ursprünglich bedeutet Kosmos sowohl Ordnung als auch Schmuck. Unser Fremdwort Kosmetik leitet sich vom altgriechischen Kosmos ab. Für die antiken Hellenen waren Geordnetheit und Ästhetik aufs Engste miteinander verknüpft. Das Wort Kosmos beschreibt die Vielzahl der Dinge, die das Universum ausmachen, nicht als ein dissonantes Durcheinander, sondern als ein Harmonie erzeugendes Miteinander. Und dieses Weltbild wird sofort plausibel, wenn man annimmt, dass die Vielfalt des Universums aus einem einzigen, einheitlichen Vorschöpfungszustand, eben dem Chaos, hervorgegangen ist. Weil Chaos ursprünglich eben nicht Unordnung bedeutet, bilden die Begriffe Chaos und Kosmos bzw. Feld aller Möglichkeiten und gegebene Ordnung zwar eine Polarität, aber sie schliessen einander nicht aus. Sie sind nicht kontradiktorisch, sondern komplementär, d.h. sie ergänzen sich zu einer Ganzheit von unmanifester und manifester Wirklichkeit. Wir haben es wieder einmal mit einer holistischen Polarität zu tun.

Die Frage stellt sich nun: Wie kommt es, dass aus der gestaltlosen Ureinheit des Chaos ein so unendlich vielgestaltiger Kosmos entsteht? Was braucht es an der Schnittstelle zwischen Chaos und Kosmos? Und welche weiteren Merkmale müssen wir dem Chaos

zusprechen, wenn es im wahrsten Sinne des Wortes die Ur-sache
des Kosmos sein soll?

Einen Hinweis zur Beantwortung dieser Frage liefert uns einmal mehr das im Wort Chaos enthaltene Sinnbild des offenstehen-
den Mundes. Was kommt aus dem geöffneten Mund heraus? Das
Wort, griechisch: *Logos*. Logos ist vom Verbum 'legein' abgeleitet.
Legein bedeutet ursprünglich auslesen, auswählen. Das Wort oder
der Logos stellt eine Auswahl, eine Selektion aus dem Feld aller
Möglichkeiten dar. Der Logos kanalisiert gewissermassen den gren-
zen- und richtungslosen Ozean des Chaos. Er gibt der reinen
Potentialität eine Art Stossrichtung und wandelt so den Vorschöpfungszustand aller Möglichkeiten in einen schöpferischen
Zustand von Wahrscheinlichkeiten. Dadurch allerdings schränkt
der Logos die, statistisch gesprochen, unendlich vielen Freiheits-
grade des Chaos-Zustandes ein. Das Wort bricht (das ist vielleicht
der wahrste Sinn des Wortes) das Schweigen.

Das griechische legein ist praktisch identisch mit dem lateinischen legere, das sich im Substantiv 'lex' und im englischen Wort
'law', zu deutsch 'Gesetz', wiederfindet. Der Logos legt fest, gibt
vor, wie es weitergeht, und wird damit zum kosmischen Gesetz
oder *Naturgesetz* ('Natural Law'), nach dem sich der Kosmos entfaltet. Diese Festlegung beendet allerdings auch die uneingeschränkte Offenheit des Chaos. Ohne diese Grenzsetzung jedoch - und
jedes Gesetz ist letztlich eine Grenzsetzung - bleibt das Chaos
unintentional, geschieht nichts, und folglich gibt es auch keinen
Schöpfungsprozess. Erst der Logos macht aus der reinen Potentialität
des Chaos eine wahrhaft schöpferische Kraft. In der vedischen
Sprache wird diese Dynamik innerhalb des Feldes aller Möglichkeiten mit der Silbe 'rik' ausgedrückt. Wenn wir sprechen: "rrrrrrik",
dann beginnen wir mit dem rollenden R, dem Fliesslaut, und wandeln ihn über das I um zum Verschlusslaut K. Das R ist laut-
malerischer Ausdruck für unendlich schnelle Bewegung und Dynamik. (Der Fliesslaut 'r' findet sich wieder im griechischen Wort
für fliessen, 'rhein', sowie in zahlreichen Flussnamen wie 'Rhein',
'Rhone' oder 'Reuss'.) Das K signalisiert einen Bewegungsstop,
eine Begrenzung der ursprünglich unbegrenzten Bewegung. Die

Begrenz*ung* steht am Anfang aller Begrenz*theit.* Unendliche Bewegung ("rrrrrr") wird zu endlicher Bewegung ("rrrrri*k")*. Noch unmanifestierte, transzendente Natur (Sanskrit: Para Prakriti) wird zu manifester, vielgestaltiger, und damit in Begrenzungen existierender Natur (Prakriti). Die vedische Silbe 'rik' ist übrigens sprachverwandt mit den deutschen Wörtern 'Richtung', 'richtig' , 'Recht', 'gerecht', 'Richter', 'Regel', 'Reich' sowie dem englischen 'right' (richtig) und 'righteous' (gerecht). Man erkennt hier unschwer die bedeutungsmässige Verwandtschaft zu 'Gesetz'. Auch das lateinische Wort für König, 'rex' (keltisch 'rix', gotisch 'reiks'), das im Französischen zu 'rois' wurde, ist mit dem vedischen 'rik' verwandt. Der König oder Herrscher ist das personifizierte Gesetz. Er *re*giert über sein *Reich,* in dem er sowohl *Rich*tunggeber, d.h. Lenker, als auch *Rich*ter ist.

Veda - die kosmische Software

Der Logos oder das Naturgesetz steht also an der Schnittstelle zwischen dem formlosen Chaos und der Formenwelt des Kosmos. Die Naturwissenschaftler versuchen mit Erfolg, die Naturgesetze in mathematischen Formeln zu erfassen. Mathematisch gesehen ergibt sich aus der Formel tatsächlich die Form. Die Formel ist nichts anderes als eine mathematische Anweisung zur Formgebung, eine Art Befehl, ein gesetzgebendes Wort, Logos. Die Formel enthält im wörtlichen Sinne die Information, also das, was zur Form führt und in der Form drinsteckt. Aus der Information wird eine Formation, ein Gebilde. Informationen sind Bilder-Kräfte, gedankliche Bilder, Ideen im platonischen Sinne. Informationen stellen ein Wissen dar. Die Worte 'Wissen' und 'Idee' sind stammverwandt und führen über das lateinische 'videre', sehen, zum Sanskrit-Wort 'Veda'. Bisher haben wir das Wort Veda nur in einem erkenntnistheoretischen Kontext verwendet: als 'reines Wissen' aus der Sicht des forschenden Menschen. Jetzt stossen wir auf die kosmo-gonische, Kosmos hervorbringende, schöpferische Bedeutung des Wortes Veda: vorausschauendes Wissen, Voraus-wissen und Vor-sehung. Es ist die rein geistige Vorwegnahme von allem, was geschieht, noch bevor irgend etwas geschieht. Religiös ausgedrückt bezeichnet 'Veda' die göttliche Allwissenheit am Ursprung der Schöpfung.

Hildegard von Bingen gibt eine vortreffliche Beschreibung von Veda in der Sprache ihrer Zeit (aus: Gott sehen): „Gott hatte alles, was Er gewirkt hat, vor dem Beginn der Zeit in Seiner Gegenwart... Als Gott aber sprach: Es werde!, da hüllten sich alle Dinge sofort in ihre Gestalt, so wie sie sein Vorherwissen vor der Zeit körperlos geschaut hatte... Das Vorherwissen Gottes ging also voraus und Sein Werk folgte nach. Wäre dies Vorauswissen nicht vorhergegangen, so wäre das Werk nicht erschienen." Veda ist, wie es Friedrich Weinreb ausdrückt, der göttliche Bauplan der Welt. Oder wie es Maharishi formuliert hat: Veda ist die Verfassung des Universums. Dem Sanskrit-Terminus Veda kommt damit so ziemlich der gleiche Stellenwert zu, den im abendländischen Denken der Logos, das göttliche Wort inne hat. Selbst die mythologischen Bilder gleichen sich: So spricht im Abendland Gott das Wort, und atmet Gott im Morgenland den Veda aus. Der berühmte Prolog des Johannes-Evangeliums kann geradezu als Definition von Veda gelten:

Im Anfang war das Wort (Logos),
und das Wort war bei Gott,
und das Wort war Gott.
Im Anfang war es bei Gott.
Alles ist durch das Wort geworden,
und ohne das Wort wurde nichts, was geworden ist.

Die Parallelität von 'Veda' und 'Logos' geht noch weiter: Viele unserer Wissenschaftsbezeichnungen enden mit -logie wie Biologie, Geologie, Soziologie und andere mehr. Analog enden im Kontext der vedischen Wissenschaft die meisten Wissenschaftsnamen mit -veda wie Ayur-Veda, Gandharva-Veda (Musikwissenschaft) oder Stapathya-Veda (Architektur und Städtebau).

Ganz im Sinne der vorne dargestellten Verwandtschaft zwischen Logos (Wort) und Lex (Gesetz) gibt Maharishi Veda oft mit 'Naturgesetz' wieder. Gesetz heisst soviel wie Spielregel oder Verfahrensregel, die gleichsam bestimmt, wo es lang geht. Die Regel

(Rik), oder das Gesetz (Veda), nach dem etwas abläuft, ist dem Ablauf kausal und zeitlich vorgeordnet, ebenso wie die Idee oder der Plan einer Handlung vorgeordnet ist. Das Gesetz, die Regel, ist im wahrsten Sinne des Wortes eine Vor-schrift. Es ist ein Skript, ein Drehbuch, nach dem das Drama - gleich ob auf kosmischer oder menschlicher Bühne - inszeniert wird. Vorschrift heisst auf Griechisch Pro-gramm. Ein Programm ist ein Ablaufplan für Vorgänge oder Tätigkeiten. In der Informationstechnologie ist das Programm die Software, die den Computer veranlasst, unter bestimmten Bedingungen bestimmte Operationen auszuführen. Ebenso veranlasst eine unermesslich intelligente, kosmische Software, was unter welchen Bedingungen in der kosmischen Hardware, dem materiellen Universum geschieht. Es handelt sich dabei wirklich um eine soft-ware, um eine weiche Ware, um nicht zu sagen 'softest-ware', d.h. um eine absolut weiche, völlig immaterielle Ware.

Veda, die kosmische Software, der Inbegriff aller Naturgesetze, ist naturgemäss immer und überall wirksam. Religiös gesprochen: Die göttliche Allwissenheit ist, weil allgegenwärtig, auch allmächtig. Das alte Sprichwort 'Wissen ist Macht' offenbart hier seine ursprünglichste, kosmogonische Bedeutung. Im gleichen Sinne sagt Maharishi immer wieder: „Pure knowledge has infinite organizing power." Reines Wissen hat unendliche organisierende Macht. Der Machtaspekt von Veda verleiht dem Logos oder Wort Befehlscharakter: „Es werde!" Er bewirkt, dass sich die potentielle Energie des Vorauswissens in die kinetische Energie eines manifesten Universums umsetzt. Im vedischen Ursanskrit wird die Gleichzeitigkeit von 'reinem Wissen' und der 'organisierenden Macht' reinen Wissens durch die Silbenkombination "Rik Veda" ausgedrückt.

Logos, Wort, Gesetz, Naturgesetz, Formel, Information, Ideen, Bildekräfte, Wissen, Veda, Rik Veda, Regel, Vorschrift, Drehbuch, Programm, kosmische Software, organisierende Macht - alle diese Ausdrücke sind Umschreibungen dessen, was aus der offenen Leere des formlosen Chaos heraustritt und den Formenreichtum des Kosmos hervorbringt. Wenn nun aber aus dem gestaltlosen Urmeer des materiellen Nichts etwas so Intelligentes wie Logos oder Veda auftaucht, dann muss dieses Nichts *Intelligenz* selbst sein. Aus

Nichts kann nichts anderes als Nichts werden, wie schon Parmenides feststellte. Wenn nun aber aus diesem Nichts ein ordnendes Etwas hervorkommt, das sich seinerseits als geordnetes Universum offenbart, dann kann dieses Nichts nicht ausschliesslich ein Nichts sein. Der materielose Vorschöpfungszustand ist eben nicht leb- und bewusstlos, sondern ein lebendiges, waches Feld aller Möglichkeiten, das wir seiner Funktion nach 'Intelligenz', religiös personalisierend 'Gott', sachlich beschreibend 'Bewusstsein an sich' und in uns lokalisierend 'transpersonales, zeitloses und universelles Selbst' nennen können. Das altgriechische Chaos kennzeichnet damit nicht nur die Ur-sache des Kosmos, sondern es beinhaltet auch dessen Ur-heber. Chaos ist reine, noch inaktive, potentielle Intelligenz. Reine Intelligenz ist die unbegrenzte Fähigkeit, intelligent zu sein, ist die Fähigkeit zu unendlich vielen Möglichkeiten. In dem Moment aber, wo reine Intelligenz effektiv intelligent wird, entsteht Logos, das Wort, oder Veda. Der Intelligenz entspringt Information wie dem Feuer der Funke. Reine Intelligenz ist wie ein Sender, der noch schweigt. Sobald er aber sendet, entlässt er aus sich eine Botschaft.

Sprachlich geht das Wort Intelligenz auf das lateinische inter-legere, unterscheiden, zurück. Reine Intelligenz ist die Fähigkeit, unendlich zu unterscheiden und dadurch unendlich viele Unterschiede hervorzubringen. Wenn diese Fähigkeit von sich selbst Gebrauch macht, diversifiziert sich reine Intelligenz in spezifische Intelligenzimpulse, eben Informationen oder Naturgesetze. In der vedischen Sprache heissen solche spezifischen Intelligenzimpulse Devas, was meist als Götter übersetzt wird. Hier besteht eine Parallele zu den Engeln und Erzengeln der Bibel, die auf griechisch Angeloi, wörtlich Boten, heissen. Boten sind Träger spezifischer Informationen, spezifische Aussendungen von Intelligenz. Wenn man dem Sanskritwort Deva das mythologische Göttergewand abnimmt, bleibt Richtungsimpuls als Grundbedeutung übrig. Die reine, noch ungerichtete Intelligenz differenziert und verzweigt sich in Devas, gleichsam in Vektoren mit unterschiedlichen aber bestimmten Richtungen. Ihr Zusammenwirken, also die Synergie aller Naturgesetze, ergibt unser komplexes, d.h. enorm vielgestaltiges und doch zusammenhängendes Universum.

Zusammengefasst: Chaos, die offene Leere, ist zwar ein materielles Nichts, aber dafür angefüllt mit reiner Intelligenz und als solches ein immerwährendes und allgegenwärtiges, lebendiges Feld aller Möglichkeiten. Chaos wird über Logos zu Kosmos. Oder auf deutsch: Reine, unmanifestierte Intelligenz wird zum Grundgesetz der Natur und manifestiert sich dadurch als geordnetes Universum. Chaos, Logos und Kosmos bilden eine Drei-Einigkeit, eine Trinität im Sinne von Kapitel 10.

Vom 'Wissen' zum 'Gewissen'

Was hat das nun alles, so werden Sie jetzt vielleicht fragen, mit Ethik zu tun?

Als unserer selbst bewusste Naturwesen, beheimatet in der reinen Intelligenz des universellen, zeitlosen Selbst, haben wir Anteil am Logos oder Veda, dem allmächtigen Allwissen am Ursprung der Schöpfung im vereinigten Feld aller Naturgesetze. Und weil wir eben bewusste Naturwesen sind, ist unsere Teilhabe eine bewusste, ein Mit-wissen, lateinisch con-scientia, zu deutsch *Gewissen*. Hinter dem deutschen Wort Gewissen verbirgt sich weit mehr als ein innerer erhobener Zeigefinger oder ein gestrenger seelischer Zuchtmeister nach Art des Freud'schen Überich. In seiner tiefsten Bedeutung hat das Wort Gewissen nichts mit einem vom Ego projizierten Idealbild zu tun. Wir sollten uns frei machen vom traditionellen, moralinsauren Image des Gewissens als einer verbietenden und bestrafenden, Angst- und Schuldgefühle erzeugenden Instanz.

Im Lichte der vedischen Wissenschaft betrachtet ist das Gewissen eins mit Veda. Es ist unser Mitwissen am Allwissen. Unser Gewissen ist also in der Tat ein Wissen, nicht im Sinne von erworbenem Wissen, von Gewusstem, sondern im Sinne von apriorischem Urwissen. Es ist seiner Substanz nach wissendes Sein, Bewusst-sein, was auf lateinisch auch conscientia heisst.

Das griechische Wort 'ethos', von dem unser Fremdwort Ethik abstammt, lässt sich weiter zurückverfolgen bis zum Sanskrit-Wort 'svadha', wörtlich: das vom Selbst Gegebene. Ethik ist eine Gabe, mehr noch: ein Geschenk des Selbst. Überreicht wird es uns - bildlich gesprochen - vom Gewissen. Der Ursprung des Gewissens und damit die Quelle einer natürlichen Ethik ist also unser Selbst, unser gleichzeitig transpersonales und personales Wesen. In biblischen Termini: Der göttliche Gesetzgeber, von dem Moses auf dem Berge Sinai das Gesetz (die Thora) empfing, sagt von sich selbst: „Ich bin, der ich bin". Wenn wir im 'Ich bin' fest verankert sind - Svasthya, Selbst-Gegründetheit, Gesundheit -, dann erhalten wir als Geschenk Svadha, eine natürliche Ethik. Wir tun spontan das Richtige auf die richtige Weise zum richtigen Zeitpunkt. So gesehen sind die in Stein gemeisselten zehn Gebote nicht Anweisungen, sondern Anzeichen, an denen man ablesen kann, bis zu welchem Grad ein Mensch in seinem Selbst verankert ist.

Wenn das so verstandene Gewissen unser Tun und Lassen leitet, befinden wir uns in Harmonie mit dem ganzen Universum. Dann ist unser Verhalten ethisch gut. Unser Gewissen, die kosmische Software in uns, verbindet uns mit allen Mitmenschen und allem, was existiert. Es ist unsere Kontaktstelle zum vereinigten Feld aller Naturgesetze. Dank dieser Allverbundenheit ist das Gewissen in der Lage, alle und alles in angemessener Weise zu berücksichtigen. Genau diese Allverbundenheit verfehlte Kant, als er in 'Kritik der praktischen Vernunft' sinnierte: „Zwei Dinge erfüllen das Gemüt mit immer neuer und zunehmender Bewunderung und Ehrfurcht: der bestirnte Himmel über mir und das moralische Gesetz in mir... . Der erstere Anblick einer zahllosen Weltenmenge vernichtet gleichsam meine Wichtigkeit, als eines tierischen Geschöpfs, das die Materie, daraus es ward, dem Planeten (einem blossen Punkt im Weltall) wieder zurückgeben muss, nachdem es eine kurze Zeit (man weiss nicht wie) mit Lebenskraft versehen gewesen. Der zweite erhebt dagegen meinen Wert unendlich durch meine Persönlichkeit, in welcher das moralische Gesetz mir ein von der Tierheit und selbst von der ganzen Sinnenwelt unabhängiges Leben offenbart." Demgegenüber konnte der vedische Seher

(Rishi) Vashishsta ausrufen: „Ich sehe mich selbst im entferntesten Punkt des Universums." Kant wurde ein Opfer seines Egos: Er betrachtete sich von aussen, dachte über sich nach und entwarf ein Bild von sich, anstatt einfach zu sein und sich zu spüren. (siehe Kapitel 3). Dann hätte er vielleicht gefühlt, dass 'das moralische Gesetz in mir' genau das gleiche Gesetz wie dasjenige ist, das 'den bestirnten Himmel über mir' regiert. Nämlich das eine und allgegenwärtige Naturgesetz, Veda bzw. Logos.

Fünf Erkenntnisse aus Kapitel 15

1. *Der uralte Versuch, ethisches Verhalten auf intellektuellem Wege herbeizuführen, war und ist zum Scheitern verurteilt.*
2. *Der gesamten Natur liegt ein einheitliches, unmanifestes Feld aller Möglichkeiten zugrunde, das die Griechen 'Chaos' nannten.*
3. *'Chaos' wird über 'Logos', dem Naturgesetz, zu 'Kosmos', einem geordneten Universum.*
4. *Das Gewissen ist unser Mitwissen am 'reinen Wissen' (Veda), nach dem sich das Universum entfaltet.*
5. *Die Quelle der Ethik ist unser Selbst.*

16. Wahre Werte

Der Sitz des Gewissens

Das Gewissen ist, so könnte man die Erkenntnisse des voran-gegangenen Kapitels zusammenfassen, Veda in seiner Zuständig-keit für ethisch richtiges Verhalten. Damit wir es praktisch nutzen können, müssen wir drei Fragen beantworten: Wo in uns treffen wir das Gewissen an? Wie nehmen wir das Gewissen wahr? Was teilt uns das Gewissen mit?

Wo in unserem Inneren wohnt das Gewissen? In welcher Seelen-region ist es beheimatet? Ist es das Lagerhaus des Gedächtnisses, von wo alle jemals gehörten Gebote und Verbote, Vorschriften und Gesetze bei Bedarf abgerufen werden? Wohl kaum, denn dann hätten wir es ja mit erworbenem und nicht mit naturgegebenem Vorwissen zu tun. Ist es die Denkfabrik der Ratio, wo durch ver-nünftiges Überlegen und Abwägen das jeweils Richtige herausge-funden wird? Wohl auch nicht, denn dann hätten wir es mit produ-ziertem und wiederum nicht mit vorgegebenem Wissen zu tun. Ist es das Kraftwerk der Emotionen, wo starke Gefühle uns zu Taten drängen? Nun, drängende Gefühle sind nicht wissend, sondern blind. Früher nannte man sie Leidenschaften, und nur allzu oft wirken sie sich als das aus, was das Wort besagt: Sie schaffen Leiden. Starke Affektregungen oder Gefühlsbewegungen sind von daher als 'Stimme des Gewissens' ziemlich suspekt.

Wir müssen tiefer in uns eindringen, wenn wir die Werkstatt des Gewissens betreten wollen. Wir müssen das Drängen und Zerren der Gefühle ebenso hinter uns lassen wie das Hämmern und Klopfen der Gedanken. Wir müssen weiter hinabsteigen in immer ruhigere, friedvollere und klarere Gefilde, wo die Vernunft nicht mehr dem Herzen widerspricht und sich das Herz nicht mehr gegen die Vernunft aufbäumt. So erreichen wir schliesslich unser innerstes Ich, unsere Herzensmitte, wo wir mit dem Herzen den-ken und mit dem Geist fühlen. Es ist jener Ort tief in uns, wo 'kognitiver' und 'affektiver' Erlebnisaspekt sich berühren und ineinander fliessen. Das Fühlen ist hier unendlich zart und das Denken unendlich fein. Wir erfahren hier die ganz einfachen, völlig natürlichen Impulse des Gewissens.

Weil aber diese Impulse so zart und fein sind, sind sie auch unglaublich leise. Deshalb wird ihre Musik gewöhnlich von lauteren Geräuschen, dem Geplapper der Gedanken, dem Stöhnen und Ächzen der Affekte, dem Lärm der Umwelt übertönt. Resultat: Wir hören nichts. Tatsächlich ist das Vernehmen des Gewissens eine Sache des inneren Hörens, des In-sich-hinein-hörens. Im Yoga gilt der Gehörsinn als der feinste der fünf Sinne. Er ist von daher wie kein anderer prädestiniert, die feinsten Lebensimpulse, die Gewissensimpulse aufzunehmen. So ist es sicherlich auch kein Zufall, dass die alten Inder den wahrgenommenen Veda 'Shruti', das Gehörte nannten. Wenn wir das Gewissen hören, dann gehorchen wir ihm. Wir können gar nicht anders, denn das Gehörte ist ja nichts anderes als unser ureigener, feinster Handlungsimpuls. Hören und Gehorchen, Wahrnehmen und Tun, Erleben und Verhalten verschmelzen hier in einem.

Woran merken wir, dass wir uns am Sitz des Gewissens, in unserer Herzensmitte befinden? Gibt es da bestimmte Erfahrungsmerk-male, identifizierbare Erlebnisqualitäten? Wie ist das Klima in dieser allerfeinsten Seelenregion?

Werte aus Erfahrungswerten

Ein erstes Erfahrungskriterium möchte ich mit dem Wort *Reinheit* umschreiben. Reinheit im Sinne von kein Schmutz, keine Aufregung, keine störenden, beengenden oder belastenden Affekte wie Angst, Ärger, Bitterkeit, Rachegefühle. Statt dessen ein Gefühl von Freiheit, Leichtigkeit, Klarheit und Sauberkeit. Reinheit aber nicht im Sinne von Sterilität. Deshalb gesellt sich zur Reinheit noch eine zweite Erlebnisqualität, die der ersten polar entgegengesetzt ist, *Fülle*. Fülle verstanden als keine Bedürftigkeit, kein Verlangen, sondern gestilltes Verlangen. Es fehlt nichts, nichts bleibt zu wünschen übrig. Die Erfahrung ist in sich rund, vollkommen. Aus der

Gleichzeitigkeit von Reinheit und Fülle ergibt sich eine dritte Erlebnisqualität: *Lebendigkeit*. Die Mitte unseres Herzens fühlt sich zwar unendlich zart, aber keineswegs leblos, sondern höchst vital, durch und durch lebendig, gleichsam gut durchblutet an. Wenn das Herz rein und voll zugleich ist, fliesst es über, und dieses Überfliessen hat den Charakter von Lebendigkeit.

Die Erfahrungsmerkmale Reinheit, Fülle und Lebendigkeit zusammen genommen erinnern stark an die in Kapitel 8 behandelte Bliss-Erfahrung, die Erfahrung von ananda, des uneingeschränkten Wohlgefühls der Ur-Lebensfreude in der Ur-Geborgenheit. Wenn sich diese Seinslust in Gefühlswerte differenziert, erhalten wir die Drei-Einigkeit Reinheit, Lebendigkeit und Fülle. Diese drei Gefühlswerte lassen sich nun ihrerseits auf die Drei-Einigkeit (Samhita) von Erkennendem (Rishi), Erkenntnis (Devata) und Erkanntem (Chhandas), also auf reine Selbst-Bewusstheit zurückführen: Das erkennende Selbst repräsentiert sich in der Gefühlsqualität der Reinheit. Das reine Selbst erfährt sich selbst und ist sich selbst genug. Diese Selbst-Genügsamkeit im erkannten Selbst vermittelt die Gefühlsqualität der Fülle. Der Erfahrungsvorgang der reinen Selbsterfahrung ist ein lebendiger Akt und erzeugt so die Gefühlsqualität der Lebendigkeit. Reinheit, Fülle und Lebendigkeit sind die ersten qualitativ unterscheidbaren, gefühlsmässigen Abkömmlinge der reinen Selbst-Erfahrung.

Damit wird auch deutlich, wo genau in uns wir den Sitz des Gewissens zu lokalisieren haben, nämlich am allerersten, noch hauchzarten, keimhaften Spriessen unseres individuellen, überdauernden Selbst. Es ist die Ebene des 'Ich bin', dort, wo das Meer des universellen, zeitlosen Selbst sich anschickt, einen einzelnen und einzigartigen Wellenberg zu bilden. Es ist die Ebene des allerfeinsten Denkens und Fühlens in unmittelbarer Nachbarschaft des absolut stillen, reinen Bewusstseins, welches 'transzendental', jenseits von Gedanken und Gefühlen ist. Es ist jene Ebene innerster Intimität, in der die TM-Sidhi-Techniken ausgeführt (siehe Kapitel 8) und deren Erfahrung durch diese Techniken stark belebt wird. Dort in uns, wo wir auftauchend aus dem reinen Bewusstsein gerade anfangen, uns unserer Individualität gewahr zu werden, fühlen wir uns rein, lebendig und erfüllt. Wir befinden uns in unserer Herzensmitte, in unserem innersten Ich, wo das 'Ich' ins 'Ich bin' übergeht.

Der Körper als Signalverstärker des Gewissens

Reinheit, Lebendigkeit und Fülle sind gefühlte Qualitäten, und an unserem Gefühlsleben sind auch unsere Körpergefühle beteiligt. Reinheit, Lebendigkeit und Fülle sind keine blutleeren, abstrakten Konzepte, sondern beschreiben eine echte, körperlich spürbare Befindlichkeit. Tatsächlich ist unser körperliches Empfinden so etwas wie ein Signalverstärker des Gewissens. Dies ist nicht weiter verwunderlich, enthält doch unser Körper die ganze Geschichte des ganzen Universums. Wenn unser Körper völlig gesund und natürlich funktioniert, wenn sich also unsere Doshas im Gleichgewicht befinden, sind unsere körperlichen Lust- und Unlustempfindungen zuverlässige ethische Reaktionen. Ethisch gute Ideen, Absichten, Pläne, Handlungen fühlen sich körperlich gut an. Auch das Gegenteil trifft zu bis hin zur Ekelreaktion. Von Natur aus ist das gesamte sensorische System unseres Körpers das körperliche Organ des Gewissens.

Deshalb macht es durchaus Sinn, dass im Ayurveda Gesundheit und Ethik miteinander verknüpft werden. Auch Gesundheit, gleich ob es sich um die Gesundheit eines Menschen, einer Gesellschaft oder eines Ökosystems handelt, lässt sich begreifen als Gleichzeitigkeit von Reinheit (nichts stört), Fülle (nichts fehlt) und Lebendigkeit, die sich aus der Polarität von Reinheit und Fülle ergibt. Im Ayurveda werden diese drei Werte auf die drei Doshas angewendet: Wenn die Doshas weder überdosiert (Reinheit) noch unterdosiert (Fülle) sind, befinden sie sich im Gleichgewicht (Lebendigkeit). Dosha-Überschüsse sind Unreinheiten (Fehlen von Reinheit), Dosha-Mängel sind Mangelerscheinungen (Fehlen von Fülle). In Kapitel 13 haben wir dies am Beispiel der psychischen Gesundheit durchexerziert (siehe Abb. 21). Vertrauen, Zufriedenheit und Unbeschwertheit repräsentieren die Reinheit; Angst, Hader und Schwermut die Unreinheit der Doshas. Besonnenheit,

Tatendrang und Verbindlichkeit kennzeichnen die Fülle; Gedankenlosigkeit, Untätigkeit und Oberflächlichkeit die fehlende Fülle, den Mangel der Doshas. Die Sowohl-als-auch-Beschreibungen der Doshas im Gleichgewicht, also Vertrauen mit Besonnenheit, Zufriedenheit mit Tatendrang und Unbeschwertheit mit Verbindlichkeit geben die Lebendigkeit der Doshas wieder.

Echte Gesundheit begünstigt ethisches Denken und Handeln und wirklich ethisches Verhalten fördert die Gesundheit. Wenn wir physisch und psychisch ganz gesund sind, reagiert unser Körper auf jeden Gedanken, der Naturgesetze verletzt, auf alles im weitesten Sinne Ungesunde mit Unlustgefühlen, so wie ein Seismograph ausschlägt, wenn er ein Erdbeben registriert. Wenn wir jedoch fortgesetzt Naturgesetze verletzen, werden wir an Leib und Seele krank. Dann allerdings geht unser körperliches Sensorium für richtig und falsch verloren und die Gefahr besteht, dass wir als Folge davon noch kranker werden.

Halten wir hier einen Moment inne: Unser Körper, sofern er wirklich gesund ist, erfüllt die Funktion eines Signalverstärkers für unser Gewissen. Die Stimme des Gewissens ist ausserordentlich leise. Die Impulse des Gewissens sind hauchzart und ganz fein. Wenn unser Körper aber hundertprozentig natürlich funktioniert, verstärkt er die Gewissenssignale und macht sie so auch dann für uns wahrnehmbar, wenn wir psychisch und physisch hoch aktiv sind. Der Körper wird zum verlängerten Arm von Veda, zum Ausführungsorgan der kosmischen Software in uns. Ist das nicht wunderbar, ein wahrhaft bewundernswertes Wunder der Natur? Es ist gerade dieses Eindringen des Naturgesetzes in unsere physische Natur, die bewirkt, dass wir uns *spontan* in Übereinstimmung mit dem Naturgesetz verhalten. Das Lust-Unlust-System des Körpers wird zum Regulativ für 'gut' und 'böse', 'richtig' und 'falsch'. Damit allerdings entfernen wir uns um Lichtjahre von den körperfeindlichen Kopfethiken religiöser oder philosophischer Machart. Dies ermöglicht es dafür aber auch Menschen ohne Hochschulabschluss, ethisch gut zu sein, und zwar von sich aus, aus freien Stücken, nicht aus Angst vor jenseitigen Höllenqualen oder drakonischen Strafen im Diesseits!

In diesem Zusammenhang ist auf eine Entdeckung hinzuweisen, die wirklich den Namen 'bahnbrechend' verdient. Der libanesische Physiologe Toni Nader hat herausgefunden, dass der menschliche Körper mit seiner Anatomie und Physiologie eine vollkommene Entsprechung des 'vedischen' Körpers darstellt. Der vedische Körper ist die Gesamtheit des Veda, ausgedrückt in der vedischen Literatur mit allen vedischen Teildisziplinen. Bis vor kurzem galt die vedische Literatur als ein bunt zusammengewürfeltes, über weite Teile unzusammenhängendes Sammelsurium von Schriften, teilweise sogar mit sich widersprechendem Inhalt. Maharishi Mahesh Yogi hat dieses Material nach dem Grundmuster von 'reinem Wissen' - die Einheit (Samhita) von Erkennendem (Rishi), Erkenntnis (Devata) und Erkanntem (Chhandas) - neu organisiert und daraus einen zusammenhängenden Organismus mit Gliedern und Organen, gleichsam einen vedischen Körper gemacht. Jeder 'Körperteil' exemplifiziert dabei eine spezifische Eigenschaft des Naturgesetzes, die sich im gesamten Walten der Natur beobachten lässt. Wenn Veda die Verfassung des Universums darstellt, dann sind die verschiedenen Teile der vedischen Literatur so etwas wie ausgearbeitete Verfassungsartikel. In Maharishis vedischer Wissenschaft verzweigt sich Veda - reines Wissen - in einen Baum von Wissenschaften. Reines Wissen 'verkörpert sich' in einem sprachlichen Körper, in der vedischen Literatur. Analog 'verkörpert sich', wie Toni Nader aufgezeigt hat, Veda in einem Körper aus Fleisch und Blut, dem menschlichen Organismus. Der menschliche Körper ist ein wandelndes Lehrbuch des Veda. Er ist im wörtlichen Sinne die physische Verkörperung des Naturgesetzes, 'Fleisch gewordener Logos', um mit dem Prolog des Johannes-Evangeliums zu sprechen.

Unser Körper kann also deshalb Ausführungsorgan der kosmischen Software in uns werden, weil er von Haus aus deren vollkommener Ausdruck ist. Insofern erstaunt es in keiner Weise, dass der Körper grundsätzlich geeignet ist, zum Lautsprecher des Gewissens zu werden. Der Körper mit all seinen Empfindungen ist von Natur aus ein erstrangiges Führungsinstrument in Sachen Ethik. Und als solches sollten wir ihn pflegen. In der christlichen Tradition wird der Satz überliefert: „Der Körper ist der Tempel des Heiligen Geistes." Vielleicht vermögen unsere Überlegungen ein neues Licht auf die Bedeutung dieses Satzes zu werfen.

Im Zustand der Erleuchtung, bei vollkommener Gesundheit, fallen Wohlbefinden und Tugend, Ästhetik und Ethik, Sinnlichkeit und Sinnhaftigkeit zusammen. Ethisches Denken und Handeln wird eine selbstverständliche, spontane und ganz natürliche Angelegenheit, und zwar aus Neigung, aus einem körperlich gespürten Bedürfnis heraus und nicht etwa aus Pflicht oder bloss ideeller Achtung vor einem Gesetz. Der Mitbegründer der humanistischen Psychologie Carl Rogers ahnte etwas von dieser natürlichen Ethik, als er die These aufstellte, der Mensch sei von Natur aus gut und es gäbe in ihm eine 'organismische Wertungsinstanz'. Eine solche durch und durch naturbegründete Ethik ist jedoch das diametrale Gegenteil der Auffassung von Kant, wenn er etwa schreibt: „Die Tugend in ihrer eigentlichen Gestalt erblicken ist nichts anderes, als die Sittlichkeit von aller Beimischung des Sinnlichen und allem unechten Schmuck des Lohnes oder der Selbstliebe entkleidet darzustellen" (Grundlegung zur Metaphysik der Sitten). Oder an anderer Stelle: „Kein moralisches Prinzip gründet sich, wie man wohl wähnt, auf irgendein Gefühl, sondern ist wirklich nichts anderes als dunkel gedachte Metaphysik, die jedem Menschen in seiner Vernunftsanlage beiwohnt" (Metaphysik der Sitten): Nicht die 'Vernunftsanlage', sondern unser tiefstes innerlich gehörtes und körperlich gespürtes Gewissen macht uns zu 'sittlichen' Wesen. Ethisches Handeln und Verhalten heisst, *spontan* das Richtige auf die richtige Weise zum richtigen Zeitpunkt tun.

Die Botschaften des Gewissens

Reinheit, Fülle und Lebendigkeit charakterisieren das seelische Milieu, in dem unser Gewissen zu Hause ist, und alle Impulse des Gewissens tragen diese Merkmale als sicheres Erkennungszeichen. Das Erfahrungsmerkmal der Reinheit äussert sich im Streben nach Sauberkeit in allen Dingen: in Wahrhaftigkeit, Ehrlichkeit, Gradlinigkeit, Richtigkeit, Gerechtigkeit. Das Erfahrungsmerkmal der Fülle wirkt sich aus als Weitherzigkeit, Toleranz, Mitgefühl, Bereitschaft zu verzeihen, Feindesliebe. Das Erfahrungsmerkmal der Lebendigkeit setzt sich um in Engagement, Initiative, Mut, Wachsamkeit, Aufmerksamkeit. Alle sogenannten Tugenden lassen sich zurückführen auf die Erlebnisqualitäten Reinheit, Fülle und Lebendigkeit, ebenso wie alle Untugenden auf einen Mangel dieser Qualitäten im Erleben schliessen lassen. So verraten Schlamperei, Unehrlichkeit und Unberechenbarkeit einen Mangel an innerer Reinheit. Engherzigkeit, Habgier und Härte zeugen von einem Mangel an innerer Fülle. Faulheit, Feigheit und Gleichgültigkeit verweisen auf einen Mangel an innerer Lebendigkeit.

Die Erlebnisqualitäten Reinheit, Fülle und Lebendigkeit prägen aber nicht nur das Was der Gewissensimpulse, also deren Inhalt, sondern auch das Wie, also die Form, in der sie sich uns im Erleben kundtun. Die Qualität Reinheit lässt uns Gewissensimpulse als einfach, eindeutig, nüchtern, ja ungeschminkt wahrnehmen. Die Qualität Fülle macht sie gleichzeitig sanft, liebevoll, geduldig, langmütig. Die Qualität der Lebendigkeit verleiht ihnen Stosskraft, Aufforderungscharakter, Durchdringungsvermögen und Beharrlichkeit.

Eigentlich ist unser Gewissen immer in Funktion, zumindest solange wir 'richtig', also in der richtigen Richtung funktionieren. Wir merken vielleicht gar nichts davon, weil jeder Handlungsschritt ganz spontan den nächsten ergibt und wir so in Harmonie mit uns selbst und unserer Umwelt voranschreiten. Doch dann kann es geschehen - und es geschieht auch -, dass wir an eine Weggabelung kommen und nicht mehr wissen, wie wir weitergehen sollen. Wir müssen uns entscheiden. Entscheidungssituationen sind zwar manchmal schwierig, aber auch ein Privileg, das Privileg nämlich, frei entscheiden zu können. Darin unterscheiden wir uns vom Tier. Eine Entscheidungssituation bietet uns die Gelegenheit, bewusst und freiwillig mit der Natur zusammenzuarbeiten, indem wir eine 'richtige' Entscheidung treffen. Richtig ist die Entscheidung dann, wenn sie alles, was von der Entscheidung betroffen wird, in angemessener Weise berücksichtigt. Verstand und Emotionen können hier gewiss wertvolle Zulieferarbeiten leisten, als Entscheidungsträger sind sie jedoch überfordert. Der einzige kompetente Entscheidungsträger ist die kosmische Software in uns, unser innerstes Ich, das Gewissen. Entscheiden heisst *Unter*scheiden zwischen den möglichen Alternativen und *Aus*scheiden aller Alternativen, die schlechter sind als die beste. Unterscheiden ist eine Sache des Wahrnehmens, des Erkennens, Ausscheidens, oder anders formuliert: Auswählen eine Sache des Wollens, der Motivation. Wenn wir richtig entscheiden wollen, sollten wir dort entscheiden, wo unsere Wahrnehmung am feinsten und unsere Motivation am reinsten ist: in unserem innersten Ich, dort, wo das Gewissen wohnt.

Nun kann es aber vorkommen - und auch das kommt vor -, dass wir uns falsch entscheiden. Offensichtlich räumt uns die kosmische Software die Möglichkeit ein, zeitweilig aus der von ihr vorgezeichneten Bahn auszuscheren - mit allen leidvollen Konsequenzen, die eine solche Kursabweichung mit sich bringt. Über kurz oder lang wird sich dann aber die kosmische Software doch wieder durchsetzen und eine Kurskorrektur erwirken. Das Gewissen meldet sich zu Wort, indem es versucht, den entstandenen Schaden wieder gut zu machen. Es berichtigt, versöhnt, heilt, ist aber weit davon entfernt, zu verurteilen, zu bestrafen oder zu peinigen. Anwandlungen von Selbstvorwürfen, Zerknirschung, Wut über begangene Fehler sind destruktive Affekte, Aggressionen gegen sich selbst. Mit Gewissen hat das nichts zu tun.

Gewissensbildung

Was können wir tun, um dem Gewissen zu dem Status zu verhelfen, der ihm von naturrechtswegen zukommt? Gewissensbildung ist nicht Aufbau von etwas Neuem, sondern Kultivieren von etwas bereits Vorhandenem. Es vollzieht sich durch Machen und Lassen. Machen heisst Üben, lebenslanges Training in den grossen und kleinen Entscheidungssituationen, in die wir Tag für Tag hineingestellt sind. Das Machen wird aber fruchtlos bleiben, wenn ihm nicht das Lassen vorausgeht. Lassen im Sinne von Loslassen und Zulassen. Denn nur dadurch können wir uns nach und nach, mehr und mehr vertraut machen mit unserem innersten Ich, dem Sitz des Gewissens. Nur so kann sich unsere innere Wahrnehmung an die Feinheit und Zartheit der Gewissensimpulse adaptieren. Lassen und Machen, Sensibilisierung und Übung, Ruhe und Aktivität konstituieren das Fortschrittsprogramm, das die kosmische Software für ihre eigene Ausgestaltung im Menschen vorgesehen hat. Wir können diesen Fortschritt beschleunigen, indem wir unseren Körper von toxischen Schlacken befreien, ungesunde Lebensgewohnheiten durch gesunde ersetzen und ihn dadurch gleichzeitig verfeinern und stärken. Wir können unsere Doshas ins Gleichgewicht bringen und sie dort halten. Ein praxiserprobtes und wirksames Insturmentarium dafür liefern die zwanzig Ansätze des Maharishi Ayur Veda (siehe Kapitel 13).

Ethisches Verhalten stellt sich ganz natürlich ein, sofern wir selber ganz natürlich, d.h. innerlich sauber, erfüllt und voller Leben, also ganz gesund sind. Wir brauchen nicht verbissen darum zu kämpfen, ethisch gut oder moralisch anständig zu sein. Wonach wir aber vorrangig trachten sollten, ist, dass wir an innerer Reinheit, Fülle und Lebendigkeit ständig zunehmen.

Hinter dem Wort Gewissen verbirgt sich in der Tat etwas viel Grösseres, Grundlegenderes und auch Attraktiveres, als es auf den ersten Blick den Anschein hat. Da ist nichts Verstaubtes, nichts Enges, nichts Moralinsaures mehr. Das Gewissen ist eine unerhört praktische Steuerungsinstanz, die ausrichtet, aber nicht richtet, die korrigiert, aber nicht straft. Es ist ein Kompass durchs Leben, ein absolut zuverlässiges Navigationsinstrument jenseits von äusseren Normen, gesellschaftlichen Wertvorstellungen, Verhaltenskodizes, Sachzwängen, Pflichten und Vernunftsüberlegungen. Das Gewissen ist das Innerste, was wir sind, und das Beste, was wir haben. Es ist unsere on-line connection mit dem alles könnenden und niemals irrenden Universal-Computer von der Firma 'Cosmic Intelligence Unlimited'.

Der Wert aller Werte ist Leben

Das Gewissen vermittelt uns Werte: Reinheit, Lebendigkeit, Fülle. Was haben diese Werte gemeinsam? Was ist überhaupt der gemeinsame Nenner von allem, was ist, von der subjektiven Welt in uns und der objektiven Welt um uns, von der allgegenwärtigen, unmanifestierten Wirklichkeit der Transzendenz und der unendlich vielgestaltigen, manifestierten Wirklichkeit der Schöpfung? Was ist das Wesen des vereinigten Feldes der Naturgesetze, das sich in Elektronen, Galaxien, Wasserfällen, Vogelgezwitscher, im Abendmahl von Leonardo da Vinci, in der Kultur der Hopi-Indianer oder in einer funktionierenden Volkswirtschaft manifestiert? Was für eine Ganzheit ergeben Chaos, Logos und Kosmos zusammen genommen? Es ist LEBEN. Alles ist Leben und es gibt nur ein Leben, ein einziges All-Leben. *Der Wert aller Werte ist Leben.* Und weil dieses Leben LEBEN ist, sagt es *Ja zum Leben*, ja zu sich selbst. Es kann gar nicht anders als Ja sagen, denn sonst wäre es nicht Leben, sondern *Nicht*-Leben, Tod. Das Wort Leben impliziert Lebensbejahung ebenso wie das Wort Bewusstsein Wissen impliziert. Bewusstsein wäre nicht Bewusstsein, wenn es nicht seiner selbst bewusstes Sein, sich selbst erkennendes Selbst, Identität von Wahrnehmendem, Wahrnehmung und Wahrgenommenem, reines Wissen, Veda wäre. Genauso wäre Leben nicht Leben, wenn es nicht lebensbejahend, selbstbejahend wäre. Selbst*erkenntnis* und Selbst*bejahung* sind zwei Ausdrücke für das Gleiche: Wenn das Selbst sich selbst wahrnimmt, sagt es gleichsam Ja zu sich selbst. Beide Ausdrücke beschreiben eine Interaktion des Selbst mit sich selbst; das universelle und zeitlose Selbst tritt gewissermassen zu sich selbst in Beziehung, noch bevor es eine Subjekt-Objekt-Spaltung gibt.

Diese permanente, wenn auch unmanifeste, selbst-bezogene Dynamik innerhalb absoluter Stille (vedisch 'rik', vgl. Kap. 15) erzeugt - bildlich gesprochen - eine Art Expansionsdruck, die die Ureinheit des Selbst, die Identität von Wahrnehmendem, Wahrnehmung und Wahrgenommenen auseinander sprengt. Es entsteht Vielheit , im subjektiven Bereich die Vielzahl der individuellen Selbste mit ihren mentalen Welten, im objektiven Bereich die unendlich vielen Welten des materiellen Universums. Das Selbst-Wissen im Bewusstsein an sich, das dem Leben innewohnende Ja zu sich selbst, stellt - wiederum bildlich gesprochen - eine konzentrische Urbewegung dar, die aus sich heraus eine Zentrifugalkraft erzeugt. Die selbstbezogene Dynamik der unmanifestierten Wirklichkeit wirkt wie eine unermessliche und unermüdliche Universenschleuder. Das Ja des Lebens zu sich selbst, das Ja des Lebens zum Leben wird kraft seiner Jaheit lauter und lauter, es schwillt gleichsam an zum schöpferischen 'Es werde!'. So manifestiert sich das Ja zum Leben als unendlich bunte und vielgestaltige Schöpfung. Die manifestierte Schöpfung ist nichts anderes als der Widerhall des Ur-Ja, das Echo auf das Ja des Lebens zu sich selbst.

Ja zum Leben heisst Liebe

Dieses Ja des Lebens zum Leben, diese dem Leben a priori eigentümliche Lebensbejahung hat einen uralten Namen: Er lautet *Liebe*. Die Worte 'Liebe' und 'Leben' sind nicht umsonst phonetisch benachbart. Liebe ist die Natur des Lebens. Liebe ist weit mehr als nur die Liebe von Personen zu Personen. Liebe kann zwar gefühlt werden, ist aber ungleich umfassender als ein menschlicher Affekt. Liebe oder Lebensbejahung fühlt sich an als Lebensfreude. Wenn das Leben ja zum Leben sagt, freut es sich an sich selbst. Wann immer wir Lebensfreude empfinden, lieben wir, und wann immer wir lieben, feiern wir das Leben.

Daraus wird deutlich, dass man Liebe nicht mit Liebesbedürftigkeit, nicht mit emotionaler Anklammerung oder Besitzansprüchen verwechseln darf. Vieles, was wir im Alltag Liebe nennen, hat mit Liebe nichts zu tun. Wenn sich Liebende gegenseitig versichern, dass sie einander brauchen und ohne einander nicht leben können, sind sie vielleicht ineinander verliebt, aber sie lieben sich (noch) nicht. Echte Liebe kommt aus Selbstgenügsamkeit, nicht aus Abhängigkeit.

Die reinste und vollste Erfahrung von Liebe können wir in unserem Selbst machen. Dort erleben wir das Ja des Lebens zum

Leben als Glückseligkeit, als Bliss, ananda, als Urlebensfreude in der Urgeborgenheit des All-Lebens, das gleichzeitig unser eigenes transpersonales Selbst ist. Liebe ist die Essenz allen Lebens, ist das, was Leben zu Leben macht. Lebensbejahung oder Liebe ist das eine und einzige Gesetz des Lebens, das urgegebene Naturgesetz überhaupt und die synergetische Gesamtwirkung aller Naturgesetze zusammen. Von der israelischen Journalistin Asafa Peled auf den Zusammenhang zwischen 'Naturgesetz' und 'Liebe' angesprochen, antwortete Maharishi Mahesh Yogi 1994: „Das Naturgesetz ist ausschliesslich Liebe." Liebe ist die inhaltliche Bestimmung dessen, was wir im vorigen Kapitel Logos oder Veda genannt haben. Liebe, Ja zum Leben, ist der Bedeutungsinhalt des 'göttlichen Wortes' (Logos) und damit die alleinige Botschaft des Gewissens. Alle Gewissensimpulse sind Lebensimpulse. Jeder Gewissensimpuls sagt zu uns: 'lebe!'. Und das heisst: 'Vereinige Dich mit dem Leben!', 'Bewege Dich in Übereinstimmung mit dem Leben!', 'Fördere Leben!'. Mit einem Wort: 'Liebe!'.

Auf die Lebenstätigkeit eines einzelnen Lebewesens angewendet bedeutet Liebe: *Seinen, dem Lebewesen gemässen Beitrag zum Leben leisten.* Ein Tier beispielsweise leistet seinen Beitrag zum Leben, indem es durch Nahrungsaufnahme eine Zeit lang sich selbst erhält, durch Fortpflanzung seine Art erhält, und anderen Tieren zu ihrer zeitweisen Selbsterhaltung verhilft, indem es ihnen als Nahrung dient. Nahrungsaufnahme und Fortpflanzung sind gewiss auch bei uns Menschen Beiträge zum Leben. Statt aber anderen Lebewesen als Nahrung zu dienen, besteht der spezifisch menschliche Beitrag zum Leben darin, dass wir uns für unsere Artgenossen nützlich machen: Wir arbeiten, werden für unsere Umwelt tätig. „Work is love made manifest", sagt der libanesische Dichter Khalil Gibran (Der Prophet).

Beitrag zum Leben heisst auf Sanskrit *Dharma.* Weil jeder Mensch einzigartig ist, hat jeder von uns sein individuelles Dharma, d.h. seine persönliche Eigenart, zum Leben beizutragen. Eine Tätigkeit, die der eigenen Natur entspricht und zum Leben insgesamt beiträgt, ist eine dharmische Tätigkeit, ist universelle Liebe gegossen in die Form von individueller Arbeit. Wessen tägliche Arbeit dieses Kriterium erfüllt, fühlt sich in seinem Element, wie ein Fisch im Wasser. Er lebt und liebt, d.h. er trägt durch sein individuelles Lebendigsein, durch seinen persönlichen Selbstausdruck bei zum Leben insgesamt. Wer sein Dharma lebt, lebt nicht nur ein lebenswertes, sondern führt auch ein wertvolles Leben. Alle Werte, die wir wertschätzen, sind nur dann wirkliche Werte, wenn sie - zumindest eine Zeit lang - zum Leben beitragen. Wenn sie es nicht oder nicht mehr tun, entlarven wir sie als Scheinwerte. Geschieht so etwas kollektiv, dann sprechen wir von einem Wertewandel.

Sein Dharma leben heisst: der eigenen Natur gemäss schöpferisch dienen. Wenn jemand so seinen einzigartigen Beitrag zum Leben leistet und sich dessen bewusst ist, erlebt er seine Arbeit, seine Person, sein individuelles Leben als sinnvoll. Die Sinnerfahrung, von der in Kapitel 9 die Rede war, ist das kognitive Ergänzungsstück zur mehr affektiv gefühlten Liebeserfahrung. Sinnhaftigkeit ist gegeben, wenn das Lebensgesetz der Liebe, also das wesensgemässe Beitragen zum Leben, erfüllt wird. Oder noch knapper: Liebe macht Sinn. Und deshalb macht Liebe auch glücklich! In der Verwirklichung unseres Dharmas, in unserem individuellen, einzigartigen Beitrag zum Leben liegt unser Lebensglück.

Liebe oder Dharma hat deshalb herzlich wenig mit Pflicht im kantischen Sinne zu tun, mit einem Pflicht-Begriff, der die natürlichen Neigungen und Regungen, also unsere eigene Natur, ausdrücklich ausklammert. Wenn Liebe die Natur des Lebens ist, und als das haben wir sie kennengelernt, dann sind 'Liebe' und 'Pflicht' unvereinbar. Und dennoch steckt in den Begriffen Liebe und Dharma so etwas wie ein Auftrag, geht es dabei doch um unsere Bestimmung, um das, worauf hin wir angelegt sind. Diese Anlage aber ist unsere ureigene Naturanlage, unser Wesen, 'das Gesetz, nach dem wir angetreten' (Goethe), und nicht etwa ein naturfernes, naturwidriges, steriles Vernunftsgesetz. Genau darin liegt auch eine gewisse Problematik des christlichen Liebesgebotes, und zwar deshalb, weil man von der Liebe als von einem 'Gebot' spricht. Dadurch pervertiert man die Liebe zur Pflicht. Vielleicht wäre besser, von einer 'göttlichen Bestimmung' oder einem 'göttlichen Auftrag' als von einem 'göttlichen Gebot' zu sprechen. Das 'Du sollst' hätte dann mehr den Charakter eines verheissungsvollen 'Du wirst' als eines zwingenden 'Du musst'.

Das sogenannte Böse

Bleibt noch die Frage, woher das sogenannte Böse kommt, und was es damit auf sich hat. Lassen wir noch einmal den Dichterfürsten der deutschen Sprache zu Wort kommen. Im Faust lässt er den Mephisto, den Teufel in Person, sich mit folgenden Versen vorstellen:

„Ich bin der Geist, der stets verneint!
Und das mit Recht; denn alles, was entsteht,
Ist wert, dass es zugrunde geht;
Drum besser wär's, dass nichts entstünde.
So ist denn alles, was Ihr Sünde,
Zerstörung, kurz, das Böse nennt,
Mein eigentliches Element.“

Gewiss muss alles, was entstanden ist, sich wandeln. Werden und Vergehen gehören untrennbar zusammen. Insofern kann wohl jeder Mephisto zustimmen: „Alles, was entsteht, ist wert, dass es zugrunde geht." Das Nein ist ein notwendiger Bestandteil des Ja zum Leben. Ja zum Leben beinhaltet keine Verneinung der Verneinung. Die Verneinung ist aber nur ein Teil des Ja zum Leben und darf nicht für das Ganze genommen, nicht verabsolutiert werden. Genau dies tut aber Mephisto, wenn er den Fehlschluss zieht: „Drum besser wär's, dass nichts entstünde." Die Verabsolutierung der Verneinung ersetzt Lebensbejahung durch Lebensverneinung, die geistige Grundlage dessen, „was Ihr Sünde, Zerstörung, kurz, das Böse nennt". Folgerichtig nennt sich Mephisto den „Geist, der stets verneint", wobei die Betonung auf dem 'stets' liegt.

Das Wesen des 'Bösen' besteht also darin, dass man einen Teil der Ganzheit aus der Ganzheit herauslöst und verabsolutiert. Das Wort 'absolut' stammt vom lateinischen ab-solvere, herauslösen, und bedeutet wörtlich übersetzt nichts anderes als herausgelöst. Durch das Herauslösen eines Teiles aus einer Ganzheit, also durch die Verabsolutierung des Teiles, erhebt man den Teil in den illegitimen Status der Ganzheit, d.h. man ignoriert die komplementären, anderen Teile und tut so, als ob der herausgelöste Teil schon das Ganze wäre.

Verabsolutieren heisst also, einen Teil zum Ganzen zu machen. Zum Beispiel: "Deutschland, Deutschland *über alles!*" Das 'über alles' impliziert, dass man den Rest der Welt darunter stellt. Es ist dann nur eine Frage der Zeit, bis dieser 'Rest der Welt' eine solche Verabsolutierung wieder rückgängig machen, sprich relativieren wird. Verabsolutierungen sind das unverkennbare Markenzeichen aller Fundamentalismen, der politischen ebenso wie der religiösen und wissenschaftlichen. Ein Paradebeispiel für eine Verabsolutierung im menschlichen Körper ist die ungehemmte, auf den Gesamtorganismus keinerlei Rücksicht nehmende Vermehrung von Krebszellen. Diese führt schliesslich dazu, dass der Organismus stirbt. Mit ihm sterben dann allerdings auch die Krebszellen.

Wir sind solchen Verabsolutierungen bei den Farben begegnet, und zwar in Zusammenhang mit deren möglichen negativen Bedeutungen (Kapitel 12). Auf uns selbst angewendet stellt unser Ego, unser gedankliches Selbstbild als isoliertes, von der Ganzheit des Lebens herausgelöstes Einzelwesen, durch das wir uns fälschlicherweise identifizieren, eine solche Verabsolutierung dar (siehe Kapitel 3). Als Egos haben wir uns vom All-Leben abgesondert und darin liegt unsere Ur- und Erbsünde. Das deutsche Wort Sünde ist übrigens vom Tätigkeitswort 'sondern' abgeleitet. Der Ayurveda lokalisiert die Ersturache aller Krankheiten im sogenannten 'Fehler des Intellektes', der darin besteht, dass wir uns und andere zwar als distinkte Individuen sehen, dabei aber unsere Einheit mit dem allumfassenden, universellen und zeitlosen Selbst aus dem Auge verloren haben. Wir haben, biblisch gesprochen, vom 'Baum der Erkenntnis von Gut und Böse' statt vom 'Baum des Lebens' gegessen. Wenn wir wirklich 'gut' und 'gesund' werden wollen, müssen wir diesen Fehler korrigieren. Wir müssen wieder heil und ganz werden, indem wir uns mit dem Leben als Ganzem vereinen. Wir müssen uns befreien aus der Isolationshaft unserer Egos und uns resozialisieren mit dem Leben in seiner Ganzheit. Wir müssen uns reinigen von dem Unrat, den wir in der Isolationshaft angesammelt haben, und uns anfüllen mit der Unbegrenztheit des Lebens, die wir in der Isolationshaft entbehren mussten.

Fünf Erkenntnisse aus Kapitel 16

1. *Das Gewissen hat seinen Sitz in unserem innersten Ich, wo unsere Individualität in die Universalität des zeitlosen Selbstmündet.*
2. *Reinheit, Lebendigkeit und Fülle sind die Erfahrungsmerkmale unseres innersten Ich, aus denen sich alle Werte und Tugenden ableiten lassen.*
3. *Als Verkörperung des Naturgesetzes ist der physische Körper von Natur aus der vorgesehene Lautsprecher für die Flüsterstimme des Gewissens.*
4. *Das Naturgesetz ist ausschliesslich Liebe.*
5. *Zu Lieblosigkeit und Lebensschädigung kommt es, wenn ein Teil aus der Ganzheit herausgelöst, 'verabsolutiert' wird und den Status des Ganzen erhält.*

17. Werte schaffen

Ethik in der Wirtschaft

Im Wirtschaftsleben des ausgehenden zwanzigsten Jahrhunderts gibt es eine Verabsolutierung von geradezu epidemischer Verbreitung. Sie lautet „Shareholdervalue - *über alles*!" Ich habe nichts gegen den Shareholdervalue. Selbstverständlich sollen Investoren am Gewinn einer Unternehmung beteiligt werden. Wogegen ich mich wehre, ist die Verabsolutierung des Shareholdervalue, das 'über alles'. Diese Verabsolutierung ist im Sinne einer natürlichen, sprich naturgesetzlichen Ethik unethisch. Die heute (1998) auf Schritt und Tritt sichtbaren Folgen dieser Verabsolutierung - übermässiger Abbau von Arbeitsplätzen, Überlastung und Einschüchterung der noch verbliebenen Mitarbeiterschaft, unternehmerische Fehlentscheidungen aufgrund kurzfristigen Denkens u.s.w. - sind erst der Anfang einer Kette von Konsequenzen, die am Ende auch vor den Aktionären nicht Halt machen werden. Die sozialistischen Planwirtschaften des ehemaligen Ostblockes mussten scheitern, weil sie offensichtlich unnatürlich waren. Die Unnatürlichkeit, um nicht zu sagen Naturgesetzwidrigkeit des Shareholdervalue-Kapitalismus, ist wesentlich subtiler. Es wird deshalb länger dauern, bis diese Art des Wirtschaftens sich selbst ad absurdum geführt haben wird. Dass dies aber geschehen wird, darüber besteht bei weitblickenden Wirtschaftsfachleuten kein Zweifel. Eine Schweizer Wirschaftsjournalistin vertraute mir an: „Der Shareholdervalue-Kapitalismus ist ein Auslaufmodell".

Ein Ansatz zur Eindämmung der Shareholdervalue-Epidemie wäre die Schaffung von Investitionsmöglichkeiten, die sowohl rentabel als auch ethisch verantwortbar sind. So könnten die Kapitalströme in Kanäle geleitet werden, die sogenannte 'Stakeholder Companies' fördern. Stakeholder Firmen wollen auch Shareholdervalue schaffen, aber sie stellen ihn nicht über alle anderen Interessen. Die Stakeholdervalue-Philosophie sieht den Shareholdervalue als einen Wert neben anderen nicht minder berechtigten Werten. Eine Unternehmung sollte im Sinne der Stakeholdervalue-Philosophie die Interessen aller an der Unternehmung Beteiligten und von der Unternehmung Betroffenen angemessen berücksichtigen, also diejenigen der Kapitalgeber, der Kunden, der Mitarbeitenden, der Lieferanten, der Standortgemeinde und der Umwelt. Immerhin, gemäss Umfrageergebnissen rangiert bei aktuellen und potentiellen Geldanlegern in der Schweiz die ethische Verantwortbarkeit von Geldanlagen nach Sicherheit und zu erwartender Rendite an dritter Stelle. 30% der erwachsenen Schweizer Bevölkerung erklären sich bereit, in sozial und ökologisch verantwortbare Aktien, Obligationen oder Anlagefonds zu investieren. Ein Beispiel für eine solche Anlagemöglichkeit, die gezielt in sowohl rentable als auch sozial verantwortliche Firmen investiert, ist die in Hergiswil bei Luzern domizilierte Care Invest AG, die erste und einzige Stakeholderfirmen-Beteiligungsgesellschaft in Kontinentaleuropa. Der Kapitalfluss in der Wirtschaft sollte so etwas wie ein Bewässerungssystem in der Landwirtschaft sein. Die Kapitalgeber sollten aber auch wählen können, ob sie Anbauflächen bewässern, deren Böden ausgelaugt und vergiftet oder geschont und genährt werden.

Nicht nur menschliche Individuen haben ihr Dharma, sondern auch Gruppen wie Organisationen, Unternehmungen oder Nationen. Das Dharma-Konzept zeigt auf, wie man Wirtschaftsethik und ökonomische Gesundheit auf einen Nenner bringen kann. Das Wort 'Wirtschaften' kommt von Werte schaffen. Wenn der Wert aller Werte Leben ist, dann heisst Werte schaffen: Einen Beitrag zum Leben leisten. Wer seinen Beitrag zum Leben leistet, den erhält und unterstützt das Leben. Darin liegt wahre Wertschöpfung. Jede Unternehmung hat ihr einzigartiges Beitrags- bzw. Wertschöpfungspotential, das es immer wieder neu zu erkennen und zu verwirklichen gilt. Leistet eine Unternehmung den ihr eigenen, einzigartigen Beitrag, dann erfüllt sie ihren spezifischen Zweck, der sie von anderen Unternehmungen unterscheidet. Aus dem einzigartigen Beitragspotential ergibt sich der Leistungsauftrag, die Mission der Unternehmung. Diese wiederum projiziert sich in eine Vision der Unternehmung, aus der dann konkrete, quantifizierte und terminierte Ziele abgeleitet werden.

Aus der Sicht von Dharma, dem einzigartigen Beitrag zum Leben, *ist eine Unternehmung die Organisation von menschlichen und materiellen Ressourcen zu dem Zweck, grösstmögliche Wirkungen von der bestmöglichen Art hervorzubringen.* Damit eine Unternehmung diesen Zweck auf Dauer erfüllen kann, muss sie Gewinn erwirtschaften. Der Gewinn ist also nicht der Zweck der Unternehmung, sondern Mittel zum Zweck. Gewinn sichert und steigert das Beitragspotential der Unternehmung für die Zukunft. Im Gewinn spiegelt sich die Wert-Schöpfung als Wert-Schätzung seitens der Kunden.

Die Philosophie des einzigartigen Beitrages zum Leben gilt nicht nur für Wirtschaftsunternehmungen, sondern auch für deren Produkte. Im Marketing spricht man von der 'unique selling proposition' (USP) oder von der 'Alleinstellung' eines Produktes im Umfeld von Konkurrenzprodukten. Genau genommen besteht diese Alleinstellung darin, dass ein Produkt einem bestimmten Segment von Verwendern einen Nutzen bietet, den die Konkurrenzprodukte diesem Verwendersegment nicht oder zumindest nicht in gleichem Masse bieten. Diesen einzigartigen Verwendernutzen für ein bestehendes Produkt zu finden, oder dementsprechend ein neues Produkt zu entwickeln, ist das Ziel einer treffsicheren 'Produktpositionierung'. Produkte, die in diesem Sinne richtig positioniert sind, füllen eine Marktnische, so ähnlich, wie eine Tiergattung eine ökologische Nische ausfüllt. Solche Produkte sind nicht überflüssig, sondern sinnvoll.

Die Dienstleistungsgesellschaft

In den wirtschaftlich weitest fortgeschrittenen Ländern verlagert sich der Schwerpunkt der Unternehmensbeiträge mehr und mehr von Produkten zu Dienstleistungen. Weitaus mehr Menschen arbeiten heute in Banken, Versicherungen, in der Informatik, im Tourismus, in der Ausbildung oder im Gesundheitswesen als in eigentlichen Produktionsbetrieben. Auch innerhalb der Produktionsbetriebe, also in der Industrie, gewinnen die Dienstleistungen - Verkauf, Kundendienst, Einkauf, Administration, Personalwesen -

immer mehr an Gewicht. Neue Arbeitsplätze entstehen hauptsächlich im Dienstleistungsbereich, weitaus seltener in der Produktion.

Es gibt eine Dienstleistung in der Gesellschaft, die leider in keiner volkswirtschaftlichen Statistik erscheint, obwohl sie von enormer volkswirtschaftlicher Bedeutung ist: die Kinderaufziehung und Haushaltführung der sogenannten Hausfrauen (heutzutage auch öfters Hausmänner), leisten diese doch die aufwendigste und wichtigste Investition in die nächste Generation. Bedauerlicherweise bemisst sich aber das allgemeine Ansehen dieser Berufsgruppe - man denke nur an das Bild der Hausfrau und Mutter im allabendlichen Werbefernsehen - nach ihrem (nicht vorhandenen) Einkommen und (folglich ausbleibenden) Steueraufkommen. Welch ungeheure Kosten würden aber für Staat und Gesellschaft anfallen, wenn diese so gering geachtete Dienstleistung nicht erbracht werden würde?

Bei vielen, insbesondere jüngeren Menschen, die Dienstleistungen zu erbringen haben, löst das Wort 'Dienstleistung' nicht nur positive Assoziationen aus. Manchem kommt dabei der Satz in den Sinn: „Der Kunde ist König", wozu sich nicht selten der Gedanke gesellt: „Und ich bin sein Knecht. Ich muss nach seiner Pfeife tanzen." Dieses wenig attraktive Dienstleistungsverständnis ist ein kulturelles Erbe aus der Feudalzeit. Damals war der Kunde ein 'Herr', meist ein Landesfürst, und die Erbringer von Dienstleistungen waren 'Mägde' und 'Knechte', ohne Rechte, Mittel und Bildung. Wie weit die damalige Erniedrigung von Dienstleister*innen* ging, zeigt das sogenannte jus primae noctis: Ein Landesfürst hatte bei einer jungen Magd, die sein Gefallen fand, das verbriefte Recht auf deren erste Liebesnacht.

Rein wirtschaftlich gesehen konnten es sich die Unternehmer der Feudalzeit, leisten, ihre Dienstleister und Dienstleisterinnen ungebildet zu halten, denn die primitiven und unqualifizierten Arbeiten, die heute von Maschinen erledigt werden, wurden damals noch von Menschenhand ausgeführt. Den heute noch verbliebenen Rest von primitiver Handarbeit haben wir an unsere 'Fremdarbeiter' oder 'Gastarbeiter' delegiert, die beruflichen Nachfahren unserer beruflichen Vorfahren.

Auch nach der industriellen Revolution war die Wirtschaft noch auf ein Heer von ungebildeten Industriearbeitern angewiesen, die in monotoner Routinearbeit die Maschinen bedienen mussten, wie es Charlie Chaplin in seinem unvergesslichen Film 'Modern Times', dargestellt hat. Heute aber, im Zeitalter der industriellen Automation und Informationstechnologie, können wir uns unqualifizierte und unselbständige Arbeit schlicht nicht mehr leisten, wenn wir wettbewerbsmässig nicht total ins Hintertreffen geraten wollen. Deshalb brauchen wir ein neues, zeitgemässes, demokratisches Verständnis von Dienstleistung, das den feudalistischen Muff endgültig und vollständig abgeschüttelt hat. Das englische Wort für Dienstleistung, 'Service', hilft uns dabei nicht weiter, denn Service leitet sich vom lateinischen servus, zu deutsch Sklave, ab. Service bedeutet ethymologisch Sklavenarbeit, und genau diese war die tragende Säule der zwar hoch entwickelten, aber nicht industriealisierten römischen Wirtschaft.

Dienen und Leisten

Das deutsche Wort Dienstleistung besteht aus Dienen und Leisten. *Dienen* heisst: Ausrichten des eigenen Tuns auf die Schaffung von grösstmöglichem Kundennutzen. Und es heisst nicht: Tun, was der Kunde von einem verlangt. Wir dürfen 'Dienen' nicht mit 'Gehorchen' verwechseln. Häufig weiss der Dienstleister nämlich besser als der Kunde, was letzterem maximalen Nutzen bringt. Genau hier kommt die *Leistung* des Dienstleisters ins Spiel. Leisten heisst: Einsatz von Kraft und Zeit, aber auch von Wissen, Können, Kreativität, Erfahrung, mit einem Wort: von Know-how. Eine Dienstleistung ist folglich der Einsatz von Know-how, Kraft und Zeit zu dem Zweck, maximalen Kundennutzen zu erzeugen. Oder noch knapper: *Eine Dienstleistung ist die Umwandlung von Know-how in Kundennuzten.*

Dass diese Definition auch auf sogenannte einfache, wenig qualifizierte Dienstleistungen angewendet werden kann, mag folgende Anekdote demonstrieren: Vor Jahren hatte ich einen Gesprächstermin mit dem Filialleiter eines Billigwarenhauses. Ich war

zu dieser Zeit gerade im Begriff, in eine andere Wohnung zu über-
siedeln. Nach dem Gespräch schlenderte ich durch das Waren-
haus und kam bei der Abteilung Badezimmerartikel vorbei. Dabei
fiel mir ein, dass ich eigentlich einen Duschvorhang für mein neues Badezimmer bräuchte. Erfreut suchte ich mir einen Duschvorhang aus. Als ich aber daran ging, eine passende Duschvorhang-
Stange einzukaufen, wurde ich mit der Tatsache konfrontiert, dass
ich zwischen drei verschiedenen Längen auswählen musste. Da
ich die Masse meines neuen Badezimmers nicht auswendig kannte, war ich mit meinem Latein am Ende. Die von mir zu Hilfe
gerufene Verkäuferin stellte mir die merkwürdige Frage: „Wissen
Sie, in welchem Jahr das Haus, in das Sie einziehen werden, gebaut wurde?" Ich gab zur Antwort: „Nicht genau. Warum möchten
Sie das wissen?" Ihre Erklärung: „Wenn Ihr Haus nach 1970 gebaut
wurde, dann passt mit 95%iger Wahrscheinlichkeit diese mittellan-
ge Duschvorhang-Stange, denn die Badezimmermasse praktisch
aller seit 1970 gebauten Mehrfamilienhäuser in der Schweiz bewegen sich innerhalb einer Norm, für die diese Stangenlänge passt."
In der Tat, mein künftiges Wohnhaus wurde nach 1970 erstellt,
und die Duschvorhang-Stange passte wie massgeschneidert. Dies
war eine Umwandlung von Know-how in Kundennutzen.

Der Aspekt des Dienens verlangt vom Dienstleister, dass er
sein Tun dem Nutzen des Kunden unterstellt. Für diese innere
Haltung der Dienen-Motivation gibt es ein altes deutsches Wort,
das ursprünglich nichts anderes als Dienen-Motivation besagt:
Demut (von mittelhochdeutsch 'Dienmuot'). Der Aspekt des Leistens
gibt dem Dienstleister das Bewusstsein seines eigenen Wertes. Die
Leistung vermittelt dem Dienstleister ein Selbstwertgefühl. 'Wert'
heisst auf menschlich übersetzt *Würde*. Im gesunden Selbstverständnis jedes Erbringers einer Dienstleistung halten sich 'Demut'
und 'Würde' die Waage. Demut ohne Würde wäre unterwürfige
Servilität. Würde ohne Demut wäre überhebliche Arroganz. Demut und Würde zusammen genommen erlauben es jeder
Dienstleisterin und jedem Dienstleister, erhobenen Hauptes und
aufrechten Ganges zum Kunden zu gehen. Gleichzeitig ist alles
Streben und Trachten darauf ausgerichtet, sich für den Kunden

maximal nützlich zu machen. Demut und Würde bilden eine holistische Polarität. Sie beschreiben die psychische Ausgewogenheit, d.h. die Gesundheit eines Menschen, der Dienstleistungen erbringt. Manchmal habe ich den Eindruck, dass Menschen gerade deshalb in Dienstleistungsberufen tätig sind, damit sie diese Balance für sich erlernen.

Der Dienstcharakter der Dienstleistung bewirkt, dass die Dienstleistung gebraucht wird. Der Dienstcharakter führt zur Erteilung von Aufträgen. Wenn Dienstleister einen Arbeitsplatz haben, so verdanken sie dies der Tatsache, dass ihre Dienstleistung irgend jemandem einen Nutzen bringt. Wenn dies aber nicht mehr der Fall ist, wird der Arbeitsplatz gestrichen. Der Leistungscharakter der Dienstleistung, also der Einsatz von Know-how, Kraft und Zeit, bewirkt, dass die Dienstleistung anerkannt wird. Anerkennung heisst mit einem lateinischen Fremdwort Honorierung. Der Leistungscharakter führt zur Honorierung von Aufträgen, in der Regel in Form einer finanziellen Gegenleistung. Die Höhe dieser Gegenleistung bemisst sich einerseits an der Leistung selber, andererseits an der Verfügbarkeit der Leistung auf dem Markt, also am Marktwert der Leistung. Es handelt sich hier um einen Tauschhandel, um ein Geschäft. Die dafür üblicherweise gebrauchten Vokabeln Lohn und Verdienst sind sprachliche Relikte aus der Feudalzeit.

Die Beziehung Dienstleister-Kunde

Man kann sich nun fragen, ob die Beziehung des Dienstleisters zum Kunden eine Beziehung von Gleich zu Gleich, also eine sogenannte 'symmetrische' Beziehung, oder eine Beziehung von unten nach oben oder gar von oben nach unten, also eine 'asymmetrische' Beziehung ist. In der Feudalzeit war sie eindeutig eine asymmetrische von unten nach oben. In meinen Workshops zum Thema Kundenorientierung höre ich immer wieder von Teilnehmerinnen und Teilnehmern: Die Beziehung Dienstleister - Kunde sollte eine symmetrische sein. In der Praxis jedoch hat sich seit der Feudalzeit nicht viel geändert.

Vor dem Hintergrund des hier vorgeschlagenen Dienstleistungs-verständnisses können wir, wie in Abbildung 24 dargestellt, gleich-zeitig drei Beziehungen Dienstleister-Kunde ins Auge fassen. Da ist zunächst einmal eine asymmetrische Beziehung von unten nach oben, die sich aus der Unterstellung des Dienstleisters unter den Nutzen des Kunden ergibt. Diese asymmetrische Beziehung wird aufgewogen durch eine umgekehrt asymmetrische Beziehung von oben nach unten, die damit zu tun hat, dass der Dienstleister in der Regel über mehr Wissen, Können und manchmal auch Macht verfügt, was wiederum zur Folge hat, dass der Kunde bis zu einem gewissen Grad auf ihn angewiesen ist. Die Abhängigkeit zwischen Dienstleister und Kunde ist eine wechselseitige. In den beiden asymmetrischen Beziehungen, Unterstellung unter den Kunden-nutzen einerseits und fachlicher Vorsprung andererseits, spiegelt sich die Balance von 'Demut' und 'Würde'.

Zusätzlich zu diesen beiden rollenbedingten asymmetrischen Beziehungen gibt es jedoch noch eine symmetrische Beziehung von Gleich zu Gleich, die schlicht darauf zurückzuführen ist, dass es sich beim Dienstleister ebenso wie beim Kunden um Angehöri-

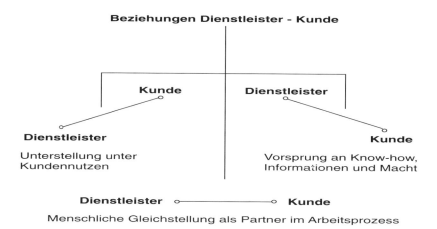

Abbildung 24: Gleichzeitig drei Beziehungen Dienstleister - Kunde

ge der Gattung Homo Sapiens, also um Menschen handelt; und kein Mensch hat das Recht, sich menschlich über andere Menschen zu stellen, zumindest nicht nach unserem modernen, demokratischen Menschenverständnis. Es gibt also neben unserer 'Berufswürde' noch eine 'Menschenwürde'. Letztere hat nichts mit Wissen, Können, Besitz oder Einkommen, sondern mit der Tatsache des Menschseins zu tun. Es wird Zeit, dass die 'Menschenwürde' die aus der Feudalzeit überkommene 'Standeswürde' endlich ablöst.

Leider ist die menschliche Gleichstellung von Dienstleister und Kunde noch immer keine Selbstverständlichkeit. Denken wir an unsere Halbgötter in Weiss, wenn sie sich huldvoll zu einem Patienten herabbeugen mit den Worten: „Na, wie geht es uns denn heute?" Oder an die Arroganz so mancher Verkäuferin in einer Modeboutique, wenn diese eine potentielle Kundin, die es wagt, den Designermarken-Tempel in Jeans und T-Shirt zu betreten, verächtlich von oben bis unten mustert.

Noch häufiger ist die menschliche Herabwürdigung von Dienstleistern durch das Verhalten auf Kundenseite. Vor allem im Gastgewerbe ist es leider immer noch gang und gäbe, dass die Gäste das 'Servierpersonal' von oben herab behandeln. Unterstützt wird dieser Missstand noch durch so entwürdigende Berufsbezeichnungen wie 'Serviertochter', die in der Schweiz übliche Berufsbezeichnung für Kellnerinnen. So kann man in einem x-beliebigen Café in Zürich Zeuge werden, wie ein halbwüchsiger Bursche eine gestandene Frau an seinen Tisch zitiert und ihr den Befehl erteilt: „Fräulein, bringen Sie mir noch einen Kaffee! Aber schnell!" Bei solchen Verhältnissen braucht man sich nicht zu wundern, wenn das Gastgewerbe Mühe hat, seinen Nachwuchs aus der einheimischen Jugend zu rekrutieren. Unsere Gesellschaft muss endlich lernen, dass auch Leute, die im 'Service' arbeiten, mit der vollen Menschenwürde ausgestattet sind.

So sinnvoll und nötig hier eine öffentliche Kampagne auch wäre, für all die vielen Menschen, die in Dienstleistungsberufen tätig sind, ist von entscheidender Bedeutung, dass sie alle drei

Beziehungen Dienstleister-Kunde bewusst im Herzen tragen. Dann werden sie dies in ihrer nonverbalen Kommunikation, also in ihrem Tonfall, ihrer Gestik und Mimik, ausstrahlen und auf die Kunden übertragen. Die Wahrscheinlichkeit ist gross, dass die gleichzeitig drei Beziehungen, die der Dienstleister dem Kunden entgegenbringt, vom Kunden unbewusst erwidert werden. Und dies aus zwei Gründen: Erstens kann nämlich dem Kunden gar nichts Besseres passieren, und zweitens geht derjenige, der eine zwischenmenschliche Beziehung *bewusst* gestaltet, was die Qualität dieser Beziehung anbetrifft, in Führung.

Folgende Begebenheit kann dafür geradezu als Paradebeispiel dienen: In der Zentralschweiz gibt es ein an prachtvoller Aussichtslage gelegenes Gourmetrestaurant mit einem daran angeschlossenen kleinen Hotelbetrieb. Das Gourmetrestaurant ist in der ganzen Region bekannt als ein besonders gepflegtes Lokal mit erlesenen Speisen, hervorragendem Service und stolzen Preisen. Entsprechend verkehrt dort ein 'gehobenes' Publikum. Die wirtschaftliche und politische Prominenz der Region pflegt dort häufiger einzukehren. Ich leitete in diesem Hause einmal ein mehrtägiges Seminar und hatte dabei die Gelegenheit, einen Kellner bei seiner Arbeit zu beobachten. Der Kellner war Portugiese, der sehr gut Deutsch sprach, weil er in Deutschland aufgewachsen war. Ich beobachtete, mit welch ausgesuchter Höflichkeit er seine Gäste begrüsste, zum Tisch geleitete, den Damen die Mäntel abnahm, die Speisekarte und einen Aperitif überreichte. Ich staunte über seine einfühlsame Beratung bei der Auswahl aus der Speisekarte und über seine Kompetenz bei der Empfehlung des Weines. Ich war tief beeindruckt, mit welcher Herzlichkeit und Aufmerksamkeit er seine Gäste bediente. Nein, nicht bediente, sondern 'verwöhnte'! Und dann beobachtete ich die Gäste, wie diese den Kellner behandelten: nämlich als eine Respektsperson, mit eben solcher Höflichkeit und Herzlichkeit. Nachdem ich mehrere Male Zeuge solcher Szenen geworden war, begann ich mit dem Kellner ein Gespräch. „Wissen Sie Herr Weiss", sagte der Kellner, „die Leute, die den Weg zu unserem Restaurant finden, wollen verwöhnt werden. Darum kommen sie ja zu uns und gehen nicht woanders hin. Also verwöhne ich sie nach Strich und Faden. Und ich weiss auch," fügte er mit einem verschmitzten Lächeln hinzu, „wie man das macht. Ich kann die Leute wirklich verwöhnen. Aber jetzt werde ich Ihnen noch etwas sagen: „Ob da jetzt der Herr Nationalrat XY oder der Verwaltungsrat Z sitzt, er ist genauso ein Mensch wie Sie und ich." Dieser Kellner lebte mit Erfolg alle drei Beziehungen Dienstleister - Kunde. Einige Zeit später begegnete ich dem Kellner wieder, und wir kamen erneut ins Gespräch. Dabei beklagte er sich über einen Gast, der stets darauf bestanden hatte, mit *Herr Doktor* angeredet zu werden. Als der Kellner dies einmal versehentlich unterliess, wurde er von dem Gast zurechtgewiesen: „Aber ich bin Doktor!" Worauf ihm der Kellner spontan entgegnete: „Und ich bin Kellner!" Der Kellner hatte Recht. Wir alle haben unsere Menschenwürde, und jeder hat seine Berufswürde. Letztere hat aber nichts mit der Menschenwürde zu tun.

Qualität in der Dienstleistung

Qualitätssteigerung in der Dienstleistung wird momentan allenthalben gross geschrieben. 'Service Quality Management' ist 'in'. Was aber macht die Qualität einer Dienstleistung aus? Da gibt es zunächst die qualitätsmindernden Fehler: Mängel, Pannen, Versehen, die es auszumerzen gilt. Eine 'einwandfreie' Dienstleistung ist aber noch keine 'gute' Dienstleistung. Wirklich gut wird die Dienstleistung erst dann, wenn noch etwas spezifisch Menschliches hinzukommt: der persönliche Einsatz des Dienstleisters, seine Aufmerksamkeit, seine Kreativität, sein Mitgefühl, kurz: seine Liebe.

Viele Anbieter von Dienstleistungen versuchen, die Qualität ihrer Dienstleistungen dadurch zu steigern, dass sie restlose Fehlerfreiheit anstreben. Dieser Versuch ist aber zum Scheitern verurteilt, denn Perfektionismus in der Dienstleistung ist eine Illusion, nicht etwa, weil wir 'fehlerhafte' oder gar 'sündig' Menschen, sondern weil wir Menschen keine Maschinen sind. Einer Videokamera ist es beispielsweise völlig gleichgültig, wen oder was sie aufnimmt. Uns Menschen aber nicht. Wir reagieren auf unterschiedliche Wahrnehmungen mit unterschiedlichen Gefühlen. Wir haben auch unsere Erwartungen und können folglich, anders als Video-kameras, überrascht oder enttäuscht werden. Ausserdem ist nicht alles planbar, woraus folgt, dass auch nicht alles planmässig ab-laufen kann. Ein gewisses Mass an Pannen ist und bleibt also un-vermeidlich. Natürlich kann es sich kein Dienstleistungsanbieter leisten, dass ihm eine Panne nach der anderen passiert; er muss bemüht sein, Fehler zu minimieren, aber die restlose Fehlerfreiheit wird ihm nie gelingen, sosehr er sich auch bemüht. Jedoch wird dieser Fehlerrest mehr als wettgemacht, wenn der Dienstleister, so gut er kann, seine Fähigkeiten und sein Herzblut zum Einsatz bringt. Was eine Dienstleistung erst zu einer 'guten' Dienstleistung macht, sind menschliche Faktoren wie Aufmerksamkeit, Einfühlungsver-mögen, Kreativität, Liebe.

Leider hat sich dies noch nicht überall herumgesprochen. Schliesslich sind wir - die Rede ist jetzt von den Schweizern - eine Uhrmachernation und entsprechend verbissen versuchen unsere Dienstleistungsanbieter, 'hundertprozentig reibungslose', 'fehler-freie', 'präzise', 'pünktliche', eben 'perfekte' Dienstleistungen an-zubieten. Und was ist das Resultat dieses Uhrmacherperfektionis-mus? Viele Touristen ziehen es vor, ihren Urlaub in Österreich zu verbringen, 'weil dort die Leute so freundlich sind'. Dafür sind sie gerne bereit, auch mal eine 'Schlamperei' in Kauf zu nehmen, und sie nehmen es nicht übel, wenn die Dinge nicht immer 'so genau genommen' werden.

Für die menschliche Qualitätsdimension einer von Menschen erbrachten Dienstleistung gibt es ein schönes englisches Wort: We have to *care* for the client. Das englische 'to care' wird meist mit 'sich kümmern' oder 'sorgen für' übersetzt. Mit Kummer oder Sor-ge hat to care aber nichts zu tun. Das Wort ist verwandt mit dem französichen 'cher' = liebe(r), dem italienische 'caro'= lieber, den lateinischen Worten 'carus'= lieb, teuer, 'cor' = Herz, 'caritas'= Her-zensgüte, Herzlichkeit, dem griechischen 'kardia'= Herz, und den Sanskrit-Worten 'Karma'= Handlung und 'Karuna'= Herzensgüte. Die all diesen Worten gemeinsame Wurzel 'kar' bezeichnet eine Aktivierung unserer inneren, gefühlten Lebendigkeit. 'To care' heisst somit: unsere innere Herzenswachheit aktivieren und ausrichten, d.h. voll wach, voll lebendig, voll präsent hier und jetzt mit dem Kunden sein und für ihn tätig werden. Dies geht aber nur, wenn der Dienstleister oder die Dienstleisterin in einer genügend guten Verfassung ist. Dienstleistungen erbringen muss Spass machen, wenn die Dienstleistung eine gute sein soll. 'Caring' ist die Zuwendung von Lebenslust, Liebe und Aufmerksamkeit, und dies ist weniger eine Frage von Zeitquantität als von Bewusstseinsqualität.

In dieser menschlichen Qualitätsdimension der Dienstleistung liegt ein heute noch weitgehend brachliegendes Potential zur Qualitätssteigerung von Dienstleistungen. Im Care-Potential allein wird in Zukunft die Wettbewerbschance der menschlichen gegenüber der Automatendienstleistung liegen. Inzwischen hat nämlich die Automatisierung längst auch den Dienstleistungssektor erfasst. Man denke nur an die Bankomaten (in Deutschland 'Geldautomaten') oder die Ticketautomaten auf den Bahnhöfen. Was die technische Perfektion anbetrifft, wird die von Menschen erbrachte Dienstleistung gegenüber der Automatendienstleistung nie konkurrenzfähig sein können. Wenn wir Dienstleistungsjobs erhalten und schaffen wollen, müssen wir dasjenige von uns ins Feld führen, was wir den Automaten voraushaben: innere Lebendigkeit, Aufmerksamkeit, Bewusstsein, Liebe, die Fähigkeit zum Caring.

Liebe, Caring, wird in der Regel von Kunden mehr honoriert als Perfektionismus, wie folgendes Beispiel verdeutlichen mag. Stellen Sie sich einmal vor, Sie sind verheiratet, haben zwei Kinder im Vorschulalter und üben einen sehr anstrengenden Beruf aus. Angenommen, in Ihrem Wohngebiet gibt es zwei Reisebüros mit identischen Angeboten und für Sie gleich gut erreichbar. Vor zwei Jahren gingen Sie ins Reisebüro A und wollten dort Ihren Sommerurlaub buchen. Sie erklärten der dort tätigen Dame, dass Sie sich für Griechenland interessierten, worauf diese Ihnen eine Reihe von Katalogen überreichte mit der höflich korrekten Bitte, sich ein Hotel Ihres Geschmackes und Budgets auszusuchen. Sie wählten eine Ferieninsel und ein Ferienhotel, erhielten wenige Tage später eine tadellose Reisebestätigung zusammen mit einer einwandfreien Rechnung. Sie und Ihre Familie fanden auf der griechischen Insel alles so vor, wie Sie es erwartet hatten, und verbrachten einen schönen, erholsamen Urlaub.

Vor einem Jahr gingen Sie ins Reisebüro B. Sie erklärten der dort tätigen Dame, dass Sie dieses Jahr nach Portugal reisen wollten und bereits ein Hotel ins Auge gefasst hatten, das Sie zuvor in einem Katalog gesehen hatten. Die Dame im Reisebüro B nahm Ihren Wunsch freundlich entgegen und sagte: „Ich buche diese Reise sehr gerne für Sie. Aber können Sie mir noch sagen, warum Sie sich gerade dieses Hotel ausgesucht haben?" Als Begründung Ihrer Wahl gaben Sie zur Antwort: „Ich bin wirklich erholungsbedürftig und das Hotel liegt so schön in einem grossen, grünen Park mit altem Baumbestand. Man sieht es auf dem Foto, und die herrliche Parkanlage ist ja auch im Text erwähnt. Dort werde ich sicher Ruhe finden und mich erholen können." Daraufhin entgegnete Ihnen die Reiseanbieterin: „Wenn Sie wirklich Ruhe brauchen, möchte ich Ihnen von diesem Hotel dringend abraten, denn Gäste, die letztes Jahr dort waren, erzählten mir, dass sich just in jenem grossen, grünen Park seit vergangenem Jahr eine Open-air-Disco befindet, aus der jede Nacht bis 2.00 Uhr morgens laute Musik ertönt. Es gibt aber im gleichen Ort" - die Reisanbieterin blätterte im Katalog zwei Seiten weiter - „ein kleineres Hotel mit einem kleinen, aber sehr gepflegten Garten. Dieses Hotel liegt in einem ruhigen Privatvillenquartier, und da können Sie sich darauf verlassen, dass es dort nachts mucksmäuschen still ist." Zudem vermochte dieses Hotel noch Ihren Wunsch nach zwei Doppelzimmern mit Verbindungstüre - für Ihren Ehepartner und Ihre beiden Kinder im Vorschulalter - zu erfüllen. Sie baten Ihre Reiseberaterin unverzüglich, in dem von ihr empfohlenen Hotel zu buchen. Da das Hotel bei mehreren Reiseveranstaltern aufgeführt war, verglich die Reisebürodame deren Preise untereinander, insbesondere im Hinblick auf Kinderabzüge, und wählte das für Sie günstigste Angebot aus.

Als Sie einige Tage später die Buchungsbestätigung zusammen mit der Rechnung erhielten, bekamen Sie einen Schreck: Der Rechnungsbetrag war ungefähr 20 % höher als das, was Sie selber errechnet hatten. Gerade die Sache mit den Kinderabzügen stimmte

hinten und vorne nicht. Sofort riefen Sie die 'nette' Dame im Reisebüro B an und brachten Ihr Erstaunen über die zu hohe Rechnung zum Ausdruck. Diese entschuldigte sich in aller Form und
gab nach einer kurzen Prüfung der Sachlage unumwunden zu,
dass ihr ein Rechenfehler unterlaufen war. Sie bat Sie, die Rechnung sofort zu vernichten. Am folgenden Tag traf dann die berich-
tigte Rechnung ein und alles weitere verlief erwartungsgemäss und
zufriedenstellend.

Dieses Jahr stehen wieder Sommerferien an. Zu welchem Reisebüro werden Sie gehen: Zum 'korrekten' aber wenig aufmerksa-
men Reisebüro A oder zum 'schlampigen' aber dafür einsatzfreu-
digen Reisebüro B? Wahrscheinlich zu letzterem. Das Versehen bei
der Rechnung werden Sie vermutlich gerne verzeihen, aber die
engagierte Beratung möchten Sie in Zukunft nicht missen.

Nicht die 'perfekte', sondern die 'vollkommene' Dienstleistung
sollte das Qualitätsideal aller Dienstleistungsanbieter sein. Vollkommenheit heisst Voll-gekommen-sein, volles Präsent-sein, voll innerlich da sein für den Kunden und sein Anliegen. Der gute Dienstleister sagt vollen Herzens ja zu seinen Kunden und zu seiner
Aufgabe. Seine Dienstleistung ist 'love made manifest'. Unsere
moderne Dienstleistungsgesellschaft muss ihren leb- und lieblo-
sen Perfektionismuswahn aufgeben und zu einer lebendigen, lie-
bevollen, menschlichen Gesellschaft werden. Nur so kann sie Erfolg haben.

Ethik ist ein Verbündeter von Erfolg!

Erfolg ist nicht etwa unethisch, sondern durchaus Bestandteil
einer natürlichen, d.h. naturgerechten, naturgesetzlichen Ethik.
Ebenso ist Ethik kein Verhinderer, sondern ein Verbündeter von
Erfolg. Wohl aber kann der kurzfristige Erfolg zum Verhinderer
von Ethik werden. Kurzfristiges Erfolgsdenken ist kurzsichtiges,
also dummes Denken. Es verabsolutiert die unmittelbar bevorste-
hende Zukunft und sagt: „Nach mir die Sintflut". Und genau die
wird kommen, wenn wir nur kurzfristig und nicht auch längerfri-

stig den Erfolg suchen. Ethik rentiert langfristig mehr als Rücksichts- und Skrupellosigkeit. So hatten sozial verantwortliche Wertpapiere (Domini Social Index) im Zeitraum von 1990 bis 1996 eine höhere Performance als der Durchschnitt (Standard & Poor 500 Index). Ebenso war der 'Crash' von 1987 für sozial verantwortliche Aktien (Good Money Industrial Everage) wesentlich milder als für den Durchschnitt (Dow Jones Industrial Everage). Bei Verhandlungen zeigt sich immer wieder, dass man mit Hilfe einer Gewinner-Gewinner-Strategie wesentlich bessere Resultate erzielt als durch die Verfolgung einer Gewinner-Verlierer-Strategie. Eine natürliche, naturgesetzliche Ethik ist in keiner Weise erfolgsfeindlich. Im Gegenteil: Sie verhilft dazu, maximal erfolgreich zu sein. Erfolg ist Bestandteil einer natürlichen Ethik. Aus der Sicht des Naturgesetzes ist es nämlich unethisch, wenn ein Potential, Gutes zu bewirken, nicht auch verwirklicht, also so effektiv und effizient wie möglich realisiert wird. Wer Gutes erreichen könnte, dies aber nicht auch erreicht, verfehlt das (ethisch) Gute.

Die Logik der Liebe

Noch einmal zurück zum Dharma von Kollektiven: Auch Nationen, Kulturen, Rassen und Religionen haben ihr Dharma, ihren ganz spezifischen, einzigartigen Beitrag, den sie zum Leben leisten können und sollen. Jede Nation sollte zu jeder andern Nation beitragen. Dann wäre die kulturelle Integrität jeder Nation gewahrt und gleichzeitig wären alle Nationen miteinander freundschaftlich verbunden. Wir hätten wirklich 'vereinte Nationen'. An diesem Beispiel wird deutlich: Liebe, das Natur- und Lebensgesetz, vereint zwar, aber es will keinen Einheitsbrei. Ja zum Leben heisst Ja zur Einheit *und* Ja zur Vielfalt. Liebe verbindet alles mit allem zu einer All-Einheit, gleichzeitig respektiert, schützt und fördert sie die Einzigartigkeit von jedem Einzelnen. Letzteres nennt Maharishi Mahesh Yogi die 'all nourishing qualitiy of Natural Law', die alles nährende, hegende und pflegende, eine ausgesprochen mütterliche Eigenschaft des Naturgesetzes. Liebe ist immer Liebe zum Detail, aber ohne deshalb alle anderen Details zu vernachlässigen. Wirkliche Liebe ist deshalb Liebe zu *jedem* Detail, so wie eine Mutter alle ihre Kinder liebt.

Das Naturgesetz (Veda, Logos) am Ursprung der Schöpfung erhält einerseits die homogene Ganzheit des unmanifesten vereinigten Feldes aufrecht, andererseits veranlasst es dieses Einheitsfeld, sich zu brechen, sich zu manifestieren und zu vervielfältigen. Es verfolgt eine Sowohl-als auch-Strategie von 'Reinheit' (die Aufrechterhaltung des vereinigten Feldes) und 'Fülle' (die Vervielfältigung in Form eines vielgestaltigen Universums). Innerhalb des manifestierten Universums setzt sich die Doppelstrategie fort, indem das Naturgesetz, die Liebe, sowohl Einheit stiftet (Fülle) als auch unterschiedliche Einheiten von einander abgrenzt (Reinheit). So gibt es im Reich der Elementarteilchen einerseits die sogenannten Bosonen, die in einem gegebenen Rahmen koexistieren können (Fülle), und andererseits die Fermionen, denen ein solches Miteinander nicht möglich ist (Reinheit). Die Bewegung der Himmelskörper entsteht aus der kombinierten Wirkung von zusammenziehender Schwerkraft (Fülle) mit der auseinanderhaltenden Eigenbewegung jedes einzelnen Planeten (Reinheit). In der Biologie kennen wir die von Darwin beschriebene Differenzierung der Arten mittels Mutation und Selektion (Reinheit), aber auch die erst im zwanzigsten Jahrhundert entdeckte Kombination von Tier- und Pflanzenarten zu ökologischen Systemen (Fülle). In der menschlichen Gesellschaft haben wir ein Nebeneinander von Konkurrenz (Reinheit) und Kooperation (Fülle), von Auslese (Reinheit) und Synergie (Fülle). Wir leben wirklich in einem 'Uni'-'versum', in einer Einheit mit Diversität.

Im zwischenmenschlichen Bereich schafft echte Liebe zwar ein Gefühl von Verbundenheit und Zusammengehörigkeit (Fülle) mit der geliebten Person, sie achtet aber auch deren Eigenheit und respektiert ihr Anderssein (Reinheit). Mehr noch: Wer einen andern Menschen wirklich liebt, erfreut sich an dessen Anderssein und fühlt sich dennoch mit ihm vereint. Wahre Liebe stiftet Einheit, aber sie bewirkt keine Gleichmacherei. Wahre Liebe verbindet, aber sie vereinnahmt nicht. Die Erleuchteten aller Zeiten lehrten, dass selbst Gott in seiner Allmacht vor dem freien Willen eines Menschen Halt macht. Liebe wäre lieblos, wenn sie die freie Wahlmöglichkeit eines sich selbst bewussten Wesens nicht respektieren würde, auf die Gefahr hin, dass dieses Wesen etwas 'Falsches' wählt. Ein-heit darf nicht verwechselt werden mit Gleichsein. Ein föderalistisches Gebilde ist deshalb einem zentralistischen vorzuziehen.

Ein extrem heterogenes Mosaik von Landschaften, Sprachen und Kulturen findet sich auf kleinstem Raum über die westlichen Ausläuferhalbinseln der eurasischen Landmasse verteilt, welche die Bewohner dieser Region stolz 'Europa' nennen. Durchquert man unseren Subkontinent mit dem Auto, so ändert sich alle paar Stunden die Landschaft, der Architekturstil, der Dialekt oder gar die Sprache. Man trifft auf neue kulinarische Spezialitäten und andersartige Gebräuche und Gepflogenheiten. Ein vereintes Europa kann nur dann im Sinne des Naturgesetzes gesund sein, wenn es diesem Reichtum Rechnung trägt. Alle Versuche, die europäischen Nationen durch zentralistische Gleichschaltung zu vereinheitlichen, rufen deshalb bei den europäischen Bürgern Widerstand hervor. Europa wird dann eine - nicht nur wirtschaftlich! - florierende Einheit sein, wenn jeder Europäer jedes andere europäische Land genauso liebt wie sein eigenes. 'Liebe Deinen Nächsten wie Dich selbst!'

Liebe, das Naturgesetz, erhält Verschiedenheit in Einheit. Weil Liebe Lebensbejahung, Lebensfreude ist, hat sie Freude an der Vielfalt. Zu diesem Zweck hat die Natur die geschlechtliche Vermehrung 'erfunden'. Die immer wieder neuen Kombinationen von männlichen und weiblichen Erbinformationen bringen immer wieder neue, einzigartige Lebewesen hervor. Vermischung - und das gilt für Individuen ebenso wie für Kulturen, Rassen oder Religionen - hat vom Naturgesetz her immer die Funktion, etwas Neues und Einzigartiges entstehen zu lassen, aber sie soll nicht zu einem faden, farblosen Eintopf führen. Dann nämlich wäre der Verlust an Leben grösser als der Gewinn. Nur die kreative Vermischung, die innovative Synthese ist in Übereinstimmung mit dem Naturgesetz.

Dies gilt auch, wenn unterschiedliche Interessen von verschiedenen Individuen oder Gruppen aufeinanderprallen und eine für beide Seiten akzeptable Lösung gefunden werden muss. Der 'faule Kompromiss', der keine der beiden Seiten glücklich macht, ist im Sinne des Naturgesetzes kaum besser als ein Sieger-Verlierer-Resultat, das gegenüber dem Verlierer eindeutig 'lieblos' ist. Wirklich lebensfördernd, also in Übereinstimmung mit dem Naturgesetz, ist die Konfliktlösung erst dann, wenn die Interessen beider Seiten in eine kreative Synthese umgesetzt worden sind, die beide Seiten zufriedenzustellen vermag. Die Strategie des Ja zum Leben ist eine Gewinn-Gewinn-Strategie. Es ist das Verdienst von Roger Fisher und seinen Kollegen vom 'Harvard Negotiation Project', eine klar nachvollziehbare Verhandlungsmethodik entwickelt zu haben, wie man die theoretische Forderung nach einer Gewinn-Gewinn-Strategie in die Praxis umsetzt. Die für dieses Know-how im deutschsprachigen Raum lizenzierte Beratungsfirma Egger, Phillips + Partner AG in Zürich bietet dazu Trainingsseminare im 'offenen Verhandeln nach dem Harvard-Konzept' für Führungskräfte an.

Gerechtigkeit

Liebe ist nur dann liebevoll, wenn sie immer und überall gleichermassen am Werke ist, nicht hier mehr und dort weniger oder zum einen Zeitpunkt stärker und zum anderen schwächer, sondern gegenüber allem und allen in ungetrübter Reinheit und uneingeschränkter Fülle mit ununterbrochener Konstanz. Widmet beispielsweise ein Chef gewissen Mitarbeiter(innen!) mehr Aufmerksamkeit als anderen, so ist sein Verhalten den letzteren gegenüber nicht liebevoll, sondern lieblos. Das Gleiche trifft zu, wenn eine Mutter ein Kind verwöhnt und das andere vernachlässigt. Wir sagen dann, der betreffende Chef oder die betreffende Mutter sei 'ungerecht'. Vielleicht sind wir im Alltag deshalb immer wieder ungerecht, weil wir gewisse Menschen lieber haben als andere! 'Lieber haben' ist aber nicht die Steigerung von 'Lieben', sondern von 'gern haben', wobei die Betonung auf 'haben' liegt, während 'Liebe' in erster Linie mit 'Geben' zu tun hat.

Ungerechtigkeit ist Lieblosigkeit, woraus folgert, dass *Gerechtigkeit ein Bestandteil der Liebe* ist. Das Wort Gerechtigkeit bezeichnet die universelle Gültigkeit des Liebesprinzips, und genau diese universelle Gültigkeit verleiht dem Liebesprinzip Gesetzescharakter. Liebe, Lebensbejahung, Lebensförderung kann nur dann für sich beanspruchen, das Grundprinzip des Lebens, das Naturgesetz schlechthin zu sein, wenn es lückenlos immer und überall gilt. Gerechtigkeit ist Liebe als Gesetz, und nur als Gesetz ist Liebe wirklich liebevoll.

Liebe ohne diesen Gesetzescharakter, den wir Gerechtigkeit nennen, wäre nur eine Laune, also Willkür, und als solche lieblos und ungerecht. Willkür ist das Gegenteil von Recht. Unter Recht verstehen wir gewöhnlich von Menschen gemachte Gesetze, die das Zusammenleben der Menschen regeln. Das natürliche Recht, 'das mit uns geboren ist' (Goethe), ist die Gerechtigkeit des Naturgesetzes, der Gesetzescharakter des Liebesprinzips. Allerdings darf man sich dabei nicht eine primitive Eins-zu-Eins-Logik nach dem Schema 'Wie Du mir, so ich Dir' vorstellen. Wohl aber gilt das Jesus-Wort: „Wie Du säst, so wirst Du ernten." Auf Sanskrit heisst diese Gesetzmässigkeit 'Karma'. Da wir Menschen unser Denken und Handeln frei wählen können, haben wir auch die Möglichkeit, das Naturgesetz der Liebe zu verletzen. Die Gerechtigkeit, sprich Allgültigkeit des Naturgesetzes, sorgt dann dafür, dass wir diese Verletzung selber zu spüren bekommen, meist jedoch nicht unmittelbar danach, sondern mit zeitlicher Verzögerung. Vielleicht geschieht es in Form einer (zu) späten Einsicht, die schmerzliche Gefühle der Reue oder des Mitleids hervorruft. Vielleicht geschieht es dadurch, dass ein äusseres Ereignis - eine Krankheit, ein Unfall, das Verhalten eines Mitmenschen - uns Schmerzen zufügt.

Was immer wir anderen antun, tun wir uns selber an, weil es letztlich nur *ein* Leben gibt. Die Schmerzen, die wir als Folge schlechter Aussaat ernten, sind ein Signal des Lebens, dass es verletzt wurde. Sie sind ein Feedback an uns, dass es uns an Mitgefühl mit dem Leben, dass es uns an Liebe gemangelt hat. Die Schmerzen haben die Aufgabe, uns wach zu rütteln, damit wir eine Kurskorrektur vornehmen und wieder im Einklang mit dem

Naturgesetz funktionieren. Gerechtigkeit oder Karma hat nichts mit Strafe oder Sühne zu tun, sondern ist die Art und Weise, wie das Lebensgesetz der Liebe sich seine Durchsetzung verschafft, wenn Wesen mit Willensfreiheit wähnen, es ausser Kraft setzen zu können. Wie allerdings die Gerechtigkeit im Einzelfall ihre Wiederherstellung bewerkstelligt, entzieht sich der Nachvollziehbarkeit durch den rationalen Verstand. 'Unergründlich ist der Lauf des Karma', heisst es in der Bhagavad Gita (4.17). 'Die Wege des Herrn sind unergründlich', sagt ein altes religiöses Sprichwort.

Fünf Erkenntnisse aus Kapitel 17

1. *Eine Unternehmung ist die Organisation von menschlichen und materiellen Ressourcen zu dem Zweck, grösstmögliche Wirkungen von der bestmöglichen Art hervorzubringen.*
2. *Eine Dienstleistung ist der Einsatz von Zeit, Kraft und Know-how zu dem Zweck, grösstmöglichen Kundennutzen zu erzeugen.*
3. *In einem gesunden Selbstverständnis von Dienstleister(inne)n halten sich 'Demut' und 'Würde' die Waage.*
4. *Dienstleistungsqualität heisst erstens Fehler minimieren, aber ohne Zwang zur Perfektion, und zweitens 'Caring', d.h. die Zuwendung von Lebenslust, Liebe und Aufmerksamkeit.*
5. *Der universell gültige Gesetzescharakter der Liebe heisst Gerechtigkeit.*

18. Ich, Du und wir

Soziales Wohlbefinden

Dass der Mensch ein soziales Wesen ist, haben wir bisher nicht gerade ignoriert, aber auch nicht ins Zentrum der Betrachtung gerückt. Dies soll in den folgenden Kapiteln nachgeholt werden. Erinnern wir uns noch einmal an die Struktur und Dynamik des individuellen Wohlbefindens, wie wir sie uns in Kapitel 8 klar gemacht hatten: Wir hatten eine 'innere Befindlichkeit' ausgemacht, die die Ausgangslage für unser 'aktuelles Erleben' bildet. Eine positive innere Befindlichkeit kennzeichneten wir mit Begriffen wie Sicherheit, Entspanntheit, Angstfreiheit, Urvertrauen, Urgeborgenheit. Positive aktuelle Erlebnisse, die darauf aufbauen, beschrieben wir mit Begriffen wie Wachstum, Genuss, Freude, Lebensfreude, Seinslust. Es ergab sich ein Zwei-Komponenten-Modell, wie es in Abbildung 25 noch einmal zusammenfassend dargestellt ist. Es handelt sich dabei nicht nur um ein Zwei-Komponenten-, sondern gleichzeitig auch um ein Zwei-Stufen-Modell, denn alles, was auf der linken Seite steht, hat gegenüber dem, was auf der rechten Seite steht, Vorrang. Wir streben zuerst nach Sicherheit und erst darauf aufbauend nach Wachstum. Wir müssen zuerst angstfrei

Individuelles Wohlbefinden

Basis-Komponente	+	Aufbau-Komponente ⟩
Sicherheit	+	Wachstum
Entspanntheit	+	Genuss
Angstfreiheit	+	Freude
Urvertrauen	+	Lebensfreude
Urgeborgenheit	+	Seinslust

Abbildung 25: Struktur und Dynamik des individuellen Wohlbefindens

sein, um geniessen zu können. Wir können uns nur insoweit freuen, wie wir uns innerlich geborgen fühlen.

Ein ganz analoges Bild ergibt sich nun, wie Abbildung 26 zeigt, wenn wir den Einzelnen in den Kontext seiner Mitmenschen stellen. Als Individuen im Zusammenleben mit anderen suchen wir eine Art 'soziales Wohlbefinden', das in einer harmonischen Verbindung unserer persönlichen Eigenart mit unserer sozialen Umwelt besteht. Unser persönliches So-und-nicht-Anderssein bildet dabei unsere Ausgangsbasis, auf der unsere Verbindung mit anderen aufbaut. Wir wollen zunächst wir selber sein, aber damit nicht alleine bleiben. Wir streben danach, uns mit anderen zusammen zu tun, aber nicht um den Preis der Selbstverleugnung. Wir wollen auf unseren eigenen Füs-sen stehen, aber dabei nicht stehen bleiben. Wir wollen in eine Gemeinschaft integriert, sozial vernetzt sein, aber ohne dabei unsere persönliche Identität aufzugeben. Wir legen Wert auf unsere Unabhängigkeit, sind aber auch bereit, uns in ein grösseres Ganzes einzuordnen. Wir streben nach Selbstausdruck, aber auch nach Kooperation. Es ist die aus dem vorangegangenen Kapitel bekannte Sowohl-als-auch-Strategie der Gleichzeitigkeit von 'Reinheit' und 'Fülle'. So zumindest funktionieren wir, wenn wir ein einigermassen gesundes individuelles Selbst-Bewusstsein haben und man uns unsere persönliche Identität nicht

Soziales Wohlbefinden

Basis-Komponente	+	Aufbau-Komponente
Eigenart	+	Einordnung
Eigenständigkeit	+	Verbindung
Unabhängigkeit	+	Vernetzung
Identität	+	Integration
Selbstausdruck	+	Kooperation

Abbildung 26: Struktur und Dynamik des sozialen Wohlbefindens

durch sozialen Anpassungsdruck herausgepresst hat, wie das leider immer wieder in totalitären Gesellschaften geschieht. Ich erinnere nur an das Beispiel von dem jungen Deutschen des Jahres 1940, dem man immer wieder eingetrichtert hatte, 'ein Deutscher zu sein', sich 'als Deutscher' zu fühlen, 'als Deutscher' zu denken, sich 'wie ein Deutscher' zu benehmen, und der dabei seiner persönlichen Identität und Eigenart verlustig ging.

Aus Angst vor sozialer Isolation, einer häufigen Folge unserer Ego-Struktur (siehe Kap. 3), sind Menschen bereit, ihre individuelle Identität auf dem Altar einer Gruppenidentität zu opfern. Wo aber diese Angst nicht überhand nimmt, legen wir die erste Priorität auf die Beibehaltung unserer Persönlichkeit und erst in zweiter Priorität suchen wir den Anschluss an andere. Es ist so ähnlich wie ein Organ in einem Organismus: Eine Leber beispielsweise ist ein hochspezialisiertes Organ und denkt nie daran, etwas anderes als eine Leber zu sein, aber gleichzeitig kombiniert und koordiniert sie ihre Eigenaktivität mit derjenigen von allen anderen Organen. Im Wirtschaftsleben kennen wir den gleichen Sachverhalt als Profilierung im Verbund mit Synergie. So floriert zum Beispiel ein Shopping Center am besten, wenn es einen bunten Mix von profilierten Geschäften beherbergt, die sich in ihrem Angebot ebenso unterscheiden wie ergänzen. Die vielen unterschiedlichen Geschäfte üben eine kombinierte Anziehungskraft auf die Kundschaft aus, d.h. sie erzeugen eine Synergiewirkung, die allen Geschäften im Shopping Center zugute kommt.

Für unser Streben nach Verwirklichung unserer Eigenart, nach Eigenständigkeit, Unabhängigkeit und persönlicher Identität, gibt es einen politischen Wertbegriff: Es ist die viel besungene, immer wieder blutig erkämpfte, in Riesenstatuen verherrlichte *Freiheit*. Gemeint ist die Freiheit des Einzelnen, sein Recht auf freie Wohnungs- Berufs- und Partnerwahl, auf freie Meinungsäusserung, Religionsausübung und wirtschaftliche Betätigung. Jedes Individuum soll sich so frei wie möglich bewegen, seine Bedürfnisse nach eigenem Gutdünken befriedigen und seine Vorstellungen über sich selbst und sein Leben weitestgehend verwirklichen können. Doch was würde geschehen, wenn diese Freiheit des Individuums

grenzenlos wäre und jeder davon uneingeschränkt Gebrauch machen würde? Anarchie würde herrschen, würden die Politiker sagen, oder Entropie hiesse es in der Sprache der Naturwissenschaftler.
Stellen wir uns einmal als Gedankenspiel einen geschlossenen Saal
vor, in dem gerade eine Cocktailparty stattfindet. Plötzlich ist jeder
der Partygäste mit der Fähigkeit, sprich Freiheit, ausgestattet, sich
gleich einer Fliege in alle Richtungen dreidimensional im Saal zu
bewegen. Wenn jetzt jeder der anwesenden Personen völlig frei
und ohne Rücksicht auf die anderen menschlichen Flugkörper im
Saal umherschwebt, sind Kollisionen und Abstürze nicht zu vermeiden. Damit das Zusammenleben der Menschen funktionieren
kann, müssen die Individuen ihre Bewegungen aufeinander ab-
stimmen und ihre Aktivitäten koordinieren. Der Einzelne muss sich
in die Gemeinschaft einfügen. Die Frage ist nur: Wie bringt man
den Einzelnen dazu, sich rücksichtsvoll, eingliedernd, kooperativ,
kurz: sozial zu verhalten?

Nicht Sozialismus, sondern Liebe

„Die Freiheit der Einzelnen endet dort, wo sie die Freiheit der
anderen tangiert." Solche und ähnliche Sätze finden sich fast täglich in den Leitartikeln unserer Tageszeitungen. Sie offenbaren die
Art und Weise, wie man seit Hammurabi bis heute versucht hat,
soziales Verhalten hervorzubringen. Man hat es mit Hilfe von Gesetzen, Vorschriften und Verboten, sei es im Namen des Staates,
der Religion oder der Organisation, angeordnet. Und das heisst im
Klartext: Man hat es mittels Strafandrohung bei Gesetzesübertre-
tungen, also durch Angsterzeugung, erzwungen. Und was geht
dabei langsam aber sicher verloren? Eben jene Freiheit, zu deren
Schutz all die Gesetze, Vorschriften und Verbote erlassen wurden.
Freiheitseinschränkung mit Hilfe von Gewalt war und ist das traditionelle Rezept, mit dem man versucht, den einzelnen Bürger zu
sozialem Verhalten anzuhalten. Genau deshalb ist 'Sozialismus' nicht
der komplementäre Ergänzungs-, sondern der kontradiktorische
Gegenbegriff zur 'Freiheit', denn der Sozialismus stellt den historisch jüngsten Versuch dar, soziales Verhalten per Gesetzgebung
zu verordnen. Und was kommt dabei zwangsläufig heraus? Die

sogenannten 'antisozialistischen' Aktivitäten werden im Geheimen ausgeübt, die Freiheit wandert in den Untergrund, der Schwarzmarkt blüht. In dem Moment, wo man den Druck des sozialistischen Systems wegnimmt, bleibt von den sozialen Tugenden nicht mehr viel übrig. Schlimmer noch: Das Pendel schlägt in die Gegenrichtung aus, und der Egoismus triumphiert ärger als je zuvor.

Soziales Verhalten, Gemeinschaftssinn, Rücksichtnahme, Solidarität mit den Schwachen, mitmenschliches Denken, Fühlen und Handeln, lassen sich letztlich nicht staatlich verordnen und auch nicht auf die Dauer mit staatlicher Gewalt durchsetzen. Wenn man uns etwas verbietet, was wir von uns aus wollen, dann suchen wir nach Möglichkeiten, uns unseren Wunsch im Verborgenen zu erfüllen. Je länger eine Diktatur andauert, desto beherrschender wird das elfte Gebot: Du sollst Dich nicht erwischen lassen! Als Reaktion darauf bläht die Diktatur ihren Polizei- und Bewachungsapparat auf, allerdings mit der unbeabsichtigten Nebenwirkung, dass immer mehr Produktivkräfte der Gesellschaft von der produktiven Wirtschaft abgezogen werden und in den unproduktiven Überwachungsapparat wandern. So gräbt sich jede Diktatur auf die Dauer gesehen wirtschaftlich ihr eigenes Grab. Unser Freiheitsdrang wird besonders herausgefordert, wenn man uns mit Verboten entgegentritt. Wir alle haben als Kinder oder Jugendliche wahrscheinlich mehr als einmal die Erfahrung gemacht, dass etwas, was uns an sich Spass macht, doppelt so viel Spass macht, wenn es verboten ist und man dabei nicht erwischt wird. Verbote und Strafen, also die gewaltsame Freiheitseinschränkung, sind keine natürlichen, keine naturgerechten Instrumente zur Erzeugung von sozial wünschenswertem Verhalten. Auch Appelle an die menschliche Vernunft nützen nichts, wenn das Fühlen und Wollen der Menschen nun einmal unvernünftig ist.

Es gibt aber in uns allen eine Naturanlage, die uns *frei-willig* dazu bringt, uns rücksichtsvoll, solidarisch und kooperativ zu verhalten. Sie heisst *Liebe*. Bis zu einem gewissen, wenn auch noch sehr begrenzten Grad ist diese Naturanlage bei den meisten von uns schon ausgebildet, gehen wir doch in der Regel mit 'unseren Lieben' - unseren Lebensgefährten, unseren Kindern, unseren engsten Freunden und Verwandten - mehr oder weniger liebevoll um, nicht aus Pflicht oder Druck, sondern spontan und aus freien Stükken, weil uns diese Menschen am Herzen liegen. Wir freuen uns, wenn es ihnen gut geht, und wir leiden mit ihnen, wenn es ihnen schlecht geht. Wir denken automatisch an sie, wenn irgend etwas sie betrifft, und stimmen unsere Pläne auf ihre Interessen und Bedürfnisse ab, weil uns deren Befriedigung genauso wichtig ist wie diejenige unserer eigenen. Liebe verbindet den Einzelnen mit anderen durch Mit-Fühlen. In Kapitel 16 identifizierten wir Liebe als ein universelles Lebensprinzip, ja als die Natur des All-Lebens überhaupt. Jetzt wenden wir dieses Prinzip auf das menschliche Individuum in seiner Beziehung zur Umwelt an, und da bedeutet Liebe: Ausdehnung des eigenen Wohlbefindens über die eigene Haut hinaus auf andere. Liebe im sozialen Sinn bezeichnet die fortschreitende Ausweitung des sensiblen Ich-Radius. Der Kreis um uns herum, innerhalb dessen wir gefühlsmässig lebendig sind, wird grösser.

Mehr Marktwirtschaft in das innerbetriebliche Informationswesen

Ein Beispiel dafür, wie das Liebesprinzip funktioniert, liefert das innerbetriebliche Informationswesen in Unternehmungen. Fragt man die Mitarbeiter z.B. im Rahmen einer anonymen Befragung, ob sie sich genügend, rechtzeitig und in zweckmässiger Form informiert fühlen, so erhält man mehrheitlich ein klares Nein zur Antwort. Fragt man gleichzeitig, ob sie den Eindruck haben, in einer Flut von überflüssigen Informationen zu ertrinken, antwortet die Mehrheit mit Ja. Der Hauptgrund für diesen Missstand liegt darin, dass Informationen von Mitarbeitern in der Regel nach dem Muster eines planwirtschaftlichen Informationsverteilungssozialismus erfolgt. Als Folge davon ist die informelle Kommunikation, also die Informationsweitergabe auf dem 'Schwarzmarkt', wesentlich effizienter als die offizielle. Oder wie es ein Seminarteilnehmer einmal ausdrückte: „Bei uns ist der Latrinenweg immer noch der wichtigste Informationskanal."

Zunächst nämlich holen sich Mitarbeiter ihre Informationen, und zwar für ihr eigenes Wohlbefinden, sei es für ihre Sicherheit - dann handelt es sich um not-wendige, d.h. eine Not abwendende Information, oder sei es zur Befriedigung ihrer Neugierde -, dann handelt es sich um begehrte Informationen (siehe Kap. 9). Darüber hinaus jedoch wirkt noch eine Kraft, die Informationsträger veranlasst, ihr Wissen geradezu automatisch mit anderen zu teilen, und zwar mit denjenigen, die sich im Kreisinneren ihres erweiterten Wohlbefindens befinden und deren Wohlbefinden von der Information berührt wird.

Angenommen dem Mitarbeiter Hans, wissenschaftlicher Sachbearbeiter in einer Stabsabteilung, flattert ein Sitzungsprotokoll auf den Schreibtisch, in dem von einer erwogenen Reorganisation des Bereiches A mit einer Zusammenlegung der Abteilungen X und Y die Rede ist. Auch werden in dem Protokoll drei Namen genannt, die für die Leitung der neuen Superabteilung in Frage kommen. Während Hans das Protokoll liest, fällt ihm automatisch sein guter Freund Josef ein, der in der gegenwärtigen Abteilung Y tätig ist. Ohne zu zögern greift Hans zum Telefon, ruft seinen Freund Josef an und beginnt das Gespräch mit den Worten: „Willst Du wissen, in welcher Abteilung Du voraussichtlich heute in einem Jahr arbeiten wirst und wie Dein zukünftiger Chef heisst?" Im Organigramm der Unternehmung sind die Mitarbeiter Hans und Josef vielleicht sehr weit voneinander entfernt angesiedelt, aber weil sie sich menschlich nahe sind, fliesst hier die Information ganz von selber .

Vorgesetzte und Mitarbeitende könnten von diesem natürlichen Informationswesen profitieren, indem sie von Zeit zu Zeit folgende Übung machen würden: Sowohl der (die) Vorgesetzte als auch sein(e) Mitarbeiter(in) stellen sich die Fragen: Welche Informationen *braucht* der Mitarbeiter bzw. der Chef von mir? Welche Informationen *hätte gerne* der Mitarbeiter bzw. der Chef von mir? Nachdem beide diese Fragen für sich nach bestem Wissen beantwortet haben, sitzen sie zusammen und tauschen ihre Antwortlisten aus. „Ach, das interessiert Sie! Wenn ich das schon vor einem Monat gewusst hätte ...!" Solche und ähnliche Ausrufe auf beiden Seiten dürften des öfteren vorkommen. Resultat des Gespräches: Die wechselseitige Information zwischen Vorgesetzten und Mitarbeitenden wird sich verbessern, weil sich jeder in den anderen besser einfühlen kann.

Wenn Menschen informiert werden, fühlen sie sich geliebt, denn sie spüren, dass man an sie gedacht hat. Umgekehrt fühlen sie sich übergangen, vernachlässigt, also lieblos behandelt, wenn man sie nicht informiert. Wenn ein Ehemann abends verspätet heim kommt, muss er sich von seiner Frau vielleicht Vorwürfe anhören, nicht weil er so spät nach Hause gekommen ist, sondern weil er nicht angerufen hat, um ihr seine Verspätung frühzeitig mitzuteilen. „Du hast eben nicht an mich gedacht!", hält sie ihm mit enttäuschter Stimme vor und will damit eigentlich sagen: Du liebst mich eben nicht genug. Empfängerorientiertes, rechtzeitiges Informieren ist genauso ein Akt der Liebe wie offenes, d.h. unvoreingenommenes, aufmerksames und einfühlendes Zuhören. In der Qualität - nicht Quantität! - der Kommunikation spiegelt sich das Ausmass an Liebe, das in einer Beziehung oder Gruppe herrscht. Liebe, also Ausdehnung des eigenen Wohlbefindensradius auf den Mitmenschen, ist somit eine Voraussetzung für gute Kommunikation. Ein wirkungsvolles Kommunikationstraining ist deshalb ein Liebestraining, d.h. es fördert unsere angeborene Fähigkeit, uns in andere hineinzuversetzen und mit ihnen mitzufühlen.

Der Radius unseres Wohlbefindens

Leider ist die Naturanlage der Liebe bei den meisten heutigen Menschen nur sehr rudimentär ausgebildet. Der Radius des eigenen Wohlbefindens nimmt mit zunehmender Distanz von der eigenen Person stufenweise ab. Die wichtigsten dieser Stufen sind in Abb. 27 dargestellt.

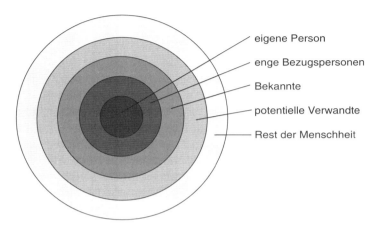

eigene Person

enge Bezugspersonen

Bekannte

potentielle Verwandte

Rest der Menschheit

Abbildung 27: Stufenweise Abnahme des eigenen Wohlbefindens-Radius beim 'normalen' Menschen

Schon bei unseren engsten Bezugspersonen, eben 'unseren Lieben', ist unser Mitgefühl kein hundertprozentiges. Im Zweifelsfalle sitzt den meisten von uns auch hier schon 'das Hemd näher als der Rock'.

Ein deutlicher Abfall unserer Mitgefühlsintensität findet in dem Moment statt, wo wir es nicht mit engen Bezugspersonen, sondern 'nur' mit Leuten zu tun haben, die uns persönlich bekannt sind. Wenn sie uns nicht einmal persönlich bekannt sind, fällt unser Mitgefühl noch weiter ab. Oder anders herum formuliert: Sobald ein Mitmensch aus der unpersönlichen Anonymität heraustritt, und wir ihn persönlich kennen lernen, steigt unsere Fähigkeit, mit ihm mitzufühlen, sprunghaft an. Deshalb können sich beispielsweise Verkäufer(innen) mit persönlichem Kundenkontakt normalerweise viel besser in die Kunden und ihre Bedürfnisse einfühlen als die Marketing-Strategen im Hintergrund, auch wenn letztere eine viel gründlichere Ausbildung genossen haben.

Stellen Sie sich einmal vor, Sie treffen zufällig einen ehemaligen Arbeitskollegen, den Sie schon Jahre lang nicht mehr gesehen haben, und Sie unterhalten sich miteinander über gemeinsame

Bekannte aus alten Zeiten. Nachdem Sie sich über einige solche ausgetauscht haben, fragt Sie Ihr Ex-Kollege: „Hast Du gehört, was mit dem Fritz Müller passiert ist?" „Welcher Fritz Müller?", fragen Sie zurück. „Hast Du den Fritz Müller nicht mehr gekannt?", forscht Ihr Gesprächspartner nach. Sie überlegen einen Augenblick und verneinen, worauf Ihr Ex-Kollege meint: „Dann wird es Dich kaum interessieren, was mit ihm passiert ist." Plötzlich fällt Ihnen der Name wieder ein: „Meinst Du etwa den Fritz Müller, der damals bei Schmidt und Co. gearbeitet hat?" „Ja, genau der", bestätigt Ihr Ex-Kollege. „Dann sag mit bitte, was um Gottes Willen ist mit ihm passiert?" Sobald ein Mensch in unserem Umkreis die Schwelle der persönlichen Bekanntschaft genommen hat, macht unser Interesse an ihm und seinem Wohlergehen einen Sprung nach oben.

Unter denjenigen Menschen, die wir nicht persönlich kennen, macht das Mitgefühl der meisten Menschen noch eine deutliche Abstufung zwischen solchen, die unsere Verwandten sein oder werden könnten, und solchen, bei denen dies nicht der Fall ist. In der bisherigen Geschichte der Menschheit waren die Populationen, innerhalb derer es zu Eheschliessungen und Nachkommenschaft kam, ziemlich klar abgegrenzt. Für einen jungen Menschen im heiratsfähigen Alter kam als Ehepartner nur eine Person in Frage, die die gleiche Sprache spricht, nicht allzu weit weg wohnt und infolge dessen mit ähnlichen geographischen und klimatischen Verhältnissen sowie dazu passenden Sitten und Gebräuchen vertraut war. Innerhalb eines Kreises von Menschen, für die dies zutraf, wurden Ehen geschlossen und Kinder grossgezogen, darüber hinaus jedoch - von Ausnahmefällen abgesehen - nicht. Die Römer nannten eine solche sich selbst regenerierende, nach aussen hin abgegrenzte Population 'natio', zu Deutsch Stamm, von dem sich unser Begriff der Nation ableitet. Trifft man auf einen unbekannten Stammesgenossen, so könnten gemeinsame Nachforschungen sehr bald ergeben, dass man über mehrere Ecken miteinander verwandt ist. Ebenso besteht die Möglichkeit, eines Tages miteinander verwandt zu werden, wenn zum Beispiel ein Neffe des einen eine Cousine des andern heiratet. In den vergangenen Jahrhunderten und Jahrtausenden war ein Angehöriger des gleichen Stammes also ein potentieller Verwandter und deshalb kein 'Fremder', auch wenn er ein Unbekannter war. Der wirklich 'Fremde' war der 'Aus-länder', mit dem eine wie auch immer geartete verwandtschaftliche Verbindung ausgeschlossen war. Wenn für ihn überhaupt noch etwas vom Mitgefühl des 'In-länders' übrig blieb, dann nur in homöopathischer Verdünnung.

In dieser herkömmlichen Grenzziehung zwischen potentiell verwandten und verwandtschaftsunfähigen Mitmenschen sehe ich einen wichtigen Ursprung für Nationalismus, Fremdenangst und Ausländerfeindlichkeit. Keine Frage, eine solche Ausgrenzung von Mitmenschen aus dem eigenen Wohlbefindensradius ist primitiv, fast animalisch, und hat in der Vergangenheit genug Unheil angerichtet. Und dennoch konnte sich die Menschheit bis heute weiter vermehren und, zumindest, was ihre technische Zivilisation anbetrifft, weiter entwickeln. An der Schwelle zum dritten nachchristlichen Jahrtausend jedoch mit ca. 6 Milliarden Erdenbürgern und einer Kommunikationstechnologie, die aus der Welt das sprichwörtliche Dorf gemacht hat, ist die alt hergebrachte Unterentwicklung unserer Liebesfähigkeit jedoch schlicht suizidal. Unsere Gattung hat sich selbst in einen enormen Evolutionsdruck hineinmanövriert. Wir können es uns nicht länger leisten, dass genetische und kulturelle Andersartigkeit unserem Einfühlungsvermögen einen Riegel vorschiebt. Der Kreisumfang unseres persönlichen Befindens muss sich soweit ausweiten, dass alle unsere Artgenossen darin Platz finden, und zwar nicht nur die gegenwärtig lebenden, sondern auch diejenigen künftiger Generationen. Ja mehr noch: er muss auch das aussermenschliche Leben, die ganze Biosphäre umschliessen. Ob es uns gelingt, aus unserem bisherigen, infantilen Liebesstadium herauszutreten und erwachsene Erdenbürger mit einem globalen Wohlbefindensradius zu werden, entscheidet über den Fortbestand unserer Gattung auf diesem Planeten. Oder in den Worten von Albert Einstein: „Ein Mensch ist ein Teil des Ganzen, das wir Universum nennen, ein Teil, der durch Raum und Zeit begrenzt ist. Er erfährt sich selbst, seine Gedanken und Gefühle in einer Art optischer Illusion, als ob er von Rest getrennt wäre. Diese Illusion ist unser Gefängnis und beschränkt unser

Menschsein auf unsere persönlichen Begierden; sie verdammt uns dazu, unsere Zuneigung nur denen zu schenken, die uns am nächsten stehen. Es muss unsere Aufgabe sein, uns aus diesem Gefängnis zu befreien, indem wir den Kreis unseres Mitgefühls ausdehnen, bis er alle Lebewesen und die ganze Natur umfasst."

Damit wir aber unseren sensiblen Ich-Umfang erweitern können, muss unsere eigene innere Befindlichkeit einigermassen ausgeglichen, angst- und sorgenfrei sein. Wir müssen mit uns selbst im Reinen und innerlich erfüllt sein. Andernfalls sind wir zu sehr mit uns selber beschäftigt, und dann fehlt es uns an Herzenskapazität für andere. Nur wer hat, kann geben. Nur wer erfüllt ist, kann überfliessen. Nur wer wirklich lebt, kann lieben. Wenn wir unsere Naturanlage der Nächstenliebe zur Entfaltung bringen wollen, müssen wir bei uns selber anfangen. Nächstenliebe ist die natürliche Fortsetzung von gesunder Selbstliebe, wobei man letztere jedoch nicht mit ungesunder Eigenliebe verwechseln darf. Gesunde Selbstliebe heisst ja sagen zu sich selbst, also Selbstbejahung und daraus resultierend fortschreitende Selbsterkenntnis und Selbstverwirklichung. Ungesunde Eigenliebe dagegen ist Egoismus, die Zementierung des Egos. Gesunde Selbstliebe weitet das eigene Leben aus, und führt es in die Freiheit der All-Verbundenheit. Ungesunde Eigenliebe schränkt das eigene Leben ein, und führt es in den Kerker der Isolation. Wer im Zustand der permanenten Selbst-Gegründetheit lebt, hat es nicht mehr nötig, an sich zu denken und sich um sein persönliches Wohlergehen zu kümmern. Was ihn aber echt bekümmert, ist die Tatsache, dass es den anderen noch nicht genauso gut geht wie ihm selbst. Also versucht er ihnen zu helfen, wo er kann, und zwar gemäss seiner Eigenart und Bestimmung, also seinem individuellen Dharma entsprechend. In der buddhistischen Tradition wird gelehrt, dass den Erleuchteten, der das Leiden endgültig überwunden hat, nur ein einziges Motiv antreibt: den noch nicht Erleuchteten ebenfalls zur Erleuchtung zu verhelfen.

Soziale Organismen

Freiheitsstreben und Liebe konstituieren das soziale Wohlbefinden des Einzelnen in der Gemeinschaft. Liebe ist das natürliche, naturgegebene Band, das die menschlichen Individuen miteinander verbindet. Was dabei herauskommt, sind soziale Organismen: zwischenmenschliche Beziehungen, Gruppen, Gesellschaften. Der kleinste soziale Organismus ist die Zweierbeziehung, die Diade. Betrachten wir als nächstes die Basis- und Aufbaukomponente, die zusammen die Struktur und Dynamik zwischenmenschlicher Beziehungen und Gruppen ausmachen.

Beziehung / Gruppe

Basis-Komponente	+	Aufbau-Komponente ⟩
Gemeinsamkeit	+	Verschiedenheit
Zusammenhalt	+	Dynamik
Übereinstimmung	+	Austausch
"Gleich und Gleich gesellt sich gern"	+	"Gegensätze ziehen sich an"
Wir-Gefühl	+	Rollendifferenzierung

Abbildung 28: Struktur und Dynamik von Beziehungen und Gruppen

Damit Menschen zusammenfinden und zusammen bleiben, müssen sie etwas Gemeinsames haben, das sie verbindet: gemeinsame Ziele, gemeinsame Neigungen und Abneigungen, gemeinsame Ansichten, Werte oder Ideale, vielleicht auch gemeinsame Feinde. Es sind in jedem Falle Gemeinsamkeiten im Erleben. Gemeinsames Erleben heisst mit einem griechischen Wort Sympathie (von synpaschein, mit-erleben oder mit-erleiden). Häufig besteht das gemeinsame Erleben ganz einfach darin, dass man miteinander das Gleiche durchmacht. Vielleicht arbeitet man im gleichen Büro, hat man den gleichen Chef, spielt man Golf im gleichen Club, wohnt man im gleichen Haus, hat man Kinder in der gleichen Schule.

Gemeinsames Schicksal schweisst Menschen zusammen, auch wenn das miteinander Durchlebte oder Durchlittene schon der Vergangenheit angehört. So erklärt sich der Zusammenhalt von Menschen, die vielleicht einmal zusammen die Schulbank gedrückt oder im Schützengraben gelegen haben, also zwischen ehemaligen Schul- oder Kriegskameraden. Das Wort 'Kamerad' bezeichnet einen Zimmergenossen, also einen Menschen, mit dem man den engsten Lebensraum teilt. Ebenso kann man beobachten, dass Einwanderer aus der gleichen Ursprungsgegend auch dann noch zusammenhalten, wenn ihre Emigration schon Jahrzehnte zurückliegt und sie heute in ihrer neuen Heimat über ein riesiges Land (wie z.B. die USA) verstreut wohnen. Die gemeinsame Vergangenheit verbindet sie untereinander.

Ohne gemeinsames Erleben driftet jede Zweierbeziehung, jede Gruppe, jedes Team auseinander. Stellen Sie sich einmal folgendes Ehepaar vor: Er will in einer Stadtwohnung, sie dagegen in einem Einfamilienhaus auf dem Lande wohnen. Sie wünscht sich Kinder, er aber lehnt Kinder grundsätzlich ab. Er liebt klassische Musik, sie hasst klassische Musik. Sie liebt die Berge, aber nicht das Meer, er liebt das Meer, aber nicht die Berge. Er steht politisch links, sie steht politisch rechts, und so weiter. Es dürfte für die beiden ziemlich schwierig sein, miteinander eine auch nur einigermassen harmonische Ehe zu führen. Wahrscheinlich werden sie früher oder später auseinandergehen, und unser Kommentar dazu wäre vermutlich: „Die beiden haben wirklich nicht zueinander gepasst." Sie hatten zu wenig Gemeinsamkeiten, um so eng zusammen zu leben.

Doch wenn Menschen nur Gemeinsamkeiten haben und sich in nichts unterscheiden, fehlt es in einer Beziehung an Dynamik und Spannung im positiven Sinne. Es findet kein Austausch statt, denn es gibt nichts auszutauschen. Übereinstimmung ist gut und notwendig, aber für eine in irgendeiner Hinsicht produktive Beziehung nicht hinreichend. Winston Churchill soll einmal gesagt haben: „Wenn zwei Leute immer gleicher Meinung sind, ist einer von beiden überflüssig." Eine Beziehung hat zwar ihr Fundament in der Gemeinsamkeit, aber sie lebt von der Verschiedenheit. Angenommen, Sie und ich haben gemeinsam, dass wir gerne Kaffee mit Milch und Zucker trinken. Nun trifft es sich, dass Sie Kaffee, aber keine Milch und keinen Zucker haben, ich dafür über Milch und Zucker, aber über keinen Kaffee verfüge. Was werden wir tun? Wir werden zusammenkommen, Sie geben mir von Ihrem Kaffee und ich gebe Ihnen von meiner Milch und dem Zucker. Handel war ursprünglich Tauschhandel, nämlich der Austausch von Verschiedenheiten auf der Basis von gemeinsamen Interessen. Die Sprichwörter 'Gleich und gleich gesellt sich gern' und 'Gegensätze ziehen sich an', scheinen sich auf den ersten Blick zu widersprechen. In Wahrheit gelten beide zusammen, keines ohne das andere. Wieder einmal begegnet uns hier eine holistische Polarität.

Das gemeinsame Verbindende, das alle an einem sozialen Organismus Beteiligte miteinander teilen, äussert sich im Bewusstsein jedes einzelnen als Wir-Gefühl: Wir, das Ehepaar XY; Wir, die Familie Meier; Wir, die Belegschaft des Werkes Z; wir Europäer. Als Mitglieder einer Gemeinschaft hat jeder einzelne ein separates Ich-Gefühl und zusätzlich ein alle Mitglieder umgreifendes Wir-Gefühl. Im Wir-Gefühl liegt der Zusammenhalt einer zwischenmenschlichen Beziehung, einer Gruppe oder einer Gesellschaft. Das Wir-Gefühl ist der erlebnismässige Leim, der Individuen miteinander zu sozialen Organismen verklebt. Innerhalb dieser Gemeinschaften äussert sich die Verschiedenheit ihrer Mitglieder als Rollendifferenzierung. Jedes Individuum hat seine spezifische, seiner Eigenart entsprechende Aufgabe. Der Prototyp eines sozialen Organismus ist die Gemeinschaft von Mann und Frau, deren Rollendifferenzierung in der geschlechtlichen Polarität begründet liegt. Mann und Frau erfüllen unterschiedliche, sich wechselseitig komplettierende Funktionen (z.B. Zeugen und Gebären). Funktions- und Arbeitsteilung kennzeichnet auch die Rollendifferenzierung in einer Unternehmung (Entwicklung, Produktion, Verkauf, etc.), in einem Orchester (Streicher, Holzbläser, Blechbläser, etc.) oder in einer Volkswirtschaft (Landwirtschaft, Industrie, Handel, etc.). Eine gesunde, funktionierende Gemeinschaft, gleich welcher Grösse, erkennt man daran, dass in ihr Wir-Gefühl und Rollendifferenzierung gleichermassen ausgebildet sind.

Individuum und Kollektiv

Wenn Sie sich jetzt einmal Abb. 28 vor Augen halten und dazu Abb. 26 in Vergleich setzen, wird Ihnen vermutlich etwas auffallen: Die Beschreibungen der Basiskomponente zwischenmenschlicher Beziehungen und Gruppen (Gemeinsamkeit, Zusammenhalt, Übereinstimmung, 'Gleich und Gleich gesellt sich gern', Wir-Gefühl) korrespondieren mit den Beschreibungen der Aufbaukomponente des sozialen Wohlbefindens eines Individuums (Einordnung, Verbindung, Vernetzung, Integration, Kooperation). Und umgekehrt: Die Basiskomponente des sozialen Wohlbefindens eines Individuums (Eigenart, Eigenständigkeit, Unabhängigkeit, Identität, Selbstausdruck) entspricht der Aufbaukomponente zwischenmenschlicher Beziehungen und Gruppen (Verschiedenheit, Dynamik, Austausch, 'Gegensätze ziehen sich an', Rollendifferenzierung). Hier hat offenbar eine Seitenverkehrung stattgefunden. Sie hängt damit zusammen, dass sich von Abb. 26 zu Abb. 28 der Gegenstand der Betrachtung vom Individuum zum Kollektiv, vom Einzelnen in der Gemeinschaft zum sozialen Organismus der Gemeinschaft insgesamt verlagert hat. Dieser Sprung vom *Individuum im Kollektiv* zum *Kollektiv selbst* hat zu einer Umkehrung der Prioritäten geführt. Dabei gilt in beiden Fällen die erste Priorität dem Prinzip der Erhaltung oder dem Wert der Reinheit, die zweite Priorität dem Prinzip der Entfaltung oder dem Wert der Fülle. Was den Einzelnen in der Gemeinschaft als Individuum aufrecht erhält, ist seine Selbständigkeit; was ihn sozial gesehen zur Entfaltung bringt, ist das Zusammengehen mit anderen. Was hingegen eine Gemeinschaft von Individuen als Kollektiv aufrecht erhält, ist der Zusammenhalt aller ihrer Mitglieder; und was sie zur inneren Entfaltung bringt, ist die Eigenaktivität jedes einzelnen Mitgliedes. Die Prinzipien 'Erhaltung' und 'Entfaltung' sind nun ihrerseits nichts anderes als Repräsentanten der Basis- und Aufbaustufe des individuellen Wohlbefindens: 'Erhaltung' steht für Sicherheit, 'Entfaltung' steht für Wachstum. Es ist also möglich, die aufeinander aufbauenden und sich wechselseitig ergänzenden Grundmotive des individuellen Wohlbefindens über das individuelle Wohlbefinden hinaus auch auf das soziale Wohlbefinden von Individuen, ja sogar auf das

Wohlsein von sozialen Organismen wie zwischenmenschliche Beziehungen und Gruppen anzuwenden.

Die soziale Wirklichkeit des Menschen ist eine doppelte: Individuum und Kollektiv, einzelne Personen und soziale Organismen, ich und wir. Je nachdem, auf welchem Stuhl wir sitzen, werden wir die erste Priorität auf die individuellen Interessen des Einzelnen oder auf die kollektiven Interessen der Gemeinschaft legen. Ein einzelner Mitarbeiter in einem Unternehmen denkt wahrscheinlich primär an seine eigene Karriere und erst sekundär an die Weiterentwicklung des Unternehmens insgesamt. Aus der Sicht seines Vorgesetzten, mit dem er gerade ein Laufbahngespräch führt, verhält sich die Gewichtung genau umgekehrt. Der Vorgesetzte hat wahrscheinlich primär das Wohl der Firma und erst sekundär das persönliche Fortkommen eines einzelnen Mitarbeiters im Auge. Diese unterschiedliche Gewichtung der Interessen ist ganz natürlich und rührt daher, dass der Mitarbeiter in erster Linie für sich selber und der Vorgesetzte in erster Linie für das Unternehmen verantwortlich ist.

Ein Beispiel für diese unterschiedliche Prioritätensetzung liefert die jüngste Geschichte: In den letzten Tagen der Sowjetunion gab es einen Konflikt zwischen Präsident Gorbatschow und der 'abtrünnigen' Teilrepublik Litauen. Litauen wollte sich zuerst aus dem Sowjetreich lösen und erst später über eine Zusammenarbeit verhandeln, während Gorbatschow als 'Unionspräsident' vor allem an der Erhaltung (und wie bekannt: gescheiterten Erneuerung) der Sowjetunion interessiert war.

Was eine Gesellschaft oder ein Land als souveräne Nation erhält, ist ihr innerer Zusammenhalt, d.h. ihre Einigkeit. Ein Land, dessen Gesamt-Wir-Gefühl von sich befehdenden Teil-Wir-Gefühlen überlagert wird, gefährdet seine Freiheit und Unabhängigkeit, denn es wird leichte Beute für raubgierige Eroberer. Die alten Römer wussten dies und gaben ihrer Eroberungspolitik die Losung: divide et impera, entzweie und beherrsche. Ihre stalinistischen Nachfahren im zwanzigsten Jahrhundert wendeten für ihren sozialistischen Imperialismus die gleiche Taktik an: Man schüre in einem Land das Feuer des Klassenkampfes, d.h. man säe Zwietracht, um dann von den verbündeten Kommunisten 'zu Hilfe gerufen' zu werden. Pluralismus, Meinungsunterschiede, Parteien-Vielfalt machen den Reichtum einer Gesellschaft aus. Wenn darüber aber die Eintracht verlorengeht, ist es um den freien Fortbestand dieser Gesellschaft schlecht bestellt.

Kollektives Bewusstsein

Was die einzelnen Mitglieder eines sozialen Organismus - einer Familie, eines Teams, einer Gemeinde, einer Nation, der ganzen Menschheit - subjektiv als Wir-Gefühl erfahren, ist nur die aus dem Wasser herausragende Spitze eines Eisberges, den wir in seiner Gesamtheit *kollektives Bewusstsein* nennen können. Der weitaus grössere, unter der Wasseroberfläche liegende Teil des Eisberges, ist den einzelnen Mitgliedern gewöhnlich nicht bewusst. Von daher macht es durchaus Sinn, wenn C.G. Jung vom 'kollektiven Unbewussten' sprach, denn das einzelne Individuum ist sich des kollektiven Bewusstseins - abgesehen eben vom Gefühl eines Wir - kaum oder gar nicht bewusst. Die von C.G. Jung entdeckten Archetypen, die ihn auf die Idee eines kollektiven Unbewussten brachten, sind die Jahrtausende alten, in den Mythen, Märchen und Sagen aller Völker wiederkehrenden Gedankenbilder des Menschheitsbewusstseins. Die Menschheit insgesamt ist die grösste Einheit kollektiven Bewusstseins.

Analog gibt es ein nationales Bewusstsein für die Bevölkerung eines Landes, ein Gemeinde-Bewusstsein für die Einwohner einer Stadt oder eines Dorfes, ein Familien-Bewusstsein für die Mitglieder einer Familie oder auch ein Firmen-Bewusstsein für die Mitarbeitenden einer Unternehmung. Der Psychologe Szondi hat herausgefunden, dass der Lebenslauf eines Menschen - z.B. seine Berufs- und Partnerwahl, Wohnverhältnisse, Krankheiten, Todesart - von den Lebensläufen seiner Vorfahren wesentlich mitgeprägt wird, allerdings ohne dass dies dem betreffenden Menschen selber bewusst wäre. Szondi nannte seine Entdeckung das 'familiäre

Unterbewusste'. Was er tatsächlich entdeckte, war das Familien-
bewusstsein im Sinne eines kollektiven Bewusstseins, das die Generationen überdauert und den einzelnen Familienmitgliedern in
der Regel nicht bewusst wird. In ähnlicher Weise postulierte
Staehelin ein 'marianisches Unbewusstes' und meint damit unsere
tiefst innerliche, im Alltag normalerweise nicht bewusste Ausrichtung auf Gott, sozusagen eine in die menschliche Natur eingeborene
Urreligiosität. Wir könnten diese psychologische Tradition fortset-
zend im Rahmen dieses Buches mit Fug und Recht von einem
'transzendenten Unbewussten' sprechen, denn unser transpersonales, universelles und zeitloses Selbst ist uns, sofern wir
nicht wiederholt die Erfahrung reinen Bewusstseins gemacht haben, also uns im 'normalen', unerleuchteten Wachzustand befinden, kaum bewusst. Doch spätestens beim 'transzendenten
Unbewussten' wird der Begriff des Unbewussten augenscheinlich
widersinnig, handelt es sich dabei doch um Bewusstsein überhaupt, und zwar in seiner einfachsten Grundform.

Genau genommen wird der in der Psychologie so gängige
Begriff des Unbewussten in *drei Bedeutungen* verwendet: Erstens
sind damit seelische Inhalte gemeint, die uns im Moment nicht
zugänglich sind, weil sich andere seelische Inhalte davor geschoben haben. Dies ist beispielsweise der Fall, wenn uns ein Name,
den wir sonst gut kennen, beim besten Willen nicht einfallen will.
Der Name ist uns momentan unzugänglich, weil er durch andere
Bewusstseinsinhalte verstellt ist. Unser aktuelles Wachbewusstsein
hat nur eine begrenzte Kapazität für Bewusstseinsinhalte. Es gleicht
einer Bühne mit beschränktem Platzangebot. Im Moment nicht
gebrauchte Requisiten werden hinter die Kulissen geschoben. Diese
Art von unbewusstem Material ist uns *aus Kapazitätsgründen
unbewusst*. Eine zweite Bedeutung des Unbewussten bezieht sich
auf seelische Inhalte, die dem bewussten Erleben deshalb vorenthalten werden, weil sie sonst unser Wohlbefinden allzu sehr er-
schüttern würden. Es handelt sich hier um ein *abwehrbedingtes
Unbewusstes*. Sein Entdecker war Sigmund Freud. Der dritte Begriff des Unbewussten beinhaltet Ebenen oder Inhalte des
Bewusstseins, die uns deshalb nicht bewusst werden, weil sie wegen

ihrer geringen Lautstärke für unsere Wahrnehmungsfähigkeit zu unterschwellig sind. Unsere Wahrnehmung ist (noch) zu grob und unser Bewusstseinszustand (noch) zu eingeschränkt, als dass wir hier bewusste Erfahrungen machen könnten. Diese dritte Art des Unbewussten ist *Unbewusstes aufgrund eines begrenzten Bewusstseinszustandes*. Das 'kollektive Unbewusste' ist nicht eine vom Bewusstsein abgetrennte, eigenständige Welt des Un-bewussten, sondern 'kollektives *Bewusstsein*', das nur deshalb die Bezeichnung 'kollektives Unbewusstes' verdient, weil die meisten Individuen davon bewusst nichts mitbekommen.

Nicht nur von tiefenpsychologischer, sondern auch von soziologischer Seite hat man sich dem Begriff des kollektiven Bewusstseins genähert. Der französische Soziologe Emile Durkheim stellte zu Beginn des Jahrhunderts die These auf, dass das Kollektivbewusstsein einer Gesellschaft, obgleich von den Individuen erzeugt, auf diese einen überindividuellen sozialen Zwang durch seine normativen Verpflichtungen und Sanktionen ausübt.

In Maharishis vedischer Wissenschaft spielt das Konzept des kollektiven Bewusstseins eine zentrale Rolle. Man kann sich darunter eine Art Kraftfeld vorstellen, zu dem jedes individuelle Bewusstsein beiträgt und von dem jedes individuelle Bewusstsein beeinflusst wird. Das Bewusstsein von Kollektiven äussert sich in bestimmten Mentalitäten und Verhaltensweisen, die für das jeweilige Kollektiv, wie wir sagen, 'typisch' sind. Auf die Dauer kann sich ein Individuum, das in einem bestimmten Kollektiv lebt, dem Bewusstsein dieses Kollektivs kaum entziehen. Manchmal kann man die spezifische Qualität eines kollektiven Bewusstseins geradezu spüren, wenn man zum Beispiel die Grenze von einem Land in ein anderes Land überschreitet, oder wenn man das Gebäude einer bestimmten Unternehmung betritt. Erfahrene Unternehmensberater berichten, dass solche Wahrnehmungen beim Betreten eines Firmengebäudes ein wichtiges, rechtshemisphärisches, diagnostisches Instrument darstellen.

Das Prinzip des kollektiven Bewusstseins lässt sich bis zu seinem Ursprung im Bewusstsein an sich verfolgen: Wenn das verei-

nigte Feld aller Naturgesetze, reine Intelligenz, anfängt, in sich
selbst zu vibrieren und zu diversifizieren, entsteht eine Vielheit
innerhalb der Einheit, eine Art vielstimmiger aber harmonischer
Orchesterklang aus unterschiedlichen Intelligenzimpulsen oder
Naturgesetzen, gewisser-massen ein 'kollektives Bewusstsein an
sich'. Der vedische Ausdruck dafür ist Vishvae Deva, was wörtlich
und traditionell übersetzt 'Götter-All' bedeutet. Übersetzt man
Vishvae Deva ins Griechische, so erhält man 'pan theon', das dem
berühmten Rundtempel in Rom seine Gestalt und seinen Namen
gegeben hat. Auch in der biblischen Tradition steht am Anfang der
Schöpfung ein einziger Gott, der aber als Kollektiv die Welt erschafft, denn das Wort für Gott in der Genesis, 'Elohim', ist ein
Pluralwort. Konsequenterweise spricht der eine und gleichzeitig
kollektive Gott im Plural majestatis: „Lasst uns Menschen machen
nach unserem Abbild!" (Gen. 1.26). Weil es letztendlich nur ein
Bewusstsein gibt, oder andersherum formuliert: Weil Bewusstsein
als solches eine Einheit darstellt - interessanterweise gibt es zum
Wort Bewusstsein keinen Plural! -, ist Bewusstsein an sich reine
Intelligenz, das Urfeld sowohl von individuellem als auch von
kollektivem Bewusstsein. Vor dem Hintergrund dieses gemeinsamen Urfeldes sind individuelles und kollektives Bewusstsein komplementär, d.h. es sind die zwei Seiten derselben Münze.

Kohärenz im kollektiven Bewusstsein

Das kollektive Bewusstsein von menschlichen Gemeinschaften kann in einem besseren oder schlechteren Zustand sein. Das
diesbezügliche Qualitätsmerkmal hat Maharishi in Anlehnung an
die Kohärenz der elektrischen Gehirnaktivität, wie sie während
der Erfahrung reinen Bewusstseins beobachtet wurde (siehe Kapitel 10), ebenfalls Kohärenz genannt. Kohärenz im kollektiven
Bewusstsein bedeutet, dass sich eine Gemeinschaft - von der Diade
bis zur Menschheit - durch Harmonie und lebensfördernde Produktivität auszeichnet. Ein inkohärentes kollektives Bewusstsein
dagegen erkennt man an Disharmonie und destruktiven Aktivitäten.

In der empirischen Forschung wird das Kohärenz-Ausmass einer Gesellschaft anhand von sogenannten Sozialindikatoren wie die Häufigkeit von Gewaltverbrechen, die Unfallhäufigkeit, die Suizidrate oder die Anzahl von Patentanmeldungen operationalisiert. Und dabei hat sich in mehr als 40 wissenschaftlichen Studien gezeigt: Wenn Individuen ihr individuelles Bewusstsein transzendieren, also reines Bewusst-sein erfahren, so erhöht dies die Kohärenz im kollektiven Bewusstsein. Man hat diese kohärenzerzeugende Wirkung des Transzendierens als Feldeffekt reinen Bewusstseins interpretiert. Die ersten Beobachtungen dieses Feldeffektes datieren aus der Mitte der 70er Jahre. Man stellte damals fest: Sobald ca. 1% einer Population täglich zweimal meditiert, wird in den oben genannten Sozialindikatoren, vor allem in der Kriminalstatistik (verglichen mit Kontroll-Populationen) eine Trendumkehr zum Positiven sichtbar. Weil Maharishi diese kollektive Wirkung seiner Meditationstechnik bereits 1960 prognostizierte, nannte man diesen Feldeffekt reinen Bewusstseins nach ihm 'Maharishi-Effekt'. Diese Benennung passt übrigens auch von der Sache her, denn Maha-Rishi, wörtlich: grosser Seher, ist nicht nur ein Titel und damit so etwas wie die Berufsbezeichnung der Person Maharishi Mahesh Yogi's, sondern auch ein metaphorischer Ausdruck für das wahrnehmende, erkennende Subjekt, für den Behälter von Wissen, für Bewusstsein an sich, für das Selbst.

Nach Einführung des TM-Sidhi-Programmes in der zweiten Hälfte der 70er Jahre konnte der Maharishi-Effekt sogar noch gesteigert werden: Wenn Menschen miteinander gleichzeitig die TM-Sidhi-Techniken ausüben, sinkt der Schwellenwert, der zur Erzeugung einer messbaren Kohärenzwirkung nötig ist, von einem Prozent auf die Quadratwurzel eines Prozentes derjenigen Population, für die die Kohärenzwirkung nachgewiesen werden soll. Die Gruppe der zusammen transzendierenden Individuen bilden gewissermassen ein transzendierendes kollektives Bewusstsein, das den Feldeffekt reinen Bewusst-seins, den Individuen erzeugen, wenn sie vereinzelt transzendieren, potenziert. Seit dieser Entdekkung arbeitet Maharishi unermüdlich an der Etablierung von sogenannten 'Kohärenzgruppen', also von Gruppen, die zusammen meditieren und die TM-Sidhi-Techniken ausüben.

Die Geschichte der sozialwissenschaftlichen Erforschung des Maharishi-Effektes ist eine ausserordentlich spannende und findet sich in dem lesenswerten Buch von Claire und Arthur Aron, „Der Maharishi-Effekt", in verständlicher Form und dennoch fachlich einwandfrei dargestellt. Die jüngste Demonstration dieses Effektes fand im Juli 1993 in Washington/DC statt, das sich in den Jahren zuvor den unrühmlichen Beinamen 'US-Hauptstadt der Kriminalität' erworben hat. Über sieben Wochen hinweg meditierte im Zentrum von Washington eine Kohärenzgruppe bestehend aus ca. 1000 Personen zu Beginn und ca. 4000 Personen am Ende der Experimentalperiode. Während der Experimentalperiode sank die Anzahl der Gewaltverbrechen um durchschnittlich 18% gegenüber einem prognostizierten Mittelwert, der sich aus Einflussfaktoren wie langfristiger Trend, Jahreszeit, Wetterverhältnisse, Polizeiabdeckung etc. errechnete. Das Ausmass des Verbrechensrückganges variierte über die sieben Wochen dauernde Experimentalperiode hinweg, und zwar eindeutig in Abhängigkeit vom ebenfalls variierenden zahlenmässigen Umfang der Kohärenzgruppe. Nach Auflösung der Kohärenzgruppe stieg die Verbrechensrate wieder an und folgte dem Vorhersageverlauf gemäss Modellrechnung. Ein neutrales und interdisziplinäres Team von Wissenschaftlern hat das Projekt begleitet. Kommentar einer führenden Kriminalsoziologin anlässlich einer Pressekonferenz, an der das Experiment vorgestellt wurde: „Wir haben es hier mit einem neuen Paradigma in der Soziologie zu tun". Nicht nur für das Wohlbefinden von Individuen, sondern auch für das Wohlergehen von Kollektiven lautet das einfachste und wirksamste Erfolgsrezept: Zurück zum Selbst!

Fünf Erkenntnisse aus Kapitel 18

1. *Von Natur aus streben wir danach, uns mit anderen zusammenzutun, aber nicht um den Preis der Selbstverleugnung.*
2. *Die Naturanlage, die uns veranlasst, uns freiwillig sozial zu verhalten, ist die Liebe.*
3. *Wir können es uns nicht länger leisten, dass genetische und kulturelle Andersartigkeit unserem Einfühlungsvermögen einen Riegel vorschiebt.*
4. *Das 'kollektive Bewusstsein' einer Familie, einer Firma, einer Gemeinde, einer Nation oder des Planeten insgesamt ist eine Art Kraftfeld, zu dem jedes individuelle Bewusstsein beiträgt und von dem jedes individuelle Bewusstsein beeinflusst wird.*
5. *Eine 'Kohärenzgruppe' ist ein transzendierendes kollektives Bewusstsein (eine Gruppe zusammen transzendierender Individuen), das die Kohärenz des umgebenden kollektiven Bewusstseins anhebt.*

19. Macht als Wohltat

Positionsmacht...

Wenn man sich die Fernsehnachrichten zu Gemüte führt, kann man sich kaum vorstellen, dass Macht, die von Menschen ausgeübt wird, ein regelrechter Segen sein könnte, schon gar nicht für diejenigen, über die sie ausgeübt wird. Macht hat für uns mehr oder weniger mit Gewalt zu tun, vielleicht nicht mit aktueller, aber zumindest doch mit potentieller. Normalerweise verweilt das Militär in den Kasernen, aber im 'Ernstfall' kann die Staatsmacht darauf zurückgreifen. Und kann sie es nicht, weil beispielsweise die Armee der Regierung die Gefolgschaft versagt, dann schwindet die Macht der Regierung. Tatsächlich bemessen wir die reale Macht einer Regierung - sei es im Staat oder sei es in einem Unternehmen - nach dem Gewaltpotential, das sie zur Durchsetzung ihrer Absichten mobilisieren kann. Der Real-Revolutionär Mao Tse Tung sagte kurz und bündig: „Die Macht kommt aus den Gewehrläufen."

Wer die Macht hat, hat das Sagen, d.h. er kann diejenigen, über die er die Macht hat, zwingen. Die Macht unserer Machtinstitutionen (Regierungen, Gerichte, Schulen, Kirchen, Unternehmensleitungen) basiert letztlich auf einer Bestrafungsmacht. Wer mit der Macht konfrontiert wird, kann leicht zum 'Opfer' werden und sieht sich gleichzeitig mit seiner eigenen Ohnmacht konfrontiert. So verhält es sich nun schon, soweit unsere Geschichtsschreibung zurückreicht. Um die Verhältnisse zu mildern und die Machtinhaber daran zu hindern, sich allzu schlimm als 'Täter' zu gebärden, hat man in den demokratischen Gesellschaften versucht, die Macht der Mächtigen einzudämmen, indem man jeder Macht verfassungsmässig eine Gegenmacht gegenüberstellte, mit der sich erstere arrangieren musste: der Regierung das Parlament, den Arbeitgebern die Gewerkschaften, dem Vorstand den Betriebsrat. Macht ist, so lautet für viele Heutige wohl der Weisheit letzter Schluss, ein notwendiges Übel. Also versuchen wir alles, um den

Schaden, der durch die Macht entsteht oder zumindest entstehen kann, zu begrenzen.

Die Macht, von der hier die Rede ist, lässt sich am besten als *Positionsmacht* qualifizieren. Es geht um Machtstellungen in Wirtschaft und Gesellschaft. Führungsverantwortliche, Präsidenten, Entscheidungsträger verfügen über Positionsmacht. Machtpositionen sind stufenweise aufgebaut und bilden Machthierarchien. Der Abbau von Hierarchien ist zwar momentan sehr modern und sicherlich auch richtig, aber ganz ohne Positionsmacht wird man in einer arbeitsteiligen Wirtschaft und Gesellschaft wohl nicht auskommen. Es wird immer Leute geben müssen, die Tätigkeiten weiter delegieren, und solche, die sie auszuführen haben.

Die Frage stellt sich allerdings: Wie bilden sich solche Machtstrukturen? Welche Mechanismen formen und erhalten die Hierarchien von Macht- und Führungsstufen? Wie kommt es, dass jemand eine Machtposition innehat oder eine solche verliert? Die landläufige Antwort auf diese Fragen, wie man sie etwa aus dem Munde von Journalisten, Historikern oder Juristen hören kann, lautet: Die Machtverhältnisse in einer Organisation oder Gesellschaft sind das Resultat von mehr oder weniger zivilisiert ausgetragenen Machtkämpfen. Zivilisiert ist das Machtgerangel dann, wenn es nach Gesetzen und ohne Blutvergiessen vonstatten geht.

...und Ermächtigungsmacht

Diese Sicht der Dinge ist gewiss nicht falsch, aber kratzt vielleicht nur an der Oberfläche. Sie erfasst - analog gesprochen - die klassische Mechanik, aber noch nicht die ihr zugrundeliegende Quantenfeld-Mechanik, jener *Ermächtigungsmacht*, die Machtpositionen hervorbringt und Individuen in Machtpositionen hineinbringt. Wir können unterscheiden zwischen *Positions*macht und *Ermächtigungs*macht, zwischen der Macht innerhalb einer Organisation und der organisierenden Macht, die Organigramme kreiert. Wenn wir die ermächtigende, organisierende Macht bis zur 'Quantenfeld'-Ebene verfolgen, landen wir beim kollektiven

Bewusstsein einer Gesellschaft oder Gruppe, von dem im vorangegangenen Kapitel die Rede war. Letztlich ist es das kollektive Bewusstsein, das Machtpositionen schafft und diese besetzt. In primitiver Form treffen wir diesen Ermächtigungs-Mechanismus schon bei unseren stammesgeschichtlich nächsten Anverwandten an, den Primaten: Ein Schimpansen-Oberhaupt ist nicht etwa dadurch in seine Machtposition gekommen, dass er, wie dies bei niedrigeren Säugetieren üblich ist, beim Kräftemessen mit Rivalen als Sieger hervorgegangen ist. Der Wettbewerb ist hier ein viel subtilerer, wir könnten auch sagen: bewusstseins-näherer. Chef eines Schimpansenrudels wird derjenige, dem es gelingt, die Aufmerksamkeit aller anderen Rudelmitglieder auf sich zu ziehen. So führen die Anwärter auf die Chefposition alle möglichen Kunststücke - Purzelbäume, Grimassen, Geschrei, etc. - auf, um die Aufmerksamkeit 'des Volkes' auf sich zu lenken: Denkt man an unsere Medienspektakel im Wettkampf um die politische Macht, ist die 'Verwandtschaft' nicht zu übersehen.

Doch bleiben wir bei unserer eigenen Art! Es ist die Eigenart eines bestimmten kollektiven Bewusstseins, die die Mächtigen in dem betreffenden Kollektiv ermächtigt. Die Beherrschten ermächtigen ihre Herrscher. Dies trifft nicht nur in der Demokratie zu, wenn auch die demokratische Staatsform diejenige ist, die den eigentlichen Ermächtigungs-Mechanismus am direktesten abbildet. Jedoch gilt auch für die Demokratie und erst recht für alle anderen Staatsformen, dass die ermächtigenden Bewusstseinsmerkmale der Beherrschten den Beherrschten selber grösstenteils unbewusst sind. Herrscht beispielsweise in einer Bevölkerung Ängstlichkeit vor, so hievt dies autoritäre Herrscher auf den Thron. Schwindet die Angst in der Bevölkerung, werden die autoritären Herrscher vom Thron gefegt. Jüngstes Beispiel aus der deutschen Geschichte: Das DDR-Regime mit dem einst so allmächtigen Staatsratsvorsitzenden Erich Honnecker stürzte ein wie ein Kartenhaus, weil die Ostdeutschen ihre Angst verloren.

Die Macht autoritärer Herrscher ruht auf der Angst ihrer Untertanen. Die Herrscher wissen dies und tun deshalb alles, um die Untertanen in Angst zu halten. Zeichnen sich die individuellen

Mitglieder einer Gruppe durch Fremdgesteuertheit und Unselb-
ständigkeit aus, dominiert der Wunsch nach Zielvorgabe und Richtlinien 'von oben' sowie eine Scheu, selber Entscheidungen zu treffen und Verantwortung zu übernehmen. Dann übergibt sich die
Gruppe nur allzu gerne einer 'starken Hand', die diktatorisch bestimmt, was zu tun und was zu lassen ist. Natürlich braucht es
dazu immer auch entsprechende Persönlichkeiten, die eine solche
kollektive Seelenlage auszunutzen verstehen. Die Geschichte der
Menschheit hat zur Genüge gezeigt, dass sich solche Persönlichkeiten stets finden und das ihrige dazu beitragen, um vom kollektiven Bewusstsein nach oben gespült zu werden. Ein graues, un-
befriedigendes und unbedeutendes Alltagsleben der Massen ruft
nach einer Kompensation durch überdimensionale Führerfiguren,
kolossale Machtspektakel und berauschende Massenveranstaltungen. Kollektiv verbreitete Minderwertigkeitsgefühle inthronisieren
Grössenwahn. Uneinigkeit, Zerstrittenheit und Hass in der Bevölkerung sind der Nährboden für totalitäre Einheitsideologien, auf
die gestützt menschenverachtende Machthaber eine ihren Vorstellungen gemässe Einheit durch Gleichschaltung erzwingen.

Die Machtverhältnisse in einer Gesellschaft zeichnen das Psy-
chogramm ihrer Mitglieder. Die Regierung eines Landes ist das
Spiegelbild des kollektiven Bewusstseins dieses Landes. 'Jedes Land
hat die Regierung, die es verdient', sagt ein oft zitiertes Sprichwort, und drückt damit eine Tatsache aus, die erst allmählich ins
öffentliche Bewusstsein zu dringen beginnt: Der unsichtbare Re-
gent hinter den Kulissen, vor denen die Machtfiguren agieren, ist
das kollektive Bewusstsein des Publikums. Das kollektive
Bewusstsein gibt vor, welche Machtfiguren und -strukturen begünstigt, welche toleriert und welche nicht toleriert werden. Ein
Adolf Hitler und seine Partei hätten es niemals zu solcher Macht-
entfaltung bringen können, wenn seine Person, sein Programm, ja
der ganze Auftritt des Nationalsozialismus nicht so massgeschneidert
zur Kollektivpsyche der damaligen Deutschen gepasst hätte. Eine
häufige Reaktion auf Hitlerreden war: „Der Mann spricht ja aus,
was wir selber gar nicht zu sagen wagen" - aber insgeheim eben
doch denken! Hitler ritt auf der Woge des damaligen deutschen

Volksbewusstsein. Analoges gilt auch heute noch in allen Ländern für Sportidole, Rockstars, Filmschauspieler oder Fotomodelle.

"When peace becomes powerful, then power becomes peaceful"

Wenn negative Merkmale des kollektiven Bewusstseins zu negativen Erscheinungsformen der Macht führen, trifft folgerichtig auch das Umgekehrte zu. Herrschen in der Bevölkerung Konsensbereit-schaft, Toleranz und Rücksichtnahme vor, ruft dies eine Regierung auf den Plan, die um Interessenausgleich, Minderheitenschutz und freie Entfaltungsmöglichkeiten für alle besorgt ist. Leben die Menschen ein befriedigendes, sinnerfülltes, 'dharmisches' Leben, werden sinnvolle Gesetze erlassen und auch befolgt. Zeichnet sich ein kollektives Bewusstsein durch Harmonie und lebensfördernder Produktivität, also durch Kohärenz aus, dann erhält diese Gesellschaft eine ebenso harmonisch zusammenarbeitende und produktiv lebensfördernde Regierung. Die Herrschenden werden zu Wohltätern, weil sie die Wohltätigkeit der Beherrschten wiederspiegeln. Wenn wir gute Regierungen in unseren Gesellschaften und Körperschaften haben wollen, müssen wir an der Ermächtigungsmacht ansetzen, indem wir die Kohärenz im kollektiven Bewusstsein anheben, konkret: indem wir immer zahl- und umfangreichere Kohärenzgruppen etablieren.

Es gab in der Vergangenheit auf unserem Globus Gegenden und Epochen, in denen diese Aufgabe der Kohärenzerzeugung von Klostergemeinschaften wahrgenommen wurde. Diese klösterlichen Kohärenzgeneratoren sind heute entweder ausser Betrieb, oder zwar noch in Betrieb, aber nicht mehr funktionstüchtig, in jedem Fall aber nicht mehr ausreichend, um unseren heutigen Sechsmilliarden-Planeten mit genügend Kohärenz zu versorgen. Wir müssen es selber in die Hand nehmen, eine Ermächtigungsmacht zu schaffen, die bewirkt, dass die Positionsmacht aufhört, ein Fluch zu sein, und anfängt, ein Segen zu werden. Maharishi Mahesh Yogi sagte einmal: „When peace becomes powerful, then power becomes peaceful." Die deutsche Übersetzung: „Wenn der Friede machtvoll wird, wird die Macht friedvoll", vermag das Wortspiel wiederzugeben, büsst aber von der Schlankheit und Prägnanz der englischen Originalfassung einiges ein. Powerful peace (machtvoller Friede) charakterisiert die kohärente Ermächtigungsmacht und peaceful power (friedvolle Macht) eine daraus resultierende Positionsmacht, die niemand zu fürchten braucht. Damit die Friedensmacht der Kohärenz in der realen Politik wirksam werden kann, wurden seit 1992 auf Maharishis Anregung hin in zahlreichen Ländern Parteien gegründet, sogenannte Natural Law Parties, in den deutschsprachigen Ländern 'Naturgesetz-Parteien'. Ziel der Naturgesetzparteien ist erstens die Unterstützung der Regierungsarbeit durch Kohärenzgruppen und zweitens die Erarbeitung von 'natürlichen Lösungen', also von Lösungen in Übereinstimmung mit dem Naturgesetz (Dharma, Veda, Logos, Liebe) für konkret anstehende politische Problemstellungen. Die gleichen Zielsetzungen bei Wirtschaftsunternehmen verfolgen seit ein paar Jahren einige Unternehmensberater mit dem Ansatz 'Management by Natural Law.'

Wenn wir untersuchen, wie die gesamte Natur regiert wird, können wir ebenfalls ein Zusammenspiel von Positionsmacht und Ermächtigungsmacht beobachten. Die Positionsmacht in der Natur präsentiert sich als Hierarchie von Bedingungen, die stufenweise determinieren, was an einem bestimmten Ort zu einem bestimmten Zeitpunkt geschieht. Nehmen wir als Beispiel das Wettergeschehen exakt an dem Ort, wo Sie gerade diese Seiten lesen, und zwar gerade jetzt, während Sie mit Lesen beschäftigt sind. Die Bedingungshierarchie für das momentane Wetter an Ihrem Leseort besteht aus den folgenden fünf Stufen:

Bedingungsstufe 1:   geographische Zone des Leseortes auf der Erdoberfläche
Bedingungsstufe 2:   gegenwärtige Jahreszeit
Bedingungsstufe 3:   derzeitige Wetterlage im Sinne der Wetterkarte
Bedingungsstufe 4:   lokale geographische Gegebenheiten wie Meereshöhe, Gebirge oder Gewässer in der näheren Umgebung
Bedingungsstufe 5:   die momentane Tageszeit.

Darüber hinaus gibt es auch in der Natur eine Ermächtigungsmacht, die nämlich für das Zustandekommen solcher Bedingungshierarchien verantwortlich ist. Es ist das vereinigte Basisfeld aller Naturkräfte, das Grundgesetz des Universums, Veda, reines Wissen. Jedes Wissen, jede Information führt zur Form, wirkt organisierend. 'Wissen ist Macht' im Sinne von organisierender Macht. Reines Wissen, Veda oder Logos, die kosmische Software am Ursprung der Schöpfung, organisiert das gesamte Universum. 'Reines Wissen besitzt unbegrenzte organisierende Macht', wird Maharishi nicht müde zu betonen. Diese All-organisierende Allmacht, in der vedischen Sprache 'Rik' (siehe Kapitel 15), gilt es zu nutzen, wenn man die Angelegenheiten des menschlichen Lebens und Zusammenlebens in Ordnung bringen und halten will.

'Männliche' und 'weibliche' Macht

In den Mythologien und Religionen der Menschheit wird die Stufenfolge von Positionsmächten innerhalb der Schöpfung meist durch Götter- oder Engelshierarchien symbolisiert. Diese 'Mächte' haben die Aufgabe, den 'Willen Gottes' - das ist die religiöse Umschreibung des Naturgesetzes - auszuführen bzw. seine Ausführung zu überwachen. Sie bilden gewissermassen die Exekutive in der göttlichen Regierung. Die Inhaber solcher kosmischer Machtpositionen, also die Götter oder Engel, sind meist männlichen Geschlechts. Die Positionsmacht wird im symbolhaften, rechtshemisphärischen Erleben der Menschen als männlich empfunden. Machthierarchien mit klarer Befehlsabfolge sind ausgesprochen patriarchalische Strukturen. Die Könige und Heerführer in den Mythen und Sagen aller Völker verkörpern in archetypischer Weise das Prinzip männlicher Positionsmacht. Das Gleiche gilt für den Vater-Gott in den monotheistischen Religionen oder den 'Göttervater' Zeus bei den vorchristlichen Hellenen.

Demgegenüber wird die organisierende Ermächtigungsmacht im rechtshemisphärisch-symbolhaften Erleben als weiblich empfunden. Sie bildet gewissermassen die Legislative in der göttlichen

Regierung. Ihre archetypische Verkörperung ist die göttliche All-Mutter, die alle und alles hegt, pflegt und nährt. Während die 'männliche' Positionsmacht lokalisierbar und begrenzt ist, ist die 'weibliche' organisationsbildende und ermächtigende Macht allgegenwärtig und unbegrenzt. Die 'männliche' Militärmacht kann Feinde abwehren und Kriege gewinnen, während die 'weibliche' Friedensmacht Kriege verhindert, indem sie gar nicht erst zulässt, dass Feinde entstehen. Männliche Positionsmacht operiert mit Druck, weibliche Ermächtigungsmacht dagegen schafft Attraktoren, wirkt durch Anziehung, vollzieht sich durch Affinitäten. Die weibliche, organisierende Macht wird unmittelbar erfahrbar in Prozessen der Selbst-Organisation, wenn sich beispielsweise eine Gruppe von Menschen, die gemeinsam eine Aufgabe lösen sollen, zu einem funktionstüchtigen Arbeitsteam formiert. Überhaupt ist 'Selbst-Organisation' der Schlüssel zur organisierenden Macht des reinen Wissens (Veda): Was das Selbst organisiert, organisiert sich von selbst.

Die weibliche, organisierende Macht erscheint subtiler, feiner und sanfter, aber auch durchdringender, beharrlicher und letztlich kraftvoller als eine noch so weit oben angesiedelte männliche Positionsmacht. Deshalb steht die 'Göttliche Mutter' symbolisch für die allerfeinste, allerzarteste Existenzebene der manifestierten Schöpfung in unmittelbarer Nachbarschaft zur unmanifestierten Transzendenz. Es ist die Ebene der allerersten, noch lautlosen Urschwingung, deren Vervielfältigung unser vielgestaltiges Universum ergibt. Die göttliche Mutter schlägt die Brücke von der Gottheit zur Schöpfung, vom Logos zum Kosmos, vom Geist zur Materie. Alle Materie geht auf die göttliche Mutter zurück, bedeutet doch Materie, lateinisch materia, wörtlich das Mütterliche. Die göttliche Mutter stellt gewissermassen die Urmaterie, die allerfeinste, noch 'rein geistige' Ursubstanz dar, die durch Verdichtung und Vergröberung zur 'harten' Materie im üblichen Sinne wird. Die göttliche Mutter, Sinnbild der organisierenden Macht des reinen Wissen, personifiziert die wohltuenden Auswirkungen dieser Macht wie Friede, Harmonie, Wohlfahrt, Weisheit und Güte, religiös gesprochen: Gottes Segen und Gottes Gnade.

In der Genesis wird diese hauchzarte, weiblich anmutende Existenzebene 'Ruach', wörtlich Hauch, genannt, was die meisten Bibelübersetzungen mit 'Geist Gottes' wiedergeben. Das hebräische Wort 'Ruach' ist jedoch weiblich und nicht männlich. Es bezeichnet den weiblichen Aspekt der Gottheit und müsste, wenn schon, mit 'Geistin Gottes' übersetzt werden. Später wurde das hebräische Ruach in das griechische 'Pneuma' übersetzt, ein Neutrum-Wort, das ebenfalls Hauch oder Atem bedeutet. Aus dem sächlichen Pneuma wurde schliesslich im Lateinischen der männliche 'Spiritus Sanctus', unser 'Heiliger Geist', dem man seinen weiblichen Ursprung beim besten Willen nicht mehr ansieht. Der Verlust des weiblichen Aspektes der Gottheit wurde im Christentum jedoch bald kompensiert, indem man die göttliche Mutterfigur Altägyptens, die Göttin Isis mit dem Horus-Knaben, deren Kult im römischen Reich sehr populär war, entlehnte, und sie im Sinne des Neuen Testamentes als Maria, die Mutter Jesu Christi, umdeutete. So wurde aus der 'göttlichen Mutter' der antiken Religionen die 'Mutter Gottes' der Christenheit.

Im alten Orient war der göttlichen Mutter die Taube heilig. Deshalb erscheint in unserer Bibel der 'Heilige Geist' (Ruach) so oft in Gestalt einer Taube. Später wurde die Taube zu einem Mariensymbol. Mittelalterliche Minnesänger priesen die christliche Himmelskönigin als 'Tuube sunder Gallen', als Taube ohne Galle (ohne Bitterkeit) oder als 'Roos aane Dorne', als Rose ohne Dornen, und schmückten sie so unbewusst mit einem weiteren archetypischen Attribut der göttlichen Mutter. Mit exakt den gleichen Worten, 'rose without thorns', umschrieb Maharishi während einer Konferenz über vedische Wissenschaft die 'all nourishing quality of Natural Law', die allnährende Eigenschaft des Naturgesetzes. Die uralte Taube der göttlichen Mutter lebt übrigens bis heute fort: als Friedenstaube. Das hebräische Wort für Taube war Yona, vielleicht nicht zufällig lautgleich mit einem Sanskrit-Wort, das Weiblichkeit bezeichnet. Tatsächlich ist die Taube auch bei uns im Volksmund ein Symbol für Weiblichkeit, wenn etwa ein Liebhaber seine Angebetete mit 'mein Täubchen' anredet, oder in Mozart's Zauberflöte der Vogelhändler Papageno singt:

„Ein Mädchen oder Weibchen
wünscht Papageno sich!
O so ein sanftes Täubchen
wär' Seligkeit für mich!"

Gerechte Herrscher

Die göttliche Mutter symbolisiert also die Macht des Friedens, die ganz und gar leise, aber allgegenwärtige, organisierende Allmacht des Naturgesetzes. Ein Inhaber von Positionsmacht, übrigens gleich, ob männlichen oder weiblichen Geschlechts, sollte von naturrechtswegen zum Kristallisationspunkt, zum Exekutivzentrum dieser organisierenden Macht des Naturgesetzes werden. Dies setzt allerdings voraus, dass die de facto Ermächtigungsmacht des kollektiven Bewusstseins vollkommen durchlässig für die letztendliche, de jure Ermächtigungsmacht des Naturgesetzes ist. Mit anderen Worten: Das kollektive Bewusstsein muss vollkommen kohärent sein. Nur ein vollkommen kohärentes kollektives Bewusstsein ist in der Lage, die Impulse des Naturgesetzes unverfälscht (Reinheit) und vollständig (Fülle) aufzunehmen und an den Herrschenden weiterzuleiten. Das kollektive Bewusstsein wirkt wie eine Glasscheibe für Lichtstrahlen des Naturgesetzes. Wenn die Glasscheibe völlig klar und sauber, also uneingeschränkt lichtdurchlässig ist, erreichen die Lichtstrahlen auch die Machtausübung des Herrschenden. Wenn die Glasscheibe aber schmutzig und trübe ist, kann selbst ein von Haus aus noch so 'guter' Herrscher nicht verhindern, dass seine Herrschaft 'ungerecht' wird, denn seine Herrschaft muss dann der 'Ungerechtigkeit' im kollektiven Bewusstsein gerecht werden. Gerade darin besteht die 'Gerechtigkeit' des Naturgesetzes. In dem Masse jedoch, wie die Ermächtigungsmacht des kollektiven Bewusstseins an Kohärenz zunimmt, d.h. in dem Ausmass, mit dem die organisierende Macht des Naturgesetzes die eigentliche Macht im Staate übernimmt, wird die Positionsmacht der Regierung gewaltfreier, wohltätiger und erfolgreicher. 'When peace becomes powerful, then power becomes peaceful.'

Ein Herrscher, dessen Herrschaft - dank vollkommen kohärentem, 'lichtdurchlässigen' kollektiven Bewusstsein - von der allorganisierenden Allmacht des Naturgesetzes beherrscht wird, wird zum Repräsentanten eben jener allorganisierenden Allmacht des Naturgesetzes. Er wird zur Exekutivgewalt von 'Rik'. Als solcher, und eigentlich nur als solcher, ist er legitimiert, den von ihm Beherrschten den Weg zu weisen, die Richtung vorzugeben. Vielleicht ist dies der ursprüngliche Grund dafür, dass in vielen alten Hochkulturen wie beispielsweise im 'alten Reich' des alten Ägypten, der Herrscher einen quasi göttlichen Status innehatte.

Wie wirkt sich nun im Idealfall die organisierende Macht des reinen Wissens, die uneingeschränkte Leitung und Unterstützung durch das Naturgesetz, auf die Ausübung von Positionsmacht aus? Der Inhaber der Machtposition versteht sich als Instrument, nicht als Dirigent. Dies macht ihn bescheiden, nicht anmassend. Nicht die Liebe zu seiner Machtposition, sondern die Liebe zu denjenigen, über die er Macht hat, leitet ihn und treibt ihn an. Er zwingt nicht, sondern er überzeugt. Seine Autorität beruht auf Integrität und Kompetenz, nicht auf Schlauheit, Rücksichtslosigkeit oder Korruptheit. Er regiert mit Ausstrahlung, Ausgewogenheit und Anmut, nicht mit der Ausübung von Gewalt. Sein Auftreten und Sprechen zeichnet sich durch Echtheit, Natürlichkeit und Einfachheit, nicht durch aufgesetztes Gehabe, gekünstelte Rhetorik und pseudo-diplomatische Leerformeln aus. Für ihn ist 'Herrschen' identisch mit 'Dienen'. Er besitzt Charisma. In der biblischen Sprache heisst ein solcher Herrscher 'König der Gerechtigkeit'. Seine mythologische, vielleicht sogar historische Verkörperung für viele Völker Asiens war König Rama aus der 'Sonnendynastie' von Ayodhya im nördlichen Indien. Mahatma Gandhi strebte diesem Ideal nach, als er mit seiner Politik des zivilen Ungehorsams bei gleichzeitigem Gewaltverzicht (Ahimsa) sein Land in die Unabhängigkeit führte.

Akzeptanz von Übermacht

Aus der Sicht der Beherrschten, sei es der 'Untertanen' oder der 'Untergebenen', stellt jede Machtposition eine *Über*macht dar, die ein Macht*gefälle* mit sich bringt. Das Rollenverhältnis zwischen Machtinhaber und Untergebenen ist kein symmetrisches, nicht von gleich zu gleich, sondern ein asymmetrisches, von oben nach unten. An und für sich haben wir etwas dagegen, wenn andere Menschen über uns Macht haben. Wir lehnen uns innerlich dagegen auf, dass wir am kürzeren Hebel sitzen. Asymmetrische Beziehungen lösen bei vielen ein Gefühl von Ungerechtigkeit aus. Er gibt jedoch Bedingungen, unter denen wir die Übermacht eines Höhergestellten zu akzeptieren pflegen.

Eine erste Bedingung ist die *Legitimität* der Übermacht, also ein als rechtmässig akzeptiertes Verfahren, das den Machtinhaber in seine Machtposition gebracht hat. An der einunzwanzigsten nachchristlichen Jahrhundertwende sind die weltweit am meisten akzeptierten Ermächtigungsverfahren die demokratische Wahl und der Leistungsnachweis (z.B. absolvierte Prüfungen). Während im Berufsleben und in Wirtschaftsunternehmen Leistungsnachweise dominieren (Schulab-schlüsse, Beförderungspraxis), spielen in der Politik Stimmenmehrheiten die Hauptrolle. Das war keineswegs immer so: In früheren Zeiten war die Erbfolge das wichtigste Legitimitätskriterium bei der Besetzung von Machtpositionen. Ein Thronfolger hatte rechtmässigen Anspruch auf den Thron, weil er der erstgeborene Nachwuchs seines Thronvorgängers war. Reste davon haben sich bis heute nur noch in unseren Familienunternehmungen erhalten, und auch dort wird die Erbfolge als Legitimierung von Führungsmacht immer mehr in Frage gestellt.

Das Autorenteam Lincoln, Baigent und Leigh gibt in dem Buch 'Das Vermächtnis des Messias' einen interessanten Einblick in die Vorstellungen von legitimer Ermächtigung, wie sie in Palästina zur Zeit Jesu Christi herrschten. Jesus hatte einen Rechtsanspruch darauf, 'König der Juden' zu sein, weil er im Volk breite Unterstützung fand (demokratisches Element), - man denke nur an seinen triumphalen Einzug in Jerusalem -, vor allem aber deshalb, weil er seinen Stammbaum bis zum König David zurückverfolgen konnte und damit selbst königlichen Geblütes war (Erbfolge). Demgegenüber war Herodes, der König über Judäa von Roms Gnaden, in den Augen seiner Untertanen ein Unrechtskönig, weil auf ihn diese beiden Kriterien nicht zutrafen.

Was die leibliche Erbfolge in früheren Epochen für die Legitimierung von weltlicher Positionsmacht bedeutete, bedeutet bis heute die Meister-Schüler-Folge für die Legitimierung von geistlicher Positionsmacht in Kirchen, spirituellen Schulen und Traditionen. Die Meister-Schüler-Folge ist eine Art geistige Erbfolge. In der römisch-katholischen Kirche wird beispielsweise die priesterliche Macht, Sakramente spenden zu dürfen, dadurch legitimiert, dass sich die Kette der Priesterweihe bis zum Einsetzer der Sakramente, Jesus Christus zurückverfolgen lässt. Der Papst gilt deshalb als Stellvertreter Christi auf Erden, weil er als Inhaber des Stuhles Petri der geistige Nachfahre desjenigen Apostels ist, dem Jesus der Überlieferung nach die 'Schlüssel zum Himmelreich' übergeben hatte. Neben dieser geistigen Erbfolge gibt es in der katholischen Kirche auch ein demokratisches Element: die Papstwahl im Conclave aus dem Kreis der Kardinäle.

Ein anderes Beispiel für die Legitimierung von geistlicher Macht durch geistige Erbfolge ist die historisch jüngste Form der vedischen Tradition: die Shankaracharya-Tradition in Indien. Vor mehr als 1500 Jahren gründete der Vedanta-Exponent Adi Shankara, eine der herausragenden Gestalten in der indischen Geistesgeschichte, eine Schule mit vier Lehrzentren, je eines im Norden, Süden, Osten und Westen des indischen Subkontinentes. Als Lehrstuhlinhaber dieser vier Zentren setzte er seine engsten Schüler ein. Bekanntlich war der Lehrer von Maharishi Mahesh Yogi, Swami Brahmananda Saraswati, von 1941 bis 1953 'Shankaracharya' (so der Titel eines solchen Lehrstuhlinhabers) von Jyotir Math, dem im Himalaja gelegenen nördlichen Lehrzentrum. Bis Swami Brahmananda Saraswati 1941 dieses Amt übernahm, war der Shankaracharya-Lehrstuhl des Nordens während 165 Jahren vakant gewesen. Es brauchte 20 Jahre guten Zuredens von Gelehrten, Yogis und Persönlichkeiten des religiösen, kulturellen und politischen Lebens, um Brahmananda Saraswati dazu zu bewegen, das Amt anzunehmen (demokratisches Element). Die Voraussetzung dafür, dass er es überhaupt annehmen konnte, bestand aber darin, dass seine Meisterkette lückenlos bis zu Adi Shankara zurückreichte.

Neben Legitimität ist eine zweite Bedingung, durch welche die Akzeptanz von Übermacht seitens der Unterstellten zumindest gefördert wird, deren *Begrenzung*. Diese bezieht sich zum einen auf den Geltungsbereich der Machtausübung, wie z.B. tägliche Arbeit, Gesundheit, Wissenserwerb, Verhalten im Strassenverkehr oder Führen einer Gerichtsverhandlung. Ein Vorgesetzter in einer Unternehmung hat zwar Macht über einen Mitarbeiter, was die auszuführenden Arbeiten anbetrifft, vielleicht auch noch Macht darüber, wann der Mitarbeiter seine Ferien beziehen kann, aber wohin der Mitarbeiter in Urlaub fährt, in welche Schulen er seine Kinder schickt oder welche Partei er wählt, geht den Vorgesetzten nichts an. Die Begrenzung der Übermacht bezieht sich zum anderen auf die Dauer der Machtausübung. Eine verliehene Macht kann - vor allem im Fall von Machtmissbrauch - wieder entzogen werden. Politiker können ihre Macht zwar durch Wiederwahl erneuern, aber nicht unendlich oft. Eine totale Machtposition, die sich auf alle Lebensbereiche erstreckt und womöglich noch auf Lebenszeit gilt, birgt allzu sehr die Gefahr totalitärer Machtausübung in sich und erscheint daher suspekt.

Die Motivation des Machtinhabers ist entscheidend

Legitimität und Begrenzung sind Akzeptanzbedingungen für Über-macht als Merkmale der Macht*position*. Darüber hinaus gibt es noch Akzeptanz fördernde Bedingungen auf Seiten der Macht ausübenden *Person*. Zuerst ist die Motivationslage des Machtinhabers zu benennen.

Keine Frage, es gibt so etwas wie ein Machtmotiv. Ist dieses Machtmotiv nun etwas Gutes oder etwas Schlechtes? Es ist zunächst einmal neutral. Der Psychologe David McClelland beschäftigte sich Jahrzehnte lang mit dem Machtmotiv und kam dabei zu folgender Definition: 'Power as a motive is the desire to have impact.' Macht als Beweggrund ist das Bedürfnis, Wirkungen hervorzubringen. Das Machtmotiv will Dinge bewegen, etwas verändern, Spuren hinterlassen. Dies ist zunächst weder positiv noch negativ. Es ist ein allgemein menschliches, unschuldiges Bestreben, das von Person zu Person unterschiedlich stark ausgeprägt ist und bereits in der frühen Kindheit nach Befriedigung drängt. Anlässlich eines Vortrages gab McClelland dazu einmal folgendes Beispiel: Wenn ein kleiner Junge ein grosses Spielzeugauto auf einen harten Steinboden fallen lässt, so dass es einen lauten Knall gibt, und daraufhin der kleine Junge vor Freude jauchzt, so spricht daraus nicht etwa grausame Zerstörungswut, sondern die Befriedigung seines Machtmotivs. Das blosse Fallenlassen des Autos hat einen so enormen Lärm produziert. Kleine Ursache, grosse Wirkung.

Ob nun das Machtmotiv konstruktiv oder destruktiv ausgelebt wird, ob beispielsweise eine Führungskraft ihre Macht gebraucht oder missbraucht, hängt entscheidend davon ab, ob sich das Bedürfnis, Wirkungen hervorzubringen, mit Liebe oder mit Eitelkeit, sprich Ego paart. Im Falle von egoistischer Machtmotivation geht es dem Machtinhaber primär um eine Verherrlichung seines Selbstbildes. Er will sich ein Denkmal setzen. Im Falle von liebevoller Machtmotivation möchte der Machtinhaber einen möglichst wirkungsvollen Beitrag zum Leben leisten. Er will schöpferisch dienen.

Jeder und jede Führungsverantwortliche in einer Organisation ist mit Macht ausgestattet. Es ist besser, er oder sie bejaht diese Machtposition und steht zum Machtmotiv. Ein guter Chef gibt zu, dass er Spass an der Macht hat. Leugnet er nämlich seine Machtmotivation, besteht die Gefahr, dass diese sich unbewusst und blind austobt und gerade dadurch der Willkür Tür und Tor öffnet. Ich unterhielt mich einmal mit dem Geschäftsführer einer Unternehmung und machte ihn auf den Machtaspekt seiner Tätigkeit aufmerksam, woraufhin dieser jegliches Interesse an Macht mit Entrüstung weit von sich wies. Von den Mitarbeitern dieses Unternehmens bekam ich jedoch zu hören, besagter Geschäftsführer führe sich auf wie ein Despot. „Die Wahrheit über die Katze erfährt man von den Mäusen", sagt ein Sprichwort.

Das *Ja zur Macht* sollte allerdings ausbalanciert werden durch eine innere Motivation des Dienens, kurz durch *Demut*. Ein guter Chef ist Chef 'im Dienste', und zwar im Dienste am Wohlbefinden der ihm unterstellten Mitarbeiter und im Dienste am Wohlergehen der Unternehmung, für das er tätig ist. Wenn sich Spass an der Macht und Demut die Waage halten, ist die Gefahr eines allzu grossen Machtmissbrauchs gebannt. Die Übermacht des Vorgesetzten ist ein Recht. Der verantwortungsvolle Gebrauch dieser Macht im Interesse der Mitarbeitenden und der Unternehmung ist eine Pflicht, die mit dem Recht Hand in Hand geht. Die Machtüberlegenheit ruft nach einem Ausgleich durch eine Motivation des Dienens.

Das Prinzip des Aufwiegens von Übermacht durch Demut (Dienen-Motivation) ist freilich nicht neu. Im Neuen Testament heisst es: „Wer unter Euch will der erste sein, der diene allen." Wer als Überstellter Demut säht, wird vom Untergebenen Vertrauen ernten. Merkt nämlich letzterer, dass ersterer seine Macht in guter Absicht, zum Nutzen des Untergebenen ausübt, besteht für diesen kein Grund, dem Machtinhaber zu misstrauen. Natürlich gilt genauso auch das Umgekehrte. Wer wird sich schon in die Hände eines Chirurgen begeben, bei dem er nicht sicher ist, dass er sein Handwerk in heilender und nicht etwa in todbringender Absicht ausübt?

Eine letzte Bedingung, die Übermacht akzeptabel macht, besteht in der Beschränkung des hierarchischen Gefälles auf das Rollenverhältnis, d.h. auf die Funktionen innerhalb der Organisation. Die asymmetrische Rollenbeziehung darf nicht auf die Beziehung von Mensch zu Mensch ausgeweitet werden. Ein Vorgesetzter muss mit seinem Mitarbeiter während der Mittagspause Tennis spielen und gegen ihn problemlos verlieren können. Auf dem Tennisplatz spielt nicht der Chef mit dem Mitarbeiter, sondern es spielen zwei hierarchisch gleich gestellte Tennispartner. Menschlich gesehen steht der Chef nicht über dem Mitarbeiter und der Mitarbeiter nicht unter dem Chef. Beide sind Mitarbeitende im Unternehmen, gleichberechtigte Kollegen, jeder ausgestattet mit der vollen Menschenwürde. Deshalb sollte sich jeder Machtinhaber davor hüten, aus seiner Übermacht eine asymmetrische Beziehung im Menschlichen abzuleiten. Nach unserem heutigen Menschenverständnis hat nämlich kein Mensch, weder kraft seines Amtes noch kraft seines Standes, das Recht, sich menschlich über andere Menschen zu stellen.

Auch dies war keineswegs immer so, sondern kam erst mit dem demokratischen Grundsatz in die Welt, dass prinzipiell alle Menschen gleichwertig und folglich im Vollbesitz der Menschenwürde sind. Nehmen wir beispielsweise eine lateinamerikanische Hazienda des Jahres 1750: Es gab dort einen quasi allmächtigen Patron, Herr über ein Heer von rechtlosen Landarbeitern - von menschlicher Gleichstellung keine Spur. Unter Umständen war dieser Patron sogar voll akzeptiert, weil er sich nämlich um die Landarbeiter kümmerte, wie ein gütiger Vater um seine Kinder. Schliesslich stammt das spanische Wort 'Patron' vom lateinischen 'pater', Vater ab. Hatte ein Landarbeiter Zahnweh, war der Patron sofort zur Stelle. Gab es in einer Familie Probleme mit der Kindererziehung, stand der Patron mit Rat und Tat zur Seite. Der 'gute' Patron herrschte und diente total. Für seine Untertanen war dies ziemlich bequem, und genau deswegen möchten auch heute noch viele ihre Sorgen und Nöte dem Nachfahren des Patron von einst, dem 'Vater Staat' überlassen. Die Kehrseite dieser Bequemlichkeit ist jedoch die Entmündung der Untertanen, und genau diese Entmündigung empfinden wir heutzutage als unmenschlich. Abgesehen davon wirkt sie sich auch negativ auf die Leistung aus, weil sie Eigeninitiative und Eigenverantwortung von vornherein verhindert. Deshalb wird heute jeder menschenfreundliche und leistungsorientierte Vorgesetzte bestrebt sein, möglichst viel von seiner Machtbefugnis an seine Mitarbeitenden zu delegieren, sie also mit Kompetenzen auszustatten, nicht nur, um ihre Leistungsmotivation freizusetzen, sondern auch, um sich selbst zu entlasten.

Leider ist die Übertragung von asymmetrischen Rollenverhält-
nissen auf die Beziehung von Mensch zu Mensch auch mehr als
200 Jahre nach der Formulierung der Menschenrechte immer noch
die häufigste Führungssünde. Als ich Anfang der 80er Jahre Pro-
jektleiter in einem Zürcher Marktforschungsinstitut war, hatte ich
diesbezüglich ein ebenso eindrückliches wie unvergessliches Erlebnis: Eines Tages war ich zusammen mit meinem damaligen Chef
bei einem Kunden eingeladen, Marktforschungsresultate zu prä-
sentieren. Der Kunde war eine grosse Firma mit Domizil in einem
siebenstöckigen Gebäude in einem Vorort von Zürich. Als wir dort
eintrafen, teilte man uns am Empfang mit, der Geschäftsführer
werde uns in wenigen Minuten abholen und mit uns in den siebten Stock fahren. Dort befände sich ein Sitzungszimmer, wo der
Marketingleiter, die Product Manager und der Werbeleiter versam-
melt sind, um die Markforschungsresultate zur Kenntnis zu nehmen. Kurz darauf öffnete sich eine Lifttüre - es war der einzige Lift
im Hause - und der Geschäftsführer begrüsste uns freundlich. Er
bat uns in den Lift und drückte auf den Knopf mit der Ziffer 7. Im
zweiten Stock hielt der Lift an, ein Lehrling stieg hinzu und drückte auf den Knopf mit der Ziffer 5. Worauf sich der Chef des Hauses
bemüssigt fühlte, den Lehrling anzubrüllen: „Was fällt Ihnen eigentlich ein, den Lift zu benutzen, wenn Sie doch sehen, dass wir
da drinnen sind! Sie sind doch schliesslich noch jung und können
gefälligst zu Fuss gehen!" Nachdem der junge Mann zitternd und
mit hochrotem Kopf den Lift im fünften Stock verlassen hatte, plu-
sterte sich der Herr des Hauses auf, wie wenn er uns zeigen wollte, mit welch grossartigen Führungsqualitäten er doch ausgestattet
sei. Was er uns in Tat und Wahrheit gezeigt hatte, war die Demonstration eines führungsunwürdigen Tyrannen, der ein hierarchi-
sches Gefälle, das ganz sicherlich besteht, wenn es um unternehmerische Entscheidungen geht, in menschlich unerträglicher Weise auf die Beziehung von Mensch zu Mensch übertragen hatte.

Die gesunde Chef - Mitarbeiter - Beziehung

Fasst man die obigen Ausführungen zur Machtposition einerseits und zur Motivation des Machtinhabers andererseits für die Chef-Mitarbeiter-Beziehung zusammen, so ergibt sich ein ganz ähnliches Bild wie wir es für die Beziehung Dienstleister-Kunde (siehe Abb. 24) entworfen haben.

Wie Abbildung 29 zeigt, ist die gesunde Chef-Mitarbeiter-Beziehung eine gleichzeitig dreifache: die hierarchische Überstellung (Machtüberlegenheit), aufgewogen durch eine motivationale Unterstellung des Dienens (Demut), ergänzt durch eine menschliche Gleichstellung (Partnerschaft). Entsprechend erfüllt ein Chef, der diese drei Beziehungen zu seinem Mitarbeiter tatsächlich lebt, für ihn gleichzeitig drei Funktionen: Er ist sein Vorgesetzter, sein Betreuer - manchmal auch Beschützer! - und sein Kollege. Diese gleichzeitig drei Beziehungen innerhalb der Chef - Mitarbeiter - Beziehung ergeben zusammen genommen eine symmetrische Beziehung. Sie vereinigen zwei Prinzipien miteinander, die auf den ersten Blick unvereinbar erscheinen: das hierarchische und das demokratische Prinzip.

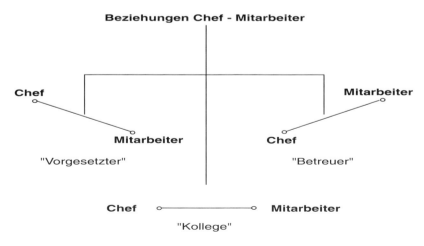

Abbildung 29: Gleichzeitig drei Beziehungen Chef - Mitarbeiter

Die Paralle dieser gleichzeitig drei Beziehungen zu den gleichzeitig drei Beziehungen Dienstleister - Kunde (siehe Kap. 17) ist sicherlich kein Zufall, sondern kommt daher, weil beide Beziehungsmodelle demselben Menschenbild entspringen. Tatsächlich ist die Chef - Mitarbeiter - Beziehung gleichzeitig auch eine Dienstleister - Kunde - Beziehung, wie übrigens auch umgekehrt. Im Grunde genommen ist jeder Benutzer, sprich Nutzniesser der Arbeitsresultate eines anderen, der Kunde, und derjenige, der die Arbeit geleistet hat, der Dienstleister. Wenn der Mitarbeiter für den Chef eine Aufgabe ausführt, ist der Mitarbeiter der Dienstleister und der Chef der Kunde. Zuvor jedoch, wenn der Chef dem Mitarbeiter das Briefing erteilt, ist der Chef der Dienstleister und der Mitarbeiter sein Kunde. Kombiniert man die in diesem Buch vertretenen Dienstleistungs- und Führungsphilosophie zu einer Philosophie zur Führung von Dienstleistungsmitarbeitern, die qualitativ überlegene Dienstleistungen erbringen sollen, so können wir formulieren: *Führen zur qualitativ überlegenen Dienstleistung heisst, aus der Führung eine Dienstleistung und aus dem Mitarbeiter einen Kunden machen - und gerade dadurch als Chef ein Vorbild sein.*

Fünf Erkenntnisse aus Kapitel 19

1. Positionsmacht wird ermächtigt vom kollektiven Bewusstsein.
2. Die Qualität des kollektiven Bewusstseins bestimmt die Qualität der Machtstrukturen und -figuren.
3. Die Ermächtigungsmacht im Universum ist das Naturgesetz.
4. Je kohärenter das kollektive Bewusstsein, desto mehr ist die Machtausübung der Machtinhaber in Übereinstimmung mit dem Naturgesetz.
5. Die Übermacht einer Machtposition muss aufgewogen werden durch eine Dienen-Motivation (Demut) des Machtinhabers.

20. Leadership

Führung als Managementaufgabe

Führung wird zur zentralen Managementaufgabe, sobald das Management auf Mitarbeitende angewiesen ist. Manager und Managerinnen sind dazu da, Entscheidungen zu finden, zu fällen und durchzusetzen. Management-Entscheidungen werden nicht um ihrer selbst willen getroffen. Sie sollen etwas bewirken und bewegen, zunächst innerhalb der Organisation, für die sie getroffen werden, und dann in der Umwelt (im Markt), in der und für die die Organisation tätig wird. Management-Entscheidungen müssen also nicht nur *richtig,* sie müssen auch *effektiv* sein. Gerade diese Effektivität steht und fällt da-mit, ob und inwieweit die Entscheidungen von den Mitarbeitenden mitgetragen und umgesetzt werden. Dies wiederum ist eine Frage der Führung. Führung als Managementaufgabe hat zum Ziel, bei den Mitarbeitenden ein Maximum an innerer Verpflichtung (commitment) und Engagement zu erzeugen. Das Ziel wird erreicht, wenn die Mitarbeitenden sich mit der Management-Entscheidung identifizieren.

Eine solche Identifikation kann prinzipiell auf zwei Wegen zustande kommen. Der erste Weg ist die kritiklose Übernahme der Entscheidung durch die Mitarbeitenden, sei es aus Angst (z.B. vor Verlust des Arbeitsplatzes), aus Autoritätsgläubigkeit, aus Befehlsempfänger-Mentalität, aus Bequemlichkeit oder aus Ego-gespeisten Idealbild-Projektionen auf den 'tollen Chef'. Wie auch immer, eine solche 'Gefolgschaft' läuft auf Fremdbestimmung und Infantilisierung, ja letztlich auf Entmenschlichung der Mitarbeitenden hinaus. Eine Führung, die auf *blinde* Gefolgschaft setzt, verletzt die Menschenwürde der Geführten. „Führer befiel, wir folgen Dir!" - ist die extreme Ausformulierung einer solchen Führungsphilosophie, die man besser Ver-Führung nennen sollte. Nicht etwa, dass diese Mentalität mit dem Zusammenbruch des braunen Imperiums ihr Ende genommen hätte. Auch heute noch, am Übergang zum einundzwanzigsten Jahrhundert, sagen mir bestens ausgebildete Mitarbeitende in deutschen oder schweizerischen Unternehmungen, häufig in leitender Stellung, unverblümt ins Gesicht: „Ich habe einen klaren Auftrag erhalten. Das ist mir genug. Es ist nicht mein Job, darüber nachzudenken, wofür der Auftrag gut ist und wofür nicht. Mein Job ist es, den Auftrag auszuführen, und zwar so zeit- und kosteneffizient wie möglich. Alles, was ich brauche, ist ein klarer Auftrag, und dann führe ich ihn aus."

Der zweite Weg zur Herbeiführung von Identifikation der Mitarbeiterschaft mit Management-Entscheidungen besteht darin, dass man die Mitarbeitenden am Zustandekommen der Entscheidung teilhaben lässt. Und zwar indem man sie entsprechend informiert, sie an der Entscheidungsfindung direkt beteiligt oder indem man sie in den Entscheidungsprozess einbindet. Mindestens aber darin, sie an der Art und Weise, wie die Entscheidung umgesetzt werden soll, massgeblich mitwirken zu lassen. Mitarbeitende, die am Finden, Fällen und Durchsetzen von Entscheidungen beteiligt werden, tragen Entscheidungen mit. Sie werden zu Entscheidungs- 'Subjekten'. Mitarbeitende, die vom Entscheidungsprozess ausgeschlossen werden, gleichwohl aber auch Gegenstand einer Entscheidung sind, werden zu Entscheidungs-'Objekten'. Sie fühlen sich oft als 'Opfer' und leisten der getroffenen Entscheidung (zumindest innerlich) Widerstand. Dies ist insbesondere dann der Fall, wenn die Entscheidung für die Betroffenen eine einschneidende Veränderung mit sich bringt. Führung lässt sich so gesehen auf die Formel bringen: *aus Betroffenen Beteiligte machen.*

Vom Nur-Manager zum Auch-Leader

Führung von Menschen ist eine Aufgabe des Managements. Ihre Ausführung ist eine Kunst: die Kunst, das Wohlbefinden der Mitarbeitenden mit dem Wohlergehen der Organisation in Einklang zu bringen. Man kann diese Kunst erlernen und sich unendlich darin steigern. Viele Menschen müssen sich heute in der Führungskunst üben, denn Manager/in ist einer der am schnellsten wachsenden Berufe unserer Zeit. Wenn aber aus dem Beruf des Führens eine regelrechte Berufung wird, findet ein Übergang vom 'Nur-

Manager' zum 'Auch-Leader' statt, steigert sich 'Management' zu 'Leadership'. 'Leadership' schliesst also 'Management' mit ein, geht aber darüber hinaus. Der Nur-Manager erfüllt Aufträge und erreicht Ziele, der Auch-Leader erfüllt eine Mission und verwirklicht eine Vision. Der Nur-Manager wird als Vorgesetzter von Mitarbeitenden eingesetzt, der Auch-Leader zieht Menschen als Mitarbeitende an. Der Nur-Manager wirkt primär durch seine Entscheidungen, der Auch-Leader wirkt primär durch seine Vorbildlichkeit. Der Nur-Manager weiss, wie man mit Menschen umgeht, der Auch-Leader weiss, wie man Menschen besser macht.

Leadership heisst: aus sich selbst das Bestmögliche machen, aus anderen das Bestmögliche hervorlocken, und zusammen mit anderen das Bestmögliche erreichen. Das 'Bestmögliche' ist dabei im Sinne des Naturgesetzes, also im sachlich-fachlichen ebenso wie im ethischen Sinne zu verstehen. Dieser Leadership-Begriff hat nichts, wirklich überhaupt nichts, mit dem 'Führertum' faschistischer Machart gemein. Tatsächlich wurde Führung im dritten Reich dermassen pervertiert, dass die deutschen Wörter 'Führer' oder 'Führertum' zu Unwörtern geworden sind, die kaumt mehr verwendet werden können. Sie sind wie das atomverseuchte Gelände von Tschernobyl, das für lange Zeit nicht mehr betreten werden kann. Schon deshalb ist es nötig, die deutschen Begriffe durch 'Leader' und 'Leadership' zu ersetzen.

Wir blicken auf ein Jahrhundert zurück, das unter anderem auch als 'Jahrhundert der Tyrannen' in die Geschichte eingehen wird. Man denke nur an Hitler, Stalin, Pol Pot, Idi Amin und die ungezählten Halb-Hitlers und Halb-Stalins. Es gab in diesem Jahrhundert aber auch leuchtende, echte Leadergestalten wie Mahatma Gandhi, Martin Luther King oder Nelson Mandela. Herausragende Leader gab es auch ausserhalb der Politik, wie der Schweizer Unternehmer Gottlieb Duttweiler, der die Migros-Welt schuf, oder der aus Ungarn stammende Dirigent George Szell, der als Emigrant nach Cleveland kam, und aus dem dortigen, mittelmässigen und ziemlich grobschlächtigen Provinzorchester einen der edelsten Klangkörper seiner Zeit machte. Wann und wo immer etwas Grosses erreicht, geschaffen oder bewegt werden soll, und dies eine grössere Anzahl von Mitwirkenden involviert, braucht es Leadership als inspirierendes, dynamisierendes und integrierendes Agens. Daran wird sich auch in Zukunft nichts ändern. Dass Leadership und eine darin implizierte Führungsethik zu einem wichtigen Thema des einundzwanzigsten Jahrhunderts werden wird, kündigt sich bereits in der Fachliteratur an: Rudolf Mann beispielsweise philosophiert darüber, dass Führung mehr und mehr zu einer Frage des Bewusstseins wird. Seine These: „Der Bewusstere führt den weniger Bewussten". Keshavan Nair studiert die Leaderfigur Gandhi und leitet daraus moralische Standards für die Führung von Wirtschaftsunternehmen ab.

Prinzipienorientierte Führung

Der wohl bekannteste Autor in Sachen Leadership ist Stephen Covey. In seinen Werken plädiert er für eine Orientierung der Führung an 'Prinzipien', die seiner Auffassung nach den Charakter von Naturgesetzen haben: „Prinzipien sind nicht von uns oder der Gesellschaft erfunden. Sie sind die Gesetze des Universums, die zwischenmenschliche Beziehungen und Organisationen betreffen". Als Beispiele für solche Prinzipien nennt Covey Fairness, Gleichbehandlung, Gerechtigkeit, Integrität, Ehrlichkeit, Vertrauen. Niemand kann nach Covey diese Naturgesetze des menschlichen Zusammenlebens auf die Dauer ungestraft verletzen. Umgekehrt bringt eine Beachtung dieser Gesetze echte Befriedigung und nachhaltigen Erfolg. Leadership bedeutet für Covey, dass man sich selbst und andere nach diesen Prinzipien führt. Effektivität kommt dabei vor Effizienz. Das Wichtige hat eine höhere Priorität als das Dringende. Nicht die Uhr, sondern der Kompass (Prinzipien) ist das primäre Orientierungshilfsmittel. Covey empfielt unter anderem eine intensive Erziehung des Gewissens, um sich an den 'wahren Nordpol-Prinzipien' orientieren zu können.

Es sind also gemäss Covey die von ihm Prinzipien genannten, universal gültigen Gesetze des Lebens, die den Führenden führen sollen. Covey verzichtet ausdrücklich darauf, der Frage nach der Herkunft dieser Gesetze nachzugehen. Er stellt nur fest, dass die

Gesetze gelten, und weist darauf hin, dass sie sich in der Weisheitsliteratur aller Epochen und Weltgegenden wiederfinden lassen. Weitaus befriedigender wäre es jedoch, wenn wir über Covey hinausgehend einen Ursprung der Prinzipien ausfindig machen könnten. Dies würde nämlich nicht nur den Gesetzescharakter der Prinzipien untermauern, sondern zusätzlich noch eine Ordnung im andernfalls recht unübersichtlichen Prinzipiendschungel entstehen lassen. Wir können dabei auf das Delphi Prinzip zurückgreifen, indem wir uns fragen: Wie lassen sich die Coveyschen Prinzipien auf unser innerstes Selbst, auf unsere innerste Natur zurückführen? Erinnern wir uns: Ethik ist ursprünglich 'Sva-dha', das Selbst-Gegebene. Wir könnten auch sagen: das vom Selbst Gesetzte. Das Selbst ist der erste Gesetzgeber.

Leadership-Prinzipien

Nach allem, was wir uns im bisherigen Verlauf dieses Buches klar gemacht haben, liegt der Ursprung der von Covey postulierten Gesetze im Naturgesetz an sich (Veda), und die von Covey beschriebene Wirksamkeit dieser Gesetze gründet in der allorganisierenden Macht (Rik) des Naturgesetzes an sich. Wir haben Reinheit, Lebendigkeit und Fülle als die allerersten, abstrakten Wertbegriffe herausgearbeitet, die ihrerseits auf die dreieinige Struktur des Selbst bzw. des Bewusstseins an sich - Erkennender (Rishi), Erkenntnis (Devata) und Erkanntes (Chhandas) in Einem (Samhita) - zurückgehen. Versuchen wir nun, diese Grundwerte auf Leadership anzuwenden und so die allerersten, abstrakten Leadership-Prinzipien zu gewinnen. Alle konkreteren und spezifischeren Leadership-Prinzipien sind dann Ausdifferenzierungen dieser Erstprinzipien, so wie die verschiedenen Tugenden Ausdifferenzierungen und verhaltensmässige Konkretisierungen der drei Grundwerte Reinheit, Lebendigkeit und Fülle darstellen (Kap. 16.). Sehen wir anschliessend, wie sich diese, im weiteren *Leadership-Prinzipien* genannten Erstprinzipien auf eine Organisation auswirken, die nach den diesenn geführt wird. Das Ergebnis dieser Überlegungen findet sich in Abb. 30 zusammengestellt.

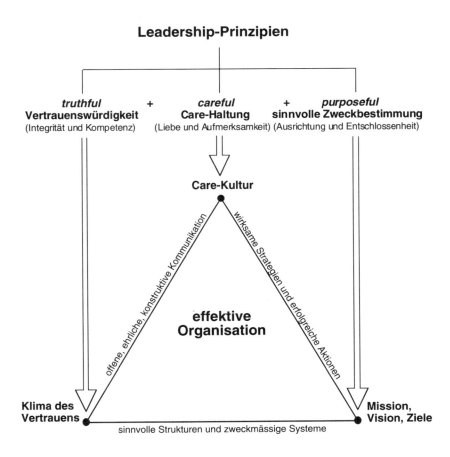

Abbildung 30: Die drei Leadership-Prinzipien und ihre Auswirkungen

Die Leadership-Prinzipien sind *Vertrauenswürdigkeit* (entspricht Reinheit), *Care-Haltung* (entspricht Lebendigkeit) und *sinnvolle Zweckbestimmung* (entspricht Fülle). Man kann sie besonders elegant im Englischen mit den Eigenschaften *truthful, careful* und *purposeful* wiedergeben. Jedes dieser drei Leadership-Prinzipien hat zwei Aspekte: Vertrauenswürdigkeit ist einerseits charakterliche Integrität, andererseits fachliche Kompetenz. Eine Care-Haltung lässt sich mit mehr gefühlsmässiger Liebe einerseits und mehr kognitiver Aufmerksamkeit andererseits umschreiben. Sinnvolle Zweckbestimmung setzt sich zusammen aus einer bestimmten Ausrichtung, eben auf einen sinnvollen Zweck, sowie der Entschlossenheit, diesen sinnvollen Zweck zu erfüllen. Alle drei Leadership-Prinzipien bilden zusammen genommen eine Drei-Einigkeit, d.h. alle drei Prinzipien sind gleich wichtig und ergänzen sich wechselseitig. Keines der drei Prinzipien darf fehlen, aber auch keines der drei Prinzipien darf auf Kosten der beiden anderen verabsolutiert werden.

Vertrauenswürdigkeit bedeutet, dass ein Leader seine Versprechen hält und eingegangene Verpflichtungen erfüllt. Er oder sie ist ehrlich, wahrhaftig, aufrichtig, berechenbar. Ein vertrauenswürdiger Leader meint, was er sagt. 'He walks his talk', d.h. er tut nicht so, als ob er vertrauenswürdig wäre, er ist es. Vertrauenswürdigkeit heisst indessen nicht, dass man sich alles gefallen lassen muss. Auch darf man Vertrauens*würdigkeit* nicht mit Vertrauens*seligkeit* verwechseln. Es geht nicht darum, Vertrauen zu schenken, sondern Vertrauen zu vermitteln. Vertrauenswürdigkeit impliziert aber auch, dass ein Leader Dinge, die man ihm anvertraut hat, entsprechend vertraulich behandelt, also für sich behält. Schliesslich heisst Vertrauenswürdigkeit auch, dass man sich auf den Leader in fachlicher Hinsicht verlassen kann. Ein Leader muss also über Wissen, Können, Erfahrungen und Fähigkeiten verfügen, die seine Glaubwürdigkeit als Leader unter Beweis stellen.

Was eine Care-Haltung ausmacht, haben wir bereits im Zusammenhang mit der Qualität von Dienstleistungen (siehe Kap. 17) untersucht. Tatsächlich ist Führung eine Dienstleistung, und sind die Geführten die Kunden jedes Leaders. Eine Care-Haltung äussert sich in Zuwendung, Achtung und Anerkennung, in rücksichtsvollem, behutsamen und vorsichtigen Vorgehen, in Mitgefühl, Sensiblität, Achtsamkeit und Wachsamkeit, in Betreuung und Beschützung, im Eingehen auf Bedürfnisse und Interessen, in Fairness, Gleichbe-handlung und Gerechtigkeit. Eine Care-Haltung zeigt sich vor allem auch im offenen, einfühlsamen Zuhören.

Eine sinnvolle Zweckbestimmung bedeutet Klarheit darüber, *wo-hin* wir wollen (Richtung), und *warum* bzw. *wofür* (Sinn) wir dorthin wollen. Ich erinnere in diesem Zusammenhang an unsere Beschäftigung mit der Sinnerfahrung in Kapitel 9. Damit die sinnvolle Zweckbestimmung aber zu einer prinzipiellen Leadereigenschaft wird, muss noch die unerschütterliche Entschlossenheit und Überzeugung des Leaders hinzukommen, das jeweils gesetzte Ziel zu erreichen. Wenn der Leader zweifelt und zaudert, hört er auf, ein Leader zu sein.

Ein wichtiger Gesichtspunkt, der die drei Leadership-Prinzipien zu echten Prinzipien macht, liegt darin, dass sie immer, unter allen Umständen verwirklicht werden müssen. Wir sind nur dann vertrauenswürdig, wenn wir immer, unter allen Umständen vertrauenswürdig sind, auch dann, wenn es andere nicht sind. Gefordert ist also nicht weniger und nicht mehr als eine nicht an Bedingungen geknüpfte, unbedingte Vertrauenswürdigkeit, d.h. unabhängig davon, wie vertrauenswürdig alle anderen sind. In dem Moment nämlich, wo ein Leader nicht vertrauenswürdig ist, verliert er seine Vertrauenswürdigkeit. Vertrauenswürdigkeit muss also 'prinzipiell' sein, oder sie verschwindet. Gerade eine solche, prinzipielle Vertrauenswürdigkeit aber hat Vorbildcharakter und wirkt ungeheuer ansteckend.

Ähnliches gilt für die Care-Haltung. Wenn ein Leader manchmal aufmerksam, einfühlend und rücksichtsvoll (careful), dann aber wieder unaufmerksam, gleichgültig und rücksichtslos ist (careless), wird er zum launischen Tyrannen. Die Care-Haltung muss zum durchgängigen Verhaltensprinzip erhoben werden.

Die sinnvolle Zweckbestimmung verlangt ebenfalls nach Durchgängigkeit. Besonders wichtig ist die Durchgängigkeit, was die Entschlossenheit und Überzeugung anbelangt, am definierten Zielort anzukommen. Ein Leader, der zwischen Überzeugtsein und Zweifeln hin- und herschwankt, wird zum wankelmütigen Schwächling, dem die Leute davonlaufen.

Die wirklich prinzipielle Realisierung der drei Leadership-Prinzipien ist in unserer Welt eine Rarität, und so sind denn auch wirkliche Leader-Persönlichkeiten Raritäten. Mahatma Gandhi war eine. Gandhi war sogar vertrauenswürdig für seine Gegner, aber er war nicht ihr Sklave.

Heutzutage (1998) klingt es geradezu anachronistisch, die prinzipielle Realisierung von Verhaltensprinzipien im Sinne von immer, überall, unter allen Umständen, nicht an Bedingungen geknüpft, zu verlangen. „Wir leben doch in einer Zeit des Wandels. Äusserste Flexibilität, blitzschnelles Anpassen, bisheriges Entlernen und neues Erlernen - das sind die Forderungen unserer Zeit!", höre ich so manchen Leser einwenden. Und ich stimme ihm zu! Wie Hans-Rudolf Jost in seinem Buch 'Der Change Navigator' eindrucksvoll aufzeigt, hat sich der Wandel am Ende des zwanzigsten Jahrhunderts beschleunigt wie noch nie. In seiner sehr tiefschürfenden Auseinandersetzung mit diesem Phänomen kommt er aber zu dem Schluss, dass wir, wenn wir im Wandel wachsen wollen, 'Fixsterne' brauchen, die uns als Navigationsinstrumente im Wandel dienen, weil sie selbst nicht wandelbar, eben 'fix' sind. Wahre Werte erfüllen nach Jost die Funktion sol-cher Fixsterne. Im gleichen Sinne spricht Covey von 'Nordpol-Prinzipien', die immer und überall gültig sind und uns deshalb als Kompass dienen können. Wahre Werte (Jost), Nordpol-Prinzipien (Covey), Leadership-Prinzipien (Weiss) sind Naturgesetze, die den Wandel überdauern und einem evolutionären Wandel zugrunde liegen. Ein Leader kann sich auch in den grössten Turbulenzen des Change zurechtfinden, wenn er sich an den drei Leadership-Prinzipien orientiert. Und übrigens kann man es niemandem verbieten, in jeder Situation vertrauenswürdig zu sein, eine Care-Haltung an den Tag zu legen und einem sinnvollen Zweck zu dienen. Leider degeneriert Flexibilität nur allzu oft zu Gesinnungsflexibilität, sprich Opportunismus, Zynismus, Skrupellosigkeit.

Betrachten wir nun den Einfluss der drei Leadership-Prinzipien auf die Geführten: Wer Vertrauenswürdigkeit sät, wird Vertrauen ernten. Die Care-Haltung des Leaders bewirkt Loyalität bei den Geführten. Die sinnvolle Zweckbestimmung erfüllt die Mitarbeitenden mit Motivation. Was kann sich ein Leader mehr wünschen als Mitarbeiter, die ihm Vertrauen, Loyalität und Motivation entgegenbringen? Der Schlüssel dazu liegt in der prinzipiellen Realisierung der drei Leadership-Prinzipien. Die Leadership-Prinzipien sind, um mit Covey zu sprechen, Gesetze der Ernte: Wie Du säst, so wirst Du ernten.

Die effektive Organisation

Ein Leader, der die drei Leadership-Prinzipien verwirklicht, wirkt in erster Linie durch das, was er ist, und erst in zweiter Linie durch das, was er beschliesst. Seine Vorbildwirkung ist stärker als die Macht seiner Entscheidungen. Er inspiriert nämlich seine Mitarbeitenden, ebenfalls vertrauenswürdig zu sein, eine Care-Haltung an den Tag zu legen, und mit Entschlossenheit sinnvolle Ziele zu verfolgen. So entsteht in der Organisation ein *Klima des Vertrauens*, eine *Care-Kultur* und die Ausrichtung auf eine *sinnstiftende Mission*, auf eine *beflügelnde Vision* und auf *lohnenswerte Ziele*. Ein Klima des Vertrauens, eine Care-Kultur und eine gemeinsame, sinnvolle Ausrichtung sind nun ihrerseits die drei Eckpfeiler jeder effektiven, sprich gesunden Organisation, gleich ob in Wirtschaft, Politik, Kultur oder Gesundheitswesen. Echte Leadership vermag durch ihre Vorbildwirkung, diese drei Eckpfeiler in einer Organisation zu setzen und zu halten. Darin liegt die wahre Leadership-Power. Durch die Verwirklichung der drei Leadership-Prinzipien entsteht überhaupt erst Leadership im Sinne von obiger Definition: aus sich selbst das Bestmögliche machen, aus anderen das Bestmögliche hervorlocken, und zusammen mit anderen das Bestmögliche erreichen.

Betrachten wir nun in Abb. 30, wie sich diese drei Eckpfeiler auf die Organisation auswirken, wenn wir sie miteinander verbinden. Wir erhalten so drei Seiten eines gleichseitigen Dreiecks, die die drei Aspekte einer effektiven Organisation verkörpern. Die Verbindung eines Vertrauensklimas mit einer Care-Haltung äussert sich in einer offenen, ehrlichen und konstruktiven Kommunikation unter den Mitgliedern der Organisation. Man geht miteinander aufrichtig, verständnisvoll und freundlich um. Informationen und Wissen werden ohne Zögern weitergegeben. Man spricht miteinander unkompliziert und ungekünstelt - und es wird auch zugehört. Die Mitarbeitenden pflegen ein offenes Aufeinanderzugehen. Lügen, Intrigen, Mobbing, Schaumschlägereien, und dergleichen glänzen durch Abwesenheit.

Die Verbindung von Care-Haltung und sinnvoller Zielausrichtung führt zu wirksamen Strategien und erfolgreichen Aktionen der Organisation insgesamt. Dabei ist es die sinnvolle Zielausrichtung, die die Energien aller Mitarbeitenden auf ein gemeinsam getragenes Wohin lenkt und koordiniert. Die Care-Haltung bewirkt ein umsichtiges, behutsames, die Interessen aller Beteiligten und Betroffenen angemessen berücksichtigendes Vorgehen beim Verfolgen der angestrebten Ziele. Die auf diese Weise zustande kommenden Programme und Aktivitäten der Organisation werden nachhaltig erfolgreich sein. Kurzfristigem und kurzsichtigem Gewinner-Verlierer-Denken, der Haltung: „Nach mir die Sintflut!", der Praxis des Über-Leichen-Gehens, der Brechstangenmentalität, wird eine klare Absage erteilt.

Die Verbindung von sinnvoller Zielausrichtung und Vertrauensklima lässt sinnvolle Strukturen (z.B.Organigramme) und zweckmässige Systeme (z.B. Dokumentationssysteme) entstehen. Alle Festlegungen und Reglementierungen bauen auf Vertrauen auf und dienen einzig und allein dem Zweck, die Erreichung der Organisationsziele zu fördern. Deshalb sind sie nur so zahlreich wie nötig und so einfach wie möglich. Komplizierte Erfassungssysteme, die auf Misstrauen aufbauen, Papierkrieg, umständliche Dienstwege, mehrbändige Manuals und Reglemente, Vorschriften an allen Ecken und Enden, sind überflüssiger Ballast. Er wird abgeworfen.

Eine Organisation ist sozialer Organismus

Nicht umsonst sind die Worte Organis*ation* und Organis*mus* aufs Engste miteinander verwandt. Wie sich ein Organismus aus Organen zusammensetzt, und diese wiederum aus Zellen zusammensetzen, besteht eine Organisation aus Organisationseinheiten und diese wiederum aus Individuen. Als universelle Organisationsprinzipien allen organismischen Lebens hat Ayurveda, die vedische Biologie und Gesundheitslehre, die drei Doshas identifiziert (siehe Kapitel 13): *Vata* (Bewegung, Informationsfluss, mit den Eigenschaften trocken, leicht und kalt), *Pitta* (Umwandlung, Transformation, mit den Eigenschaften heiss, leicht und feucht) und *Kapha* (Strukturbildung, Formation, mit den Eigenschaften schwer, kalt und feucht). Hält man sich das Dreieck in Abbildung 30 mit den drei Aspekten einer effektiven Organisation vor Augen, dann wird sofort deutlich: Wir haben es hier mit den drei Doshas einer Organisation zu tun, wobei sich die drei Doshas im Gleichgewichtszustand befinden. Offene, ehrliche und konstruktive Kommunikation (Vata im Gleichgewicht), wirksame Strategien und erfolgreiche Aktionen (Pitta im Gleichgewicht), sinnvolle Strukturen und zweckmässige Systeme (Kapha im Gleichgewicht), sind zusammengenommen die Kennzeichen einer 'gesunden' und deshalb 'effektiven' Organisation.

Wir können also die drei Doshas als diagnostisches Instrument auch auf soziale Organismen, eben auf Organisationen wie Unternehmungen anwenden. Wenn beispielsweise in einer Unternehmung ein Gerücht, das andere jagt, leidet die Unternehmung an einer Vata-Störung. Überhitzt sich die Unternehmung in fieberhaftem Aktionismus, liegt eine Pitta-Störung vor. Lähmt eine schwerfällige Bürokratie die Unternehmung, handelt es sich um eine Kapha-Störung.

Das (insbesondere kommunikative) Verhalten jedes einzelnen Mitarbeitenden (Vata), die Vorhaben und Handlungen der Organisation insgesamt (Pitta) und die festgelegten Strukturen und Systeme innerhalb der Organisation (Kapha) sind die drei Aspekte, die zusammengenommen das ausmachen, was man *Corporate Life* nennen könnte. Das englische 'corporate' entstammt dem lateinischen 'corpus', zu deutsch Körper. Analog sprechen wir im Deutschen von 'Körperschaften'. Wie im Körper, so sagt auch in der Körperschaft der Zustand der drei Doshas etwas über deren Gesundheitszustand aus.

Organismen und Organisationen, Körper und Körperschaften sind lebende Systeme, die sich im Austausch mit anderen lebenden Systemen befinden. Einen betont systemischen Ansatz zum Verständnis und zur Führung von Unternehmungen verfolgt das St.Galler Management-Konzept. In seinem umfassenden Lehrbuch beschreibt Knut Bleicher drei Management-Ebenen - 'normatives', 'strategisches' und 'operatives' Management - , die mit drei Aspekten einer Unternehmung interagieren. Bei Bleicher heissen sie 'Verhalten', 'Aktivitäten', und 'Strukturen'. 'Verhalten' meint das - insbesondere kommunikative - Verhalten jedes einzelnen Mitarbeiters. 'Aktionen' beziehen sich auf die Programme und Handlungen der Unternehmung insgesamt. 'Strukturen' stehen für Festlegungen und Regelungen aller Art innerhalb der Unternehmung. Es ist offensichtlich: Das St.Galler Management-Konzept operiert mit den drei Doshas, wenn auch unbewusst.

Aus Abb. 30 geht auch hervor, *wie* die drei Doshas einer Organisation ins Gleichgewicht gebracht und dort gehalten werden, nämlich durch die drei Eckpfeiler Vertrauensklima, Care-Kultur und sinnvolle Zielausrichtung. Diese Eckpfeiler werden gleichsam eingeschlagen von einem Leader, der die drei Leadership-Prinzipien Vertrauenswürdigkeit, Care-Haltung und sinnvolle Zweckbestimmung realisiert. Ein echter Leader kann also zum regelrechten Arzt einer Organisation werden, aber nicht, indem er ihr eine Rosskur verordnet, sondern einfach dadurch, dass er mit der grössten Selbstverständlichkeit die drei Leadership-Prinzipien vorlebt.

Vergegenwärtigen wir uns noch einmal wie Maharishi Mahesh Yogi das Auftauchen der drei Doshas aus der reinen Selbst-Bewusstheit - die Einheit (Samhita) von Erkennendem (Rishi), Erkenntnis (Devata) und Erkanntem (Chhandas) - erklärt: Im reinen Wissen, dem Bewusstsein an sich, gibt es noch keine Unterscheidung und damit noch keine - räumlich gesprochen - Distanz zwischen Erkennendem, Erkenntnis und Erkanntem. Die Drei sind eins. Es gibt noch keinen Unterschied zwischen Subjekt und Objekt, zwischen Geist und Materie. Wenn aber diese Drei-Einheit zerbricht, fallen Subjekt und Objekt, Geist und Materie auseinander. Es entsteht die Vielfalt von Subjekten und Objekten, wie wir sie im Wachzustand kennen. In dem Moment, wo Erkennender, Erkenntnis und Erkanntes aufhören, ein und dasselbe Selbst zu sein, tritt eine Art Abstand, ein Zwischenraum zwischen erkennendem Subjekt und Erkenntnisakt, zwischen Erkenntnisakt und erkanntem Objekt, zwischen erkanntem Objekt und erkennendem Subjekt auf. Die Qualitäten dieser Zwischenräume sind nun die drei Doshas. An der Schnittstelle von erkennendem Subjekt und Erkenntnisakt regt sich Vata. In der Lücke zwischen Erkenntnisakt und erkanntem Objekt brodelt Pitta, und am Übergang vom erkanntem Objekt zu erkennenden Subjekt bildet sich Kapha.

Im Dreiecks-Modell einer effektiven Organisation (Abb. 30) stellen die drei Seiten die drei Doshas einer Organisation im Zustand des Gleichgewichts dar. Die drei Seiten des Dreiecks sind - räumlich gesprochen - die Zwischenräume zwischen den drei Eckpfeilern einer effektiven Organisation, Vertrauensklima, Care-Kultur und sinnvolle Zielausrichtung. Diese drei Eckpfeiler sind nun ihrerseits Auswirkungen der drei Leadership-Prinzipien. Die drei Leadership-Prinzipien wiederum sind Anwendungen der drei Grundwerte Reinheit, Lebendigkeit und Fülle auf Leadership. Die drei Grundwerte schliesslich gehen auf innerlich erfahrene Gefühlswerte zurück, die ihren Ursprung in der Drei-in-Eins-Struktur von Erkennendem (Rishi, Gefühlswert Reinheit), Erkenntnis (Devata, Gefühlswert Lebendigkeit) und Erkanntem (Chhandas, Gefühlswert Fülle) haben. Die drei Eckpfeiler einer effektiven Organisation sind also Abkömmlinge und damit Repräsentanten von - vedisch gesprochen - Rishi, Devata und Chhandas. Zwischen den drei Eckpfeilern erstrecken sich die drei Doshas einer effektiven Organisation, und zwar ganz im Sinne der Herleitung von Maharishi. Das Dreieck einer effektiven Organisation mit seinen drei Eckpfeilern und seinen drei Seiten ist ein im besten Sinne 'vedisches' Organisationsmodell, weil wir uns selbst darin wiederfinden. Es ist unsere innerste Natur hinausprojiziert auf die soziale Natur einer Organisation.

Corporate Consciousness

Wenn Vertrauensklima, Care-Kultur und sinnvolle Zielausrichtung Abkömmlinge von Rishi, Devata und Chhandas, also von Bewusstsein an sich sind, dann repräsentieren sie das Bewusstsein einer Organisation. Wir können hier von *Corporate Consciousness* sprechen. Corporate Consciousness ist ein kollektives Bewusstsein in dem Sinne, wie wir es in den vorangegangenen Kapiteln behandelt haben. Als Qualitätsmerkmal von kollektivem Bewusstsein hatten wir den Begriff der Kohärenz eingeführt. Vertrauensklima, Care-Kultur und sinnvolle Zielausrichtung sind offenbar die Erkennungszeichen eines kohärenten Corporate Consciousness. Umgekehrt lässt es auf ein inkohärentes Corporate Consciousness schliessen, wenn ein Klima von Misstrauen und Argwohn herrscht, die Kultur durch Gleichgültigkeit und Rücksichtslosigkeit geprägt ist, und Zielausrichtungen entweder fehlen oder miteinander im Streit liegen oder des Sinngehaltes entbehren. Die Qualität von Klima, Kultur und Denkausrichtung sind also die Anhaltspunkte, an denen man die Kohärenz oder Inkohärenz eines Corporate Consciousness festmachen kann.

Als bisher wirksamstes Mittel zur Anhebung der Kohärenz im kollektiven Bewusstsein haben sich bisher Gruppen von gemeinsam transzendierenden Individuen, sogenannte Kohärenzgruppen erwiesen. Wenn wir hier die Auswirkung der drei Leadership-Prinzipien auf die Organisation untersuchen, stellen wir fest: Ein echter Leader, der oder die die drei Leadership-Prinzipien realisiert, induziert Kohärenz ins Corporate Consciousness. Durch seine prinzipielle Verwirklichung der drei Leadership-Prinzipien - und das heisst letztlich: durch sein eigenes 'erleuchtetes' Bewusstsein - wirkt er wie eine wandelnde Kohärenzgruppe. Darin liegt seine grösste Macht und sein grösstes Wirkungspotential. Es ist die all-organisierende Macht (Rik) des Naturgesetzes an sich (Veda), die sich durch einen echten Leader, der diesen Namen auch verdient, auf die Organisation und ihre Mitglieder entlädt. Die Folge davon ist ein 'blühendes Unternehmen' - eine gesunde, effektive Organisation.

Was geschieht, wenn ein solcher Leader abtritt oder stirbt? Meistens lässt dann die Kohärenz im kollektiven Bewusstsein nach. Misstrauen, Missgunst und Missmut machen sich breit. Der erste Schritt in den Abstieg einer Organisation oder Gesellschaft ist getan. Die Geschichte der Menschheit ist voll von Beispielen, wie es mit Gesellschaften und Organisationen bergab gegangen ist, nachdem sie von einem echten Leader verwaist zurückgelassen waren. Das Gleiche geschieht übrigens, wenn eine Kohärenzgruppe zuerst eingerichtet und dann wieder aufgelöst wird. Wie die Untersuchungen zum Maharishi-Effekt immer wieder gezeigt haben, steigen die Kriminalitätskurven nach Auflösung von Kohärenzgruppen wieder auf das Niveau an, wo sie sich vor der Einrichtung der Kohärenzgruppen bewegt hatten.

Aus diesen Beobachtungen drängt sich eine Doppelstrategie zur Kohärenzerzeugung und -aufrechterhaltung auf: Leadership plus Kohärenzgruppen. Eine Kohärenzgruppe macht eine Organisation erstens wesentlich empfänglicher für die Vorbildwirkung der drei Leadership-Prinzipien und erhöht damit die Wirksamkeit von Leadership. Zweitens gewährleistet eine Kohärenzgruppe ein hohes Kohärenzniveau auch dann, wenn die Amtszeit eines echten Leaders zu Ende gegangen ist. Und drittens schliesslich maximiert eine Kohärenzgruppe die Wahrscheinlichkeit, dass auch die nachfolgende Führung mit echter Leadership-Qualität ausgestattet ist. Leadership einerseits und Kohärenzgruppen andererseits sind das ideale Erfolgstandem. Ein Leader, der um diese Gesetzmässigkeiten weiss, wird deshalb bestrebt sein, Kohärenzgruppen einzurichten und zu unterstützen, von denen er wiederum maximale Unterstützung erhält.

Der Überlieferung nach gab es in vorgeschichtlicher Zeit auf dem indischen Subkontinent eine 'vedische Zivilisation', die nach dieser Doppelstrategie funktionierte. Das klassische Epos Ramayana beispielsweise berichtet von erleuchteten Königen (z.B. Ram), die geradezu Verkörperungen der drei Leadership-Prinzipien waren. Eine der obersten Amtspflichten dieser Könige bestand darin, Gruppen von Yogis zu fördern - modern gesprochen: zu finanzieren -, die an abgelegenen Orten in sogenannten Ashrams zusammenlebten und für die Kohärenzerzeugung zuständig waren. Die Könige erfüllten diese Amtspflicht offenbar gerne, wussten sie doch, welche Unterstützung sie aus der Stille der Ashrams dafür zurückerhielten. Machen wir einen Sprung von der überlieferten Vorgeschichte in die Gegenwart: Der verstorbene Unternehmensberater Norbert Schirmer leitete einmal einen Workshop mit den Mitgliedern der Geschäftsleitung eines mittelständischen Unternehmens. Gleichzeitig liess er in einem Nebenraum eine Gruppe von Meditierenden gemeinsam meditieren und das TM-Sidhi-Programm ausführen. Er richtete also parallel zum Workshop eine Kohärenzgruppe ein. Während die Geschäftsleitung intensiv diskutierte, mobilisierte die Kohärenzgruppe in der Stille des eigenen Selbst die organisierende Macht (Rik) des Naturgesetzes (Veda). Der Workshop war nach Ansicht aller Beteiligten sowohl vom Prozess als auch von den Resultaten her ein überwältigender Erfolg.

Noch einmal zurück zu Abb. 30: Aus dem Dreiecksmodell einer effektiven Organisation geht unmissverständlich hervor, dass die Qualität des Corporate Consciousness (die drei Eckpfeiler) die Qualität des Corporate Life (die drei Seiten) bestimmt. Corporate Consciousness regiert Corporate Life. Corporate Consciousness ist die Ursache, Corporate Life die Wirkung. Bewusstsein ist die Führung, Tätigkeiten sind die Ausführung. Die alle anderen Aufgaben überragende und ureigentliche Leadership-Aufgabe besteht folglich darin, ein kohärentes Corporate Consciousness zu schaffen und aufrechtzuerhalten, konkret: für ein Vertrauensklima, eine Care-Kultur und eine sinnvolle Zielausrichtung zu sorgen. Zur Erfüllung dieser kardinalen Leadership-Aufgabe hat ein Leader zwei Instrumente zur Verfügung: erstens seine eigene Person, indem er die drei Leadership-Prinzipien durchgängig verwirklicht und Tag für Tag vorlebt, und zweitens die Einsetzung und Pflege einer Kohärenzgruppe - in der Organisation, für die Organisation, für sich selbst.

Delphi Leadership® Training

Leader-Persönlichkeiten, wie sie hier skizziert werden, sind am Übergang zum einundzwanzigsten Jahrhundert dünn gesät. Ich bin mir bewusst, dass das hier vorgestellte Leadership-Konzept für die meisten Zeitgenossen geradezu utopisch anmutet. Die Tatsache aber, dass es vereinzelt echte Leaderfiguren, die die Leadership-Prinzipien mit Fleisch und Blut leben, gegeben hat und gibt, ist Beweis dafür, dass Leadership möglich ist. Gewiss ist nicht jedermann und jedefrau geeignet und dazu berufen, ein Leader zu sein. Das ist auch nicht nötig. Und zudem: wenn alle Leute Leader sind, wen sollen sie dann führen? Ich bin aber überzeugt davon, dass bedeutend mehr Menschen mit Leadership-Potential herumlaufen, als es tatsächliche Leader gibt. Und dies in allen gesellschaftlichen Bereichen: im Business, im Sport, im Kulturbetrieb, im Gesundheitswesen, in der Politik. Dieses Leadership-Potential muss entfaltet und zur Reife gebracht werden. Das dazu geeignete Wachstums- und Entwicklungsprogramm heisst *Delphi Leadership® Training*.

Das *Delphi Leadership® Training* basiert auf dem in diesem Buch gezeichneten Menschenbild und befindet sich derzeit (1998) in Ausarbeitung. Alle Bausteine sind bereits vorhanden. Das *Delphi Leadership® Training* richtet sich an Führungskräfte und wird berufsbegleitend konzipiert. Es ersteckt sich über einen längeren Zeitraum und umfasst Bewusstseinsentwicklung, theoretische Studien, Fähigkeitstraining und praktische Projektarbeit. Angeboten wird - so meine Vision - das *Delphi Leadership®* Training von einer noch zu gründenden *Delphi Leadership® Academy*, in der neben dem Training auch Forschung und Entwicklung zum Thema Leadership, sowie individuelles Leadership-Coaching und Öffentlichkeitsarbeit betrieben wird. (Leserinnen und Leser, die, auf welche Weise auch immer, an der Verwirklichung dieser Vision mitwirken möchten, sind herzlich eingeladen, dies dem Verlag A & O, Postfach, 8034 Zürich, mitzuteilen.)

Menschen, die ein *Delphi Leadership® Training* erfolgreich durchlaufen haben, erhalten einen Abschluss mit dem Titel

Executive of Natural Law. Das englische 'Executive' ist lateinischen Ursprungs und bedeutet: jemand, der ausführt. Ein echter Leader versteht sich selbst und wirkt in der Praxis als ein Ausführender des Naturgesetzes (siehe Kap. 19), als *Executive of Natural Law*. Ein *Executive of Natural Law* weiss, dass Objektivität eine Illusion und die Wirklichkeit stets eine subjektive ist. Er oder sie folgt dem Weg immer tiefer gehender Selbsterkenntnis und Selbstverwirklichung, weiss zwischen Selbstverwirklichung und Egotrip zu unterscheiden. Er erfährt sich selbst in reiner Selbst-Erfahrung und stabilisiert diese zu wahrer Selbst-Gegründetheit. Er arbeitet an seiner inneren Befindlichkeit und übernimmt Verantwortung für die Pflege seiner seelischen Gesundheit. Er ist in der Lage, echten Sinn zu finden und zu stiften. Er denkt sowohl links- als auch rechtshemisphärisch und beherrscht die Kunst, effektiv, d.h. richtig und kraftvoll zu denken. Er macht bestmöglichen Gebrauch von seiner Zeit. Er nutzt ayurvedisches Know-how, um seinen Körper als Führungsinstrument in Sachen Ethik zu verfeinern. Er hört auf und gehorcht der Stimme seines Gewissens. Er verwirklicht wahre Werte und ist bestrebt, die Interessen aller Beteiligten und Betroffenen angemessen zu berücksichtigen. Er erweitert den Radius seines Wohlbefindens auch auf Menschen, die weit von ihm entfernt sind. Er führt mit Freude an der Macht, aber aufgewogen durch eine Motivation des Dienens. Er oder sie lebt die drei Leadership-Prinzipien.

Ein *Executive of Natural Law* auch zahlreiche weitere Fertigkeiten: Er oder sie kann in freier Rede wirksam und ethisch einwandfrei überzeugen, Ideen verkaufen und Menschen zur Mitarbeit gewinnen. Er kann zuhören und Gespräche führen, die beide Gesprächspartner weiter bringen. Er kann auf dem Verhandlungswege faire Konfliktlösungen und echte Gewinn-Gewinn-Vereinbarungen erreichen. Er kann erfolgreich zwischen Konfliktparteien vermitteln. Er kann Workshops so moderieren, dass in einem optimalen Prozess optimale Ergebnisse erzielt werden. Er weiss, wie man ein gutes Team aufbaut und erhält. Er führt durch Empowerment und integriert Menschen in einem Wir-Gefühl. Er beherrscht das Handwerkszeug der Mitarbeiterführung und des Projektmanagments, und verhält sich gegenüber allen seinen Mitarbeitenden als aufmerksamer Dienstleister. Er kann im Change flexibel navigieren, weil er sich an inneren Fixsternen orientiert. Er oder sie kann richtige Entscheidungen finden, treffen und - dank seiner Leadershipqualität - auch wirkungsvoll umsetzen.

Ein solcher *Executive of Natural Law* kann mit dem Leader Nelson Mandela sagen: „Unsere Aufgabe ist es, zu scheinen. Dich selbst klein zu machen, hilft der Welt nicht. Es ist nichts Erleuchtetes dabei, sich selbst klein zu machen, um die anderen nicht zu verunsichern. Unsere Aufgabe ist, zu scheinen, so wie die Kinder es tun. Wir werden geboren, um Gottes Herrlichkeit, die in uns ist, in die Welt zu bringen. Sie ist nicht nur in einigen von uns, sie ist in jedem. Indem wir unser eigenes Licht scheinen lassen, geben wir unbewusst anderen Menschen die Erlaubnis, es ebenso zu tun. Genauso, wie wir uns von unserer eigenen Angst befreien, wird unsere Gegenwart automatisch andere befreien."

Fünf Erkenntnisse aus Kapitel 20

1. Der Nur-Manager weiss, wie man mit Menschen umgeht, der Auch-Leader weiss, wie man Menschen besser macht.

2. Wann und wo immer etwas Grösseres erreicht, geschaffen oder bewegt werden soll, und dies eine grössere Anzahl von Menschen involviert, braucht es Leadership als inspirierendes, energetisierendes und integrierendes Agens.

3. Ein Leader, der durchgängig die drei Leadership-Prinzipien Vertrauenswürdigkeit, Care-Haltung und sinnvolle . Zweckbestimmung realisiert, erzeugt bei den Geführten .. Vertrauen, Loyalität und Motivation.

4. Man kann die drei Doshas als diagnostisches Instrument auch auf Organisationen anwenden.

5. Die kardinale Leadership-Aufgabe besteht darin, ein kohärentes Corporate Consciousness zu schaffen und aufrecht zu erhalten, d.h. für ein Vertrauensklima, eine Care-Kultur und eine sinnvolle Zielausrichtung zu sorgen.

21. Erfolg

Was ist Erfolg?

Nichts ist erfolgreicher als der Erfolg. Die Jagd nach dem Erfolg scheint dem Streben nach Wohlbefinden den Rang streitig zu machen, zumindest im Geschäftsleben. Im Business-to-Business-Markt ist Erfolg das alles überragende Verkaufsargument. Kein Anbieter von Beratungsdienstleistungen gleich welcher Art, der es sich leisten könnte, auf das Erfolgsargument zu verzichten. Was eigentlich ist Erfolg?

Erfolg ist, wenns erfolgt. Wenn *was* erfolgt? Die geplante, d.h. die sowohl beabsichtigte als auch erwartete Folge auf eine Handlung.

Erfolg ist auf Handeln bezogen. Alle unsere Handlungen haben Folgen. Jegliches Verhalten führt zu Konsequenzen als Folge unseres Tuns und Lassens. Ein Teil unseres Verhaltens ist spontan, unabsichtlich und absichtslos, unmittelbarer Ausdruck des gegebenen Lebens. Dieses *Ausdrucksverhalten* umfasst Lachen und Weinen, Mimik, Gestik und Körperhaltung, unsere Stimmlage, -lautstärke und -modulation, also den gesamten Bereich der sogenannten nonverbalen Kommunikation. Ein anderer Teil unseres Verhaltens ist Tun und Lassen als Mittel zum Zweck, um ein bestimmtes Resultat herbeizuführen. Dieses *instrumentelle Verhalten* ist im Gegensatz zum spontanen Ausdrucksverhalten absichtsvoll, planmässig, willentlich gesteuert, zielgerichtet. Arbeiten, Führen, Verhandeln, Produzieren, Ver- und Einkaufen sind typische Formen instrumentellen Verhaltens. Ein anderer Ausdruck für instrumentelles Verhalten ist 'Handeln'. Jede Handlung wird um des Erfolges willen initiiert, d.h. Menschen handeln, um durch ihre Handlungen das zu erreichen, was sie sich von ihren Handlungen erhoffen und erwarten. Es ist also ganz natürlich, dass wir in unseren Unternehmungen - im wirtschaftlichen ebenso wie im persönlichen Sinne - den Erfolg suchen.

Erfolg ist die Übereinstimmung von Ist-Resultat und Soll-Resultat, von der tatsächlichen Folge einer Handlung mit der geplanten Folge einer Handlung. Geplant ist die Folge einer Handlung dann, wenn wir ihr Eintreten wünschen und mit ihrem Eintreten rechnen. Eine solche beabsichtigte und erwartete Folge einer Handlung ist das Ziel, auf das die Handlung ausgerichtet ist. Wird das Ziel erreicht, sprechen wir von Erfolg.

Wer legt fest, was für uns Erfolg ist und was nicht? Wir selber und niemand anderer. Wir können die Erfolgskriterien anderer übernehmen, indem wir ihre Ziele zu den unsrigen machen, aber letztlich liegt es an uns selber zu entscheiden, ob etwas für uns ein Ziel ist oder nicht, und was somit für uns Erfolg oder Misserfolg ausmacht. Für viele Menschen besteht der Erfolg in einer Bestätigung durch andere Menschen, dass nämlich ihr Ego, also ihr Selbstbild, durch das sie sich identifizieren, ihrem Idealbild nahekommt. Meist geschieht dies in Form von Applaus, Lob, Beförderung, Erhöhung des Einkommens oder Verleihung von Titeln. Erfolg macht uns vielleicht reich, mächtig oder bedeutend, aber nicht unbedingt glücklich und häufig sogar krank. Schuld daran ist nicht der Erfolg vom Prinzip her, sondern unser Ego, das uns zu falschen oder falsch gewichteten Erfolgskriterien verführt. Ein nicht ego-entstelltes, sondern natürliches Erfolgsstreben ist gesund, weil es uns zu Leistungen anspornt, die uns individuell und kollektiv weiterbringen. Gegenstand dieses Kapitels sind deshalb 'Naturgesetze' des Erfolges. Es geht um eine Psychologie des Erfolges in Übereinstimmung mit unserer Natur. Wir wollen Erfolg.

Die Erfolgswahrscheinlichkeit hängt ab von:

- der *Qualität des Zieles*, das wir mit unserer Handlung erreichen wollen
- der *Qualität der Handlung*, mit der wir das Ziel erreichen wollen
- der *Qualität der Umstände*, die uns auf dem Weg zum Ziel begleiten.

Auf diese drei Erfolgsfaktoren können wir unsererseits Einfluss nehmen und dadurch die Wahrscheinlichkeit maximieren, im Leben Erfolg zu haben. Es spielt dabei keine Rolle, ob es sich um ein kurzfristiges Vorhaben, ein längerfristiges Projekt oder ein ganzes Menschenleben handelt.

Pseudoziele

Beginnen wir mit der Qualität des Zieles. Ein Ziel verdient diesen Namen nur dann, wenn wir es wirklich von innen heraus anstreben. Kürzlich sagte mir ein Kunde am Telefon: „Wir haben von unserer Muttergesellschaft für nächstes Jahr ehrgeizige Ziele bekommen." Nachdem er diesen Satz ausgesprochen hatte, seufzte er schwer. Was dieser Mann von der Muttergesellschaft bekommen hatte, waren keine Ziele, sondern Messlatten für Bestrafungen. Die meisten sogenannten Zielvorgaben sind in Wahrheit Strafandrohungen. Man verfolgt zwar das Ziel, aber nicht, weil man es erreichen will, sondern um Strafen im Falle der Nichterreichung zu entgehen. Ein wirkliches Ziel ist ein Ort oder ein Zustand, wo man hin will. Es motiviert, denn es verfügt über Anziehungskraft und hat Aufforderungscharakter. Die meisten vorgegebenen, um nicht zu sagen, befohlenen Ziele sind aber lediglich Druckmittel, die nicht positiv motivieren, sondern Angst erzeugen. Hier wird im Namen des 'Management by Objectives' immer wieder gesündigt. Ursprünglich bedeutet 'Management by Objectives' jedoch nicht Führung durch Ziel*vorgabe,* sondern Führung durch Ziel*vereinbarung.* Im Dialog zwischen Vorgesetztem und Mitarbeiter sollen Ziele gefunden und formuliert werden, die der Mitarbeiter als seine Ziele von innen heraus bejahen kann. Die Führungskunst des Vorgesetzten besteht darin, die Ziele des Unternehmens mit den persönlichen Zielen des Mitarbeiters in Einklang zu bringen, so dass das Wohlergehen des Unternehmens und das Wohlbefinden des Mitarbeiters zusammen wachsen können.

Ziele entwickeln

Damit ein Ziel wirklich angestrebt wird, gleichsam 'libidinös aufgeladen' ist, muss es von innen nach aussen entwickelt werden. Wir müssen Ziele formulieren, in denen unsere Lebensenergie, unser Herzblut drin steckt. Wie wir zu solchen Zielen kommen, ist schematisch in Abbildung 31 dargestellt.

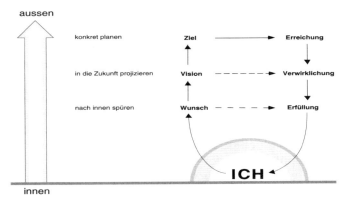

Abbildung 31: Entwicklung von Zielen von innen nach aussen.

Nun hat es sich inzwischen schon allenthalben herumgesprochen, dass dem Ziel die *Vision* vorangehen sollte. Man muss zuerst eine Vision haben, aus der man dann nachher Ziele ableiten kann. Also gehen Manager und Privatleute fröhlich daran, Visionen zu entwerfen. Mir erzählte ein jüngerer Manager seine 'Erfolgsstory': „Als ich vor mehr als 10 Jahren von der Hochschule kam, war ich voller Tatendrang und fest entschlossen, ein erfolgreiches Leben zu führen. Ich malte mir meine Vision aus, wie ich eines Tages eine verantwortungsvolle Spitzenposition bekleiden würde, selbstverständlich mit einem Spitzeneinkommen, in einer schicken Villa wohnend an der Seite einer attraktiven Frau und drei entzückenden Kindern. Heute habe ich dies alles erreicht. Aber ich bin nicht glücklich, sondern fühle mich innerlich leer und ausgebrannt. So habe ich mir das Ganze nicht vorgestellt. Was habe ich nur falsch gemacht?" Im weiteren Gespräch stellte sich heraus, dass jener erfolgreiche, frustrierte Yuppie-Vertreter seine Vision nicht aus sich heraus geschöpft, sondern von den Medien, von Studienkollegen und gefeierten Idolen übernommen hatte. Zielstrebig und tüchtig wie er war, verwirklichte er eine aber nicht *seine* Vision. Seine wahren Interessen, Wünsche und Neigungen gingen in eine ganz andere, mehr künstlerische Richtung. Doch hatten diese inneren, wesentlich zarteren Stimmen im jugendlichen Karriereeifer keine Chance, Gehör zu finden.

Es ist wichtig, dass wir unsere Visionen nicht von aussen übernehmen, sondern aus uns selber aufbauen. Zu diesem Zweck
müssen wir noch tiefer in uns eindringen, und zwar bis zur Ebene
unserer eigentlichen, ureigenen Wünsche und Motive. Die Quelle
unserer echten Wünsche ist unser Ich, unsere Persönlichkeit in
ihrer Wanderung durch Raum und Zeit. Handelt es sich um kurzfristige Wünsche, dann steht dieses 'Ich' für unser aktuelles Selbst.
Bezogen auf langfristige Wünsche repräsentiert das 'Ich' unser
überdauerndes, individuelles Selbst. Nicht zu verwechseln ist der
Ausdruck 'Ich' jedenfalls mit dem Begriff 'Ego', wie er in diesem
Buch verwendet wird. Tatsächlich trägt unser Ego, also unsere
Identifizierung durch unser Selbstbild, die Hauptschuld an unseren unechten Wünschen und falschen Visionen, wie obiges Beispiel vom Yuppie-Manager demonstriert.

Als individuelle Persönlichkeit befinden wir uns in ständiger
Entwicklung. In jedem Jetzt-Zustand gibt es einen weiterführenden Nächst-Zustand, und diesen weiterführenden Nächst-Zustand
können wir bereits 'jetzt' spüren. Genau diesen innerlich gespürten Impuls möchte ich im Unterschied zum 'Ziel' und zur 'Vision'
Wunsch nennen. Ein anderer passender Name dafür wäre Motiv.
Eine *Vision* ist etwas innerlich Gesehenes, ein Szenario mehr oder
weniger bildhafter Natur. Alles, was wir - äusserlich oder in Gedanken - sehen, erleben wir als von uns selbst getrennt. Das Gesehene liegt uns gegenüber, es ist mit einem lateinischen Fremdwort
'ob-jektiv' (von objicere = gegenüberliegen), wobei sich diese
Objektivität innerhalb des subjektiven Erlebens abspielt. Wenn Sie
sich beispielsweise dieses Buch vor die Augen halten und es an-
schauen, liegt es Ihnen gegenüber. Es gibt eine räumliche Distanz
zwischen Ihnen und dem Buch. Sie können jetzt versuchen, diese
Distanz zu verringern, indem Sie das Buch immer näher zu sich
heranholen. Solange Sie das Buch sehen, bleibt eine Distanz zwischen Ihnen und dem Objekt (dem Gegenüberliegenden) bestehen. In dem Moment, wo diese Distanz zu Null zusammen-
schrumpft, sehen Sie das Buch nicht mehr, sondern Sie fühlen es.
Es findet ein Wechsel vom Sehen zum Berühren statt. Die
Berührungsempfindung, also das Fühlen, lokalisieren Sie in Ihrem

eigenen Körper, nicht mehr ausserhalb Ihres Körpers. Alles, was wir fühlen, egal ob physisch oder psychisch, erleben wir als zu uns selbst gehörig. Es geht uns unter die Haut. Es ist 'sub-jektiv', was wörtlich übersetzt bedeutet: es liegt unter.

Visionen sind Gesehenes, Wünsche oder Motive dagegen Gefühltes. Ein Wunsch könnte beispielsweise sein: „Ich will mich freier fühlen." Wünsche oder Motive gehen uns zwar unter die Haut, sie sind das, was uns wirklich berührt und bewegt, aber sie sind vorstellungsmässig, also visuell, abstrakt. Meistens kleiden sie sich daher in rechtshemisphärische Bilder, in Wunsch-*Phantasien*, in innerlich gesehene Vorstellungen. Vor unserem geistigen Auge läuft ein Film ab. Leider stammt dessen Bildmaterial jedoch nicht aus unseren eigentlichen Wünschen sondern aus Filmaufnahmen in der Vergangenheit, also aus früheren Erfahrungen, sozialen Konditionierungen, eingefahrenen Denkgewohnheiten. Das Material unserer Wunschvorstellungen entstammt allem von uns je Gedachtem: unserem Gedächtnis. Deshalb empfiehlt es sich, solche Wunschphantasien mit Vorsicht zu geniessen und den zugrundeliegenden Wünschen und Motiven nachzuspüren, indem wir uns fragen: Wie will ich mich *fühlen*? Wie will ich mich *befinden*? Wie will ich *sein*? Wir sollten dann in aller Ruhe die sich einstellenden Gefühle empfinden und versuchen, sie zu benennen. Vielleicht gelingt es uns, eine treffende Bezeichnung für sie zu finden, was uns dann das befriedigende Gefühl verschafft, unser Innenleben richtig verstanden zu haben. Vielleicht stellen sich auch wieder bildliche Phantasien, szenische Abläufe vor unserem geistigen Auge ein. Dann sollten wir diesen 'Film' betrachten, in dem wir ja selber als Mitspieler auftreten, und uns fragen: Wie fühle ich mich in dieser Szene? Wie befinde ich mich, wie bin ich in dieser Szene?

Wenn wir uns so allmählich klar darüber werden, was uns wirklich zutiefst am Herzen liegt, können wir daran gehen, eine Vision zu entwerfen, indem wir uns fragen: Wo will ich mich *sehen*? Was will ich *erreichen*? Was will ich *haben*? Wir sollten dabei mutig und phantasievoll ans Werk gehen und uns dabei keinerlei Begrenzungen auferlegen. Visionen sind rechtshemisphärische

Gedankenspielzeuge, in die wir uns verlieben dürfen und sollen. Visionen können durchaus utopisch, und brauchen nicht 'vernünftig', 'realistisch' oder 'bescheiden' zu sein. Die linkshemisphärische Gedankenzügelung setzt erst bei der Formulierung von Zielen ein. Geht es beim Bewusstwerden von Wünschen und Motiven um ein Spüren nach innen, so lautet das Motto beim Ausmalen von Visionen: in die Zukunft projizieren, und zwar mit Spass und gleichsam kindlicher Unschuld. An eine so geschaffene Vision werden wir uns automatisch immer wieder gerne erinnern, wodurch wir sie ganz natürlich und ungezwungen innerlich pflegen und nähren. Dabei ist es jedoch wichtig, dass wir dies stets in spielerischer, entspannter, und keinesfalls in todernster und verbissener Weise tun. Wir sollten unsere Visionen lieben, aber uns nicht krampfhaft an sie binden, denn wo steht geschrieben, dass unser visionäres Szenario von heute schon die bestmögliche Realität von morgen vorwegnimmt? Oft können wir uns heute noch gar nicht vorstellen, welche Möglichkeiten der Wunscherfüllung die Zukunft für uns bereit hält.

Ein Beispiel aus meiner Lebensgeschichte mag dies verdeutlichen. Als ich 1976 von Deutschland in die Schweiz übersiedelte, wohnte ich zunächst in Zürich. Ich erkundete die nähere Umgebung und fand besonderen Gefallen an Erlenbach, einer Zürcher Vorortgemeinde am rechten Zürichseeufer. Damals entstand in mir der Traum: „Eines Tages möchte ich in Erlenbach ein hübsches Einfamilienhaus bewohnen, und zwar an erhöhter Lage, möglichst am Waldrand, mit Blick hinunter auf den See und das gegenüberliegende Ufer mit der bewaldeten Albis-Bergkette." Ich gewann diese Vorstellung lieb und pflegte sie wie den Gedanken an eine schöne Frau. Gott sei Dank blieb ich dabei aber locker und versteifte mich nicht auf Erlenbach am Zürichsee. Später wohnte ich in einem wunderschönen Haus neben einer Waldzunge an erhöhter Lage mit Blick auf den See und das gegenüberliegende Ufer, hinter dem sich ein prächtiges Alpenpanorama erhob. Allerdings gleitete mein Auge nicht über den Zürichsee, sondern über den Vierwaldstättersee, und mein Haus stand nicht in Erlenbach sondern auf einer Halbinsel bei Luzern. Diese Wohnlage war für mich noch befriedigender als es ein Haus in Erlenbach gewesen wäre. Dies konnte ich damals, als ich meine Erlenbach-Vision entwickelte, beim besten Willen noch nicht wissen.

Damit die Vision eines Tages Wirklichkeit wird und keine letztlich unfruchtbare Träumerei bleibt, müssen aus ihr konkrete Ziele abgeleitet werden. Dabei gilt das chinesische Sprichwort: Jede lange Reise beginnt mit dem ersten Schritt. Fragen wir uns also: Was will ich im Sinne meiner Vision, ausgehend vom Hier und Jetzt, als nächstes in welchem Ausmass und bis wann erreichen? War die Vision noch rechtshemisphärisches Spiel, so wird es bei der Formulierung des Zieles linkshemisphärischer Ernst. Von einem Ziel können wir verlangen, dass es in irgendeiner Hinsicht quantifiziert und zeitlich terminiert ist, denn nur so können wir später überprüfen, ob und in welchem Ausmass wir das Ziel erreicht haben. Zum linkshemisphärischen Charakter des Zieles gehört auch, dass wir es realistisch ansetzen. Visionen können Utopien sein, aber Ziele sollten die Ausgangslage berücksichtigen, denn schliesslich wollen wir ja damit rechnen können, dass wir das Ziel als geplante, d.h. erwartete und gewollte Konsequenz unseres Tuns auch erreichen werden. Ein überhöhtes, unrealistisches Ziel, das jenseits unserer derzeitigen Reichweite liegt, beraubt sich selbst seines Motivationspotentiales. Ist der Abstand zwischen unserer Ausgangslage und unserer Vision sehr weit, dann sollten wir Etappenziele einführen.

Ziele richtig formulieren

Abgesehen von Quantifizierung, Terminierung und Berücksichtigung der Ausgangslage ist es für die Erreichung eines Zieles und damit für den Erfolg von ausschlaggebender Bedeutung, dass es positiv im Sinne von 'hin zu etwas' und nicht negativ im Sinne von 'weg von etwas' formuliert worden ist. Sätze wie „Ich will nicht mehr dick sein" oder „Ich will nicht mehr rauchen" oder „Ich will nicht länger erfolglos sein" sind keine Zielformulierungen, sondern Problembeschreibungen. Ein Problem ist ein unguter Ist-Zu-

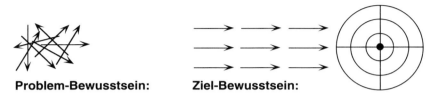

Problem-Bewusstsein: **Ziel-Bewusstsein:**

Verharren in Unruhe   Gerichtete Bewegung

Abbildung 32: Vom Problem- zum Zielbewusstsein

stand, von dem wir weg wollen, ein Ziel dagegen ein erstrebenswerter Soll-Zustand, zudem wir hin wollen.

Ein Problem versetzt uns, wie in Abbildung 32 dargestellt, zwar in Unruhe aber noch nicht in ziel-gerichtete Bewegung. Erst das Ziel richtet unsere Energien aus, koordiniert und bündelt sie, so dass sie sich addieren können, und veranlasst uns so zu einer gezielten Bewegung, eben in Richtung auf das Ziel. Solange wir nur ein Problem, aber noch kein Ziel haben, bewegt sich noch nichts. Wir verharren in einem unkoordinierten, unfruchtbaren Zustand der Unruhe. Ein Ziel aber vermag diese Unruhe in fruchtbare, gerichtete Bewegung zu verwandeln.

Vielleicht kennen auch Sie die folgende Erfahrung: Sie fühlen sich urlaubsreif und sehnen sich nach einem Tapetenwechsel. Sie wissen, dass Sie verreisen wollen, aber Sie wissen noch nicht, wo Sie hinreisen wollen. Sie lassen sich verschiedene Orte durch den Kopf gehen, aber entweder kennen Sie diese Orte schon, oder irgend etwas stört Sie an diesen Orten, oder die Jahreszeit stimmt für diese Orte nicht. Was wird geschehen? Sie bleiben weiterhin zu Hause und sehnen sich nach Tapetenwechsel. Erst wenn Sie eine Urlaubsdestination gefunden haben, wo Sie wirklich hin wollen, buchen Sie eine Reise. Erst wenn Sie ein Reiseziel haben, setzen Sie sich in Bewegung.

In unseren wissenschaftlichen Hochschulen wird 'Problembewusstsein' als akademische Tugend gepflegt. Im praktischen Leben jedoch ist Problembewusstsein höchst problematisch, weil es die Probleme festschreibt, anstatt sie zu lösen. Problembewusstsein bindet uns an das Problem. Besser ist es, negative Probleme in positive Ziele zu übersetzen. Wir sollten unser unproduktives Problembewusstsein in ein erfolgversprechendes Zielbewusstsein umwandeln. Wenn wir ein Ziel vor Augen haben, also wissen, wo wir hin wollen, haben wir bereits den ersten Schritt zu seiner Erreichung getan.

Damit kommen wir zum zweiten Einflussfaktor auf die Erfolgswahrscheinlichkeit: Der Weg zum Ziel oder die Qualität unseres Handelns. Die *Handlung* sollte erstens *intelligent* sein, um das Ziel auf dem besten Weg zu erreichen, und zweitens *kraftvoll*, um den Weg zum Ziel effizient zurückzulegen.

Intelligentes Handeln

Intelligent handeln heisst sowohl logisches, methodisches Vorgehen (linkshemisphärische Intelligenz) als auch Hören auf Intuitionen und Wagen kreativer Sprünge (rechtshemisphärische Intelligenz). Die Intelligenz des Handelns bezieht sich gleichermassen auf das Was, das Wie und das Wann unseres Tuns. Wir handeln dann intelligent, wenn wir das Richtige auf die richtige Art zum richtigen Zeitpunkt tun.

Der beste Weg zum Ziel ist vielleicht nicht der kürzeste, aber gewiss nicht der längste. Er ist der kürzeste Weg unter Berücksichtigung von Umständen, Zwischenzielen und Nebenzielen, die im Zuge der Erreichung des Hauptzieles nicht vernachlässigt werden dürfen. Wenn wir zum Beispiel mit dem Auto von einer Stadt zur anderen fahren wollen, wählen wir für einen Teil der Strecke vielleicht die Autobahn, obwohl sie einen Umweg darstellt, wir aber dort schneller vorankommen. Umgekehrt bevorzugen wir für einen anderen Teil vielleicht die Landstrasse, weil wir eine Baustelle umfahren oder die Landschaft geniessen wollen. Der beste Weg zum Ziel folgt einem Ökonomieprinzip, das Sparsamkeit und Spass, Schlichtheit und Schmuck, geringsten Aufwand und grösstmögliches

Auskosten, 'Reinheit' und 'Fülle', 'linkshemisphärische' und 'rechtshemisphärische' Ökonomie in sich vereinigt. Wenn wir biologische Vorgänge wie Atmung, Verdauung oder Fortpflanzung betrachten, kommen wir nicht umhin, die Natur für ihre Intelligenz zu bewundern. Alles, was geschieht, ist sowohl effizientes Mittel zu einem bestimmten Zweck als auch für sich genommen effektiver Selbstzweck. So dient beispielsweise die (hetero)sexuelle Vereinigung der Befruchtung einer Eizelle durch eine Samenzelle, gleichzeitig bringt sie aber auch die körperliche Erfüllung in einer Beziehung zwischen Mann und Frau. Alles in der Natur ist Mittel und Zweck, Weg und Ziel, Stufe und Vollendung zugleich. Ebenso sollte im menschlichen Handeln der Weg zum Ziel einerseits das Mittel zur Zielerreichung sein, andererseits aber auch um seiner selbst willen beschritten werden. Ein Prozess sollte zu Ergebnissen führen, aber auch in sich selbst einen Wert darstellen.

Wenn wir als menschliche Wesen wirklich intelligent handeln wollen, dann sollten wir unsere persönliche Intelligenz mit der Intelligenz der Natur, mit der kosmischen Intelligenz des universellen und zeitlosen Selbst in Einklang bringen. Der 'intelligenteste' Weg dazu ist die wiederholte Selbst-Erfahrung im Zustand reinen Bewusstseins, wobei die Herbeiführung dieser Erfahrung ebenfalls auf 'intelligentem' Wege erfolgt, nämlich mit einem Minimum an Aufwand und einem Maximum an Wirkung. Im völlig anstrengungslosen und angenehmen Versenkungsvorgang, wie er durch die Technik der Transzendentalen Meditation ausgelöst wird, ist dieses Intelligenz-Kriterium der Natur erfüllt (siehe Kapitel 5). Der sich selbst verstärkende und deshalb selbsttätige Vorgang des Transzendierens kann geradezu als ein Paradebeispiel für das 'intelligente Handeln der Natur' genommen werden. Auch für die dadurch herbeigeführte Transzendenzerfahrung gilt, dass sie sowohl Selbstzweck als auch Mittel zum Zweck ist. Mittel zum Zweck ist sie insofern, als sie durch ihre fortgesetzte Wiederholung zu immer mehr Übereinstimmung der 'persönlichen' mit der 'kosmischen' Intelligenz führt.

Kraftvolles Handeln

Kraftvoll handeln heisst erstens mit Schwung ans Werk gehen, um den Weg zum Ziel mit Leichtigkeit zurückzulegen, und zweitens mit Ausdauer handeln, um nicht vor dem Erreichen des Zieles schlapp zu machen.

Damit wir uns beim Handeln nicht völlig verausgaben, brauchen wir Kraftquellen, aus denen wir unsere Energien schöpfen können. Eine erste Kraftquelle ist das angestrebte Ziel, das auf uns eine Anziehungskraft ausübt. Der Aufwand, den wir mit der Entwicklung und Formulierung von Zielen betrieben haben, erweist sich hierbei als rentable Zeitinvestition, weil wir damit gleichzeitig auch Handlungsenergie bereitgestellt haben. Eine zweite Kraftquelle ist die Freude auf dem Weg zum Ziel. Wenn wir den richtigen Weg zum Ziel gehen, also im obigen Sinne intelligent handeln, haben wir Spass am Handeln. Eine dritte Kraftquelle ist eine gute physische und psychische Verfassung. Wenn wir ausgeruht, wach und fit sind, können wir leichter und länger konzentriert arbeiten. Unsere Produktivität ist optimal, wenn sich unsere Doshas im Gleichgewicht befinden (Kap. 13). Eine ruhegesättigte innere Befindlichkeit lässt uns munter voranschreiten, lenkt unsere Schritte in die richtige Richtung und sorgt noch dafür, dass wir unseren Fortschritt auch geniessen können (Kap. 8).

Eine ruhegesättigte innere Befindlichkeit erschliesst darüber hinaus noch eine weitere Kraftquelle: Sie gibt uns *Gelassenheit*. Gelassenheit ist das Gegenteil von emotionaler Abhängigkeit. Wenn wir von der Erreichung des Zieles emotional abhängig sind, schwächen wir uns. Letztlich steht hinter einer solchen emotionalen Abhängigkeit Angst, die Angst nämlich vor negativen Konsequenzen im Falle einer Nichterreichung des Zieles. Und diese Angst kostet uns Kraft, die uns dann beim Handeln fehlt. In dem Masse, wie wir die Angst durch Urvertrauen, durch Vertrauen in den Prozess der Evolution, ersetzen, entwickeln wir Gelassenheit und daraus resultierend Leichtigkeit beim Handeln. Statt dass uns Furcht vor Misserfolg lähmt, fühlen wir uns getragen von Hoffnung auf Erfolg.

Gelassenheit bedeutet also nicht, dass uns die Zielerreichung gleichgültig ist. Im Gegenteil: Wir setzen auf Zielerreichung, und damit verschaffen wir uns Zugang zu einer weiteren Kraftquelle für unser Handeln, die ich am besten mit dem englischen Wort *Determination* wiedergeben möchte. We are determined to reach the goal! Wir bestimmen uns, das Ziel zu erreichen! Determination ist mehr als Entschlossenheit. Determination heisst Vorherbestimmung: Wir bestimmen uns selbst vorher in bezug auf die Zielerreichung. Wir befehlen uns gleichsam, das Ziel zu erreichen, und nehmen damit die Zielerreichung als Tatsache gedanklich vorweg.

Das Gegenteil von Determination ist Zweifel, eigentlich Selbstzweifel. 'Kann ich das Ziel erreichen? Werde ich das Ziel erreichen? Darf ich überhaupt das Ziel erreichen?' Solche und ähnliche Gedanken sind unfruchtbare Energiefresser. Sie wirken wie eine angezogene Handbremse beim Autofahren. Selbstzweifel haben beim Handeln, also während wir uns auf dem Weg zum Ziel befinden, nichts zu suchen. Wenn wir unsere 'Hausaufgaben' einer behutsamen Zielfindung und -formulierung gemacht und den besten Weg zum Ziel gewählt haben, können wir es uns leisten, ohne Selbstzweifel und dafür mit 'Determination' ans Werk zu gehen.

Es gibt Manager, die sich zugute halten, besonders zielsetzungs- und entscheidungsfreudig zu sein. Ihre Ziele kommen wie aus der Pistole geschossen. Wenn sie aber einmal angefangen haben, sich auf das Ziel zu zubewegen, rühmen sie sich ihrer Bedachtsamkeit, mahnen sie allenthalben zur Vor- und Umsicht. In Wahrheit wurden sie aber von Zweifeln befallen, und dies liess sie zögerlich werden. Diese Manager gleichen einem Piloten, der mit seinem Flugzeug unbekümmert auf die Startbahn rollt, den Triebwerken Vollgas gibt und sich unmittelbar vor dem Abheben plötzlich fragt, ob er überhaupt losfliegen kann oder will. Das hätte er sich vor dem Start überlegen müssen! Wenn einmal der Startvorgang den sogenannten 'point of no return' erreicht hat, gibt es nur eines: Vollgas, Abheben und die Maschine in die Höhe bringen. Ob wir eine Handlung ausführen wollen und können oder nicht, sollten wir uns klar machen, bevor wir die Handlung initiieren. Dann sollten wir handeln oder eben nicht handeln, keinesfalls aber mit Zögern handeln. Wenn wir uns einmal zum Handeln entschlossen haben, sollten wir zu diesem Entschluss stehen und uns frei von Selbstzweifeln dazu determinieren, das Ziel unserer Handlung zu erreichen.

Die Kombination von Gelassenheit mit Determination ist ein Erfolgsrezept, das uns locker und zugleich stark macht. Umgekehrt programmieren wir mit emotionaler Abhängigkeit und Selbstzweifeln geradezu den Misserfolg. Ein Leader, der Determination mit Gelassenheit ausstrahlt, zieht Menschen an, die mit ihm mitziehen. Mit ihrer Unterstützung kann er nahezu alles erreichen.

Umstände richtig nutzen

Wenden wir uns nun der Qualität der Umstände zu, die uns auf dem Weg zum Ziel begleiten. Wir wollen natürlich, dass die *Umstände günstig* sind, d.h. der Zielerreichung förderlich sind. Wir wollen Rückenwind und keinen Gegenwind. Indem wir uns ein realistisches Ziel gesteckt und die richtige Handlung in der richtigen Art und Weise zum richtigen Zeitpunkt gewählt haben, haben wir die Umstände bereits zu unseren Gunsten beeinflusst. Wenn wir intelligent handeln, werden wir die gegebenen Umstände, auch wenn sie auf den ersten Blick wenig hilfreich erscheinen, kreativ interpretieren und für unser Vorhaben optimal nutzen. Wir werden 'aus der Not eine Tugend' und 'aus Schwächen Stärken' machen. Wir werden warten können, bis die Zeit reif ist, und dann das notwendige Gespür haben, wenn die Gunst der Stunde uns zum Handeln drängt (siehe Kap. 14). So handeln wir in Übereinstimmung mit der Natur und sichern uns dadurch die Unterstützung durch die Natur.

Nun kann es aber vorkommen, dass wir auf dem Weg zum Ziel auf ungünstige Umstände, also auf *Widerstände* treffen. Widerstände sollten keine Stolpersteine sein, sondern als das genutzt werden, was sie sind, als *Prüfsteine*. Wenn sich uns Hindernisse in den Weg stellen, sollten wir innehalten und zunächst unser Ziel überprüfen: Kommt es von innen heraus? Wollen wir das Ziel wirklich anstreben oder ist der äussere Widerstand vielleicht Ausdruck eines inneren Widerstandes, vielleicht eines ethischen Vorbehaltes oder einer Furcht vor unerwünschten Nebenwirkungen im Falle einer Zielerreichung? Ist das Ziel positiv formuliert? Ist es realistisch angesetzt? Ferner sollten wir unser Handeln untersuchen: Ist die Handlung richtig gewählt? Ist sie richtig ausgeführt? Stimmt der Zeitpunkt ihrer Durchführung? Ist also das Was, das Wie und das Wann unseres Handelns in Ordnung? Schliesslich sollten wir uns selber als Handelnde kritisch hinterfragen: Sind wir genügend fit (physisch und psychische Verfassung), genügend gelassen (keine emotionalen Abhängigkeiten) und genügend entschlossen (Determination), um am Ziel anzukommen?

Kommt es nach erfolgter Prüfung mit etwaigen Korrekturen zu einer erneuten Handlungsaufnahme, dann sollten wir wiederum mit Gelassenheit und Determination vorangehen. Dabei sollten wir unsere Aufmerksamkeit und unsere Energien hauptsächlich auf das - vielleicht modifizierte - Ziel und ja nicht auf den Widerstand ausrichten!

Angenommen, Sie rennen über eine Wiese und gewahren plötzlich einige Meter vor Ihnen einen Bach, der Ihnen den Weg kreuzt. Nach einer Sekunde des Prüfens beschliessen Sie, weiter zu rennen und über den Bach zu springen. Wohin müssen Sie jetzt primär Ihre Aufmerksamkeit und Ihre Energien lenken? Auf das andere Ufer natürlich! Konzentrieren Sie sich dagegen in erster Linie auf den Bach, werden Sie so sicher wie das Amen in der Kirche darin landen! Gewiss dürfen wir das Hindernis nicht ignorieren, aber unsere Hauptausrichtung gehört auf das Ziel jenseits des Hindernisses.

Wenn Hindernisse und Widerstände unser Bewusstsein so sehr dominieren, dass wir darüber das Ziel aus den Augen verlieren, werden wir es verfehlen. Und noch etwas: Wir sollten nicht gleich aufgeben, wenn etwas beim ersten Anlauf noch nicht geklappt hat. Wir sollten es immer wieder, wenn auch nicht auf die gleiche Art probieren. Von Edison, dem Erfinder der Glühbirne, heisst es, er habe seine erste Glühbirne erst nach unendlich vielen Fehl-versuchen zustande gebracht. Erlauben wir uns, zu experimentie-ren. Ein junges Fohlen knickt auch erst mehrmals ein, bevor es sicheren Hufes laufen kann. Was erfolgreiche von weniger erfolg-reichen Menschen unterscheidet, ist die Bereitschaft ersterer, trotz wiederholter Fehlschläge nicht aufzugeben, sondern es noch ein-mal und noch einmal zu versuchen. In der Ausdauer und Beharr-lichkeit, mit der sie am Ball bleiben, zeigt sich ihre Überzeugung, das Ziel früher oder später doch noch zu erreichen. Sie bewahren sich ihre innere Ruhe, auch wenn es immer wieder schief geht. Sie verwirklichen Determination im Verbund mit Gelassenheit und si-chern sich gerade dadurch den Erfolg.

Erfolgsfaktor nonverbale Kommunikation

Nun gibt es noch Erfolge und Misserfolge im Leben, die weni-ger mit Handeln, also mit instrumentellem Verhalten, als vielmehr mit unserem persönlichen Ausdrucksverhalten, mit unserem per-sönlichen Auftreten, unseren Gebärden, unserer Sprechweise, also mit unserer nonverbalen Kommunikation zu tun haben. Es geht dabei um Erfolg im zwischenmenschlichen Bereich. Wir wollen Vertrauen vermitteln, Überzeugungskraft ausstrahlen, Sympathie erwecken. Insbesondere, wenn wir Produkte, Ideen oder einfach uns selber verkaufen müssen, ist diese soziale Erfolgsdimension von entscheidender Bedeutung. Wir müssen als Person ankom-men. Ausschlaggebend ist hierbei unser Ausdrucksverhalten, un-sere Haltung, Mimik und Gestik. Wenn wir sprechen, ist der Ton, der die Musik macht, oft wichtiger als das, was wir inhaltlich sa-gen. Die nonverbale Kommunikation spielt in zwischenmenschli-chen Beziehungen eine grössere Rolle als die verbale. Ein Ehe-mann, der seiner Frau mit finsterer Miene und in barschem Ton mitteilt, dass er sie liebt, wird ihr wohl kaum den Eindruck vermit-teln, tatsächlich von ihm geliebt zu werden.

Was liegt also näher, als unser Ausdrucksverhalten dahinge-hend zu beeinflussen, dass wir auf unsere Mitmenschen möglichst positiv wirken? Viele Menschen tun dies, indem sie versuchen, ein nettes oder fröhliches Gesicht zu machen. Sie setzen sich ein Lächeln auf und bemühen sich um einen freundlichen Umgangston. In mehrtägigen Kommunikationstrainings lernen Verkäufer und Führungskräfte, auf ihr Ausdrucksverhalten zu achten und dieses 'verkaufsfördernd' einzusetzen. Solche Manipulationen des eigenen Ausdrucksverhaltens sind nicht nur unfruchtbar, weil sie gekünstelt und unnatürlich wirken, sie sind sogar schädlich, denn sie sind tatsächlich wider die menschliche Natur. Vor Natur aus nämlich ist unser Ausdrucksverhalten spontan, unabsichtlich und ungeplant. Es ist der unmittelbare und ungefilterte Ausdruck unseres jeweils gegebenen Erlebens. Mit unserem Ausdrucksverhalten teilen wir unserer Umwelt mit, wie es gerade in uns aussieht. Unser Ausdrucksverhalten verrät unseren Mitmenschen unsere wahren Gedanken und Gefühle.

Doch damit nicht genug: Wir spüren unsere eigene Körperhaltung, unsere Mimik und unsere Gestik. Wir selber hören unsere eigene Stimme, wenn wir sprechen. Wir selber erhalten von unserem Ausdrucksverhalten ein Feedback darüber, was in unserem Inneren vorgeht. Indem unsere inneren Haltungen zu Körperhaltungen und unsere Gemütsbewegungen zu Körperbewegungen werden, wird unser Körper und sein Ausdrucksverhalten zu einem Signalverstärker unserer Seele, und das nicht nur für unsere Umwelt, sondern auch für uns selber. Unser Ausdrucksverhalten hilft uns, mit unserem Innenleben Kontakt zu halten, während wir in der Aussenwelt engagiert sind.

Diese natürliche Funktion unseres Ausdrucksverhaltens wird jedoch zerstört, wenn wir versuchen, direkt darauf Einfluss zu nehmen. Wenn wir uns gar angewöhnen, unabhängig von unserem inneren Befinden ein bestimmtes Ausdrucksverhalten an den Tag zu legen, brauchen wir uns nicht zu wundern, wenn wir uns mit der Zeit innerlich leer, leblos und ausgebrannt fühlen. Wir werden vielleicht nach aussen hin perfekt angepasste Marionetten, innerlich aber sterben wir langsam ab. In der Business-Welt ist dieses Krankheitsbild erschreckend weit verbreitet. Wir können auf die Dauer nicht ungestraft unser Ausdrucksverhalten manipulieren, weil wir es gerne für unseren sozialen Erfolg instrumentalisieren möchten. Unser Ausdrucksverhalten ist nun einmal spontaner Selbstausdruck und kein absichtlich steuerbares, gezielt einsetzbares, instrumentelles Verhalten. Gleichwohl wollen wir aber, dass unser Ausdrucksverhalten freundlich, vertrauenerweckend, sympathisch und überzeugend wirkt.

Der einzige Ausweg aus diesem Dilemma besteht darin, dass wir den Hebel dort ansetzen, wo unser Ausdrucksverhalten verursacht wird, nämlich in unserem inneren Erleben. Wir müssen gleichsam in die Küche gehen, wo das Essen zubereitet wird, wenn wir ein ansprechendes Mahl auf dem Tisch haben wollen. Wenn das Essen erst einmal serviert ist, können wir es nur noch verschlimmbessern. Die 'Küche' für unser Ausdrucksverhalten ist unser Innenleben, konkret: unsere Befindlichkeit und unsere Einstellungen.

Wir brauchen eine ruhegesättigte innere Befindlichkeit (Kap. 8), aus der heraus wir ganz von selbst auf unsere Mitmenschen zu- und auf sie eingehen, weil wir genügend Herzenskapazität für sie übrig haben. Wir brauchen konstruktive und realitätsgerechte Einstellungen (siehe Kap. 11), die wir ganz von selbst auf unsere Mitmenschen übertragen, weil wir sie in unserer nonverbalen Kommunikation unwillkürlich zum Ausdruck bringen. Statt an unserem Ausdrucksverhalten herum zu doktern, sollten wir regelmässig meditieren und vor wichtigen Gesprächen, Verhandlungen oder Präsentationen ein 'mental clearing' durchzuführen, was unsere Einstellung zum Kommunikationsgegenstand, zum Kommunikationspartner und zu uns selbst anbetrifft. Wenn wir uns selbst, den Partner und den Gegenstand vollen Herzens bejahen können, wird unser Ausdrucksverhalten automatisch positiv, d.h. angemessen und förderlich, gleichzeitig aber auch natürlich und spontan sein. So können wir unser Ausdrucksverhalten getrost ignorieren und sich selbst überlassen. Es wird dennoch zu unserem Erfolg beitragen.

Self Management

Erfolg ist letztendlich eine Sache des Selbst-Managements. Vielleicht kennen Sie die amerikanische Definition von Demokratie: „Democracy is the Governement *of* the People *by* the People *for* the People". Analog könnte man definieren: Self Management is the Management *of* the Self *by* the Self *for* the Self. Das Selbst regiert sich selbst zum Nutzen des Selbst. Darin liegt wahre Selbstbestimmung im Gegensatz zu Fremdbestimmung, echte Innengesteuertheit im Gegensatz zu Aussengesteuertheit, wirkliche Freiheit im Gegensatz zu Abhängigkeit. Wer in sich selbst ruht, lebt in innerer Stabilität und kann es sich von daher leisten, in seinem Denken und Verhalten äusserste Flexibilität zu zeigen. Wer dagegen in innerer Labilität lebt, dessen Denken und Verhalten ist durch Rigidität gekennzeichnet. Er muss den Mangel an innerer Ruhe durch fixe Vorstellungen, starre Denk- und Handlungsgewohnheiten, feste Regeln und Strukturen kompensieren.

Ein Baum, der keine richtigen Wurzeln hat, muss von aussen gestützt und vor dem Wind geschützt werden. Ein Baum dagegen, dessen starke Wurzeln tief ins Erdreich dringen, kann für sich selbst stehen, und es macht ihm nichts aus, wenn der Sturm ihn niederbeugt. Der Schlüssel zum Lebenserfolg liegt in der Verwurzelung im transpersonalen, universellen und zeitlosen Selbst. Dort befindet sich unser eigentliches Heim, das wir überallhin mitnehmen können, wohin wir auch gehen. Die Heimat der Welle ist das grenzenlose Meer. Aus dieser Heimat schöpft die Welle ihre Kraft.

Nihilismus - eine Krankheit unserer Zeit

Vor einiger Zeit hatte ich das zweifelhafte Vergnügen, einem Techno-Rock-Anlass beizuwohnen. In einer total verdunkelten Discohalle waren Hochaltäre bestehend aus aufeinandergetürmten Videogeräten aufgestellt. Von drei Seiten blitzten aus insgesamt über 40 Bildschirmen permanent Computerbilder, perfekt synchronisiert mit dem Rhythmus des Techno-Sounds, ein optisches Dauerbombardement mit stereotyp wiederkehrenden grafischen Gebilden, darunter immer wieder Totenköpfen. Ein natürlicher Schutzinstinkt liess meinen Blick nach wenigen Sekunden den grellen Augenbeschuss fliehen, indem ich den Videosäulen den Rücken zukehrte. Nicht entziehen konnte ich mich der tyrannischen Gewalt des akustischen Techno-Trommelfeuers mit permanenten Überschall-Phon-Maxima unter Ausreizung des gesamten Gehörspektrums von den schrillsten Höhen bis zu den dröhnendsten Tiefen. Ein ähnlicher Effekt würde vermutlich erzeugt werden, wenn man ein Tiefbauorchester bestehend aus je drei Dutzend Presslufthämmern und -bohrern in Aktion setzen würde. Zum ersten Mal begriff ich den tieferen Sinn der Redewendung: „Dieser Lärm geht einem durch Mark und Bein!", denn ich fühlte mich, als ob meine Knochen zu erodieren begännen. Als ich die Kids beobachtete, wie sie den Techno-Peitschenhieben folgend völlig hingegeben zuckten und stampften, war mir klar: ich befand mich im Vorhof der Hölle. Hier wurden harte Drogen verabreicht, zwar nicht chemischer, aber dafür physikalischer Natur, ein krank- und süchtigmachendes Rauschmittel in Form von erbarmungsloser Reizüberflutung. Die Szene erinnerte mich an die perfekt inszenierten Massenveranstaltungen der Nazidiktatur, denn sie stand diesen an Kolossalität, Suggestionswirkung und Destruktionspotential in nichts nach. Dieses Technospektakel war eine nekrophile Orgie perverser Vernichtungslust, ein lebens- und menschenverachtender Totentanz.

Nicht, dass ich dieses persönliche Erlebnis auf die gesamte Technomusik generalisieren möchte, aber etwas ist mir dabei überdeutlich geworden. Die geistige Haltung hinter dieser Art 'Unterhaltung' ist blanker Nihilismus. Das Wort leitet sich vom lateinischen 'nihil', zu deutsch 'nichts', ab. Es gibt nichts, wofür es sich lohnt zu leben. Es gibt nichts, worauf man vertrauen und sein Leben bauen könnte. Es gibt kein Wissen und keine Weite, folglich auch keine Ideale, keine Visionen und keine Ziele. Alles ist sinn- und zwecklos. „Alles, was entsteht ist wert, dass es zugrunde geht. Drum besser wär's, dass nichts entstünde" (Mephisto). No future, Nullbock, alles Scheisse!

Dieser Nihilismus begegnet uns heute auf Schritt und Tritt, nicht nur in der Disco. Man denke nur an die Drogenszene oder an das vergiftete Klima in vielen Unternehmen. Käufliche Killer, Gewalt in den Schulen, blutige Familientragödien, Abholzung der Regenwälder sind nur einige der direkten oder indirekten Auswirkungen einer nihilistischen Geisteshaltung. Die moralische Konsequenz von Nihilismus ist Gleichgültigkeit, Zynismus und Skrupellosigkeit, der seelische Stoff, aus dem Unmenschlichkeit, Gewaltverbrechen und Kriege gemacht sind. Der Zynismus, der aus dem Nihilismus kommt, ist der erste Schritt in die Kriminalität. Zynismus lässt Menschen kalten Lächelns über Leichen gehen. „Das schlimmste Vergehen", sagt G. B. Shaw, „das wir unseren Mitmenschen antun können, ist nicht, sie zu hassen, sondern ihnen gegenüber gleichgültig zu sein. Darin liegt der Kern der Unmenschlichkeit". Nihilismus erstickt jeden Ansatz von Ethik im Keim. Er ist wie die unsichtbare, aber doch todbringende nukleare Verstrahlung, eine geistige Epidemie, die sich am Übergang zum einundzwanzigsten Jahrhundert ausbreitet.

Positivismus

Man müsste diesem Nihilismus etwas Positives, Lebensbejahendes, Aufbauendes, eine Art 'Positivismus' entgegensetzen. Der Begriff Positivismus ist allerdings in der Philosophie bereits besetzt. Er ist die Bezeichnung für eine philosophische und wissenschaftliche Richtung, die auf den französischen Philosophen, August Comte (1798 bis 1857) zurückgeht und das wissenschaftliche Denken und Forschen sowie das praktische Handeln in Wirtschaft, Technik, Medizin, Erziehung und Politik im 20. Jahrhundert wesentlich geprägt hat. Der Positivismus anerkennt das 'Positive', d.h. das objektiv Gegebene, Tatsächliche als nicht mehr hinterfragbare Wirklichkeit, die es vorurteilsfrei zu untersuchen, in ihren Gesetzmässigkeiten zu beschreiben und zum Nutzen der Menschen anzuwenden gilt. Metaphysische Erörterungen werden als theoretisch sinnlos und praktisch nutzlos angesehen. Etwas kritischer mit den 'Tatsachen' geht der in den Zwanziger Jahren im 'Wiener

Kreis' (Schlick, Carnap, Wittgenstein u.a.) entstandene 'Neopositivismus' um, indem er darauf hinweist, dass es sich dabei ja stets um Erfahrungstatsachen handelt. Gegenstand der Erkenntnis sind nicht Tatsachen unabhängig von Menschen sondern menschliche Erfahrungen von Tatsachen ('Empirokritizismus'). Wie auch immer, das 'Positive' im Positivismus ist das Objekt, sei es als 'gegebenes' oder 'erfahrenes' Objekt. Das erfahrende, also erlebende und erkennende Subjekt bleibt dabei draussen vor der Tür.

Die philosophische Schule des Positivismus darf nicht verwechselt werden mit einer Modeströmung im späten zwanzigsten Jahrhundert: dem 'positiven Denken'. Letzteres ist der Versuch, die Dinge möglichst positiv zu sehen, und zwar auch dann, wenn sie uns auf den ersten Blick negativ erscheinen. Zumindest können wir uns ja bemühen, den negativen Dingen irgendetwas Positives abzugewinnen. Diese Aufforderung ist sicherlich nicht verkehrt. Es geht beim positiven Denken vor allem darum, eine positive Motivation zu schaffen. Eine derartige positive Stimmungsmache hat mit der 'Positivismus' genannten philosophischen Schule indessen nichts gemein. 'Positives Denken' im Sinne von optimistischen Appellen kann in der Praxis kaum mehr als ein Strohfeuer entfachen. Es ist zwar gut gemeint, aber eine ziemlich oberflächliche Selbstbeeinflussung, die sich deshalb nur allzu oft als Selbstbetrug entlarvt. Den blossen Aufmunterungen zum positiven Denken mangelt es an Tiefgang und substanzieller Begründung. Sie sind deshalb kein taugliches Mittel, um den Ungeist des Nihilismus nachhaltig zu vertreiben.

Keine Frage, die Positivität des Positivismus war ungeheuer produktiv und hat reichlich Früchte getragen. Ohne diese weltbejahende Geisteshaltung wäre der enorme naturwissenschaftliche, technische und wirtschaftliche Fortschritt, der dem 20. Jahrhundert seinen Stempel aufgedrückt hat, nicht denkbar gewesen. Diese weltzugewandte Positivität des Positivismus hat etwas Lebensbejahendes, auch etwas Ehrliches und Aufrichtiges an sich, und ist als solche zu begrüssen. Positivismus bedeutet kompromisslose Wahrheitsliebe und enthusiastische Nutzbarmachung von Erkenntnissen. Positivismus als Haltung ist Ausdruck geistig-seelischer Gesundheit.

Die Tragödie des Positivismus besteht darin, dass er sich auf die 'Welt' beschränkt und das 'Selbst' für so selbstverständlich nimmt, dass er es ignoriert, ja geradezu tabuisiert. Der Positivismus, wie wir ihn kennen, ist ein partieller, eigentlich ein 'materieller' Positivismus. Das Erkenntnisobjekt wird als das 'Positive' angesehen. Das erkennende Subjekt wird zwar stillschweigend vorausgesetzt, es wird aber in die Rolle eines Aschenputtels versetzt - angesichts des Glanzes des 'Positiven'. Dabei verhält es sich doch gerade umgekehrt: Das erkennende Subjekt ist gleichsam die Lichtquelle, die vom erkannten Objekt reflektiert wird. Das erkennende Subjekt geht jeder Erfahrung und jeder Handlung a priori voraus. Wissenschaftlich gesagt: Das erkennende Subjekt oder Bewusstsein ist die unabhängige, und das erkannte Objekt, also die Welt, die abhängige Variable. Diese Sichtweise stösst allerdings bei vielen traditionellen Positivisten auf völliges Unverständnis. Ich sprach darüber einmal auf einer Tagung mit Hans-Jürgen Eysenck, einem der führenden Exponenten der positivistischen Psychologie, der mir daraufhin erklärte: „Bewusstsein ist gewiss ein interessantes Phänomen neben vielen anderen interessanten Phänomenen, aber ich begreife nicht, warum man so viel Aufhebens darum macht. Wissen Sie, ich bin gut in der Wissenschaft und gut im Tennis. Ich behaupte nicht, dass es nicht noch andere Dinge als Wissenschaft und Tennis gäbe, aber ...". Der Gedanke, dass Bewusstsein kein 'Phänomen', sondern die Basis aller Phänomene und damit die Grundlage jeglicher Wissenschaft ist, war für Eysenck in keiner Weise nachvollziehbar.

Spiritueller Positivismus - das Delphi Prinzip

Nicht die Welt sondern das Selbst, in seiner letzten Konsequenz, das transpersonale, zeitlose und universelle Selbst, ist das ungegebne, gebende 'Gegebene', das jeglicher Hinterfragung trotzende 'Tatsächliche'. Das Selbst, Bewusstsein an sich, beinhaltet das Urmuster jeglicher Erkenntnis ('reines Wissen') und stellt dank seines Bewusstseinscharakters (sich selbst erkennendes Selbst) das erste 'Positive' dar. Im Selbst liegt der Ursprung allen Wissens und aller Werte.

In seiner Welt-Zuwendung bei gleichzeitiger Selbst-Vergessenheit erweist sich der herkömmliche, 'materielle' Positivismus im Grunde genommen als 'Selbst-Nihilismus' und hat gerade dadurch dem so gar nicht positiv anmutenden Ungeist des Nihilismus die Hintertür geöffnet. Durch das Schlupfloch der Nichtigkeit des Selbst konnte das Gift des Nihilismus klammheimlich eindringen und die geistige Luft der westlichen Gesellschaften verpesten. Man hatte davon noch nicht einmal etwas gemerkt, denn diese geistige Luftverschmutzung ging schleichend, im Schatten des davon unbehelligten technologischen Fortschritts vor sich. Ein nur materieller Positivismus muss früher oder später vom Virus des Nihilismus befallen werden und schliesslich an ihm zugrunde gehen. Ihm fehlt das gesunde Abwehrsystem des wirklichen, spirituellen Positiven. Was wir an der Schwelle zum dritten nachchristlichen Jahrtausend brauchen, ist ein fundierter und ganzheitlicher, ein '*spiritueller*' Positivismus. Ein spiritueller Positivismus wäre ein gesunder und gesund machender Zeitgeist, der das Positive am materiellen Positivismus weiterführt und den Nihilismus durch die Positivität des Selbst ersetzt.

Wenn Sie, die Leserin oder der Leser dieses Buches, mir durch die vorangegangenen 21 Kapitel gefolgt sind, können Sie mir unschwer nachempfinden, worum es mir dabei unter anderem ging: um die Begründung eines spirituellen Positivismus. Meine rund dreissigjährige Erforschung der menschlichen Natur, ihrer Gesetzmässigkeiten und der in ihr angelegten Möglichkeiten - und davon handelt dieses Buch - hat mich zum spirituellen Positivisten gemacht. Spiritueller Positivismus beginnt bei der Selbst-Erfahrung und der daraus resultierenden Selbst-Erkenntnis. Er führt über die darin enthaltene Selbst-Bejahung zur Bejahung anderer Menschen, der Menschheit insgesamt, der Welt, der Natur in uns und um uns, des Lebens überhaupt. Spiritueller Positivismus ist im letzten das totale Ja des Lebens zum Leben. Spiritueller Positivismus macht uns den Weg frei für inneres und äusseres Wachstum, für ein gesundes Leben auf einem gesunden Planeten, für eine Weltgemeinschaft sich gegenseitig fördernder Kulturen, Nationen und Religionen.

In diesem Sinne: Jede Frau und jeder Mann kann sich vom Geist des spirituellen Positivismus begeistern lassen und diesen Geist im täglichen Leben zum Ausdruck bringen. Als Folge davon wird sie oder er ihren oder seinen einzigartigen Beitrag zum Leben leisten. Jede wirklich gute Mutter ist eine spirituelle Positivistin, ob sie sich dessen bewusst ist oder nicht. Das gleiche gilt für jeden wirklich guten Arzt, Manager oder Lehrer. Echte Religiosität gleich welcher Religion, echte Kunst gleich welcher Gattung oder Stilrichtung, echte Wissenschaft gleich welcher Disziplin, echtes Unternehmertum gleich welcher Branche, echtes politisches Engagement gleich welcher politischen Richtung atmet den Geist des spirituellen Positivismus. Machen wir daraus den Zeitgeist des einundzwanzigsten Jahrhunderts! Dann gehen wir und unsere Kinder in eine lebenswerte Zukunft, individuell und kollektiv, lokal und global, ökonomisch und ökologisch. Entwickeln wir das bisherige Zeitalter der Aufklärung weiter zu einem Zeitalter der Erleuchtung und schaffen wir dadurch eine Lebensqualität, die von den Visionären aller Zeiten als 'Himmel auf Erden' beschrieben wurde.

Der Schlüssel zum spirituellen Positivismus liegt im Delphi Prinzip: Erkenne Dich selbst! Sage Ja zu Dir selbst! Erkenne Dich selbst in allen anderen und in allem anderen wieder! Liebe alle anderen und alles Leben wie Dich selbst! Finde zuverlässiges Wissen und wahre Werte in Dir selbst! Verwirkliche Dich selbst und leiste gerade dadurch Deinen einzigartigen Beitrag zum Leben insgesamt! Realisiere schliesslich, dass das Leben insgesamt nichts anderes als Dein Selbst im weitesten Sinne ist!

Fünf Erkenntnisse aus Kapitel 21

1. *Echte Ziele, die auf uns eine Anziehungskraft ausüben, sind von innen heraus entwickelt und nicht von aussen vorgegeben worden.*
2. *Ziele sollten positiv, im Sinne von 'hin zu', und nicht negativ, im Sinne von 'weg von' formuliert werden.*
3. *Intelligentes Handeln vereinigt linkshemisphärische und rechtshemisphärische Intelligenz.*
4. *Eine entscheidende Kraftquelle für zielgerichtetes Handeln ist die Kombination von Gelassenheit (emotionale Unabhängigkeit) und der Entschlossenheit, das Ziel zu erreichen ('Determination').*
5. *Eine direkte, willentliche Beeinflussung unserer eigenen non-verbalen Kommunikation ist nicht nur kontraproduktiv für unseren sozialen Erfolg, sondern auch schädlich für unsere seelische Gesundheit.*

Nachlese von Ulrich Egger

Für uns als international tätige Berater- und Trainergruppe, die seit Jahren exklusiv mit dem Harvard Negotiation Project an der Harvard Universität zusammenarbeitet, hat dieses Buch eine besondere Bedeutung. Der Autor gehört seit unserer Firmengründung (1985) zum engsten Freundeskreis und Stab unserer Kooperationstrainer, der uns laufend wertvolle philosophische und psychologische Impulse für die Weiterentwicklung unserer Trainingsinhalte vermittelt.

Mit unserem Ansatz des *Offenen Verhandelns nach dem Harvard-Konzept®* vertreten wir eine klare Gewinn-Gewinn-Philosophie. Unser Fokus richtet sich dabei nicht auf den Verhandlungsgegenstand, sondern auf den Verhandlungsprozess. Wer besser versteht, was sich zwischen den verhandelnden Menschen abspielt, erzielt nicht nur langfristig tragfähige Ergebnisse, sondern beherrscht auch die Kunst des Aufbauens und Gestaltens von funktionierenden Arbeitsbeziehungen. Die damit verbundenen Anforderungen an die verhandelnde Person rufen nach einem vertieften Verständnis unserer mentalen und emotionalen Gesetzmässigkeiten. Mit der ihm eigenen Klarheit und Schlüssigkeit entwickelt Claudio Weiss eine Gesamtschau, die jedem Verhandler und jeder Verhandlerin ein wertvolles Orientierungswissen bietet.

Wir freuen uns deshalb, die Veröffentlichung dieses Buches zu unterstützen.

Ulrich Egger, geschäftsführender Partner
Egger, Philips + Partner AG, Zürich

Nachlese von Marina Bösch

Es ist heute allgemein bekannt, dass Menschen die Schlüsselressource einer Organisation sind. Das hängt eng mit der geschichtlichen Entwicklung von Management zusammen. Management ist heute gerade mal 100 Jahre alt. Management wurde in dem Mass entdeckt und hat an Bedeutung gewonnen, in dem sich die

Individualgesellschaft zu einer Gesellschaft von Organisationen entwickelt hat. Nahezu jede Aufgabe erfordert heute Management. Damit ist Management zur wichtigsten gesellschaftlichen Funktion geworden.

Es sind Menschen, die in Organisationen Aufgaben erfüllen und dafür auch Verantwortung übernehmen müssen. Wirksame Führungskräfte, die ihre Aufgaben wirklich wahrnehmen, die richtigen Instrumente wirkungsvoll einsetzen, sich dabei von Grundsätzen leiten lassen und auch Verantwortung übernehmen, wissen, dass Führung bei der eigenen Person beginnt. „Die einzige Person, die wirklich geführt werden muss, ist man selbst", sagt Peter Drucker. Nur wer sich selbst kennt, die eigenen Schwächen und Stärken identifiziert hat und bereit ist, gelegentlich aus sich herauszutreten und die eigenen Resultate kritisch zu hinterfragen, wird sich weiterentwickeln. Es wird ihm gelingen, die wahren Werte für sich zu entdecken und zu definieren und diese zur Basis seiner Handlungen zu machen. Er wird sich die Frage nach dem Sinn stellen und auch beantworten können. Es sind Zielstrebigkeit bei gleichzeitiger Flexibilität, charakterliche Integrität, Glaubwürdigkeit und (emotionale) Intelligenz, die eine Führungspersönlichkeit ausmachen - in der jeweiligen, einzigartigen Kombination. Dies ist eine Sache des Selbst-Managements, wie es Claudio Weiss im vorliegenden Buch ausdrückt.

Wir brauchen Menschen, die sich vom Geist des *Delphi Prinzips* begeistern lassen und so ihren einzigartigen Beitrag leisten. Diese Begeisterung finden die Teilnehmer in den Seminaren, die Claudio Weiss als erfolgreicher Trainer in Zusammenarbeit mit dem Management Zentrum St. Gallen, Seminare & Conventions, seit vielen Jahren durchführt. Durch diese Seminare leistet er seinen einzigartigen Beitrag zum Leben insgesamt. Es ist uns eine Freude, die Verbereitung dieses Wissens zu unterstützen.

Marina Bösch, Delegierte des Verwaltungsrates
Management Zentrum, St. Gallen
Seminare & Conventions

Literaturhinweise

ARON, Elaine, ARON, Arthur: Der Maharishi Effekt. München: Heyne, 1991

BAUHOFER, Ulrich: Aufbruch zur Stille. Bergisch Gladbach: Lübbe, 1997

BLEICHER Knut: Das Konzept Integriertes Management. Frankfurt/New York: Campus, 1996

CHALMERS, R.A., CLEMENTS, G., SCHENKLUHN, H., WEILNLESS, M., eds.: Scientific Eesearch on Maharishi's Transcendental Meditation and TM-Sidhi Programme: Collected Papers,Volumes 2-4. Vlodrop (Netherlands): Maharishi Vedic, University Press, 1989

COVEY, Stephen R.: Die sieben Wege zur Effektivität. Frankfurt/New York: Campus, 1995 (5. Aufl.)

COVEY, Stephen R.: Die effektive Führungspersönlichkeit. Frankfurt/New York: Campus, 1993

COVEY, Stephen R., MERRILL, A. Roger, MERRIL, Rebecca R.: Der Weg zum Wesentlichen. Frankfurt/New York: Campus, 1997

CSIKZENTMIHALYI, Mihaly: Flow. Stuttgart: Klett-Cotta, 1992

FISHER, Roger, URY, Wiliam, PATTON, Bruce: Das Harvard-Konzept. Frankfurt/New York: Campus, 1996 (15. Aufl.)

FREUD, Siegmund: Das Unbehagen in der Kultur. Frankfurt: Fischer, 1994

GOLEMAN, Daniel: Emotionale Intelligenz. München / Wien: Hanser, 1996

GOSWAMI, Amit: Das Bewusste Universum. Freiburg: Lüchow, 1997

GOTTWALD, Franz-Theo und HOWALD, Wolfgang: Selbsthilfe durch Meditation. München: MVG Verlag, 1995 (5. Aufl.)

GOTTWALD, Franz-Theo und HOWALD, Wolfgang: Ayurveda im Business.München: MVG Verlag, 1995 (2. Aufl.)

HOTZEL, Malte: Das fliessende Leben. Saarbrücken: Neue Erde,1992

HOTZEL, Malte: Erwachen zur Einheit. Saarbrücken: Neue Erde, 1992

JOST, Hans Rudolf: Der Change Navigator. Hamburg/Zürich: A & O des Wissens, 1998

JUNG, Carl-Gustav: Gedanken, Erinnerungen, Träume. Zürich: Walter-Verlag, 1997 (14. Aufl.)

LINTHOFST, Ann: Soul-Kissed. New York: Crossroad, 1996

MAHARISHI MAHESH YOGI: Die Wissenschaft vom Sein und die Kunst des Lebens. Bielefeld: Kamphausen, 1998.

MAHARISHI MAHESH YOGI: Bhagavad Gita. Bielefeld: Kamphausen, 1998.

MAHARISHI MAHESH YOGI: Maharishi University of Management. India: Maharishi Prakashan, 1995.

MAHARISHI MAHESH YOGI: Maharishi's Absolute Theory of Government. India: Maharishi Prakashan, 1995.

MANN, Rudolf: Die Neue Führung. Düsseldorf/München: Metropolitan, 1996.

MASLOW, Abraham: Psychologie des Seins. Frankfurt: Fischer, 1994 (5. Aufl.)

NADER, Toni: Human Physiology - Expression of Veda and Vedic Literature. Vlodrop (Netherlands): Maharishi Vedic University Press, 1995

NAIR, Keshavan: Führen durch Vorbild. Freiburg: Bauer, 1997

ORME-JOHNSON, D.W., FARROW, J.T., eds.: Scientific Research on the Transcendental Meditation Program: Collected Papers Volume 1. Rheinweiler: Maharishi European Research University Press, 1977

PHILOSTRATOS: Das Leben des Appollonios von Tyana. München/Zürich: Artemis, 1983

RUSSEL, Peter: Der direkte Weg. Recklinghausen: Kubiak, 1995

TRAXEL, Werner: Ueber Gegenstand und Methode der Psychologie. Bern: Huber, 1968

WALLACE, Robert Keith: The Physiology of Consciousness. Fairfeld, IA: Maharishi International University Press, 1993

WALLACE, R.K., ORME-JOHNSON D.W., DILLBECK, M.C., eds.: Scientific Research on Maharishi's Transcendental Meditation and TM-Sidhi Programme: Collected Papers, Volume 5. Fairfield, IA: Maharishi International University Press, 1990

WEISS, Claudio: Wohlbefinden. Bielefeld: Kleine, 1980

WILBER, Ken: Eros, Kosmos, Logos. Frankfurt: Kürger, 1996

WEITERE BÜCHER AUS DEM
VERLAG A & O DES WISSENS

Ein Kompass für den kreativen Weg durch den Wandel

Hans Rudolf Jost
Der Change Navigator
Im Wandel wachsen
250 Seiten, reich illustriert, Leinen
mit eingebautem, herausnehmbaren
Kompass
Fr. 80.00 /DM 90,00
ISBN 3-905327-04-X

Über 50 % der Veränderungs-
prozesse in Unternehmungen scheitern. Ist „Management of Change"
trendiges Modewort oder gar giganti-
scher Leerlauf?

Ein Buch für alle, die nicht Opfer vom Wandel werden,
sondern diesen aktiv gestalten wollen.

Jede Situation zum Coaching nutzen! Dieses Buch zeigt wie

Franz Stowasser und Hans-Georg Thumm,
Coaching - das Flösserprinzip

Ein Grundlagen-, Lehr- und Arbeitsbuch zum Thema Coaching
in dem die Autoren die gesamte Bandbreite dieses Themas
Schritt für Schritt gemeinsam mit den Lesenden erarbeiten.

Die vielen Übungen, Aufgaben- und Arbeitsblätter lassen dieses Buch zu einem eigenen Arbeitsmaterial und persönlichem
Kunstwerk werden.
ca. 260 Seiten, zahlr. Abb. Pb. Fr./DM 49.00
ISBN 3-905327-06-6